万久富 著

《宋书》词汇专题研究

南京大学出版社

目录 Contents

弁　言 ··· 001

第一章　《宋书》时代特色语词试说 ································ 013
第一节　时代特色语词的提出 ·· 013
第二节　《宋书》时代特色语词考索举例 ·························· 016

第二章　《宋书》中的新词新义 ·· 079
第一节　关于新词新义 ··· 079
第二节　《宋书》新词新义例释 ·· 080

第三章　《宋书》中的谦敬语词 ·· 127
第一节　关于谦敬语词 ··· 127
第二节　《宋书》谦敬语词例释 ·· 128

第四章　《宋书》叠字初探 ·· 178
第一节　《宋书》叠字研究意义 ·· 178
第二节　叠字研究综述 ··· 179

第三节　《宋书》叠字历时考察 ……………………………… 189
　　第四节　《宋书》叠字研究与叠音词的再认识 ……………… 246

第五章　《宋书》副词专题讨论 …………………………………… 251
　　第一节　关于中古汉语副词研究 ……………………………… 251
　　第二节　《宋书》中的范围副词 ……………………………… 256
　　第三节　《宋书》副词的新词新义举例 ……………………… 272
　　第四节　《宋书》副词的历时考察举例 ……………………… 294

第六章　《宋书》中的同素异序语词探析 ………………………… 302
　　第一节　同素异序语词略说 …………………………………… 302
　　第二节　《宋书》同素异序语词概貌 ………………………… 307
　　第三节　《宋书》同素异序语词结构及意义考察举例 ……… 320
　　第四节　《宋书》同素异序语词历时考察举例 ……………… 336

第七章　《宋书》中的古代战争用语词 …………………………… 344

参考文献 ……………………………………………………………… 392

主要征引书目 ………………………………………………………… 402

后　记 ………………………………………………………………… 405

弁　言

汉语作为世界上最完美、使用人口最多的语言之一,有着非常悠久的历史。汉语研究回避不了汉语史的分期研究。汉语史的分期发轫于瑞典汉学家高本汉,他以语音为标准把汉语史分为太古汉语、上古汉语、中古汉语、近古汉语、老官话等五个时期[①]。嗣后,王力(1957)[②]、潘允中(1982)[③]、王云路等(1992)[④]、向熹(1993)[⑤]、郭锡良(2013)[⑥]等先生接续从不同角度对汉语史的分期提出了有影响力的建设性意见。不过,由于研究的不同学术背景、划分的标准差异等,汉语史的分期尚未取得高度一致的意见,存在着分期粗细、语体差异、过渡期的确定等问题。

汪维辉《东汉—隋常用词演变研究》(2000)"讨论了先秦两汉魏晋南北朝时期产生又流传至今的部分常用词的更替演变,既提供了进行这一难度很大的研究工作的范例,又清晰地呈现出东汉至隋阶段常用词演变的基本面貌,为'中古汉语'这一汉语史分期主张提供了新的科学依据"[⑦]。堪称近年来中古汉语研究的里程碑之作。方一新《从中古汉语的特点看汉语史的分期》(2004)从词汇的特征方面提出将东汉至隋划分为中古汉语时期,理由是"考察汉语史的分期,在首先考虑语法、语音要素的同时,也应兼顾词汇,以便使论证更加严密,更能让人信服"。认为,"从汉代特别是东汉以来,汉语发生了很大的变化,以东汉为界,把西汉列为过渡期和参考期,把古代汉语分成上古汉语和中古汉语两大块,以东汉魏晋南北朝隋为中古汉语时期,从语法、词汇上看都是比较合理的"。这是近年来

---

① 见《中国音韵学研究》,第20—21页。
② 见《汉语史稿》(上册),第35页。
③ 见《汉语语法史概要》,第1—6页。
④ 见《中古汉语语词例释》,第7—8页。
⑤ 见《简明汉语史》,第41—44页。
⑥ 见《汉语史的分期问题》一文。
⑦ 见王云路等《汉语史研究领域的新拓展——评汪维辉〈东汉—隋常用词演变研究〉》[《东汉—隋常用词演变研究》(修订本)第467页]一文。

关于中古汉语分期的颇具影响力的意见,提示了中古汉语划分的大方向。至于中古汉语下限的划定,则仍存在不同意见。

综合各家意见,关于中古汉语时期,我们倾向于东汉是开端、中唐是下限,提出可以细分为东汉至西晋为中古早期,东晋南北朝为中古中期,隋至中唐为中古后期;关于中古汉语的词汇特点,主要是:复音词逐渐凝固定型,一批常用词在悄悄地发生着变化更替,新词新义大量涌现,实词虚化加快,特别是出现了大量新生副词、量词以及大量附加式复音词,使用大量雅言词,同素异序现象普遍存在,等等。

鲁国尧先生说过"学术是链"[1]。汉语史的研究离不开王力先生等老中青学人的接力链接。就中古汉语研究而言,既有关于汉语史分期等宏观理论的破题之作,也有中古汉语研究资料整理汇编的奠基之作,还有时代特色语词抉发、疑难语词考释的点睛之作,更有复音词发展规律探讨、同素异序现象分析、新词新义揭示的"透视"之作。既有某类语料、某个时段、某部专书的系统考察与描写,也有共时与历时层面的立体性比较与梳理;既有语音、语法视角的深入挖掘,也有词汇视角的系统描写。相关成果串起了中古汉语研究的学术之"链"。在中古汉语的研究中,专书专题研究对于全面系统反映某个具体阶段的语言面貌以及讨论历时发展规律,有着由点到面、纵横观照的方法论意义,是目前及今后一段时期中古汉语研究中仍需加强的。

南朝梁文史大家沈约所撰《宋书》(凡100卷:志30卷、纪传70卷。共约98万字)[2]成书于南朝齐永明六年(488年),最终定稿在梁武帝即位(502年)之后[3]。该书成于众手[4],成书过程历宋、齐、梁三朝,基本上可以反映六朝语言的真实面貌,在一定程度上反映了东晋以来南方话的某些特点,加上史书语料中包含了史家述语、诏令奏疏、尺牍、人物对话、诗文等不同语体或语言风格的文字,涉及大量的政治词汇、军事词汇、文学词汇、人物品评词汇等[5],具有优质语料的丰富性和鲜活性,语料价值早为学界所重。最早关注《宋书》语词特色的学者首

---

[1] 见鲁国尧《通泰方言音韵研究·序》一文。
[2] 沈约(441—513),字休文,六朝梁吴兴武康(今浙江德清)人。历仕宋、齐、梁三朝。作为南朝文坛领袖,学问渊博,精通音律,开创"永明"体诗文。
[3] 参宋闻兵《〈宋书〉词语研究》,第12—13页。
[4] 据沈约《宋书·自序》称,何承天"草立纪传",撰《天文》《律历》,山谦之撰其余"六志",苏宝生、徐爰、孝武帝等续撰各传。
[5] 《乐志》四篇收录汉魏"郊庙歌辞""乐府古词"以及刘宋人散文、诗歌作品等。

推清郝懿行，其《晋宋书故》《宋琐语·言诠》以"解书中疑滞""标举特色语词"为目的，着力揭示了几百条《宋书》中带有时代特色的语词，具有开创意义。随着中古汉语研究的深入，《宋书》语言研究的价值已经得到学界的重视，孙彪、徐复、吴金华、汪维辉等老中青学者，着力考释了相当一部分《宋书》中的特色语词，揭示了《宋书》语料的价值所在。嗣后，万久富《〈宋书〉复音词研究》(2006)从《宋书》复音词的结构、语义特点、新词新义、同素异序、虚词等方面，第一次较全面地探讨了《宋书》纪传部分的语言问题，有所突破；宋闻兵《〈宋书〉词语研究》(2009)则分词形研究、词义研究、系统研究、词语考释等四个部分进一步研究了《宋书》的词语问题，有所深入；陈虎《〈战国策〉与〈宋书〉副词使用比较》(2010)、任湛明《〈宋书〉中的词尾"家"和"者"》(2011)、周典富《〈宋书〉语词考释》(2012)等论文考释了"号感""改创"等语词，对特殊词尾、副词进行了探讨；一批博士、硕士学位论文则对《宋书》的副词、代词、连词、词缀、称谓语、比较句等进行了初步的探讨。遗憾是，未能对《宋书》的全部语料进行穷尽式的解析与研究；不同类型语料之间、《晋书》等相关专书之间的比较研究不充分；语言研究的视角大多还停留在个别语词的考释和语法角度的例释，造词法、虚词意义的研究不深入。我们认为，《宋书》作为一部中古汉语研究的理想专书，应当从语法史和词汇史等多个角度深入"解剖麻雀"，立体式地勾勒其语言面貌，并与该时期的《裴注〈三国志〉》《南齐书》《魏书》等相关文献以及上古汉语、近代汉语时期的同类文献进行纵横比较，去归纳共性特点，梳理发展规律，为中古汉语史的科学构拟提供基本依据。

词汇是社会发展的真实写照，某一时期词汇的特点和发展风貌有着外在的社会发展动因和内在的语言发展机理。本研究主要从词汇史视角观察如下几个方面的问题：《宋书》语词的时代性和地域性；《宋书》中的复音词与短语共存现象；《宋书》中的副词；《宋书》中的叠字；《宋书》中的战争用语词；《宋书》中的谦敬语词；等等。

为了便于本研究的开展，先谈如下几个问题。

语言是社会发展的产物，汉语词汇史的研究离不开对汉民族发展史的观照。王力先生说过："所以我们说汉语最少有一万年以上的历史，这句话毫无夸张的意味。"[①]我们认为，只有语言高度发达，使用历史非常悠久后，作为记载语言的书面符号系统才能够产生并系统运用开来。唐兰《古文字学导论》推测汉字已经

---

① 见《汉语史稿》第六十二节《汉语悠久光荣的历史》。

有一万年以上的历史①,据此可以推断汉语的历史应该远远超过一万年。不过在没有可靠文字记载的"史前文化"时期汉语(远古汉语早期)的面貌如何,今人自然无从确知,这里不妨对其特点作一个大胆的推测,应该是:音节数量少,声调单一;短句为主,句子与词的界限不明显;基本词汇较少,主要跟自然物有关。如果认可一般所认为的伏羲发明八卦,我们不妨把"乾、坤、震、艮、离、坎、兑、巽"八卦名称看成远古汉语早期的基本词汇的一部分,至于远古汉语晚期的周代,我们也不妨把六十四卦名称看成当时汉语基本词汇或常用词汇的一部分。另一方面,广义的汉语是指汉族语,属于汉藏语系。是以汉字为唯一文字的一切语支的统称。汉族旧称"汉人","汉"是国名,同时也成了部族的名称。汉朝以前称"华夏""诸夏""华""夏""秦人",汉朝以后还有"唐人"的名称。实际上,汉族不是狭义上的单一的从古到今始终不变的部族,而是以中原地区为依托,数千年来不断融入其他周边少数民族而逐渐形成的一个文化认同体。汉族的远古先民大体以西起陇山东至泰山的黄河中下游地区(所谓"中原地区")为活动地区。相传黄帝打败炎帝后,两个部落逐渐融合,形成了统一的华夏族部落,随后中原地区的人便以华夏族人自称,那些移居到中原地区的并融入"华夏"的"戎、狄、蛮、夷"等少数民族也越来越多,华夏成为稳定的族体,分布区域已达东北辽河中下游、西北洮河流域、西南巴蜀、黔中、东南湖、湘、吴、越等广大地区。秦兼并六国,统一诸夏,建立了中国历史上第一个统一的中央集权制的封建国家。汉高祖刘邦统一全国后,建立了强大的汉王朝,后来经过汉武帝的努力,汉朝的经济文化达到鼎盛。从此汉朝人与各地少数民族的沟通逐渐频繁,那些少数民族便把这些来自汉朝的人统称为汉人,从此华夏族的后裔便逐渐以汉族人自居。因而学界普遍认为,汉族是以先秦的华夏族为核心,在秦汉时期形成统一的民族,至 1840 年经历了封建君主专制制度下的两千多年的发展过程;1840 年以后至 1949 年在反帝反封建斗争中得到新的发展;1949 年中华人民共和国成立以后,与中国各民族人民一起逐步发展成的社会主义民族。② 汉民族的文明史达 8000 年以上,民族融合与共同发展是主线,少数民族语言的成分不断融入和影响着汉语的发展。这是在中古汉语词汇史研究中需要考虑的第一个方面。汉朝以后,"中国历史上

---

① 唐先生说过,"所以我们在文字学的立场上,假定中国的象形文字,至少已有一万年以上的历史……这种假定,决不是夸饰。"[见《古文字学导论》(增订本)第 79—80 页。]
② 参《中国大百科全书》/吕桃《汉民族形成于何时——介绍关于汉民族形成问题的讨论》/"汉族概况""汉族历史沿革"(中华人民共和国国家民族事务委员会网站,2021-01-05)等。

的移民,上溯先秦,下及近世,代代不绝"①。中古汉语时期最大的两次移民,一次是西晋永嘉(307—312)以后至南朝宋泰始(465—471)年间,大量中原汉人向南流徙;第二次是发生在唐朝天宝十四年(755年),历时八年的"安史之乱"引起黄河中下游地区的中原人大量向南流徙。两次移民浪潮对汉语词汇面貌的影响是很大的。这是中古汉语词史研究中需要考虑的第二个方面。再有就是汉朝的繁荣,促进了文化的繁荣,封建统治者歌功颂德的需求、社会大众文化生活需求催生了汉代大赋和汉乐府诗歌;汉代的"独尊儒术"与"汉学"的兴盛决定了儒家经典的影响不断扩大;东汉至南北朝佛教不断传入,影响逐步扩大,译经数量颇多,佛教文化影响巨大;汉代的察举制度与魏晋南北朝时期的"九品中正制"使得人物品评语言成为风尚;骈文与六朝诗歌促进了语言中词汇形式和风格的改变。这些社会政治文化因素是中古汉语词汇史研究中需要考虑的第三个方面。

　　以上三个方面对中古汉语词汇构词、造词以及词汇构成与面貌等的影响是不可忽视的。例如关于汉语复音化的主要因素,王力先生《汉语史稿》第四十节《构词法的发展》认为有两个,"第一是语音的简化;第二是外语的吸收"。我们这里补充一个重要因素,即:"社会发展引起的文风的改变"。最为突出的例子是,"赋"的大量创作显然促进了并列结构的复合式短语的产生,其中有很大一部分凝固定型成后来的复音词。这与赋的文体特点有密切关联。南朝梁刘勰《文心雕龙·诠赋》:"赋者,铺也。铺采摛文,体物写志也。"赋,古与"敷""铺""布"同源,是"铺陈、分布"的意思。《诗经·大雅·烝民》"天子是若,明命使赋",毛传曰:"赋,布也。"《诗经·周南·关雎序》:"诗有六义焉⋯⋯二曰赋。"唐孔颖达疏:"赋之言铺,直铺陈今之政教善恶。"清刘熙载《艺概·赋概》:"赋别于诗者,诗,辞情少而声情多;赋,声情少而辞情多。""赋,辞欲丽,迹也;义欲雅,心也。"大赋的特点是"巨丽"之美,文学风格以雄大壮阔为主。排偶和藻饰是大赋的一大语言特点,即讲求"铺采摛文"的藻饰铺陈之美,辞藻富丽,句式齐整,结构宏大。这就要求作者极尽"铺陈"之能事,对一个概念的表述往往用多个同义、近义、类义抑或反义的单音词组合排列在一起,起到渲染、加强、映衬的表达作用,这就必然要求作者精挑细选,努力创制,使用了大量的同义复合短语,这是后代同义复合词产生形成的雏形。此外,大赋的句式效法继承了《诗经》《楚辞》的风格,四言句式占比过半,使得作者在遣词造句的"藻饰"过程中,自然趋向排比和对偶,双音短

---

① 见周振鹤《中国的方言为何如此复杂》一文。

语及四言短语比比皆是。大赋产生于赋体文学的发展时期,是在汉高祖到汉武帝登基之前的这段时间里出现的,代表作有如司马相如的《上林赋》《子虚赋》《封禅赋》①。我们发现,仅《上林赋》中的同义、近义、类义、反义复合短语就多达103个,诸如,财币、封疆、纳贡、守御、君臣、游戏、苑囿、奢侈、荒淫、终始、出入、经营、泾渭、灞浐、驰骛、往来、隘狭、逼侧、冲拥、逆折、磊砢、澹淡、泛滥、摇荡、沟渎、崛崎、阜陵、丘虚、登降、郁垒、散涣、离靡、布写、刻削、厚朴、金石、旋还、栖息、蛭蜩、娱游、往来、先后、离散、豺狼、熊罴、翱翔、部曲、进退、流离、将帅、徒车、步骑、蹈籍、穷极、倦斁、惊惮、游戏、懈怠、山陵、震动、荡波、耳目、妖冶、娴都、芬芳、沤郁、酷烈、淑郁、粲烂、宜笑、的皪、奢侈、览听、杀伐、休息、萌隶、靡丽、垦辟、山泽、宫馆、贫穷、孤独、鳏寡、刑罚、服色、正朔、更始、斋戒、仁义、览观、干戚、翱翔、得失、受获、驰骋、士卒、众庶、国家、雉兔、草木、固陋、忌讳等等。这其中有大约37%的首见用例,例如"纳贡""经营"②"灞浐""隘狭""逼侧""冲拥""逆折""磊砢""崛崎""阜陵""郁垒"等等。还有的可以看成四个音节复合,如"穷极倦斁""妖冶娴都"等。至于扬雄《甘泉赋》《河东赋》《蜀都赋》《美新赋》,东汉班固的《西都赋》《东都赋》③《典引赋》《答宾戏》《幽通赋》,张衡的《二京赋》《南都赋》《舞赋》等等同样能说明这一特点。仅班固的《西都赋》和《东都赋》即有同义、近义、反义、类义的并列结构复合式短语149个。诸如,《西都赋》:汧涌、防御、隩区、横被、皇明、崇丽、街衢、闾阎、烟云、娱乐、骋骛、浮游、英俊、绂冕、冠盖、豪杰、货殖、陵邑、封畿、逴跞、源泉、灌注、陂池、交属、渊云、颂叹、衣食、提封、疆埸、沟塍、刻镂、原隰、桑麻、控引、薮泽、经纬、阴阳、栋桴、闱房、周通、门闼、洞开、清凉、区宇、登降、焀烂、息宴、鸳鸯、藻绣、纶连、绮组、乐和、祖宗、膏泽、黎庶、典籍、谆诲、师傅、著作、宏达、篇章、校理、廉孝、典司、绮错、经营、错落、辅翼、丽巧、波涛、金石、威灵、部曲、周匝、反覆、赠缴、草木、禽兽、珍夷、山川、枕藉、斟酌、荫蔚、烛耀、沉浮、往来、鼓吹、浮游等等。《东都赋》:鬼神、泯绝、原野、川谷、书契、雷震、荡涤、疆宇、盘舆、器械、宫室、光明、阙庭、神丽、车徒、旌旗、日月、丘陵、摇震、部曲、将帅、俯仰、乾坤、奔走、图籍、云龙、丝竹、钟鼓、管弦、烟煜、欢娱、沐浴、膏泽、节俭、乘舆、

---

① 鲁迅说:"武帝时文人,赋莫若司马相如,文莫若司马迁……故遇之常不及凡文人。"(《汉文学史纲要》第93页)。
② "周旋"义。
③ 盛赞东都洛阳规模建制之美,从礼法的角度歌颂光武帝迁都洛阳,中兴汉室的功绩,宣扬洛阳建都的合理性。文辞典雅清新,极力铺陈西都长安和东都洛阳的豪华壮丽。

工商、农桑、耕耘、陶匏、纤靡、奇丽、形神、寂漠、耳目、嗜欲、廉耻、学校、庠序、饪宴、嗟叹、清浊、驰骋、险阻、防御、平夷、洞达、图书、道德、逾侈、法度、狂简等等。

再如,《诗经》是四言诗,《论语》中的四言短语或句式亦屡见不鲜①,汉代大赋直承《诗经》语言风格,四音节短语或句子的使用很普遍,据我们统计,司马相如的《上林赋》四音节短语或句子占比约53%,东汉班固的《西都赋》约为49%,《东都赋》约为37%。至于六朝骈文中的四音节短语或句子占比一般不低于35%②。而汉魏六朝的墓铭基本上是四言③。这一语言风格,很显明地反映在《宋书》的词汇中。

汉语词汇史是汉语词汇构成发展的历史,汉语词汇史研究是弄清汉语词汇的基本面貌和特征,描述汉语词汇在不同历史时期的发展变化,揭示这些变化的特点和原因,归纳汉语词汇发展内在规律的。一般说来,汉语词汇史的研究主要包含不同时期词汇面貌与特色、新词的产生和旧词消亡过程、词义的演变、构词方式及其发展等四个方面。就中古汉语词汇史而言,汉语词汇史的研究需要解决的问题,一是弄清这一时期的具体分段及各阶段的词汇特点:中古前期词汇特点,中古中期词汇特点,中古后期词汇特点,雅言词的产生,时代特色语词,人物评赞语词,诗歌语词等等;二是词复音化的机理与原因:复音化的社会动因,附加式合成词的发展,语法构词(短语复音化),同素异序语词,叠字的发展,外来译词;三是词的虚化与词义的发展:副词、量词的发展,词尾的发展,一词多义,新词新义④,四音节语词。在这些具体问题的研究中,我们需要运用前人常用的以古代辞书和故训材料为根据、以语料归纳分析为手段的疑难语词考释法,并以语法史、语音史、文字史的相关成果为参照⑤,适当吸收现代语言学理论,综合运用学科交叉融合研究法。

就上述研究方法问题具体举例论述如下。关于中古汉语各阶段的词汇特点,我们首次从社会发展、文体、词汇特点等角度提出中古汉语可以细分为中古前期(东汉至西晋)、中古中期(东晋至隋)、中古后期(隋至中唐)三个阶段。中古前期是上古汉语的惯性发展和新生语词的萌生发展阶段,一方面,随着西汉"独

---

① 万久富《〈论语〉的言语特点》一文称《论语》中四音节句占所有句式的35%。
② 鲍照《舞鹤赋》为47%。
③ 墓铭,指墓志铭中"铭曰""其辞曰"以下的文字。
④ 包括新兴词尾、消亡语词等。
⑤ 包括古今字、异体字、通假字、避讳字等。

尊儒术"的提出和东汉早期光武帝、明帝、章帝对儒学的尊崇①,儒家经典语言影响着政治、教育、文化等各个领域,这是"惯性发展"的社会动因;另一方面,大赋、政论文、史家撰述、魏晋玄谈与人物品评、乐府诗的创作,以及汉武帝、汉明帝、汉和帝等统治者持续不断对匈奴、羌、西域、乌桓、闽越、东瓯、卫氏朝鲜、南越、交趾、西南夷等周边地区、民族的征战、怀柔与控制,又加上东汉明帝以后佛教的逐步传入与佛经的翻译,语法构词、外来译词促进这一阶段新兴语词萌生并不断崭露头角。这一阶段词汇史的特点是:一批常用词在悄悄地发生着变化更替;变调构词现象大量出现;单音语素构词特别活跃;译词不断增加;人物品评语词异常丰富。

中古中期是汉语词南北影响加大和雅俗深度融合的发展阶段,一方面,随着西晋永嘉年间匈奴入侵中原,中原人口大量南迁以及东晋、南朝宋、南朝齐、南朝梁、南朝陈定都建康②,侨置郡县遍布江南、江淮间,使得汉语出现南北融合趋势与南北分流格局,中原官话与江淮方言及吴语深度融合③;另一方面,随着六朝乐府民歌的繁荣和六朝骈文的深远影响,南北朝佛教的兴盛、译经数量的猛增,雅言与方俗语、外来语深度融合。这一阶段词汇史的特点是:新词新义大量涌现;复音语词呈"井喷"态势,复音词与复音短语共现;复音短语不断凝固,逐步发展成复音词;方俗语词、四音节语词融入词汇系统;实词虚化加快,出现了大量新生副词以及一批词头、词尾;产生了大量雅言词;四声别义现象多见;时代特色语词丰富;谦敬语词大量产生。

中古后期是汉语词汇规模大增和语词形式与内容发生质变的相对成熟阶段,一方面,从唐太宗的"贞观之治"到唐玄宗的"开元盛世",政治安定,社会繁荣,国力强盛,可以不夸张地说唐文化对当时东亚乃至世界文化有着深远的影响,中唐时期"安史之乱"到后来的"藩镇割据",社会的快速发展、文化交流的扩大、民族的融合发展,社会的动乱,催生了大量新兴语词;另一方面,唐诗创作与影响以及古文运动的推动与文人仿古作品的成熟,使得书面语言不断规范化,词的形式与意义不断定型固化。这一阶段词汇史的特点是:复音词大量产生定型;同素异序语词逐步定型;叠字大量使用;文言语词数量大增;一批中古中期时代特色语词被淘汰;外来词的来源扩大。

---

① 光武帝在文化上,大兴儒学,推崇气节,开创了"光武中兴"时代。梁启超《新民说》(《饮冰室合集》中华书局,1936)称:"东汉尚气节,崇廉耻,风俗称最美,为儒学最盛时代。"
② 今江苏省南京市。
③ 参陆法言《切韵序》及鲁国尧《通泰方言是北方方言的"后裔"而具有吴方言的底层》一文。

关于构词法语法研究手段在词汇史研究中的运用。关于语法构词,我们在过去的语法研究中,一般理解是,语法就是语言的结构方式,包括句法和词法。句法研究的对象是句子,包括句子的类型、词序(语序);词法研究的对象是词,包括词的类别、词的构成、词的功能。就词法而言,词的类别,分成若干实词与若干虚词,其中副词属于实词还是虚词、副词与形容词的区分、连词与介词的区分、"之"的词性、助词与连词、词尾与衬字(句中助词)的区分等等,学界意见不一致;词的构成,涉及语音构词(包括单音词的)、语法构词,语音构词又涉及单音词的变音构词、联绵词的形成、叠音词的发展、译词,而语法构词则指复音短语的词化;词的功能,指词在句子中所发挥的作用,也就是担任什么句子成分,涉及不同类别词的一般功能与临时功能,临时功能也就是所谓的"词类活用"。我们注意到,从词汇史的角度研究专书中的词汇构成,探讨某些词汇的发展规律,是离不开语法研究中词法研究手段的运用的。诸如"复音词"词汇是从音节多少角度对这类形式的词的概括叫法,但对这类词的发展规律的探讨及从语素角度所进行的复音词内部结构关系的分析则属于语法中词法研究的范畴。王力先生早在《汉语史稿》中就说过:"在语言的构成部分中,语音、词汇和语法是有机的互相联系着的一个不可分割的整体。平常我们把这三个方面分开来研究或分开来叙述,那只是程序问题,并不意味着这三个方面是截然分开的。语音是有声语言的词汇的体现者,词汇是语言的建筑材料,语法是这些材料的组织者。显然可见,只有重视这三个方面的联系,然后语言史的研究才合于马克思主义语言学的原理。"[1]向熹《简明汉语史》(上)(1993)也提示在汉语史的研究中要注意语音、词汇、语法各方面的联系,指出:"'四声别义'是利用声调的变化来表示词义和词性的不同。虚词是汉语的重要语法手段,许多虚词是从实词虚化来的,而实词的虚化又往往引起语音的分化。"[2]我们非常赞同两位先生的这些意见,在本研究中,虽说是"词汇史角度"进行的专书语词研究,但需要强调的是,个中研究手段不排除词法研究手段,我们更侧重于通过语法分析手段去考察词的意义发展,诸如副词、量词、叠字、同素异序等专题的研究就是这样的;所谓的"词汇史"主要指以《宋书》为观察点去历时考察词汇的发展规律;对词的构造的分析可以分成构词法与造词法,造词法角度正是词汇史的研究范畴。前人也正是这样做的,王力

---

[1] 第 15—16 页。
[2] 第 5 页。

《汉语史稿》第四章《词汇的发展》第五十四节《汉语基本词汇的形成及其发展》："这里我们顺便谈一个和语法有关的词汇情况。在原始时代，名词和动词往往是分不开的。这种情况，在生产方面更加突出。上面谈到的'田'字，它一方面是名词，一方面又是动词，就是很好的一个例子。"又举"鱼""禽""兽"三个词加以说明。第五十九节《词是怎样变了意义的》："定语代替了整个仂语①，也应该算是词义的缩小。""一方面，成语和典故有可能破坏语法的常规……但是另一方面——这是主要的一面——成语和典故又保持着许多古代的语法规律和虚词。举例说来……这是沿用三千年前的语法结构；我们今天说'莫名其妙''自上而下'……这是使用现代汉语里基本上已经死亡了的虚词；它们在固定的上下文中保存着古代语法的残迹。"这些例子正是用语法研究的手段研究词汇史。又如王力《汉语史稿》第四章《词汇的发展》第五十五节《鸦片战争以前汉语的借词和译词》介绍了西域借词和译词、佛教借词和译词、西洋借词和译词，是从造词法角度对词汇的来源的挖掘②。向熹《简明汉语史·中编》"汉语词汇史"也正是从单纯词、合成词的语法分析角度描述复音词发展的。

　　词汇史研究中，关于虚词、实词问题，我们有如下基本认识：一是从认知规律出发，汉语中首先产生的应当是实词，随着人类的进步、语言的发展，实词逐步虚化为虚词，上古汉语乃至远古汉语③中的虚词是汉语长期发展、实词虚化的结果，后代汉语中绝大多数的虚词都是虚化而来④。王力《汉语史稿》第四章《词汇的发展》第五十四节《汉语基本词汇的形成及其发展》："代词作为基本词，应该是比较后起的""数词作为基本词，起源也比较晚。""联结词的出现更晚。有一些联结词是从动词转来的。"这些判断是符合事实的。在词类划分中不必纠结于某类词究竟是实词还是虚词。不同词类之间彼此存在着相对的虚实，可以推测某个词早期一定是最实的名词或动词⑤，后来才逐步虚化为动词、形容词、代词、数量词、副词、介词、连词、助词等词类。在汉语词发展历史长河中，不同的词，虚化的

---

① 词组。
② 至于王力《汉语史稿》第四章《词汇的发展》第五十七节《同类词和同源词》则是用语音、文字研究手段去讨论不同类别的词汇的构成。
③ 这里指殷墟卜辞。
④ 少数语音、文字讹变或外来语影响除外。
⑤ 当然，动词比名词的意义要相对的虚一点。至于王力先生所举"田"例说明某个时代名词与动词同时存在，我们认为，值得进一步探讨。理由是：名词"田"（田地）与动词"田"（狩猎）看不出明显的语义联系，不是就同一个词的层面而言；两者是否存在假借关系，有待史前新材料的出现；仅从字形对二词进行推测，名词"田"（田地）象形字当无大问题，动词"田"（狩猎）作为"围猎"语源义的会意字似无不可。

速度是不等同的,不同的词在某个时期所兼词类多少也是不一致的,但虚化的方向不会改变。诸如"之""乎""者""也""其""而""且"等后代常见虚词就存在这样的情况,其中"之"在汉语史上曾"担任"名词(脚趾)、动词(到……去)、代词、助词①,但这些词性肯定不是同时产生的,只不过是积淀在具有悠久历史的汉语中而已。

我们认识到,复音词是短语的凝固发展,体现了结构凝固和意义发展,具体考察过程中,应坚持使用频率考察的原则;历时比较考察的原则;扩展、替换、异序原则;意义分析时切忌以今释古,以实释虚,以原典释今文。关于这些认识,前人亦零散论及,这里不再一一介绍。与此相关的现代语言学理论,有汉语词的"语法化"理论,下面试作论述。

语法化(grammaticaliation),最早是由法国语言学家 Meillet 提出的,指的是"自主词向语法成分转化"的一种语言现象。作为正式的汉语语法研究理论,近年来颇受关注。语法化的实质是,词义抽象化达到一定程度后引起词义的虚化,使之最终失去原有的词汇意义,变成只表示语法关系或语法功能的语法单位。沈家煊《"语法化"研究综观》(1994)一文指出:"语法化通常是指语言中意义实在的词转化为无实在意义、表语法功能的成分这样一个过程或现象。中国的传统语言学称之为'实词虚化'。"石毓智《语法化的动因与机制》(2006)认为:"语法化理论是当代最新的历史语言学分支,它提倡从历时事实中概括规律,重视一个语法现象产生的语义基础和句法环境,探索语法发展的动因和机制,研究一个实词如何一步步变成语法标记,一个语法标记又进一步发展成为其他标记,一个语法结构是如何产生的,如此等等。这一理论对指导历史语言学的探讨行之有效。"②"一个语法手段的产生与发展通常受三个条件的限制:一是语义的适宜性,哪些词汇向哪些语法标记的发展有很强的规律性,只有那些语义上适宜的词汇才有这种可能;二是句法环境,语法的发展跟词义的引申不一样,它必须在一定的句法环境中进行;三是比较高的使用频率,新语法现象往往首先产生在那些高频率使用的词汇上,高频率使用的现象容易固定下来成为一种语法手段。""新旧语法现象的产生不是一个简单替代的过程,而是新旧用法长期共存,在这个阶段一个语言形式同时兼有的词汇用法和新产生的语法功能。其词汇用法和语法

---

① 王力先生《汉语史稿》则称作连词。
② 第4页。

功能之间是逐渐过渡的,它们在有些场合难以区分。新旧用法经过长期的共存和竞争,新用法有可能最后取代旧用法。"[1]该著着重探讨一个词语所出现的语法环境和使用频率对其语法化的影响,分析一个词语原来的用法对其语法标记的影响,探讨汉语的概念化特点对汉语语法特征的影响。"语法化"理论对于汉语词汇史,特别是对中古汉语词汇的研究具有较强的指导意义。在《宋书》语词相关专题研究中,我们吸收"语法化"理论的有关意见,确立了如下几点研究思路和原则:实词虚化,是汉语词汇发展演变的最主要的途径之一,这个过程通常伴随语法意义和语法功能的双重改变;实词"语法化"后,为了区别于原来的实词,有时会产生新的词性来记录这个新的语法成分,形成词的更替,这个语法成分所表示的概念就"变了名称";实词虚化与词组词化有一个漫长的发展过程,普遍存在实词与虚词共生、词组与复音词并存的发展阶段,虚词与实词的意义既有联系又有区别,而语法功能不同,词组与复音词之间存在意义上的质的变化[2];实词虚化以及词组词化的考察必须以语言事实为主要根据,使用频率考察以及共时历时比较是判断实词还是虚词、词组还是复音词的重要手段;实词虚化以及词组词化后,会引起词汇系统的量的变化。例如汉语中的副词大部分是由词类相对实的动词或形容词虚化而来,它的"语法化"受到语义、句法位置、语用和韵律限制等诸多因素的综合影响,有一个从实词到相对虚一点的词,再到更虚一点的词的渐变过程,其语法意义也存在一个由实到虚的发展过程,这个过程虽说较为复杂,但大多有迹可循;词的更替,开始一定经历过近义阶段和反复阶段,逐渐被取代;量词也大多是从名词、动词虚化而来,虚化过程中,虚实的界限又是很不明显的,需要细加甄别。例如位、头、条、回、遭等等[3]。新义研究,实际上是讨论"词是怎样变了意义的",需要探讨意义产生消亡的动因,属于词汇史讨论的核心问题;同素异序现象的考察需要通过使用频率去判断不同时期某种词序受欢迎的程度,还要参照后来使用的情况去了解一种词序的生命力,更要注意区分不同词序的语词成分的意义区别。具体例子见本著相关章节的讨论。

---

[1] 第6页。疑"兼有的词汇用法"为"兼有旧的词汇用法"之误。
[2] 万久富《〈宋书〉复音词研究》(2006)指出:"可以看该组合的意义是否具有确定性、概括性、抽象性、明确性等等。还有看它是否具有特指义、概括义、新生义、偏指义等等。"
[3] 可参考万久富等《量词"位"的历时考察》一文。

第一章
《宋书》时代特色语词试说

第一节 时代特色语词的提出

词汇是语言的"建筑材料",也是不同时期语言的"脸谱",还是社会发展的真实写照,词汇的发展特点和风貌有着外在的社会发展动因与内在的语言发展机理。词汇系统描写可以为汉语史的系统研究提供重要观照系。《宋书》中的时代特色语词,是中古汉语中期语言的个性标签,需要系统的挖掘整理。

王力先生《汉语史稿》第一节《汉语史的对象和任务》就说过:"这一门关于汉语发展的科学,它跟中国史,首先是汉族人民的历史,关系也是非常密切的。中国史当中,应该注意经济史、政治史、文学史和文化史……此外,种族学、民间口头创作也都跟汉语史有若干联系。"[①]可见,早在五十多年前王力先生就提示了我们汉语词汇史研究的大方向。我们认为:史书作为反映社会生活最为全面真实的特殊类型文献,反映了当时社会的经济、政治、民族发展、文学创作、文化交流等方方面面,史书专书词汇研究不能与社会发展研究脱节;汉语基本词汇的发展是汉语史划分的重要依据之一,因而常用词的更替等研究是汉语词汇史研究的核心问题;基本词汇和一般词汇构成了某个时期词汇的整体面貌,一般词汇的来源有新词、外来词、方俗语、社会用语等,反映社会生活最为敏感及时和具体全面;某个时期词汇全貌的勾勒,离不开一般词汇中时代特色词汇的爬罗挖掘。

时代特色词汇是时代特色语词的总汇。什么是时代特色语词呢?我们的初步认识是:某个历史时期特有的显明地打上时代社会生活印记的词和短语。所

---

① 第1—3页。

谓"时代",指某一段时期;所谓"特色",包括特别与色彩两个方面——特别,是说该语词在某段时期特有;色彩,是说语词的结构或意义打上某段时期社会生活的印记。前人的研究中,已经零星涉及这类语词的训诂或汇释。遗憾是:时代特色语词的名称和界定尚不够明确;时代特色语词与新词新义、外来词、佛经或道教文献语词、疑难语词、常用词等之间的界限不明确;大多成果对时代特色语词的考察基本停留在语词本身的意义发展考察,未能联系经济史、政治史、文学史或文化史等作深层的语言外在动因讨论。关于名称及界定,前人多用"某某时语""某某人语""习语""时语""常语""屡见""恒用""恒言"等等,例如,周一良先生所谓"南倳盖当时习语""诏文多夹杂当时习用之口语""南北朝时又呼父曰尊"①;徐复先生所谓"蹈谓蹈节,魏晋人恒用之""惟疑为汉魏晋人常语""童冠,魏晋人语……贞脆,汉以后人恒用"②,"拍浮,晋人以称游泳""赊迟,晋人语……狼抗,谓暴戾狠毒。晋宋人语""此与萧杌之义正近,是晋时有此语也"③。吴金华先生所谓"颇拾其古义时语之费解者""此亦魏晋常语""又'经通'一词,晋人习用"④。等等。

  从术语看,大多说明凭语感或直觉对语词的时代性有了敏感的认识,所言多是。不过术语的使用系话语性表述,未能上升到系统性、严密性的理论高度。按一般的理解,习语,即习惯用语,是从常用词的角度提出来的,既可以说它是古今通语,也可以视作时代特色语词;常语,即日常用语,可以是时代特色语词,不过流传到后代,特别是进入基本词汇中,就可以视作古今传承语词了;时语,即当时的口语,可以视作时代特色语词,但是否属于时代"特有"的,还需要进一步的历时考察;至于"汉魏晋""魏晋""晋人""晋宋""魏晋六朝""唐人""晋时""魏晋南北朝""六朝"云云,似乎过于含混,不便于某些时代特色语词的考释及时代界定。随着中古汉语研究的深入,"时代特色语词"的提出或许可以推动相关研究的深入。

  关于时代特色语词与新词新义、外来词、佛经或道教文献语词、疑难语词、常用词等之间的界限问题,我们的认识是,时代特色语词一定是新词或新义,但它所不同的是,该新词新义仅出现在此期,后世不用或罕用,"后世不用或罕用"指

---

① 第169、196、208页。
② 《徐复语言文字学论稿》第144、146、153页。
③ 《徐复语言文字学晚稿》第224、229、378页。
④ 王云路等《中古汉语研究》第213、220、222页。

后人在一般语言中不使用,不包括后世类书摘录、学者引述的"同质语料"以及演义该时期历史故事而模仿用词的情况①。时代特色语词可以是外来词、佛经或道教文献语词、疑难语词、常用词等,但这些类别中很大一部分未必就是时代特色语词,那是因为,外来词中,意译的词可能是承古词,亦可能是新造词,佛经或道教文献中的语词未必就是外来词、新词;疑难语词可以说明它的后世不用或罕用,符合时代特色语词的特点,然罕见恰恰不能说明其时代特色;常用词等只是说明了它的经常使用,可以看成具备时代特色的一个方面,但常用的语词可以是承古词,就失去了其"特别"。总之,确定新词新义等是否属于时代特色语词,需要结合出现时代、后世是否使用、是否经常使用、是否折射社会生活特征等进行多维度考察。

《宋书》中的时代特色语词研究,离不开前辈学者所打下的良好基础,其中有郝懿行《晋宋书故》《宋琐语》的宝贵提示,也有《魏晋南北朝史札记》语词条目考释的经济史、政治史联系方法启发,更有训诂大家徐复先生系列成果中语词时代性界定的理念以及吴金华、方一新、汪维辉、王云路等先生的接力传导。我们所说的"《宋书》时代特色语词",是指《宋书》所记录的中古汉语中期——东晋南北朝时期的特色语词。考察过程中,我们主要采用了语料排比归纳法,《宋书》书证以外,主要参照的同时代语料较多,关于这些文献中语料的时代,我们一看该文献作者的年代以及编写成书的年代;二看该文献编写过程中的材料来源;三看该文献中不同类别语料的时代界定。例如,《南齐书》《魏书》《水经注》《搜神记》等以及此期所译佛经、《玉台新咏》等文献中此期作者的诗文等,应当视作此期的典型语料;《三国志》中的史家述语、评赞语以及裴松之等注可以视作此期的语料;《晋书》《南史》《北史》《梁书》《周书》《北齐书》《建康实录》等除一部分史家评赞语以及少量曲笔避讳的文字外,大部分也可以看成此期的旁证语料,特别是这些文献中的诏令、奏疏、诗文、人物对话、"志""纪"部分的实录等,其时代语料价值较高。《说文解字》《玉篇》以及前人诂释材料的利用是考释语词意义的基本依据。语词的切分、不同语料性质区分、异文的处理、新词的确定等,我们都以语义为中心去全面排比书证,作深入的考察。论述时代特色语词时一般不涉及人名、地名、书名、职官名等专名。

---

① 同质语料,指不同文献中所出现的来源相同、文字完全相同或基本相同的句子或段落。

第二节 《宋书》时代特色语词考索举例

出(18①)

  占曰:"客星出太微,国有兵丧。"(卷二十三·天文一)
  有白气出斗侧,广数丈,长竟天。(卷二十三·天文一)
  高祖北伐,以道济为前锋出淮、肥,所至诸城戍望风降服。(卷四十三·檀道济列传)
  今以大众自外水取成都,疑兵出内水,此制敌之奇也。(卷四十八·朱龄石列传)

出现;经过。《汉语大词典》释"出"具"经过;穿过"义,首出书证是《公羊传·桓公十一年》:"祭仲将往省于留,途出于宋,宋人执之。"值得推敲。"出"的本义是"草木上出"。《说文解字·出部》:"出,进也。象草木益兹上出达也。"段注曰:"本谓草木。引伸为凡生长之称,又凡言外出,为内之反皆是。"引申之,皆"冒出""自内而外""穿过""生长""滋蔓"义。《汉语大词典》二义合一义项欠妥。首先是,首出书证仅证"穿过"义,"经过"义中古方出现。其次,"穿过"义引申自"自内而外"。我们还注意到此期又一新生义"出现",习用,后世罕用。《汉语大词典》漏释。其引申轨迹是,"滋蔓"义引申而具"出现"义②,再引申又具"经过"义。"经过"义,无"自内而外"这一核心义,"穿过"则具有;又,"经过"可以兼作介词,"穿过"则一般仅作动词。将"穿过""经过"合一义项不当。实际上,"出现"的引申义"经过"亦是此期新义,后世沿用。其实,上古汉语中,"出"的意义更"实",多释作"穿过"。例如,《史记·淮阴侯列传》:"(韩)信能死,刺我;不能死,出我袴下。"此期用例中,除了语境中有明显的可以出入的城市、门、洞等处所外,泛地区或通道等作为"出"的作用处所时,"出"大多可以解作"出现""经过"。其他用例有如:

---

  ① 数字是该词在《宋书》中的频次。余同。
  ② 《重修玉篇·出部》(四库本):"出,尺述切,去也;见也;进也;远也。"其中"见"同"现","出现"的意思。

凡五星所出所行所直之辰,其国为得位。(晋书·卷十二·天文志中)

至恭帝元熙元年三月五日,出西蕃上将①西三尺许,又顺还入太微②。(晋书·卷十二·天文志中)

巫咸曰,彗星出西方,长可二三丈,主捕制。(晋书·卷十二·天文志中)

其十二月,彗星出牵牛之西,指天市。(晋书·卷十三·天文志下)

臣今遣前锋都督裴恒步骑七万,遥出陇上,以俟圣朝赫然之威。(晋书·卷八十六·张轨列传附重华)

吴大将孙峻出淮、泗。以(陈)泰为镇军将军。(三国志·卷二十二·魏书二十二·陈群传附泰)

如吾计者,政欲出营城外,诡言西归,(刘)灵助闻之,必信而自宽,潜军往袭,可一往而擒。(魏书·卷八十·叱列延庆列传)

温遂统步骑四万发江陵……命梁州刺史司马勋出子午道。(晋书·卷九十八·桓温列传)

夺(14)

加录尚书事,又不受,屡请归藩。天子不许,遣百僚敦劝,又亲幸公第。高祖惶惧,诣阙陈请,天子不能夺。(卷一·武帝纪上)

先是,新蔡徐元妻许,年二十一,丧夫……许自经气绝,家人奔赴,良久乃苏。(张)买知不可夺,夜送还(徐)揽。(卷九十一·孝义列传)

近则淮、厉覆车于前,义康袭轨于后,变发柴奇,祸成范、谢,亦皆以义夺亲,情为宪屈。(卷七十九·文五王列传)

太宗泰始初,四方同反,(顾)觊之家寻阳,寻阳王子房加以位号,觊之不受,曰……孔觊等不能夺。(卷八十一·顾觊之列传)

于时晋朝虽不从(徐)乾议,然乾据礼及咸康故事,(孔)安国无以夺之。(卷十六·礼志三)

盖以莫大之冤,理不可夺,含戚枕戈,义许必报。(卷五十一·宗室列传)

伏愿圣察,特垂许顺,不令诚诉,见其抑夺。(卷四十二·王弘列传)

---

① 西蕃上将:古代星官名。
② 太微:古代星官名。

王录事议不可夺,实如来论。(卷五十九·张畅列传)

强迫;说服,驳回。"强迫"为本义"强取"义的引申;"说服,驳回"为"强迫"义的再引申。此二义为新生义,此期习用,《宋书》中用例分别为8例、6例。后世罕用。此期其他用例有如:

岂非公义夺私情,王制屈家礼哉!(晋书·卷二十·礼志中)

明穆皇后不夺其志,乃徙琅邪王为会稽王,追号后曰会稽太妃。(晋书·卷三十二·后妃列传下)

今道路行通,方隅多事,乞留前恩,使臣得速还屯。不尔留连,必于外虞有阙。匹夫之志,有不可夺。(晋书·卷三十四·羊祜列传)

夫万物之所不通,圣贤因而不夺。(晋书·卷七十三·庾亮列传)

若未能每事释正,则无家之义弗可夺也。(晋书·卷三十五·裴秀列传附颜)

(王)沈无以夺之,遂从议。(晋书·卷三十九·王沈列传)

颜览载籍,而沈深有智算,确然难夺。(晋书·卷四十·贾充列传附模)

每与(王)弼语,常屈弼。弼大才早出,当其所得,莫能夺也。(三国志·卷二十八·魏书二十八·邓艾传裴松之注)

分

道在不然,义在不可,而横意去就,谬生希幸,以为未达至分。(卷七十三·颜延之列传)

故咸康创议,元兴载述,而事屈偏党,道挫余分。(卷九十七·夷蛮列传)

占曰:"尾为燕,又为吴,牛亦吴、越之分。"(卷二十三·天文志一)

斗牛,吴、越分。(卷二十三·天文志一)

由是淮南江东同扬州地,故于时变见吴、楚之分。(卷二十三·天文志一)

占曰:"天子失德易政。氐又兖州分。"(卷二十三·天文志一)

道理;分野。至分,最高明的道理;余分,别的理由(道理)。可参考方一新

《东汉魏晋南北朝史书词语笺释》"分"条①。分野,略称"分",古人按天上星辰的位置,把地面划分为十二个区域。叫作分野。此二义项此期习用,后世罕见。《宋书》"分野"义用例多达11个。又如:

> 三年,星孛于胃。胃,徐州分。(卷二十三·天文志一)
> 四月,彗星见齐分。(卷二十四·天文志二)
> 按,占曰:"牛,扬州分。"(卷二十四·天文志二)
> 九月壬午,太白昼见在角,兖州分。(卷二十五·天文志三)
> 初,义熙三年,四星聚奎,奎、娄,徐州分。(卷二十五·天文志三)
> 柳、张,三河分。(卷二十五·天文志三)
> 初,桓帝之世,有黄星见于楚、宋之分。(卷二十七·符瑞志上)

"分野"义用例此期其他文献很丰富,不烦引证。"道理"义的此期其他文献用例有如:

> 凡所以立品设状者,求人才以理物也……今则反之,于限当报,虽职之高,还附卑品,无绩于官,而获高叙,是为抑功实而隆虚名也。上夺天朝考绩之分,下长浮华朋党之士。(晋书·卷四十五·刘毅列传)
> 夫恶欲之大端,贤愚所共有,而游子殉高位于生前,志士思垂名于身后,受生之分,惟此而已。(晋书·卷五十四·陆机列传)
> 方今俊乂在官,百工惟时,拙者可以绝意乎宠荣之事矣。太夫人在堂,有羸老之疾,尚何能违膝下色养,而屑屑从斗筲之役?于是览止足之分,庶浮云之志,筑室种树,逍遥自得。(晋书·卷五十五·潘岳列传)
> (孙)权、(史)郃等人人前自陈,帝为论说军旅成败去就之分,诸将无不喜悦。(三国志·卷二·魏书二·文帝纪裴松之注)

换

> (刘)义恭素奢侈,用常不充,二十一年,逆就尚书换明年资费。而旧制出钱二十万,布五百匹以上,并应奏闻,元辄命议以钱二百万给太尉。事发觉,元乃使令史取仆射孟颉命。(卷六十四·何承天列传)
> (刘)胡以南运未至,军士匮乏,就颉换襄阳之资。(卷八十四·袁颉列传)

---

① 第41页。

支取；挪用。说见吴金华老师《世说新语考释》"换"条①。新生义。此期习用。后世罕用。此期其他用例如：

时帝在戎多乏，就(曹)武换借，未尝不得，遂至十七万。(南史·卷四十六·曹武列传)

逋租宿责，换负官物，在建武元年以前，悉原除。(南齐书·卷六·明帝纪)

换借富贵，以助军费。(南齐书·卷三十八·萧赤斧列传附颖胄)

后以其性俭家富，说太傅令换千万，冀其有吝，于此可乘。太傅于众坐中问庾，庾时颓然已醉，帻堕几上，以头就穿取。(世说新语·雅量)

跳

崿者，谓回江岑，在其山居之南界，有石跳出，将崩江中，行者莫不骇慄。(卷六十七·谢灵运列传注文)

冒出，凸起。是"抛掷"的引申义。真大成《中古文献异文的语言学考察——以文字、词语为中心》"由多种因素造成的一形多词"证"掉""跳"为一词异形，称"'掉'在译经中可以记录向上抛，并、跳义的'跳'"②。显然，"抛掷、逆"与"冒出，凸起"的语素义关联度是较高的。是此期新生义。《宋书》系孤例。后世亦罕用。此期"抛掷""冒出，凸起"义的其他用例有：

宋前废帝使敬则跳刀，高出白虎幢五六尺，接无不中。(南史·卷四十五·王敬则列传)

不剪则不茂，剪过则根跳。若八月不止，则葱无袍而损白。(齐民要术·卷三·种葱第二十一注文③)

韭，一剪一加粪，又根性上跳，故须深也。(齐民要术·卷三·种韭第二十二注文)

标素岭乎青壁，茸赩文于翠嶂；跳巨石以惊湍，批冲岩而骇浪。(梁书·

---

① 第106—107页。
② 第253—254页。
③ 《齐民要术》中的小字注文一般看作贾思勰本人所注，可参考缪启愉《齐民要术导读》(第28页)"多出来的问题"。

卷三十四·张缅列传附缵）

初(7)

从休祐死后,吾再幸休仁第,饮啖极日,排阁入内,初无猜防,休仁坐生嫌畏。(卷七十二·文九王列传)

父(傅)瑗,以学业知名,位至安成太守。瑗与郗超善,超尝造瑗,瑗见其二子迪及亮。亮年四五岁,超令人解亮衣,使左右持去,初无吝色。(卷四十三·傅亮列传)

(庾)登之与(谢)晦俱曹氏婿,名位本同,一旦为之佐,意甚不惬。到厅笺,唯云"即日恭到"。初无感谢之言。(卷五十三·庾登之列传)

将出市,(范)晔最在前,于狱门顾谓(谢)综曰:"今日次第,当以位邪?"综曰:"贼帅为先。"在道语笑,初无暂止。(卷六十九·范晔列传)

情态副词。完全;一点(也)①。一般后接否定词,作状语。由"本来"引申为"完全",意义更抽象,理性意义弱化,情态意味增强。此期新生义,习用。后世罕用。此期其他用例有如:

于此分蓍下卦,用思精妙,占筮上诸生疾病死亡贫富丧衰,初无差错,莫不惊怪,谓之神人也。(三国志·卷二十九·魏书二十九·方技传裴松之注)

家牛生一犊,他人认之,(王)延牵而授与,初无吝色。其人后自知妄认,送犊还延,叩头谢罪,延仍以与之,不复取也。(晋书·卷八十八·孝友列传)

年十五,内侍左右。性谨密,初无过行。(魏书·卷二十九·叔孙建列传附俊)

人有小善,鲜不自称。卿功勋如此,初无一言,何也?(晋书·卷五十八·周访列传)

笔(5)

高祖登庸之始,文笔皆是记室参军滕演。(卷四十三·傅亮列传)

臣卑贱侧陋,窜景岩穴,实仰希太平之道,倾睹岱宗之封,虽乏相如之笔,庶免史谈之愤,以此谢病京师,万无恨矣。(卷六十七·谢灵运列传)

会南郡王义宣反,怀远颇闲文笔,悫起义,使造檄书,并衔命至始兴,与

---

① 又见本著第五章副词部分。

始兴相沈法系论起义事。(卷八十二·沈怀文列传附怀远)

今所余诗笔杂文凡二十首。(卷一百·自序)

不押韵的文章。与"文"相对。清郝懿行《宋琐语·文艺》云:"笔,盖笺奏尺牍之类,六朝人谓此等为笔。"①宋子然《古汉语词义丛考》"笔"条引《文心雕龙·总术》:"今之常言,有文有笔。以为无韵者笔也,有韵者文也。"②久富按,文,具"文饰"义,故以称韵文;笔,书写工具,引申之,书写之文字亦可称笔。《诗经·大雅·大明》"聿怀多福",东汉郑玄笺曰:"聿③,述也。"由书写工具到"述",再到"无韵的文章",引申脉络分明。此期新义,习用。后世罕用。此期其他用例有如:

(侯史)光儒学博古,历官著绩,文笔奏议皆有条理。(晋书·卷四十五·侯史光列传)

在郡积年,著《五经钩沈》,更撰《吴越春秋》,并杂文笔,皆行于世。(晋书·卷六十八·贺循列传附杨方)

卒,赠龙骧将军、太常少卿,谥曰献。所为文笔数十篇。(魏书·卷四十七·卢玄列传附道将)

(沈)文秀族子(沈)嵩,聪敏有笔札。(魏书·卷六十一·沈文秀列传附嵩)

展

领司徒蔡谟议:"四府君宜改筑别室,若未展者,当入就太庙之室。人莫敢卑其祖,文、武不先不窋。殷祭之日,征西东面,处宣皇之上。其后迁庙之主,藏于征西之祧,祭荐不绝。"(卷十六·礼志三)

容许,可能。根据"展"的语法功能,此期已经完全由动词"语法化"成副词了。符合此期副词大量产生的一般规律。此期新义,习用。后世罕用。《汉语大词典》未释此义,疏漏。此期其他用例有:

岂意暴疾,不展救护,便为异世。奄忽如此,痛酷弥深!(南齐书·卷二十三·王俭列传)

---

① 第354—355页。

② 第37页。

③ 聿:"笔"之古字。

后值孙恩贼出吴郡,袁府君即日便征。(陈)遗已聚敛得数斗焦饭,未展归家,遂带以从军。战于沪渎,败。军人溃散,逃走山泽,皆多饥死,遗独以焦饭得活。(世说新语·德行)

为洪计者,苟力所不足,可奔他国以求赴救,若谋力未展以待事机,则宜徐更观衅,效死于(张)超。(三国志·卷七·魏书七·臧洪传裴松之注)

未展春光落,遽被秋风吹。(玉台新咏·卷七·邵陵王纶·代旧姬有怨)

拟

宜使竺灵秀速进滑台助朱修之固守,节下大军进拟河北,则牢、洛游魂,自然奔退。(卷五十·垣护之列传)

虏蒲城镇主遣伪帅何难于封陵堆列三营以拟法起。法起长驱入关,行王、檀故垒。虏谓直向长安,何难率众欲济河以截军后,法起回军临河,纵兵射之,贼退散。(卷七十七·柳元景列传)

对付,抗衡。玄应《众经音义·卷十六》引《字书》:"拟,向也。"《资治通鉴·晋孝武帝太元十七年》"以稍拟仲堪",元胡三省注云:"拟者,举稍向之,若将刺之也。"意思接近,胡氏"向""若"并用,释义迂回。其实,"向"引申之,即为"对付、抗衡"。此释,意义的概括性更强,由具体到抽象,由个别"稍"到一般"大军""三营",符合词义引申的一般规律。此期新义,习用,后世罕用。此期其他用例有如:

卿可深思拟捍之规、攘敌之略,使还具闻。(魏书·卷四十七·卢昶列传)

时朝廷崇树(殷)浩,以抗拟桓温,温深以不平。(晋书·卷七十八·孔愉列传附严)

时(侯)景既卒至,百姓竞入,公私混乱,无复次序。(羊)侃乃区分防拟,皆以宗室间之。(南史·卷六十三·羊侃列传)

十一月丙午,初命为方阵战法,及制军营图样,下诸军府,以拟征突厥。(北史·卷十一·隋本纪上)

具(5)

赐东园秘器、朝服一具、衣一袭、钱二十万、布二百匹。(卷一百·自序)

太元中,公主纳征,以虎豹皮各一具。(卷十四·礼一)

朝服一具,冠帻各一,绛绯袍、皂缘中单衣领袖各一领,革带、袷裤各一,舄、袜各一量,簪导饷自副。四时朝服者,加绛绢、黄绯、青绯、皂绯袍单衣各一领;五时朝服者,加给白绢袍单衣一领。(卷十八·礼五)

晋泰始十年,中书监荀勖、中书令张华,出御府铜竹律二十五具,部太乐郎刘秀等校试,其三具与杜夔及左延年律法同,其二十二具,视其铭题尺寸,是笛律也。(卷十一·律历上)

量词。套。此期用法及意义特别。从"具"的"语法化"过程看,本义"置办",动词。近引申义"器具",名词;远引申义"完备",形容词;远引申义"全",副词,今字作"俱";远引申义"全套",量词。作量词时,可以表示较多类别事物的数量。意义上强调的是"搭配得全"。此期多用于朝服、命服等,用于衣服时与量词"袭"的区别是:袭,指内外衣成套或单衣、复衣成套,《史记·赵世家》"赐相国衣二袭",刘宋裴骃《集解》称"单复具为一袭";具,则指不同季节衣服或不同用途衣服的全套。"具"作为量词还可以用于其他配套事物、相关对象等较全面的特殊事物。诸如"竹律"等等。后世则发展成表示单件、单个的量词,如一具尸体、两具棺木、一具躯壳、一具担架等。这充分说明从名词等向量词发展的"语法化"过程中,量词的核心语素义与所表示的事物之间的从密切到疏远的过程,也正是汉语词虚化的普遍规律。此期其他用例又如:

凡人家营田,须量己力,宁可少好,不可多恶。假如一具牛,总营得小亩三顷——据齐地大亩,一顷三十五亩也。(齐民要术·杂说)

如一具牛,两个月秋耕,计得小亩三顷。(齐民要术·杂说)

计经冬一具牛,踏成三十车粪。(齐民要术·杂说)

男女初生,各与小树二十株,比至嫁娶,悉任车毂。一树三具,一具直绢三匹,成绢一百八十匹;娉财资遣,粗得充事。(齐民要术·卷五·种榆、白杨第四十六)

曲阿富人殷绮见奂居处俭素,乃饷以衣毡一具。(南史·卷二十七·孔靖列传附奂)

(褚)彦回少时尝笃病,梦人以卜著一具与之,遂差其一,至是年四十八矣,岁初便寝疾。(南史·卷二十八·褚裕之列传附彦回)

天监二年卒,诏给第一品材一具,丧事所须,内监经理。(南史·卷三

十·何尚之列传附点）

初，淹年十三时，孤贫，常采薪以养母，曾于樵所得貂蝉①一具，将鬻以供养。（南史·卷五十九·江淹列传）

敛以衮冕之服、温明秘器、命服一具、衣一袭，丧事一依汉东平王故事，大鸿胪持节护丧事，大官朝夕送奠。（南齐书·卷二十二·豫章文献王列传）

给东园秘器、朝服一具、衣一袭、钱二十万、布二百匹、蜡二百斤。（南齐书·卷二十三·褚渊列传）

其夜太医煮药，都水办数十具棺材②，须三更当悉杀之。（南齐书·卷四十·武十七王列传）

上以行北诸戍士卒多褴缕，送袴褶三千具，令奂分赋之。（南齐书·卷四十九·王奂列传）

（崔）涵遂舍去，游于京师，常宿寺门下，汝南王赐黄衣一具。（洛阳伽蓝记·卷三·城南菩提寺）

威仪有鼓角金钲、弓箭一具、戟二枝、矟五张。（洛阳伽蓝记·卷五·城北凝圆寺）

是岁卒，年三十四。车驾临哭，给东园秘器、朝服一具、衣一袭、钱二十万、布二百匹。（梁书·卷十·萧颖达列传）

州人富炽夺民吕胜胫缠一具，洛侯辄鞭富炽一百，截其右腕。（魏书·卷七十七·于洛侯列传）

诏赐阿那瑰细明光人马铠一具，铁人马铠六具……赤漆鼓角二十具……黄绸被褥三十具……绯纳小口袴褶一具……紫纳大口袴褶一具……百子帐十八具……至镇给之。（北史·卷九十八·蠕蠕列传）

（元）叉使（元）和及元氏诬告昱藏宣明，云昱父椿、叔津并送甲仗三百具，谋图不逞。（北史·卷四十一·杨播列传附昱）

每兵唯办弓刀一具，月简阅之。（北史·卷六十·王雄列传附谦）

帝益欢，赐其宅傍田三十顷、良马一匹、金带缣彩六百段、衣一袭、御食器一具。（北史·卷七十四·张衡列传）

至大除日，诏送白紬裤褶一具与玄威释服，下州令表异焉。（北史·卷

---

① 貂蝉：貂尾和附蝉，古代为侍中、常侍等贵近之臣的冠饰。
② 当时棺材规制特别，大别于今。

八十五·王玄威列传)

奉绢万匹、钱千万、粟二万石、奴婢二百人、水碾一具、田百顷、园一所。(北齐书·卷四·文宣帝纪)

部(52)

元徽二年,进号车骑将军……给鼓吹一部,刺史如故。(卷十·顺帝纪)

祭礼依晋太宰安平王故事,鸾辂九旒,黄屋左纛,辒辌挽歌二部……(卷五十一·宗室列传)

准量词。用于乐队、乐器等。相当于"套"。此期新生准量词,习用。《宋书》中使用最普遍的是"鼓吹一部","鼓吹"是一种器乐合奏曲,用鼓、钲、箫、笳等乐器合奏,源于北狄。梁沈约《梁鼓吹曲十二首》序:"鼓吹,宋齐并用汉曲……更制新歌以述功德。"此期"给鼓吹"是用于褒扬有功德的王侯、大臣。用于这一意义的准量词"部",后世罕用。此期其他用例有如:

车驾南伐,详行中领军,留守,给鼓吹一部,甲仗三百人,兼督营构之务。(魏书·卷二十一·献文六王列传上)

先象车,鼓吹一部,十二人,中道。(晋书·卷二十五·舆服志)

封南平郡开国公,兼都督宣城军事,给鼓吹一部。(晋书·卷八十五·刘毅列传)

诏赐(诸葛)亮金铁钺一具,曲盖一,前后羽葆、鼓吹各一部,虎贲六十人。(三国志·卷三十五·蜀书五·诸葛亮传裴松之注)

详(119)

常日事无大小,必赐与谋之。此宜善详之,云何卒尔便答?(卷一·武帝纪上)

其余同朱膺之议。重加研详,以宏议为允。诏可。(卷十五·礼志二)

研究,斟酌。中古常用义为"了解",不烦引证。排比以上各例,以"研究,斟酌"作释,顺畅无碍。《汉语大词典》释"审察;审理"义,以《资治通鉴·魏元帝景元元年》"祸殆不测,宜见重详"为首出书证。释义意思接近但不确,且用的是《三国志·魏书·少帝纪》刘宋裴松之注的同质书证,不能反映语词的时代性。以"研究,斟酌"语素义构成的复合词《宋书》中还有"考详",意义相同。作"研究,斟酌"解的

"详"在《宋书》中用例甚多,后世偶用。是典型的时代特色语词。其他用例有如:

主者其依旧详处。(晋书·卷六·明帝纪)

然《汉书·王莽传》论卯金刀,故以为日辰之"卯",今未能详正。(三国志·卷五十七·吴书十二·虞翻传裴松之注)

臣等参详,谓宜今年至日,更立表木,明伺晷度,三载之中,足知当否。(魏书·卷一百七上·律历志上)

诏与绍远详议往复,于是遂定以八为数焉。(周书·卷二十六·长孙俭列传附绍远)

规(6)/规略

卢循妖凶,伺隙五岭,乘虚肆逆,侵覆江、豫,旂拂寰内,矢及王城,朝野丧沮,莫有固志,家献徙卜之计,国议迁都之规。(卷二·武帝纪中)

吾早识神睿,特兼常礼。潜运宏规,义士投袂,独夫既殒,悬首白旗,社稷再兴,宗祐永固,人鬼属心,大命允集。(卷七·前废帝纪)

昔关老奏书,见纪汉策;阎纂献规,荷荣晋代。(卷六十一·武三王列传)

方将敬纳良规,以补其阙。(卷六十四·裴松之列传)

龙骧将军孟龙符战没,敬宣并领其众,围广固,屡献规略。(卷四十七·刘敬宣列传)

竟陵蛮屡为寇,庆之为设规略,每击破之,伯符由此致将帅之称。(卷七十七·沈庆之列传)

正欲遣启受规略,会奉今旨,悲惧兼情。(卷七十八·萧思话列传)

规、规略,皆可径释作名词"谋略"。此期习用,后世罕用。《汉语大词典》未释"规"的这一意义,且释"规略"似作动词"规划谋略"解,易误解为动词短语"制定谋略"。应该释作"规划、谋略"。实际上,规,即谋;谋,即略。《战国策·齐策》"齐无天下之规",宋鲍彪注:"规,犹谋也⋯⋯《后汉书》凡谋皆作规。"真大成《中古文献异文的语言学考察——以文字、词语为中心》据异文已指出"'规'应是策略、计谋之义"[1]。此期其他用例如:

---

[1] 第281页。

显祖献文皇帝……幼而有济民神武之规,仁孝纯至,礼敬师友。(魏书·卷六·显祖纪)

进取之方,其算安在?克殄之期,复当远近?竟以几日可至贼所?必胜之规,何者为先?故遣步兵校尉、领中书舍人王云指取机要。(魏书·卷十九·景穆十二王列传)

卿可深思拟捍之规、攘敌之略,使还具闻。(魏书·卷四十七·卢玄列传附昶)

今奉庙胜之规,总骁捍之众,足以擒其酋帅,献俘阙下耳。(北史·卷二十八·源贺列传附怀)

晋元康四年,君少子骁骑将军、平乡侯宏……亲临山川,指授规略,命司马、关内侯逢恽,内外将士二千人……凡用功四万有余焉。(水经注·卷十四·鲍丘水)

五年,武帝伐慕容超,除中军谘议参军,与兖州刺史刘藩大破超军,进围广固,屡献规略。(南史·卷十七·刘敬宣列传)

诏怀以本官加使持节、侍中,出据北蕃,指授规略,随须征发。(北史·卷二十八·源贺列传附怀)

至南威梁国,北怀蠕蠕,吐谷浑、阿至罗咸所招纳,获其力用,规略远矣。(北齐书·卷二·神武帝纪下)

疆埸(20)

若边戍未增,星居布野,勤惰异教,贫富殊资,疆埸之民,多怀彼此,房在去就,不根本业,难可驱率,易在振荡。(卷六十四·何承天列传)

臣闻军国异容,施于封畿之内;兵农并修,在于疆埸之表。(卷六十四·何承天列传)

汉世案秦旧迹,严塞以限外夷,吴、魏交战,亦以江、淮为疆埸,莫不先凭地险,却保民和,且守且耕,伺隙乘衅。(卷六十四·何承天列传)

恬上表曰:"伏闻朝恩当加臣济南太守……而瓮口之计,复成交互,人情非乐,容有不安。疆埸威刑,患不开广,若得依先处分,公私允缉。"(卷六十五·申恬列传)

边界。承古词,语出《左传·桓公十七年》"疆埸之事,慎守其一,而备其不虞"。唐孔颖达疏："谓界畔也。"因"埸""场"形近，故"疆埸"与后世方出现的"疆场"易混淆。《汉语大词典》首出表战场的"疆场"用例为元宫天挺的《七里滩》第一折"竭力疆场"。真大成《中古文献异文的语言学考察——以文字、词语为中心》则参考黄建宁《说"疆场"》、李士彪《"疆场"首见问题讨论（二）》认为"目前所见最早的比较可靠的例证是南朝陈叔宝《饮马长城窟行》'何以酬天子，马革报疆场'"①。《汉语大词典》释"疆场"具"战场"义首出书证是唐杜牧《为中书门下请追尊号表》"今陛下用仁义为干戈，以恩幸为疆场"。考虑到"埸""场"在古文献传抄、翻刻过程中有妄改的习惯以及"疆埸""疆场"核心语素义的高度关联，还考虑到，战场不出现在边界时"疆埸""疆场"使用的可区别度。我们在排比以上书证后，认为"疆埸"表"战场"义，在《宋书》中尚未见到。"疆埸"表示"边界"在上古偶用，此期很普遍。在没有更多出土文献证明的前提下，我们认为：尽管后世"疆埸"仍然沿用，但从用字混淆和使用频率有别的角度判断，我们还是判定其为此期的时代特色语词。此期其他用例有如：

　　且三方未定，边隅尚阻，疆埸待戎旗之备，武夫资扞城之力。（周书·卷十一·晋荡公护列传）

　　匈奴野心，侵掠疆埸，丑羯俦张，势振彭、泗。（南史·卷四·齐本纪上）

　　永明之世，据已成之策，职问往来，关禁宁静。疆埸之民，并安堵而息窥觎，百姓附农桑而不失业者，亦由此而已也。（南齐书·卷五十七·魏虏列传）

　　时吐谷浑强盛，数侵疆埸，自桧镇鄯州，屡战必破之。（北史·卷六十四·柳虯列传附桧）

阿干

　　后虏追思浑，作《阿干之歌》。鲜卑呼兄为"阿干"。《卷九十六·鲜卑吐谷浑列传》

古鲜卑语。指称"哥哥"。清郝懿行《宋琐语·言诠》云："阿甘，即阿哥之声转，俗呼兄为哥也。"②此语词与民族发展有关，此期特用，后世罕用。此期其他用例如：

---

① 第358页。
② 第376页。

长子可悉陵,年十七,从世祖猎,遇一猛虎,陵遂空手搏之以献。世祖曰:"汝才力绝人,当为国立事,勿如此也。"即拜内行阿干。(魏书·卷十五·昭成子孙列传)

蒙国宠御,侧在内侍,为给事阿干。其功未酬,奄尔倾背。(汉魏南北朝墓志汇编·北魏·魏故张府君墓志铭)

请台(5)/告报(7)

元嘉二十年,(何)承天奏上尚书:"今既改用《元嘉历》,漏刻与先不同,宜应改革……更增损旧刻,参以晷影,删定为经,改用二十五箭。请台勒漏郎将考验施用。"(卷十三·律历志下)

某曹关太常甲乙启辞。押。某署令某甲上言。某事云云。请台告报如所称。主者详检相应。(卷十五·礼志二)

某州刺史丙丁解腾某郡县令长李乙书言某事云云。请台告报如所称。尚书某甲参议,以为所论正如法令,告报听如所上。(卷十五·礼志二)

司徒右长史王俭议公府长史应服朝服,曰:"《春秋国语》云……服章事重,礼仪所先,请台详服。"(卷十八·礼志五)

其准参旧仪。告报参详所宜分道。(卷十五·礼志二)

某州刺史丙丁解腾某郡县令长李乙书言某事云云。州府缘案允。值。请台告报。(卷十五·礼志二)

四牲不改,在鸡偏异,相承来久,义或有由,诚非末学所能详究。求详议告报,如所称令。(卷十七·礼志四)

太常主者寺押。某署令某甲辞。言某事云云。求告报如所称。(卷十五·礼志二)

请台,请示、请求。是请求台(省)指示的合成复音词。台,是古代中央官署名。汉代的尚书台逐步发展成六朝时的尚书省。请台,是中古奏疏中的习用词,经历了一个短语到复音词的发展过程,此期文献中屡见不鲜。有时与"告报"同义连用。此期用例又如:

蠕蠕王阿那瑰既得返国,其人大饥,相率入塞,阿那瑰上表请台赈给。诏(拓跋)孚为北道行台,诣彼赈恤。(魏书·卷十八·太武五王列传)

臣不达大体，请台量议。（晋书·卷八十八·孝友列传）

请台免臣官，廷尉结罪，大鸿胪削爵土。敕身不谨，伏须罪诛。（晋书·卷五十·庾纯列传）

若署诸卿寺位兼府职者，虽三品而卿寺为卑，则宜依公府元衣之制。服章事重，礼仪所先，请台详服！（汉魏六朝百三家集·卷七十五·齐王俭集·公府长史朝服议）

告报，报告；告诉。《尔雅·释言》："告，请也。"报，本义是"断狱"，引申之，指奏告请示判决结果。《后汉书·鲁恭列传》"勿以报囚如故事"唐李贤注："报囚，谓奏请报决也。"告报，同义复合，《宋书》中亦见"报告"，同素异序。这种情形反映了短语向合成复音词发展阶段语素不固定的短语特点。告报，此期习用。此期其他用例如：

邓城之役，胡马卒至，元帅潜及，不相告报，弃甲捐师，饵之虎口。（梁书·卷一·武帝纪上）

民遂转相告报，未实降者，亦诈举烽，一宿之间，火光遍数百里内。（魏书·卷五十八·杨播列传附侃）

君脱矜憼，为往告报，见申委曲，家兄闻此，必重相报。（北史·卷四十三·李崇列传）

（祖）斑求领军，元海不可，斑乃以其所告报太姬。（北史·卷五十一·齐宗室诸王列传上）

申摄(5)

其翼奖忠勤之佐，文武毕力之士，敷执在己之谦，用亏国体之大，辄申摄众军先上，同谋起义，始平京口、广陵二城。（卷一·武帝纪上）

车驾出，百官应斋及从驾填街先置者，各随申摄从事。（卷十四·礼志一）

元嘉二十五年闰二月，大搜于宣武场，主司奉诏列奏申摄，克日校猎，百官备办。（卷十四·礼志一）

黄门侍郎王韶之立三十二章，合用教试，日近，宜逆诵习。辄申摄施行。（卷十九·乐志一）

部署；指挥。此期南朝习用，后世罕用。《汉语大词典》未收。此期其他用例又有：

今祭服皆缁,差无所革。其所歌之诗,及诸供须,辄勒主者申摄备辨。(南齐书·卷九·礼志上)

通关(6)

太常丞庾蔚之议……通关并同蔚之议,三月末祥。(卷十五·礼志二)

太常丞朱膺之议……通关八座丞郎博士,并同膺之议。(卷十六·礼志三)

曹郎王延秀重议……通关八座,同延秀议。(卷十六·礼志三)

游击将军徐爰议以为……通关博议,以爰议为允。令便立庙,庙成作主,依晋陵王近例,先暂祔庐陵孝献王庙。(卷十七·礼志四)

通报,通告。关,禀告。《周礼·秋官·条狼氏》"誓大夫曰敢不关"清孙诒让《正义》云:"此'不关'亦谓不通告于君也。"刘祖国《魏晋南北朝道教文献词汇研究》据《荀子·臣道》王先谦集解引王念孙"凡通言于上曰关"以及道教文献用例,释"关"具"禀告,告知"义①。略是。然似未必如王说"言于上",后例有"八座丞郎通关博士议"之说。古代又有"关说""关白"之语。"通"又具"传达"义。显然,"通关"是同义复合。《宋书》各例皆有"通报各人,听取意见"的意思。《汉语大词典》漏释此义。此期习用,后世罕用。此期其他相关用例有:

依旧通关八座丞郎博士议。(南齐书·卷九·礼志上)

此既大典,宜通关八座丞郎并下二学详议。(南齐书·卷九·礼志上)

此国之大典,宜共精详。并通关八座丞郎,研尽同异。(南齐书·卷十·礼志下)

此国之大典,宜通关八座丞郎,共尽同异,然后奏御。(南齐书·卷十·礼志下)

易可(8)/难可(14)

臣昔以暇日,撰正众谬,理据炳然,易可详密,此臣以俯信偏识,不虚推古人者也。(卷十三·律历志下)

泰山之安,未易可保,昏明隆替,系在圣躬。(卷四十三·徐羡之列传)

此亦未易可行,期当不泄君言。(卷五十七·蔡廓列传附兴宗)

---

① 第221页。

设使城不可固,平行趋险,贼所不能干。既已族居,易可检括。(卷六十四·何承天列传)

蕃以古制局小,星辰稠概;衡器伤大,难可转移。(卷二十三·天文志一)

太祖诏譬之曰:"玄象茫昧,既难可了……既非远者之事,又不知吉凶定所;若在都则有不测,去此必保利贞者,岂敢苟违天邪?"(卷五十一·宗室列传)

凡讯狱多决,当时难可逆虑,此实为难,汝复不习,殊当未有次第。(卷六十一·武三王列传)

傅弘之曰:"彼众我寡,难可与敌。"(卷一百·自序)

易可,容易。业师吴金华《世说新语考释》"易可、难可"条①以及方一新《东汉魏晋南北朝史书词语笺释》"易可"条②皆有所发明。《汉语大词典》释作"犹容易",出孤证《三国志平话·卷中》,书证过于迟后。实际上此期习用。且《汉语大词典》"犹"字的使用,或许是因为对该词结构的认识尚不到位。对照"难可"一词,仔细排比用例,考虑到此期大量的附加式合成词,以及后世不再使用的词尾"自""复""当"等,我们推测,"可"或许是此期的一个习用词尾。"易可""难可"中的"可"已经"语法化"成为一个构词语素了。易可,即容易;难可,即难,难以。所举《宋书》用例皆说明"可"是不可以用实词语素义去释读的。此期二词的其他用例分别有如:

困兽犹斗,而况于人。贼众知无生路,人自致死,必伤士众,未易可平③。若开其生路,贼必上下离心,克之易矣。(魏书·卷五十一·封敕文列传)

初,臧质阴有异志,以义宣凡弱,易可倾移,欲假手为乱,以成其奸。(南史·卷十三·宋宗室及诸王列传上)

护谏曰:"天下至亲,不过兄弟。若兄弟自构嫌隙,他人何易可亲④。"

---

① 第157—159页。
② 第164—165页。
③ 未易可平:不易平定。
④ 何易可亲:哪里容易亲近。

(周书·卷十一·晋荡公护列传)

侯景登石头城观望形势,意甚不悦,谓左右曰:"此军上有紫气,不易可当①。"(陈书·卷一·高祖纪上)

(王)朗负阻城守,难可卒拔②。(水经注·卷四十·浙江水)

殿下若不留部曲,便是大违敕旨,其事不轻。且此间人亦难可收用。(南齐书·卷四十·武十七王列传)

张士简之赋,周升逸之辩,亦成佳手,难可复遇。(南史·卷五十·庾易列传附肩吾)

臣复量比,因见其异,二三浮滥,难可据准。(北史·卷十七·景穆十二王列传上)

止足

吾虽无人鉴,要是早知弟,每共宴语,前言何尝不以止足为贵。且持盈畏满,自是家门旧风,何为一旦落漠至此,当局苦迷,将不然邪!(卷六十二·王微列传)

(刘)勔以世路纠纷,有怀止足,求东阳郡。上以勔启遍示朝臣,自尚书仆射袁粲以下,莫不称赞,咸谓宜许。(卷八十六·刘勔列传)

退隐。不是一般语词"知足"的意思。晋宋时期战争频仍,政治生态极差。官员皆有朝不保夕、报效无门之感,除了玄谈避祸、诗文怡情外,人怀退隐山林之心。"止足"一词正是在这样的时代背景下产生的时代特色语词。止足,即停步,也就是停下政治进取之步。此期习用。后世罕用。此期其他用例如:

及居端揆,稍弘止足。每进一官,辄殷勤请退,而终不能去,论者方之山涛。(梁书·卷三十·沈约列传)

今弟官位既达,声华已远,象由齿毙,膏用明煎,既览老氏谷神之谈,应体留侯止足之逸。(北齐书·卷四十五·文苑列传)

明帝谋入嗣位,引朝廷旧臣,朏内图止足,且实避事。(南史·卷二十·谢弘微列传附朏)

---

① 不易可当:不易抵挡。
② 难可卒拔:难以一下子攻克。

(王)俭每觐见,辄勖以前言往行、忠贞止足之道。(南史·卷二十二·王昙首列传附僧虔)

骚扰/骚动

(刘)濬未得(元)劭信,不知事之济不,骚扰未知所为。(卷九十九·二凶列传)

本期夜会石头,旦乃举兵。秉素恒怯骚动,扰不自安,再铺后,便自丹阳郡车载妇女,尽室奔石头,部曲数百,赫奕满道。(卷五十一·宗室列传)

并释作"忧愁不安;烦躁不安"。万久富《〈晋书〉语词发微》"骚扰"条已揭此义①。二词为同义词,此期习用。然《汉语大词典》释"骚扰"具"动乱,社会不安定""使动乱不安,扰乱""动荡喧哗,不宁静""使不宁静,搅扰"四义项;释"骚动"具"动荡,不安宁""特指动乱,变乱""犹'噪动'""骚扰;搅扰"四义项。显然忽略了此期的新生习用义"忧愁不安;烦躁不安"。分析《宋书》用例,排比此期其他语料,新生义显然可以确定,后世罕用。兹不赘述。此期其他用例分别有:

卓性先宽和,忽便强塞,径还襄阳,意气骚扰,举动失常,自照镜不见其头,视庭树而头在树上,心甚恶之。(晋书·卷七十·甘卓列传)

(刘)彦节素怯,骚扰不自安。(南史·卷十三·宋宗室及诸王列传上)

由是百姓骚扰,切齿嗟怨。(北史·卷三十·卢玄列传附潜)

(高)欢若得至咸阳,人情转骚扰。今及其新至,便可击之。(周书·卷二·文帝纪下)

人君乐侵陵,好攻战,贪城邑,轻百姓之命,人民不安,内外骚动,则金失其性。(南齐书·卷十九·五行志)

五年,荒人桓天生引蛮虏于雍州界上,司部以北人情骚动。(南齐书·卷三十八·萧景先列传)

官军频经失利,人情骚动,若复兴兵极武,出顿江淮,恐北狄西寇,乘我之弊,倾国而来,则世事去矣。(北齐书·卷二十五·王纮列传)

---

① 见《文史语言研究丛稿》第25页。

河清末,征为太仆卿,以乞伏贵和代之,于是西境麽弱,河洛人情骚动。(北齐书·卷四十一·独孤永业列传)

大家

(孙)棘妻许又寄语属棘:"君当门户,岂可委罪小郎。且大家临亡,以小郎属君,竟未妻娶,家道不立,君已有二儿,死复何恨。"(卷九十一·孝义列传)

今遣毗纫问讯大家,意欲自往,归诚宣诉,复畏大海,风波不达。(卷九十七·夷蛮列传)

此是大家国,今为恶子所夺,而见驱摈,意颇忿惋,规欲雪复。(卷九十七·夷蛮列传)

伏愿大家听毗纫买诸铠仗袍袄及马,愿为料理毗纫使得时还。(卷九十七·夷蛮列传)

前遣阇邪仙婆罗诃,蒙大家厚赐,悉恶子夺去,启大家使知。今奉薄献,愿垂纳受。(卷九十七·夷蛮列传)

妇称夫之母;古代边远民族称皇帝。郝懿行《宋琐语·德音》:"即大姑也。古读家为姑。"然未进一步明确"大姑"所指。《汉语大词典》"大姑"释作"山名""称夫之姐"[1]。此期"大家(大姑)"可释作"妇称夫之母"。《汉语大词典》有释。"姑"的语素义是传承有自的,《尔雅·释亲》:"妇称夫之母曰姑。"《宋书》用例人物关系明确:孙棘与弟弟孙萨因参军事争求受罪,其妻对他说,"大家"(称丈夫的母亲)去世前,曾把弟弟托付给丈夫你,弟弟一直没有婚娶,而你已经生有两个儿子,就是受罪又有什么遗憾。正应证此义。另外四例中的"大家"都是呵罗单国王毗沙跋摩上表中的称呼,"大家国"是"皇帝您的国家"的意思。"大家"皆是称刘宋文帝刘义隆。这个称呼可以看作《汉语大词典》所释"宫中近臣或后妃对皇帝的称呼"一义的发展。边远民族不达汉天子礼节,或有此误,或许为表示亲近故意如此称呼,暂不可考。颜洽茂《佛教语言阐释——中古佛经词汇研究》"口语词"所论较详[2],未及此义。此期此二义习

---

[1] "称夫之姐"未出书证,显然为现代义。
[2] 第83—84页。

用,后世罕用。此期其他用例有如:

时仆射徐勉势倾天下,在(袁)昂处宴,宾主甚欢。勉求昂出内人传杯,昂良久不出,勉苦求之。昂不获已,命出五六人,始至斋阁,昂谓勉曰:"我无少年,老妪并是儿母,非王妃母,便是主大家①,今令问讯卿。"勉闻大惊求止,方知昂为贵。(南史·卷二十六·袁湛列传附昂)

周氏曰:"君父母在堂,欲建非常之谋,岂妇人所谏！事之不成,当于奚官中奉养大家,义无归志也。"(晋书·卷九十六·列女列传)

今遣使问讯大意。欲自往,复畏大海风波不达。今奉薄献,愿大家曲垂领纳。(梁书·卷五十四·诸夷列传)

后主从穆提婆观战,东偏颇有退者,提婆怖曰:"大家去！大家去！"帝与淑妃奔高梁。(北史·卷九十二·恩幸列传)

纷纭(5)

吾本诸生家,传礼来久,何心一旦便易此情于所天。相从已多,可试省孔子答宰我之言,无事纷纭也。言及悲剥,奈何奈何！(卷十五·礼志二)

诏曰:"方当共弘治道,以康庶绩,且俟他年,无复纷纭也。"(卷十六·礼志三)

每有公事,臣常虑有纷纭,语令勿问,而何人独骂不止,臣乃使录。(卷五十六·孔琳之列传)

府舍住止、园池堂观,略所谙究,计当无须改作。司徒亦云尔。若脱于左右之宜,须小小回易,当以始至一治为限,不烦纷纭,日求新异。(卷六十一·武三王列传)

反复不定。此期新生义,习用。后世罕用。此期用例有如:

划取细草,来植阶庭,烈日之中,至便焦燥。纷纭往还,无复已极。(南史·卷五·齐本纪下)

又曲信小祠,日有十数,师巫魔媪,迎送纷纭。(南史·卷五·齐本纪下)

---

① 主大家:与"王妃母"并举,似为公主丈夫的母亲之意。

詹事尝共论事,无不攘袂瞋目,及在西池射堂上,跃马顾眄,自以为一世之雄,而今扰攘纷纭,畏死乃尔。(南史·卷三十三·范泰列传附晔)

一息娶范阳卢庄之女,述又经府诉云:"送骡乃嫌脚跛,评田则云咸薄,铜器又嫌古废。"皆为吝啬所及,每致纷纭。(北史·卷二十四·封懿列传附述)

泥洹

灵鹫山,说《般若》《法华》处。坚固林,说《泥洹》处。庵罗园,说《不思议》处。(卷六十七·谢灵运列传)

叙地狱则民惧其罪,敷天堂则物欢其福,指泥洹以长归,乘法身以遐览,神变无不周,灵泽靡不覃,先觉翻翔于上世,后悟腾噩而不绍,坎井之局,何以识大方之家乎!(卷九十七·夷蛮列传)

美泥洹之乐,生耽逸之虑,赞法身之妙,肇好奇之心,近欲未弭,远利又兴,虽言菩萨无欲,群生固以有欲矣。(卷九十七·夷蛮列传)

即涅盘。也叫圆寂。又称"般涅盘""般泥洹"。指幻想的超脱生死的最高精神境界。此期习用佛教语词。后世多作"涅盘"。此期其他用例有如:

自河以西,天竺诸国,自是以南,皆为中国,人民殷富……泥洹已来,圣众所行,威仪法则,相承不绝。自新头河至南天竺国,迄于南海,四万里也。(水经注·卷一·河水)

河边,世尊于此北首般泥洹,分舍利处。(水经注·卷一·河水)

于时张年九岁,顾年七岁,和与俱至寺中,见佛般泥洹像,弟子有泣者,有不泣者。(世说新语·言语)

佛告最胜:"所谓泥洹,息也。"复问:"云何为息?"答曰:"无为闲静。"又问:"云何无为?云何闲静?"答曰:"想灭者闲静,识停者无为。"(十住断结经·卷第十·梦中成道品第二十六)

三五(丁)

世祖大明五年,发三五丁,弟萨应充行,坐违期不至。依制,军法,人身付狱。(卷九十一·孝义列传)

又以兵力不足,尚书左仆射何尚之参议发南兖州三五民丁,父祖伯叔兄弟仕州居职从事、及仕北徐兖为皇弟皇子从事、庶姓主簿、诸皇弟皇子府参军督护国三令以上相府舍者,不在发例,其余悉倩暂行征。(卷九十五·索虏列传)

晋宋时的力役制度,所指待确考;被征发服兵役的民丁。关于第一义,元胡三省《资治通鉴·文帝元嘉二十七年》"三五民丁"注:"三五者,三丁发其一,五丁发其二。"然此释不见于其他史乘记载,不知所据。又,《晋书·石季龙载记》:"令司、冀……兼复之家五丁取三,四丁取二,合邺城旧军满五十万,具船万艘……"这里所谓"五丁取三"是否即"三五"亦不得而知。万久富《〈宋书〉复音词研究》释"三五"为"指十五,是十五岁的少年壮丁"[①],亦似未确。待考。关于第二义,可参考郑佩鑫《东晋南朝的赋役剥削及其对生产发展的阻滞作用》一文。此期习用,后世罕用。其他用例有如:

又梁兴以来,发人征役,号为三五。及投募将客,主将无恩,存恤失理,多有物故,辄刺叛亡。(南史·卷七十·循吏列传)

敕河南四州具南师之备,并、朔、秦、雍严西讨之资,青、冀、幽州三五发卒。诸州造甲者五十万人。(魏书·卷九十五·羯胡石勒列传附虎)

略尽(6)

(谢)晦至江陵,无它处分,唯愧谢周超而已。超其夜舍军单舸诣到彦之降。众散略尽,乃携其弟遯、兄子世基等七骑北走。(卷四十四·谢晦列传)

食时就斗,至中晡,西人退散及归降略尽。镇恶入城,便因风放火,烧大城南门及东门。(卷四十五·王镇恶列传)

贼遣将庞法起率众袭姑孰,适值护之、郑琨等至,奋击,大破之,斩获及投水死略尽。(卷五十·垣护之列传)

又追蹑至光水沟,斩刘该,虏众见杀及赴水死略尽。(卷五十一·宗室列传)

精光。略,全。光,没有了。复合成词,有加强程度的意味,"略"不作"稍微""差不多"解,与同时期的"都尽"是同义词。此期新义,习用。后世罕用。此期其他用例有如:

[①] 第36页。

至夜,(高)延宗率其众排阵而前,城中军却,人相蹂践,大为延宗所败,死伤略尽。齐人欲闭门,以阖下积尸,扉不得阖。(周书·卷六·武帝纪下)

景宣将二十骑,且战且走。从骑略尽,景宣轻马突围,手斩数级,驰而获免,因投民家自匿。(周书·卷二十八·权景宣列传)

战数十合,雄兵略尽,兄及妻子皆为(韩)贤所获,将以为戮。(周书·卷四十三·韩雄列传)

隧前有狮子、天鹿,累砖作百达柱八所,荒芜颓毁,雕落略尽矣。(水经注·卷二十三·阴沟)

国家(15)

由是言之,斯乃臣子旧职、国家通义,不可辍也。(卷五十一·宗室列传)

(张)景远前所摧伤,裁至数百,虏步骑四万,犹不敢前,而今必劝国家以轻兵远讨,指掌可克,言理相背,莫复过此。(卷八十六·刘勔列传)

何曾谓子遵曰:"国家无贻厥之谋,及身而已,后嗣其殆乎,此子孙之忧也。"(卷三十一·五行志二)

卿诸人欲各伸己意,则国家何由得婚?且姊言岂是不可违之儿邪?(卷五十七·蔡廓列传附兴宗)

称皇帝。首见《东观汉记·祭遵传》:"国家知将军不易,亦不遗力。"此例是诏文用词,皇帝自称,似亦可解作本义。可视为过渡用例。此期新生义,习用,后世罕用。此期其他用例有如:

今国家不以吾朽懦,任以前驱,方于古人,见知重矣。(南史·卷五十五·杨公则列传)

(桓)玄死,桓振奋至,跃马奋戈,直至阶下,瞋目谓安帝曰:"臣门户何负国家,而屠灭若是?"(晋书·卷十·恭帝纪)

国家威声远被,是以休之等咸欲归阙,及闻崔逞被杀,故奔二处。(魏书·卷三十二·崔逞列传)

将军昔弃刘备,托身国家,国家委将军以疆场之任,任将军以图蜀之事,可谓心贯白日。(晋书·卷一·宣帝纪)

往复(5)

　　初,父邵使与南阳宗少文谈《系》《象》,往复数番,少文每欲屈,握麈尾叹曰:"吾道东矣。"(卷四十六·张邵列传附敷)

　　上与往复十余反,(臧)凝之词韵铨序,兼有理证,上甚赏焉。(卷五十五·臧焘列传附凝之)

　　意之所怀,都尽于此,自非名理,何缘多其往复;如其折中,裁之居宗。(卷六十四·郑鲜之列传)

　　建平王宏、侍中王僧绰、中书侍郎蔡兴宗并以文义往复。(卷九十九·二凶列传)

互相论议。此期新义,习用,与当时玄谈、经籍注疏等风尚有关联。后世罕用。此期其他用例如:

　　(贺拔)岳以轻骑数十与(尉迟)菩萨隔水交言。岳称扬国威,菩萨自言强盛,往复数反。菩萨乃自骄踞,令省事传语岳。(周书·卷十四·贺拔胜列传附岳)

　　诏与(长孙)绍远详议往复,于是遂定以八为数焉。(周书·卷二十六·长孙绍远列传)

　　何、谢乃递起义端,深极理致,(袁)宪与往复数番,酬对闲敏。(南史·卷二十六·袁湛列传附宪)

　　而景裕神彩俨然,风诵如一,从容往复,无际可寻,由是士君子嗟美之。(北史·卷三十·卢同列传附景裕)

岂能

　　(刘)毅已先至,遣与悦相闻,曰:"身久踬顿,营一游集甚难。君如意人,无处不可为适,岂能以此堂见让。"(卷五十二·庾悦列传)

　　(刘)毅又相闻曰:"身今年未得子鹅,岂能以残炙见惠。"(卷五十二·庾悦列传)

能否。岂,上古偶作"是否"义,见《庄子·外物》:"君岂有斗升之水而活我哉?"王引之《经传释词·卷五·岂几》:"岂,犹'其'也。"其,是表示希望语气的疑问副词。王云路《六朝诗歌语词研究》"岂"条释"岂"为"犹其,表示期望的语

气"①。此期复合成新语词"岂能",不同于一般意义"怎么能,哪里能"。习用。后世罕用。此期其他用例有如:

此盖音曲之至妙,子岂能从我而听之乎?(晋书·卷五十五·张载列传附协)

我曹梁氏仇,岂能相活耶?遂与(郭元)建谋反,降北齐。(建康实录·卷十七·太宗简文皇帝)

然过承古人之诲,抑因子大夫之悉在弊室也,敢布其腹心,岂能隐几以览其概乎?(晋书·卷五十五·夏侯湛列传)

(王)旭目之曰:"岂能就耶?"(樊)逊曰:"家无荫第,不敢当此。"(北史·卷八十三·文苑列传)

必也

今非以选曹所铨,果于乖谬,众职所举,必也惟良,盖宜使求贤辟其广涂,考绩取其少殿。(卷六十三·王华列传)

亡命罪人,州郡不得讨;崎岖蔽匿,必也党护。(卷八十三·吴喜列传)

必定、一定。雅言词,语出《论语》《礼记》。此期具备新生语词资格,多用于诏令、谏论、信札、诗文等书面语中。可参看万久富《〈宋书〉复音词研究的修辞学意义》"必也"条②。此期习用,后世罕用。其他用例有如:

(王)俭谏曰:"京师翼翼,四方是凑,必也持符,于事既烦,理成不旷,谢安所谓'不尔何以为京师'。"(南史·卷二十二·王昙首列传附俭)

诏曰:"文武之道,自古并行,威福之施,必也相藉……"(魏书·卷七·高祖纪下)

高祖曰:"夫刑狱之难,实惟自古,必也断讼,夫子所称……卿等各陈所闻。"(魏书·卷二十一·献文六王列传)

圣人之教,必也胜残。天罚有罪,本在元恶;人之多辟,胁从罔理。(北史·卷十二·隋本纪下)

---

① 第267页。
② 见《文史语言研究丛稿》第162页。

所在(6)

性好游猎，而山郡无事，僧达肆意驰骋，或三五日不归，受辞讼多在猎所。民或相逢不识，问府君所在，僧达曰："近在后。"（卷七十五·王僧达列传）

初，世祖尝赐庄宝剑，庄以与豫州刺史鲁爽送别。爽后反叛，世祖因宴集，问剑所在，答曰："昔以与鲁爽别，窃为陛下杜邮之赐。"（卷八十五·谢庄列传）

桓玄将篡，（王）谧手解安帝玺绂，为玄佐命功臣。及义旗建，众并谓谧宜诛，唯高祖保持之。刘毅尝因朝会，问谧玺绂所在，谧益惧。（卷一·武帝纪上）

明晨开门，使羸疾数人登城。贼遥问刘裕所在，曰："夜已走矣。"贼信之，乃率众大上。高祖乘其懈怠，奋击，大破之。（卷一·武帝纪上）

何在。晋宋之前，"所在"是"在的地方"的意思。此期已经逐步引申出"何在"的意思。徐复先生《吴金华〈三国志校诂〉序》肯定了吴金华老师通过《魏志·董卓传》《后汉书·董卓传》异文去释"所在"为"何在"的判断①。是魏晋口语，此期习用，后世罕用。此期其他用例有如：

将至城，逢（刘）毅要将朱显之驰前问藩所在，军人答云"在后"。（南史·卷十六·王镇恶列传）

会上从仁寿宫初还京师，废皇太子，穷东宫党与。上问万岁所在，万岁实在朝堂，杨素见上方怒，因曰："万岁谒东宫矣。"以激怒上。（北史·卷七十三·史万岁列传）

问二刘所在？（王）恺卒迫不得讳，答云："在后斋中眠。"石便径入，自牵出，同车而去。（世说新语·仇隙）

顾看众僧不见娑伽陀，即问诸比丘言："娑伽陀今为所在耶？"诸比丘报言："在后，正尔当至。"（四分律·卷第十六·九十单提法之六）

其实，有时"在的地方"与"何在"的释义界限不是太分明的。例如《水经注·河水》："上旧有河平侯祠，祠前有碑，今不知所在。"就两释皆可。我们认为，当语

---

① 见《徐复语言文字论稿》第308—309页。

境中有问答环节时,还是可以直接用"何在"去解释的。

所在,在此期还常用作"随处;处处"义,可参考汪维辉《〈齐民要术〉词汇语法研究》"所在"条①。例如:

> 盖济水枝渎条分,所在布称,亦兼丹水之目矣。(水经注·卷九·沁水)
> 渭州及南秦州氐、羌连结,所在蜂起。(周书·卷一·文帝纪上)
> 齐王宪及于翼、李穆等所在克捷,降拔三十余城,皆弃而不守。(周书·卷六·武帝纪下)

又可释作"当地"②。例如:

> 无亲属者,所在给其衣食,务使存济。(周书·卷六·武帝纪下)

在所

> 齐永明元年,诏曰:"昔魏矜袁绍,恩给丘坟……攸之及其诸子丧柩在西,可符荆州以时致送,还反旧墓,在所营葬事。"(卷八十九·袁粲列传)
> 元嘉初,诏在所蠲其徭役。(卷九十一·孝义列传)
> 请自今以后,有欲铸铜像者,悉诣台自闻;兴造塔寺精舍,皆先诣在所二十石通辞,郡依事列言本州;须许报,然后就功。(卷九十七·夷蛮列传)
> 若田在草间,木物不植,则挞之而伐其余树,在所以次坐之。(卷八十二·周朗列传)

与"所在"略同,可释作"当地"。《宋书》用例有6个。古今通用,不烦引证。

> 自顷在所贫罄,家无宿积。赋役暂偏,则人怀愁垫;岁或不稔,而病乏比室。(卷五·文帝纪)
> 岁往事留,理至遘壅,在所参差,多违甄饬。(卷九·后废帝本纪)
> 宋从帝升明二年,宣城山中生紫芝一株,在所获以献。(卷二十九·符瑞志下)
> 自顷在所贫耗,家无宿积,阴阳暂偏,则人怀愁垫。(卷十四·礼志一)

到处。"当地"引申之为"各地;到处"义。《宋书》用例多达9个。是此期习

---

① 第300页。
② 是"在的地方"的引申。

用新生义。与"所在"用法相同。可参考汪维辉《〈齐民要术〉词汇语法研究》"所在"条①。颜洽茂《佛教语言阐释——中古佛经词汇研究》排比佛经用例,释"在所"为"犹言任何,一切",并云"'在'犹任也""'所'者何也"②。李维琦《佛经续释词》》"在、在所、在在、自在"条云"在,等于说任,任凭"③。并可资参考。我们认为,语词意义的发展是有内在关联的,在排比用例、归纳意义的同时,也要充分考虑语词语素意义的合成与发展。此期其他用例有如:

时寇乱之后,户多逃散,雄在所慰抚,民并安辑。(周书·卷四十四·阳雄列传)

獠者,盖南蛮之别种,自汉中达于邛、笮,川洞之间,在所皆有之。俗多不辨姓氏,又无名字,所生男女,唯以长幼次第呼之。(周书·卷四十九·獠列传)

及武帝撰制旨新义,选诸儒在所流通,遣越还吴,敷扬讲说。(南史·卷七十一·儒林列传)

(浮图)澄卒后,中国纷乱,道安乃率门徒,南游新野。欲令玄宗在所流布,分遣弟子,各趣诸方。(魏书·卷一百一十四·释老志十)

女弱

少帝景平二年……(刘)粹遣将苑纵夫讨叛户不及,因诛杀谋等三十家,男丁一百三十七人,女弱一百六十二口,收付作部。(卷四十五·刘粹列传)

遂使四野百县,路无男人;耕田载租,皆驱女弱。(卷七十四·沈攸之列传)

房悦勃大肥率三千余骑……杀略二千余家,杀其男子,驱虏女弱。(卷九十五·索虏列传)

女子。分析上举三例,"女弱"分别与"男丁""男人""男子"对言,显然指"女子",无须作短语理解成"女子柔弱"或"柔弱的女子",可释作双音词,径释作"女子"。是中古新生词,此期习用,后世罕用。《汉语大词典》未收释。王云路《六朝

---

① 第 300 页。
② 第 110—111 页。
③ 第 43 页。

诗歌语词研究》"女弱"条已释作"女子"①。此期其他用例有如：

> 妾受命兮孤虚，男儿堕地称姝。女弱难存若无，骨肉至亲更疏，奉事他人托躯。（玉台新咏·卷九·傅玄拟北乐府三首）

> 杀数千人，大没女弱为生口。（华阳国志·卷八·大同志五）

> 女言："勿以豪强加于女弱，若能见惠四愿当相让也。"（经律异相·阿凡和利至心请佛库中自然备第二）

> 又语溥首，菩萨大士不嫪家居宗室亲属，不殷勤思见内人女弱独说经法，亦不频数诣群从幼童男女……是为礼节。（正法华经·卷七·安行品第十三）

何当

> 大明五年闰月，有司奏："皇太子妃薨，至尊、皇后并服大功九月，皇太后小功五月，未详二御何当得作鼓吹及乐？"（卷十五·礼志二）

> 其年十二月，中书侍郎蔡兴宗问建平王宏曰："岁无复几，征北何当至？"宏叹息良久曰："年内何必还。"（卷九十九·二凶列传）

何时。附加式合成词。"当"是中古新生词尾。可参考万久富《中古汉语中的词尾"当"》一文②。前人认识有误，诸如刘淇《助字辨略·卷二》："何当，言何时当如此也。"即将"当"理解为实义了。此义中古逐渐发展起来，此期"何当"正略等于"何时"，具口语特点。此期习用，后世罕用并逐渐消亡。此期其他用例有如：

> 何当大刀头，破镜飞上天？（玉台新咏·卷十·古绝句四首之一）

> 谢超宗尝谓（王）慈曰："卿书何当及虔公③？"慈曰："我之不得仰，犹鸡之不及凤也。"（南齐书·卷四十六·王慈列传）

> 后帝思裴定策功，欲加荣秩，将征之，顾朝臣曰："曹州刺史何当入朝？"或曰："即今冬也。"乃止。（北史·卷七十四·柳裘列传）

> 褚季野问孙盛："卿国史何当成？"孙云："久应竟，在公无暇，故至今日。"（世说新语·排调）

---

① 第255页。
② 《文史语言研究丛稿》第145—159页。
③ 虔公：指王慈的父亲王僧虔。

脱/脱尔

汝与师护年时一辈,各有其美,物议亦互有少劣。若今向事脱一减之者,既于西夏交有巨碍,迁代之讥,必归责于吾矣。(卷六十八·武二王列传)

吾与休仁,少小异常,唯虚心信之,初不措疑。虽尔犹虑清闲之时,非意脱有闻者。吾近向休祐推情,戒训严切,休祐更不复致疑。休祐死后,吾将其内外左右,问以情状,方知言语漏泄并具之由,弥日懊惋,心神萎敦。(卷七十二·文九王列传)

不忧西不时判,别有一虑尔。公昔年自左里还入石头,甚脱尔,今还,宜加重复。(卷六十四·何承天列传)

后天兴道上通辞乞位,追存往为者,不忍食言,呼视见其形容粗健,堪充驱使,脱尔使监礼兼队副。(卷九十九·二凶列传)

偶然。是"万一"义的发展。宋子然《古汉语词义丛考》"脱时"条认为"'傥'通'党',所以'党'和'脱'也是同词异形";"'脱'字、'傥'字在魏晋时代开始与'时'结合,构成不太凝固的双音词,同样表示'偶或'义"①。略是。"脱一"同义连用,同"脱"。脱尔,犹"脱然",偶然地;亦具"万一"义。尔,词尾,相当于后世的"然"②。此期新生义,习用。后世罕用。《汉语大词典》漏释、漏收。此期其他用例分别有如:

(明)山宾性笃实,家中尝乏困,货所乘牛。既售受钱,乃谓买主曰:"此牛经患漏蹄,疗差已久,恐后脱发,无容不相语。"(南史·卷五十·明僧绍列传附山宾)

其父时宾故,脱有所言及,(萧)世廉对之,哀恸不自胜,言者为之歔欷。终身不执刀斧,时人嘉焉。(南史·卷六十七·萧摩诃列传附世廉)

臣见功德有此果报,所以日夜劬勤,厉身奉法,实愿圣躬康御若此。每至寝梦,脱有异见,不觉身心立就燋③烂。(南齐书·卷四十·武十七王

---

① 第77—80页。
② 参看万久富《词尾"若、尔、如、然、而"的再认识——从"觳觫若"谈起》(《文史语言研究丛稿》,第98—104页)一文。
③ 燋:同"焦"。

列传)

窃不自涯,愿备下走,且为腹背之毛,脱充鸣吠之数,增荣改观,为幸已多。(陈书·卷十六·蔡景历列传)

中以亲老供养,褰裳徒步,脱尔逮今,二代一纪。(南史·卷五十·刘瓛列传)

顷因酒醉坐,脱尔言从,故屈朝彦,遂亲传说。(魏书·卷二十一·献文六王列传)

且新附之民,服化犹近,特须安帖,不宜劳之。劳则怨生,怨生则思叛,思叛则不自安,不安则扰动。脱尔则连兵难解,事不可轻。(魏书·卷五十五·游明根列传附肇)

前云郡为南明公,今乃是东。若非名号之误,则东南之差。既寻当迁擢,则必应是启,中君脱尔云郡耳。(真诰·卷十六·阐幽微第二)

行所

(徐)道覆还保始兴。公旋自左里,天子遣侍中、黄门劳师于行所。(卷一·武帝纪上)

其大赦天下,复丹徒县侨旧今岁租布之半。行所经县,蠲田租之半。(卷五·文帝纪)

十一月丙子,曲赦南豫州殊死以下。巡幸所经,详减今岁田租。乙酉,诏遣祭晋大司马桓温、征西将军毛璩墓。上于行所讯溧阳、永世、丹阳县囚。(卷六·孝武帝纪)

天子巡行所到之处。同"行在所"。"行所""行在所"本指"天子所在的地方",此期新义,习用。清郝懿行《宋琐语·言诠》云:"按行所,犹行在也,别于天子,故变言行所。"[1]揣摩其意,似乎是说,"行所"是表示"天子的随从军队的驻地",为了与表示"天子巡行所到之处"的"行在"相区别,故改称"行所"。此说难以成立之处有三:一是"行在"一说晚至唐宋;二是"行所"在东汉班固《西都赋》即已出现"行所朝夕,储不改供";三是排比同时期用例,"行所""行在所"并指"天子巡行所到之处",随行军队亦当在附近,似不必细分。后世一般改用"行在"。此期其他用例如:

---

[1] 第362页。

因入宫城,取御马四十疋并鞍勒,进之行所。帝大悦,赐炽及善骏马各二疋、驽马十疋。(周书・卷三十・窦炽列传)

按《后汉书》,世祖自颍川往梁瞿乡,冯鲂先诣行所,即是邑也。(水经注・卷二十一・汝水)

师旋,晋帝遣侍中黄门劳师于行所。(南史・卷一・宋本纪上)

(刘)怀敬子真道为钱唐令,元嘉十三年,东土饥,帝遣扬州中从事史沈演之巡行在所,演之表真道及余杭令刘道锡有美政。(南史・卷十七・刘怀肃列传)

十一月丙辰,北部敕勒莫弗库若于,率其部数万骑,驱鹿数百万,诣行在所,帝因而大狩以赐从者,勒石漠南,以记功德。(魏书・卷四・世祖纪上)

武帝尝幸同州,召(乐)运赴行所。(北史・卷六十二・乐运列传)

亲亲

(王)镇恶军人与毅东来将士,或有是父兄子弟中表亲亲者,镇恶令且斗且共语,众并知高祖自来,人情离懈。(卷四十五・王镇恶列传)

亲戚。此期习用,后世罕用。此期其他用例有如:

时高祖既诛宰臣,亲览朝政,方欲导之以政,齐之以刑,爰及亲亲,亦为刻薄。(周书・卷十二・齐炀王宪列传)

及短兵接战,镇恶军人与(刘)毅下将或是父兄子弟中表亲亲,且斗且语,知武帝在后,人情离懈。(南史・卷十六・王镇恶列传)

次至(刘)郁,郁呼曰:"与君乡近,何忍见杀!"贼曰:"若言乡里,亲亲是谁?"郁曰:"齐州主簿房阳是我姨兄。"(魏书・卷四十三・房法寿列传附景先)

四年,上表曰:"……汉之察察,馆陶徒请。岂不重骨肉,私亲亲?诚以赏罚一差,则无以惩劝;至公暂替,则觊觎相欺。"(魏书・卷五十九・萧宝夤列传)

从以上用例看,《周书》作者令狐德棻为唐代宜州华原县人,其史家述语和所记《周书》人物语言当可反映北方话的特点。《南史》亦为史家述语,其作者为李大师、李延寿,祖籍陇西狄道。末例萧宝夤祖籍也是东海郡兰陵县。可以推测"亲亲"当为当时北方方言。清郝懿行《宋琐语·言诠》"亲亲即亲戚,当时方言耳"的判断基本可信①。

英果

> 凡此诸帅,皆英果权奇,智略深赡,名震中土,勋畅遐疆。(卷九十九·二凶列传)

勇猛。英,英勇;果,勇。同义复合词。可参考方一新《东汉魏晋南北朝史书词语笺释》"果"条②。西晋左思《魏都赋》"风俗以㦷为婳",注曰"㦷,勇也"。《广雅·释诂》:"㦷,勇也。"果,古作"㦷"。显然,果,亦具"勇敢"义。《汉语大词典》释作"英明果断",有望文生义、以今释古之嫌。此期习用,后世罕用。中古用例有如③:

> 延兴元年,明帝遣中书舍人茹法亮杀子伦,子伦时镇琅邪城,有守兵,子伦英果,明帝恐不即罪,以问典签华伯茂。(南史·卷四十四·齐武帝诸子列传)

> (萧)续少英果,膂力绝人,驰射游猎,应发命中。(梁书·卷二十九·高祖三王列传)

> (李)询弟崇,字永隆,英果有筹算,胆力过人。(北史·卷五十九·李贤列传附崇)

> (元)胄少英果,多武艺,美须眉,有不可犯之色。(北史·卷七十三·元胄列传)

通家(5)

> 年少时,与北地傅僧祐俱以通家子始为太祖所引见,时上与何尚之论铸钱事,凝之便干其语,上因回与论之。(卷五十五·臧焘列传附凝之)

> 尚书仆射殷景仁、领军刘湛并执重权,倾动内外,球虽通家姻戚,未尝往来。(卷五十八·王球列传)

> 何为劫勒通家疾病人,尘秽难堪之选,将以靖国,不亦益器乎?(卷六十

---

① 第363页。
② 第52—53页。
③ 分析所举各例,"英果"当无"果断"语素义。

二·王微列传)

(刘)穆之既与延之通家,又闻其美,将仕之。(卷七十三·颜延之列传)

"亲戚"的意思。此期新义,习用。后世罕用。清郝懿行《晋宋书故》"通家"条云:"汉魏以师友为通家……晋宋以姻亲为通家。"的说。今补此期用例如:

抚余躬之末迹,属兴王之盛世;蒙三栾之休宠,荷通家之渥惠。(梁书·卷三十四·张缅列传附缵)

仍为通家,卒成亲好。所不食言,有如皎日。(梁书·卷五十六·侯景列传)

始安太守干宝与(翟)汤通家,遣船饷之……(晋书·卷九十四·隐逸列传)

议郎河南庞羲与焉通家,乃募将①焉诸孙入蜀。(三国志·卷三十一·蜀书一·刘二牧传)

惟疑(8)

今若尽从人心,则渎而无典;建之京师,又逼宗庙,此圣怀所以惟疑也。(卷十七·礼志四)

(蔡)廓答曰:"扬州位居卿君之下,常亦惟疑……今护军总方伯,而位次故在持节都督下,足下复思之。"(卷五十七·蔡廓列传附兴宗)

而礼文遗逸,取正无所,监之前代,用否又殊,故惟疑累年,在心未遂。(卷六十三·殷景仁列传)

陛下垂慈狎达,不稍惟疑,遂令负扆席图,蔽于流议,投杼市虎,成于十夫。(卷七十四·臧质列传)

潜心思考。《汉语大词典》未收释。徐复先生《〈晋书〉笺记》释作"熟思深疑"②,得其义。此期新词,习用,后世罕用。此期其他用例如:

既圣旨惟疑,群下所未敢详,废置之宜,仰由天鉴。(南齐书·卷九·礼志上)

斯文之托,历选惟疑,必待文蔚辞宗,德金茂履,非高明而谁?(南齐

---

① 将:带领。
② 见《徐复语言文字学晚稿》第230页。

书·卷二十二·豫章文献王列传)

运转之艰,古人之所难,不可易之于始而不熟虑,顷所以深用惟疑,在乎此耳。(晋书·卷七十一·高崧列传)

从容(11)

上从容①谓茂度曰:"勿复以西蜀介怀。"(卷五十三·张茂度列传)

时仆射陈郡谢混,后进知名,高祖尝从容②问混:"泰名辈可以比谁?"(卷六十·范泰列传)

上亦不欲使其居中,从容③谓之曰:"卿等遭罹暴朝,勤劳日久,苦乐宜更,应得自养之地。兵马大郡,随卿等所择。"(卷八十三·宗越列传)

上后因酒宴从容④曰:"卿欲效郗君章邪?"(卷八十五·谢庄列传)

刘毅等疾穆之见亲,每从容言其权重,高祖愈信仗之。(卷四十二·刘穆之列传)

高祖有受禅意,而难于发言,乃集朝臣宴饮,从容言曰:"桓玄暴篡,鼎命已移,我首唱大义……今欲奉还爵位,归老京师。"(卷四十三·傅亮列传)

其秋,大举北伐,淑侍坐从容曰……(卷七十·袁淑列传)

(臧)熹从容言曰:"公若凌威北境,拯其涂炭,宁一六合,未为无期。"(卷七十四·臧质列传)

是时王濬有大功,而权戚互加陷抑,帝从容不断。(卷三十三·五行志四)

私下里;乘机;包容。汪维辉《〈齐民要术〉词汇语法研究》释"从容"具"宽缓"义⑤,与书证相合。李维琦《佛经释词》"从容"条称"本义当是宽纵、宽缓的意思"⑥。二位所说有相通之处。"宽缓"义,《汉语大词典》已释,兹不展开。万久

---

① "私下里"义。
② "随便"义。
③ "私下里"义。
④ "随便"义。
⑤ 第180页。
⑥ 第76页。

富曾在《〈晋书〉语词拾零》一文中提出"(从容)存在着联绵词'从容'与短语'从容'之间的混淆问题"。作为短语,根据《晋书》用例,可以释作"乘机""顺从容忍""宽大容纳"三个意义。宋闻兵《〈宋书〉语词研究》"从容"条在梳理了清人王念孙、黄生以及符定一、蒋礼鸿、王锳、蔡镜浩、张博、李解民等前人研究成果,并参考了《汉语大词典》的释义之后,指出各家所释其所引《宋书》二用例"均不甚协",也指出万久富《〈宋书〉复音词研究》所释"乘机、自然"义"仍未为的诂",继而认为应以"委婉,含蓄"释《宋书》用例①。我们认为,语词释义要考虑其理性意义与修辞意义、词典释义与随文释义、释义与翻译用词等方面的区别,还要从词汇史的角度考虑语词的时代特点和意义发展情形,义项确立时要概括性强,避免苛细枝蔓。仔细推敲此期用例,作为联绵词,"从容"还具"随便;私下里"义,可以看成"闲散"的引申。今结合《宋书》等同时期用例,补释短语"从容"具"乘机""包容"二义。此期习用。后世罕用。此期其他用例有如:

> 魏文帝尝与太祖及群公宴,从容言曰:"《孝经》一卷,人行之本,诸公宜各引要言。"(周书·卷二十六·长孙绍远列传)
>
> 魏文帝常从容谓之曰:"尔既温裕,何因乃字世雄?且为世之雄,非所宜也。于尔兄弟,又复不类。"(周书·卷三十二·陆通列传附逞)
>
> 太祖常从容谓整曰:"卿远祖立忠而去,卿今立忠而来,可谓积善余庆,世济其美者也。"(周书·卷三十六·令狐整列传)
>
> 高祖尝从容谓之曰:"公之于我,犹汉高之与卢绾也。"(周书·卷四十·宇文孝伯列传)

> 岳乃从容进而言曰:"将军首举义兵,共除奸逆,功勤未立,逆有此谋,可谓速祸,未见其福。"(周书·卷十四·贺拔胜列传附岳)
>
> 时魏末乱,群盗蜂起,谨乃从容谓广阳王曰:"自正光以后,海内沸腾,郡国荒残,农商废业……"(周书·卷十五·于谨列传)
>
> 齐建元末,齐高从容谓皇考曰:"当令阿玉解扬州相授。"(南史·卷六·梁本纪上)
>
> 王俭因目杲之,从容曰:"陛下寿等南山,方与日月齐明,千载之后,岂是臣子轻所仰量。"(南史·卷四十九·庾杲之列传)

---

① 第173—176页。

将军以顾命之重,此是艰难之日,而深尚从容,废省羽翼,一朝事至,悔可追乎!(南史·卷四·齐本纪上)

桂阳王休范、巴陵王休若年少,故并得从容。(南史·卷十四·宋宗室及诸王下)

假授

(元)劭迎蒋侯神于宫内,疏世祖年讳,厌祝祈请,假授位号,使铄造策文。(卷七十二·文九王列传)

(托跋)焘攻吴大小数十战,不能克。太祖遣使送雍、秦二州所统郡及金紫以下诸将印合一百二十一纽与吴,使随宜假授。(卷九十五·索虏列传)

窃自假开府仪同三司,其余咸各假授,以劝忠节。(卷九十七·夷蛮列传)

授予;给予。《汉语大词典》据《晋书·宣帝纪》孤证释作"非正式的委任"。大误。该词此期习见。排比用例,我们认为,假授,即"授予;给予"。假,具"授"义,《汉语大词典》"假""假借"条有释。又,"假兵权""假人""假年"等中的"假"都是"给予"义。显然,"假授"是同义复合语词。《汉语大词典》误释,是犯了以今释古的错误,"假节""假封"条同误。此期习用,后世罕用。此期其他用例如:

初,申仪久在魏兴,专威疆场,辄承制刻印,多所假授。(晋书·卷一·宣帝纪)

承制,假授文官尚书、刺史,武官征虏已下。(魏书·卷九十七·海夷冯跋列传附文通)

又命王建国:署将相群卿百官,承制假授,除文官刺史以还、武官抚军以下。(魏书·卷九十九·卢水胡沮渠蒙逊列传)

自今已后,临事所甄,当加宠号者,其便刻印章假授,咸使忠义得相奖励,勿有疑焉。(三国志·卷一·魏书一·武帝纪)

云尔(11)

或云,百代远祖,名谥彫灭,坟茔不复存于铭表,游魂不得托于庙祧,故以初岁良辰,建华盖,扬彩旐,将以招灵爽,庶众祖之来凭云尔。(卷十二·律历志中)

荀令所善,汉朝所从,遂使此言至今见称,莫知其谬。后来君子,将拟以

为式,故正之云尔。(卷十四·礼志一)

（王）伦兄俊作《表德论》,以述伦遗美,云"祇畏王典,不得为铭,乃撰录行事,就刊于墓之阴云尔"。(卷十五·礼志二)

中兴以后,其旧制诞章,粲然弘备。自兹以降,又有异同,故复撰次云尔。(卷十六·礼志三)

如此而已。先秦时期,"云"是相对自由的虚义成分,"尔"是相对独立的代词,"云尔"多和"曰"搭配使用。此期为复音虚词,"云尔"相当于"尔"。复音虚词中的"云"或许有"词头"的性质。此期新词,习用。后世沿用。此期其他用例如：

自余纪于此篇,以备遗阙云尔。(周书·卷四十七·艺术列传)

太和五年二月八日庚戌,造筑此堨,更开沟渠,此水衡渠上,其水助其坚也,必经年历世,是故部立石人以记之云尔。(水经注·卷十六·谷水)

杨泉《物理论》曰："种作曰稼,稼犹种也；收敛曰穑,穑犹收也：古今之言云尔。"(齐民要术·卷一·种谷第三)

（张）融与文伯款好,故附之云尔。(南史·卷三十二·张邵列传)

二三(6)

初,公之遣季高也,众咸以海道艰远,必至为难；且分撤见力,二三非要。公不从。(卷一·武帝纪上)

上流唯有钱溪可据,地既险要,江又甚狭,去大众不远,应赴无难。江有洄洑,船下必来泊,岸有横浦,可以藏船舸,二三为宜。(卷五十·张兴世列传)

彭城险固,兵强将勇,围之既难,攻不可拔,疆塞之虞,二三宜虑,臣为朝廷忧之。(卷五十七·蔡廓列传附兴宗)

吕绰诚效益著,深同臣意,百姓闻者,咸皆附说,急有同异,二三未宜。(卷六十五·申恬列传)

实在；确实。此期已从数词、动词"语法化"成了副词。万久富《〈宋书〉语词拾零》有说[①]。此期习用,后世罕用,此期其他用例有如：

今明堂祀五精,更阙五神之位,北郊祭地祇,而设重黎之坐,二三乖舛,惧亏盛则。(南齐书·卷九·礼志上)

[①] 见《文史语言研究丛稿》第58—59页。

臣复量比,因见其异。二三浮滥,难可据准。(魏书·卷十九·景穆十二王列传)

今玄冬务隙,野罄人闲,迁易郊坛,二三为便。(魏书·卷五十五·刘芳列传)

可请施政及祀,二三俱允,求之古义,窃为当矣。(魏书·卷九十·逸士列传)

确尔/确然

窃见南阳宗炳,操履闲远,思业贞纯,砥节丘园,息宾盛世,贫约而苦,内无改情,轩冕屡招,确尔不拔。(卷六十一·武三王列传)

确然守志,不求闻达,实足以澄革污吏,洗镜贪氓。(卷九十二·良吏列传)

副词。坚定的样子。"尔"同"然",并是词尾。"确"由"坚固"义引申出"坚定"义,不烦引证。此期已发展成附加式合成词。《汉语大词典》未收释二词,但收释"确然不群"作"谓坚守志操,不同流俗"。有关联。二词此期习用,后世罕用。此期其他用例如:

确尔不群,淡然寡欲,麻衣藿食,二十余载。(南齐书·卷五十四·高逸列传)

皇太子深悼惜之,与遵从兄阳羡令孝仪令曰……同僚已陟,后进多升,而怡然清静,不以少多为念。确尔之志,亦何易得?(梁书·卷四十一·刘孺列传附遵)

乃诏曰:"王宿尚闲静,志捐世务……高尚之节,确尔贞固。"(魏书·卷二十一·献文六王列传下)

窃见尚书徐宣,体忠厚之行,秉直亮之性;清雅特立,不拘世俗;确然难动,有社稷之节;历位州郡,所在称职。(三国志·卷二十二·魏书二十二·徐宣传)

太傅韫德深粹,履行高洁,恬远清虚,确然绝世,艾服王事,六十余载,忠肃在公,虑不及私。(晋书·卷三十三·郑冲列传)

文王报书曰:"凡处事者,多曲相从顺,鲜能确然共尽理实。诚感忠爱,每见规示,辄敬依来指。"(三国志·卷二十七·魏书二十七·王基传)

正(政)复

卿在左右久,偏解我意,正复违诏济事,亦无嫌也。(卷七十七·沈庆之列传)

若使天必丧道,忠节不立,政复阖门碎灭,百死无恨。(卷七十四·沈攸之列传)

将诛之。或说帝曰:"死是人之所同,政复一往之苦,不足为深困。(谢)庄少长富贵,今且系之尚方,使知天下苦剧,然后杀之未晚也。"(卷八十五·谢庄列传)

即便;只是。"正(政)"作为单音词具有"即使""只是"等意思。此期与新生词尾"复"复合成附加式合成词①,同样具有这些意思。不可因随文释义而固执一端。该词系多义词,此期习用,后世罕用。此期其他用例如:

又表云……况朝廷何取于外戚,正复才均,尚当先其疏者,以明至公。(晋书·卷三十五·裴秀列传附颁)

(王)敦勃然曰:"正复杀君等数百人,亦复何损于时!"(晋书·卷四十九·谢鲲列传)

(孙)策谓(张)昭曰:"若仲谋不任事者,君便自取之。正复不克捷,缓步西归,亦无所虑。"(三国志·卷五十二·吴书七·张昭传裴松之注)

后言于帝曰:"贾公闾有勋社稷,犹当数世宥之。贾妃亲是其女,正复妒忌之间,不足以一眚掩其大德。"(晋书·卷三十一·后妃列传上)

轻脱

复何以轻脱遣马文恭至萧县,使望风退挠邪。(卷五十九·张畅列传)

轻率;粗疏。此期新义,习用。后世罕用。此期其他用例如:

咸谓至尊至贵,不可轻脱,宜用平药,可渐宣通。(周书·卷四十七·艺

---

① 参见刘瑞明《词尾"自"类说》;蒋宗许《也谈词尾"复"》;蒋宗许《再说词尾"自"和"复"》;姚振武《关于中古汉语的"自"和"复"》等。

术列传)

郭象曰:"卤莽、灭裂,轻脱末略①,不尽其分。"(齐民要术·卷一·种谷第三注文)

(萧)颖达大骂(沈)约曰:"我今日形容,正是汝老鼠所为,何忽复劝我酒!"举坐惊愕。帝谓之曰:"汝是我家阿五,沈公宿望,何意轻脱。若以法绳汝,汝复何理。"(南史·卷四十一·齐宗室列传)

上将登城,陆验谏曰:"陛下万乘之重,岂可轻脱。"(南史·卷八十·贼臣列传)

宁馨

初太后疾笃,遣呼帝。帝曰:"病人间多鬼,可畏,那可往。"太后怒,语侍者:"将刀来,破我腹,那得生如此宁馨儿!"(卷七·前废帝纪)

如此。当时南方方言。张振德等《〈世说新语〉语言研究》"尔馨"条释作"这样,这般"②,称"又作'如馨''宁馨'"③,认为是六朝方言词。清郝懿行《宋琐语·谈谐》以及《晋宋书故》"宁馨"条分别说到"当时方言,即'如此'之意耳"④;"晋宋方言,即为'如此'之意"。"馨"为何义,各家未及,是否为当时方言中的词尾呢?还有待更进一步的研究。作为方言词,此期并不常用,但毕竟不是孤证,加上前人多已明释,结合此期其他用例,应该视作此期时代特色语词。此期其他用例还有:

殷中军尝至刘尹所清言。良久,殷理小屈,游辞不已,刘亦不复答。殷去后,乃云:"田舍儿,强学人作尔馨语!"(世说新语·文学)

桓大司马诣刘尹,卧不起。桓弯弹弹刘枕,丸迸碎床褥间。刘作色而起曰:"使君如馨地,宁可斗战求胜?"(世说新语·方正)

(刘)子业曰:"病人间多鬼,那可往?"其母怒语侍者曰:"将刀来破我腹,那得生如馨儿!"(魏书·卷九十七·岛夷刘裕列传)

---

① 末略:"灭裂"。轻脱末略,粗疏不仔细。
② 第55页。
③ 其实,"如""宁"一声之转。"如""若"音通,王引之《经传释词·若》:"若,犹'此'也。""此"得义之由,或许正在此。
④ 第323页。

方幅

遣军政欲乘际会,拯危急,以申威援,本无驱驰平原方幅争锋理。又山路易凭,何以畏首尾迥弱。(卷六十一·武三王列传)

且欲防微杜渐,忧在未萌,不欲方幅露其罪恶,明当严诏切之,令自为其所。(卷八十三·吴喜列传)

方正;正式;公然。此期新词,多义。郝懿行《宋琐语·言诠》云:"当时方言,犹今语云'公然'也。"①②,后有周一良《魏晋南北朝史札记》"方幅手笔"条引郝氏说③④,说道"综合诸文细演绎之,盖由规矩、齐整引申而为正规、正式之意,再转而为公然"⑤。可谓得之。嗣后,蔡镜浩《魏晋南北朝词语例释》、刘祖国《魏晋南北朝道教文献词汇研究》分别释"方幅"具"公开,公然"⑥、"公然、正当、正式"义。又,余嘉锡《世说新语·贤媛》"李氏在世,得方幅齿遇"笺释云:"犹言正当礼遇之也"。其中所谓"正当"当理解为现代汉语的"正式"。综合各家所说,对照《宋书》二例,及此期其他用例,我们释义如上。此期习用,后世罕用。此期其他用例如:

帝大怒,谓(萧)坦之曰:"我赐(沈)文季不受,岂有人臣拒天子赐。"坦之曰:"官遣谁送?"帝曰:"内左右。"坦之曰:"官若诏敕出赐,令舍人主书送往,文季宁敢不受! 政以事不方幅⑦,故仰遣耳。"(南史·卷四十一·齐宗室列传)

其辞讼则隔帘理之。方幅⑧出行,垂帷于舆,每云恶人识其面也。(南史·卷五十三·梁武帝诸子列传)

有仗者非臣一人,所以不容方幅⑨启省,又因王俭备宣下情。臣出入荣显,礼容优泰,第宇华旷,事乖素约,虽宋之遗制,恩处有在,犹深非服之惭。(南齐书·卷二十二·豫章文献王列传)

---

① 第371页。
② 殷正林《〈世说新语〉中所反映的魏晋时期的新词和新义》(王云路等《中古汉语研究》第99页)"方幅"条作"宋《琐语》",当系校对粗疏之误。
③ 第299页。
④ 称"郝懿行《晋宋书故》"云云,有误。
⑤ 此"公然"当理解为"公开"。
⑥ 第102页。
⑦ "公开"义。
⑧ "公然"义。
⑨ "公开"义。

(姚)察每言论制述,咸为诸人宗重。储君深加礼异,情越群僚,宫内所须方幅手笔,皆付察立草。(陈书·卷二十七·姚察列传)

由此李氏在世,得方幅齿遇。(世说新语·贤媛)

侨户

晋成帝咸康三年,征西将军庾亮以司州侨户立。(卷三十七·州郡志三)

永昌令,孝建二年,以侨户立。(卷三十八·州郡志四)

求还洛阳视母,寻值关、陕不守,(王)康与长安徙民张旰丑、刘云等唱集义徒,得百许人,驱率邑郭侨户七百余家,共保金墉城,为守战之备。(卷四十五·王镇恶列传附康)

指东晋南北朝时期从北方迁居南方的民户。南宋史炤《资治通鉴释文·宋纪一》:"侨户:音'桥',寄也,客也。"该词打上深深的时代烙印,此期习用,可视作时代特色词。后世罕用。《汉语大词典》释作"指东晋南北朝时期从北方迁居江南的民户",当时侨置郡县江北多有,所释不确。此期其他用例如:

时帝大弘释典,将以易俗,故祖深尤言其事,条以为……而此勋人投化之始,但有一身,及被任用,皆募部曲。而扬、徐之人,逼以众役,多投其募,利其货财。皆虚名上簿,止送出三津,名在远役,身归乡里。又惧本属检问,于是逃亡他境,侨户之兴,良由此故。(南史·卷七十·循吏列传)

老奴

光禄大夫范泰好戏谓曰:"司徒公缺,必用汝老奴。我不言汝资地所任,要是外戚高秩次第所至耳。"(卷四十六·赵伦之列传)

(刘)义宣送止狱户,坐地叹曰:"臧质老奴误我。"(卷六十八·武二王列传)

指称别人(含轻视或戏谑意味),略同"家伙"。此期习用,后世意义有别。此期其他用例有如:

他日,乃书太医给事杨惠富臂作"老奴官悭"字,令以示秀。(魏书·卷三十三·贾彝列传附秀)

临刑,俱出狱,固又骂康曰:"老奴,汝死自分耳。若令死者有知,汝何面

目以行地下也。"(三国志·卷二十八·魏书二十八·王凌传裴松之注)

（贾）充密遣语妃云："卫瓘老奴，几破汝家。"(晋书·卷三十一·后妃列传上)

《妒记》曰："(桓)温平蜀，以李势女为妾……主于是掷刀，前抱之曰：阿子，我见汝亦怜，何况老奴。遂善之。"(世说新语·贤媛刘孝标注)

作辅(8)

公既作辅，大示轨则，豪强肃然，远近知禁。(卷二·武帝纪中)

故负鼎进策，殷代以康；释钓作辅，周祚斯乂。(卷八·明帝纪)

众议并欲迁都，仲德正色曰："今天子当阳而治，明公命世作辅，新建大功，威震六合。"(卷四十六·王懿列传)

于时出入卧内，唯有(杨)运长、(王)道隆，群细无状，因疾遘祸，见上不和，知无瘳拯，虑晏驾之日，长王作辅，夺其宠柄，不得自专。(卷七十九·文五王列传)

担任执政大臣。此期新生复合词，习用。后世罕用。此期其他用例如：

高祖曰："管、蔡为戮，周公作辅，人心不同，有如其面。但愧兄弟亲寻干戈，于我为不足耳。"(周书·卷十二·齐炀王宪列传)

晋世迁宅江表，人无北归之计，英霸作辅，芟定中原，弥见金德之不竞也。(南齐书·卷四十七·谢朓列传)

有司奏太常卿刘芳议(元)鳃谥曰……历次宛谢，迄于鲁阳，送往奉居，无惭周、霍。禀遗作辅，远至迩安。(魏书·卷二十一下·献文六王列传下)

故假黄钺……司州牧、太原王荣，惟岳降灵，应期作辅，功侔伊、霍，德契桓、文。(魏书·卷七十四·尒朱荣列传)

登阼

太祖登阼，加散骑常侍、左光禄大夫、开府仪同三司，本官悉如故。(卷四十三·傅亮列传)

世祖登阼，以为金紫光禄大夫，领湘东王师。(卷七十三·颜延之列传)

圣明登阼，恩泽周普，回改小人，使命微勤，赐署台位。(卷七十九·文五王列传)

即位。"阼"本义是"大堂前东面的台阶",《说文解字·阜部》:"阼,主阶也。"《仪礼·乡射礼》郑玄注:"阼,东阶也。"《重修玉篇·阜部》:"主阶也。"引申之,指"帝位"。《广雅·释诂》:"阼,主也。"此期复合成合成复音词。习用。后世罕用。此期其他用例如:

> 世宗登阼,转太尉府铠曹参军,稍迁治书侍御史。(魏书·卷四十二·薛辩列传附凤子)

> 出帝登阼,以郎任行礼,封城阳县子,迁中书侍郎。(魏书·卷四十七·卢玄列传附元明)

> 文宣末年多酒,(高)浚谓亲近曰:"二兄旧来,不甚了了,自登阼已后,识解顿进。今因酒败德,朝臣无敢谏者。大敌未灭,吾甚以为忧。欲乘驿至邺面谏,不知用吾不?"(北史·卷五十一·齐宗室诸王列传上)

不平

> (诸葛)长民果有异谋,而犹豫不能发,乃屏人谓(刘)穆之曰:"悠悠之言,皆云太尉与我不平,何以至此?"(卷四十二·刘穆之列传)

> 益州刺史刘瑀,先为右卫将军,与府司马何季穆共事,不平。(卷五十四·羊玄保列传附希)

> 徐羡之、傅亮等与泰素不平,及庐陵王义真、少帝见害,(范)泰谓所亲曰:"吾观古今多矣,未有受遗顾托,而嗣君见杀,贤王婴戮者也。"(卷六十·范泰列传)

不和。此期新生义,习用。后世罕用。此期其他用例如:

> 齐神武怀贰,尔朱氏将讨之。度律自洛阳引兵,兆起并州,仲远从滑台,三帅会于邺东。时胜从度律。度律与兆不平。(周书·卷十四·贺拔胜列传)

> 孝武既至关中,又与丞相宇文泰不平,未几,遇鸩而崩。(南史·卷七·梁本纪中)

> (刘)劭曰:"不斩江湛、徐湛之,无以谢天下。"上曰:"北伐自我意,不关二人;但湛等不异耳。"由是与江、徐不平。(南史·卷十四·宋宗室及诸王列传下)

> 与安成王万安国不平,安国矫诏杀买奴于苑内。(魏书·卷二十九·奚

斤列传附买奴)

微管(5)

> 军次留城,经张良庙,令曰:"夫盛德不泯,义在祀典,微管之叹,抚事弥深……以纾怀古之情,用存不刊之烈。"(卷二·武帝纪中)

> 晋氏封爵,咸随运改,至于德参微管,勋济苍生,爱人怀树,犹或勿翦,虽在异代,义无泯绝。(卷三·武帝纪下)

> 王神谟独运,灵武宏发,辑宁内外,诛覆群凶,固已化被江汉,勋高微管,远献侔于二南,英雄迈于两献者矣。(卷五十一·宗室列传)

> 但谢玄勋参微管,宜宥及后嗣,可降死一等,徙付广州。(卷六十七·谢灵运列传)

管仲;大功。是"微管仲"的缩略。语出《论语·宪问》:"微管仲,吾其被发左衽矣!""微"是"没"的意思。本来是赞扬管仲功劳之大,缩略成词,直接指"管仲"或引申指"大功",属于用典的"雅言词"①。此期习用,后世罕用。此期其他用例有如:

> 灵太后诏曰:"故太师、彭城武宣王道隆德盛,功高微管,协契先朝,导扬末命。"(魏书·卷二十一·献文六王列传下)

> 策曰……若夫禹功寂寞,微管谁嗣,拯其将鱼,驱其袒发,解兹乱网,理此棼丝,复礼衽席,反乐河海。(南史·卷六·梁本纪上)

> 诏以"谢玄勋参微管,宜宥及后嗣,降死徙广州"。(南史·卷十九·谢灵运列传)

> 若乃庖厨、胥靡、种德、微管之臣,罕闻于世;黜鲁、逐荆、抱关、执戟之士,无乏于时。(周书·卷二十三·苏绰列传)

经始

> 经始大业,造创帝基。畏天之命,于时保之。(卷二十·乐志二)

> 茂度内足于财,自绝人事,经始本县之华山以为居止,优游野泽,如此者

---

① 业师吴金华先生《〈三国志〉雅言词散论》(《古文献整理与古汉语研究续集》46页)说道:"在汉魏以来两千多年的汉语复音词中,跟俗语词相映成趣的雅言词,即利用传世文献中的词语或故实所构成的新词,是典故构词法的产物";"雅言词繁启蕃长于汉魏六朝,至明清犹络绎不绝,是经典文化孕育的结果,是特定社会背景下特有的语言现象。"

七年。(卷五十三·张茂度列传)

开创;经营。雅言词。语出《诗经·大雅·灵台》"经始灵台,经之营之"。本义是"建筑"①,此期引申出抽象义"开创;经营",习用,后世罕用。此期其他用例有如:

(范)雅尝使文远行商贾,北到上国,多所闻见,以晋愍帝建兴中,南至林邑,教王范逸,制造城池,缮治戎甲,经始庙略。(水经注·卷三十六·温水)

史臣曰:羊琇托肺腑之亲,处多闻之益,遭逢潜跃之际,预参经始之谋,故得缱绻恩私,便蕃任遇。(晋书·卷九十三·外戚列传)

上疏曰……夫先王经始,玄圣宅心,画为九州,制为九服,贵中区而内诸夏,诚以暑度自中,霜露惟均,冠冕万国,朝宗四海故也。(晋书·卷九十八·桓温列传)

遥表曰……先皇所以变兹事条,为此别制者,太和之季,方有意于吴、蜀,经始之费,虑深在初,割减之起,暂出当时也。(魏书·卷十九·景穆十二王列传上)

竟囚

又在所多上春竟囚,不以其辜,建康狱吏枉暴尤甚。此僭逾不从,冤滥之罚也。(卷三十一·五行志二)

旧官长竟囚毕,郡遣督邮案验,仍就施刑。督邮贱吏,非能异于官长,有案验之名,而无研究之实。愚谓此制宜革。(卷八十五·谢庄列传)

刑讯判决囚犯。"竟"由本义"奏乐完毕"引申为"终了、终结",再引申为"结案",故此期产生该新词,习用。后世偶用,如姜泣群《朝野新谭·袁大总统历史》:"后法庭辩护无效,万先生竟囚于西牢,定期十年,壬子秋出狱。"《汉语大词典》未收释。此期其他用例如:

康帝诏曰:"东阳顷来竟囚,每多入重。岂郡多罪人,将捶楚所求,莫能自固邪!"(晋书·卷四十三·山涛列传附遐)

明帝临崩,出为会稽太守,加都督,坐误竟囚,降为冠军。(南史·卷二十三·王华列传附琨)

---

① 此期亦习用。

明帝临崩,出为督会稽东阳新安临海永嘉五郡军事、左军将军、会稽太守,常侍如故。坐误竟囚,降号冠军。(南齐书·卷三十三·王琨列传)

悠悠(12)

(诸葛)长民果有异谋,而犹豫不能发,乃屏人谓(刘)穆之曰:"悠悠之言,皆云太尉与我不平,何以至此?"(卷四十二·刘穆之列传)

尔时吾既甚恶,意不欲见外人,悠悠所传,互言差剧。(《卷七十二·文九王列传》)

况身被矢石,否泰难虞,悠悠之人,尚有信分。(卷七十九·文五王列传)

形容荒唐的谣言或荒谬的言论。此期新生义,叠字"悠悠"早期意义一般是单字语素义的合成,发展过程中,随着语词结构的紧密程度加深以及同义词形的借用①,叠字逐渐取得单纯叠音词的资格。叠音词意义一般与构词单字的早期语素义失去关联。此义中古新生,习用,后世罕用。此期其他用例有如:

吾与(庾)元规休戚是同,悠悠之谈,宜绝智者之口。(晋书·卷六十五·王导列传)

悠悠之人②,复传音响,言左军臣融、右军臣衍,皆受密敕,伺察臣事。(魏书·卷十八·太武五王列传)

慈矜好生,应垂未测,诚恐悠悠之议,将谓为福兴罪。(魏书·卷六十七·崔光列传)

悠悠之徒,骇乎若兹之衅,而寻艰争所缘。(晋书·卷三十五·裴秀列传附颁)

料简

若朔望应有公事,则先遣送祭,皆手自料简,流涕对之。公事毕,即往致哀,以此为常,至三年服竟。(卷六十六·何尚之列传)

料理;甄选。此期新词,习用,后世罕用。此期其他用例有:

---

① 明方以智《通雅·释诂》:"悠悠,通作遥遥、攸攸、繇繇、滺滺、浟浟、悠悠。"
② 悠悠之人:指散布谣言的人。后"悠悠之徒"同。

其岁岁料简剥治之功,指柴雇人——十束雇一人——无业之人,争来就作。(齐民要术·卷五·种榆、白杨第四十六)

(顾)叡料简隐恤,咸为营理,百姓赖之。(南史·卷五十八·韦叡列传)

灵太后许赐其女妓,未及送之,雍遣其阉竖丁鹅自至宫内,料简四口,冒以还第。太后责其专擅,追停之。(魏书·卷二十一上·献文六王列传上)

入为尚书令,奏正分职,料简名实,出事使断官府者百五十余条。(三国志·卷二十三·魏书二十三·裴潜传)

忽如

其时复有谣言曰:"卢橙橙,逐水流,东风忽如起,那得入石头。"(卷三十一·五行志二)

一下子;倏忽。略同"忽然"。王云路《六朝诗歌语词研究》"忽如"条排比六朝诗歌语料认为"忽如"应释作"如同,就像";"忽焉、倏忽"①。我们认为,其释作"如同,就像"义的用例中,"忽""如"多为单音词,释作"如同,就像","忽"(迅忽)义则漏失。所释"忽焉、倏忽"义甚是。我们认为此期的"忽如"正处于单音词连用发展到短语再向附加式合成词的过渡阶段。"如"已逐步具有了词尾的特征②。关于"忽如",我们曾在《中古汉语中的词尾"如"——从"忽如一夜春风来"谈起》有系统论述。此期新生,习用。后世罕用,其义遂隐约难明。此期其他用例有如:

设令忽如过隙,溘死霜露,其为诟耻,岂崔、马之流乎?(梁书·卷五十·文学列传下)

昔尧以配天之德,秉六合之重,犹睹历运之数,移于有虞,委让帝位,忽如遗迹。(三国志·卷二·魏书二·文帝纪裴松之注)

浮云往自还,悲风动思心。悠悠谁知者,悬景无停居。忽如驰驷马,倾耳怀音响。(玉台新咏·卷二·傅玄青青河边草篇)

长大逃深室,藏头羞见人。垂泪适他乡,忽如雨绝云。低头和颜色,素齿结朱唇。(玉台新咏·卷二·傅玄苦相篇)

---

① 第193—194页。
② 与"忽若"略同。

空自

匪寇倾沦,攻制之师,空自班散,济西劲骑,急战蹴旅,淮上训卒,简备靡旗。(卷七十·袁淑列传)

王母①谓之曰:"汝当忍死强视,何为空自殄绝。"(沈)林子曰:"家门酷横,无复假日之心,直以至仇未复,故且苟存尔。"(卷一百·自序)

徒然;枉然。王云路《六朝诗歌语词研究》"空自"条释作"即空,是徒劳的意思"②,可参考。"自"是此期新生词尾。附加式合成词。习用。后世沿用,意义渐不显豁。此期其他用例有如:

(靳)详以(郝)昭语告(诸葛)亮,亮又使详重说昭,言人兵不敌,无为空自破灭。(三国志·卷三·魏书三·明帝纪裴松之注)

汝大愚痴无有智慧,何不待我?空自往来,徒受其苦!为一切世人之所嗤笑。(百喻经·卷四·与儿期早行喻)

如何与君别,当我盛年时。蕙华每摇荡,妾心空自持。(玉台新咏·卷四·吴迈远长别离)

锦衾无独暖,罗衣空自香。明月虽外照,宁知心内伤。(玉台新咏·卷五·沈约古意)

脱复

若天眷罔已,脱复迟回,请出臣表,逮闻外内,朝议舆诵,或有可择。(卷四十二·王弘列传)

倘若;万一。复,中古新生词尾。附加式合成词,此期新生词,习用。后世罕用。《汉语大词典》失收。此期其他用例有如:

怨积聚党,凶迷相类,止于一处,何足不除,脱复多所,便成纥纥。(南史·卷四十二·齐高帝诸子列传上)

脱复蜂虿有毒,兽穷则斗。谓山盖高,则四郊多垒;谓地盖远,则三千弗违。(梁书·卷五·元帝纪)

近虽仰凭威灵,得摧丑虏,兵寡力弱,擒斩不多。脱复高曳长缣,虚张功

---

① 王母:祖母。
② 第211—212页。

捷,尤而效之,其罪弥甚。臣所以敛毫卷帛,解上而已。(魏书·卷六十·韩麒麟列传附显宗)

臣以为当今四海清平,九服宁晏,经国要重,理应先营,脱复稽延,则刘向之言征矣。(北史·卷四十三·邢峦列传附邵)

瞻送

庐陵内史周朗以正言得罪,锁付宁州,亲戚故人,无敢瞻送;(蔡)兴宗在直,请急,诣朗别。(卷五十七·蔡廓列传附兴宗)

收道子付廷尉,臣吏畏恐,莫敢瞻送。弘时尚在丧,独于道侧拜,攀车涕泣,论者称焉。(卷四十二·王弘列传)

送别。非"瞻仰欢送"义[1]。此期新生。后世罕用。此期其他用例有如:

及丧下江陵,士女老幼皆临江瞻送,号哭尽哀。(晋书·卷七十四·桓彝列传附冲)

谢公在东山,朝命屡降而不动。后出为桓宣武司马,将发新亭,朝士咸出瞻送。(世说新语·排调)

居然(9)

《礼记·郊特牲》云虎豹皮与玉璧,非虚作也。则虎豹之皮,居然用两,珪璧宜仍旧各一也。(卷十四·礼志一)

监国之重,居然亲祭。(卷十七·礼志四)

今贵妃爵视诸侯,居然不得祔于先后。(卷十七·礼志四)

山川之形,抑非曩日,攻守难易,居然百倍。(卷五十二·袁湛列传附豹)

显然。此期新生常用义。后世罕用。《汉语大词典》漏释,当补。此期其他用例有如:

(王)融曰:"物以群分,方以类聚,君长东隅,居然应嗜此族。"其高自标置如此。(南史·卷二十一·王弘列传附融)

太子曰:"敬虽立身之本,要非接下之称。《尚书》云'惠鲜鳏寡',何不言恭敬鳏寡邪?"绪曰:"今别言之,居然有恭、惠之殊,总开记首,所以共同斯

---

[1] 吴金华《世说新语考释》(第204页)有说。

称。"(南齐书·卷二十一·文惠太子列传)

变易是非,居然可见。详而后取,于事未迟。(南齐书·卷四十·武十七王列传)

虽复(45)

(刘)穆之外所闻见,莫不大小必白,虽复闾里言谑,涂陌细事,皆一二以闻。(卷四十二·刘穆之列传)

府门每旦常有数百乘车,虽复位卑人微,皆被引接。(卷六十八·武二王列传)

即便。此期与新生词尾"复"复合成附加式合成词①,新生,习用,后世罕用。此期其他用例有如:

虽复道格区宇,德被苍生……而身终于北面矣。(晋书·卷一·宣帝纪)

虽复使研桑心算……尽术数之极者,皆未能并臣如此之妙也。(晋书·卷十八·律历志下)

苟开之有路,而患其饰真离本,虽复严责中正,督以刑罚,犹无益也。(三国志·卷九·魏书九·夏侯尚传附玄)

临淮虽复风流可观,而无骨鲠之操,中尉之任,恐非所堪。(魏书·卷十八·太武五王列传)

谈义

景仁学不为文,敏有思致,口不谈义,深达理体。(卷六十三·殷景仁列传)

时斗场寺多禅僧,京师为之语曰:"斗场禅师窟,东安谈义林。"(卷九十七·夷蛮列传)

清谈。义,指玄理。由谈论玄理复合成复音词。关于魏晋时期玄谈与人物品评的语言特点,可参看孔繁《魏晋玄谈》②、万久富《魏晋人物品评的语言特

---

① 参见刘瑞明《词尾"自"类说》;蒋宗许《也谈词尾"复"》;蒋宗许《再说词尾"自"和"复"》;姚振武《关于中古汉语的"自"和"复"》等。

② 第1—251页。

色》。方一新《东汉魏晋南北朝史书词语笺释》认为"义"通"议","谈义"同"谈议"[1]。略是。我们注意到,谈议,《晏子春秋·杂上》"闲处从容不谈议"可释作"讨论切磋",为上古一般语词。"谈义"为此期新生语词,具有时代特别内涵。如果说,有时借旧词"谈议"来记录"谈义"义,以致二词相同,犹在情理之中,要是说"谈议"发展出"清谈"义后,使用过程中因音同借作"谈义",就似乎有迂曲之嫌。因为,"谈论玄理",意义更加显豁,不会受旧词"谈议"的一般意义"讨论切磋"影响。再有,上举"东安谈义林"这样的谣谚,临时音通借用的可能性不大。且此期记"清谈"义多用"谈义",偶见"谈议"。当然后世有借"谈义"记录"讨论切磋"义的"谈议"的。"谈义"表"清谈"义,习用,后世罕用。其他用例有如:

(苻)宏知谈义,解属文,轻果有远略。(南齐书·卷五十七·魏虏列传)
常以仲春之月,一切大集。至龙住处为设大会,作乐谈义终此一晨。(经律异相·卷第十四·舍利弗从生及出家得道)
(张)镜少与光禄大夫颜延之邻居,颜谈义饮酒,喧呼不绝,而镜静默无言声。(南史·卷三十一·张裕列传附镜)

道人(18)

七月七日……晚至新安寺就昙度道人饮酒。(卷九·后废帝纪)
与陈郡谢灵运、琅邪颜延之、慧琳道人并周旋异常……(卷六十一·武三王列传)

佛教徒;和尚。得道之人的意思。宋叶梦得《避暑录话·卷下》:"晋宋间佛学初行,其徒犹未有僧称,通曰'道人',其姓则皆从所授学。"该词显然打上了明显的佛教文化印记。习用,后世罕用。其他用例有如:

云从兜率天宫下,使送上天子,因失道人所在。(南齐书·卷十八·祥瑞志)
举国事佛,有一道人命过烧葬……(水经注·卷一·河水)
西域道人入来洛阳,时有忆(东)方朔言者,乃试以武帝时灰墨问之。(搜神记·卷十三)
遂乃肆意侮慢人神,烧大航及伍胥庙,毁坏浮图塔寺,斩道人。(建康实

---

[1] 第137—138页。

录·卷三·景皇帝）

不办(9)

弓矟利铁,民不办得者,官以渐充之,数年之内,军用粗备矣。（卷六十四·何承天列传）

自卜懦薄,干略不办及卿,今辄相推为统。（卷七十四·沈攸之列传）

不能。上古汉语中是两个单音词的连用,"没有办理好"的意思。例如《史记·田叔列传》："坐上行出游共帐不办,斥免。"此期逐渐复合成偏正式复音词,一般作副词。反映了中古副词产生的一般特点。词性的变化,意义的抽象发展,说明该组合已经具备了复音词的资格。新词,新义,习用,后世罕用。其他用例有如：

（袁）耽素有艺名,债者闻之而不相识,谓之曰："卿当不办作袁彦道也。"（晋书·卷八十三·袁瓌列传附耽）

此虽五条,而有七事,事中复有轻重,非至志者亦不办得此例也。（真诰·卷之十六·阐幽微）

玄本无资力,但好为大言,既不办行,乃云奉诏故止。（魏书·卷九十七·岛夷桓玄列传）

曹公西征,闻（法）正之策,曰："吾故知玄德不办有此,必为人所教也。"（三国志·卷三十七·蜀书七·法正传）

骆驿继发

幸承人乏,夙诚前驱,精甲已次近路；镇军骆驿继发,太傅、骠骑嗣董元戎。（卷六十八·武二王列传）

下官悉率文武,骆驿继发。（卷七十八·萧思话列传）

车马相继出发,接连不断。《汉语大词典》将成语定义为："指长期习用,结构定型,意义完整的固定词组,大多由四字组成。"对照此定义,该词是典型的时代特色成语。新生,习用,后世除《十六国春秋》《册府元龟》《宋文纪》等中的同质语料外,无见。其他用例有如：

建威将军、军主、江陵令江诠等,帅组甲五万,骆驿继发。（南齐书·卷三十八·萧赤斧列传附颖胄）

吾董任一方,义在伐叛,武旅三万,骆驿继发,伐木之感,心岂可言!(晋书·卷八十六·张轨列传)

西中郎(张)寔中军三万、武威太守张琠胡骑二万,骆驿继发,仲秋中旬会于临晋。(晋书·卷八十六·张轨列传)

彭城王飖尚令肃精卒十万,骆驿继发,将以长驱淮海,电击衡、巫①。(册府元龟·卷一百六十四·帝王部·招怀)

经通

尚书令臣(徐)羡之,与臣列车,纷纭若此,或云羡之不禁,或云羡之禁而不止。纵而不禁,既乖国宪;禁而不止,又不经通。(卷五十六·孔琳之列传)

伏寻旧制,群臣家有情事,听并急六十日。太元中改制,年赐假百日。又居在千里外,听并请来年限,合为二百日。此盖一时之令,非经通之旨。会稽虽途盈千里,未足为难,百日归休,于事自足。(卷六十·王韶之列传)

合理;通达。经、通同义复合。经,"通"的意思。《释名·释典艺》:"经,径也。如径路无所不通,可常用也。"于此可见"经"具"通"义。同义复合复音词,此期新生,习用。后世罕用。《汉语大词典》未收释。此期其他用例有如:

然退食在朝,而禄不代耕,非经通之制。今资储渐丰,可筹量增俸。(晋书·卷九·简文帝纪)

天下有阙塞,行礼制物者当使理可经通。古人之制三年,非情之所尽,盖存亡有断,不以死伤生耳。(晋书·卷二十·礼志中)

怀重奏曰:"臣以为法贵经通,政尚简要,刑宪之设,所以网罗罪人,苟理之所备,不在繁典。"(北史·卷二十八·源贺列传附怀)

亮既在战场,本无久住之规,而方休兵还蜀,皆非经通之言。孙盛、习凿齿搜求异同,罔有所遗,而并不载冲言,知其乖剌多矣。(三国志·卷三十五·蜀书五·诸葛亮传裴松之注)

---

① 此例为后世类书旁证。

周匝

秦改周辂,制为金根,通以金薄,周匝四面。(卷十八·礼志五)

百川洋溢,八味清净,周匝屈曲,顺趣大海,一切众生,咸得受用。(卷九十七·夷蛮列传)

周遍。由"周围"义引申为抽象的"周遍"义。《汉语大词典》未释此义。汪维辉《〈齐民要术〉词汇语法研究》有说①。此期习用,后世罕用。此期其他用例有如:

日旁有气,员而周匝,内赤外青,名为晕。(晋书·卷十二·天文志中)

诸侯比境,周匝三垂,外接胡越。(晋书·卷十四·地理志上)

群胡数万,周匝四山,动足遇掠,开目睹寇。(晋书·卷六十二·刘琨列传)

(华)佗使悉解衣倒悬,令头去地一二寸,濡布拭身体,令周匝,候视诸脉,尽出五色。(三国志·卷二十九·魏书二十九·方技传裴松之注)

充壮

(何)尚之清忠贞固,历事唯允,虽年在悬车,而体独充壮,未相申许,下情所同。(卷六十六·何尚之列传)

肥胖;健壮。"壮"有"健""肥大"二义。《说文解字》:"壮,大也。"《大广益会玉篇·爿部》:"壮,阻亮切。健也;大也。"《周礼·地官·充人》:"充人,下士二人,史二人,胥四人,徒四十人。"东汉郑玄笺:"充,犹'肥'也。养牺牲而肥之。"此期新生同义合成词,习用。后世罕用。此期其他用例有:

子(萧)隆年二十一,而体过充壮,常服芦茹丸以自销损。(南齐书·卷四十·武十七王列传)

(高)延宗容貌充壮,坐则仰,偃则伏,人皆笑之。(北史·卷五十二·齐宗室诸王列传下)

清闲

(刘)休佑于是输金荐宝,承颜接意,造膝之间,必论朝政,遂无日不俱

---

① 第78、343页。

行,无时不同宿,声酬聚集,密语清闲。(卷七十二·文九王列传)

吾与(刘)休仁,少小异常,唯虚心信之,初不措疑。虽尔犹虑清闲之时,非意脱有闻者。(卷七十二·文九王列传)

于建章宫召朕兄弟,逼酒使醉,公因酒势,遂肆苦言,云朕及休仁,与太宰亲数,往必清闲,赠贶丰厚。(卷七十九·文五王列传)

二人秘密交谈。说见吴金华老师《世说新语考释》"清闲"条①。周一良《魏晋南北朝史札记》"刘彧与方镇及大臣诏书中当时口语"条据《宋书》第二例云:"清闲即闲谈之意"②。张振德等《〈世说新语〉语言研究》释作"闲谈"③。我们认为"私密交谈"更为准确。为新生义,此期习用,后世罕用。此期其他用例有如:

每与上久清闲,言毕,上索香火,明日必有所诛杀。(南齐书·卷四十五·宗室列传)

后因清闲密谏,言辞甚切。(周书·卷四十一·王褒列传)

与邓琬款狎过常,每清闲必尽日穷夜。(南史·卷二十六·袁湛列传附颛)

与邓琬款狎,每清闲,必尽日穷夜。(袁)颛与琬人地本殊,众知有异志矣。(建康实录·卷十二·宋)

隐起

泰始七年六月甲寅,义阳郡获铜鼎,受一斛,并盖并隐起镂,豫州刺史段佛荣以献。(卷二十九·符瑞志下)

凸起。业师吴金华《世说新语考释》"隐起、隐出"条从同源词的视角认为"隐"与"瘾""齴"同源,"作凸起讲"④。足信!后《汉语大词典》有释。兹补证之,《切韵》残页⑤:"胗,瘾胗,皮外小起。"《证治准绳·集之六·心脏部四/痘疮(下)·痘后余毒证治》:"瘾疹:瘾者,皮肤间隐隐成疙瘩,瘙痒,爬搔更多,内服解毒防风汤(大法),外以笮衣汤洗之";"炊饭笮衣煮水,洗瘾起疙瘩者神效。"《玉

---

① 第63—65页。
② 第199页。
③ 第46页。
④ 第119—123页。
⑤ 鼎秀古籍全文检索平台收。

篇·山部》①:"山高亦作嶾。"《广韵·十六轸》:"嶙:嶾嶙,山高貌。"清毛奇龄《古今通韵·十六轸》:"嶾,山高貌。"唐慧琳《一切经音义·广弘明集卷第二十四》:"嶾嶙:《考声》:'隐',谓降高也。'……《集》作'隐',俗字。"显然"隐""嶾""癮"同源,其共同的语源义是"凸起"。"隐起"作"凸起"讲。不可以今释古。此期习用,唐代偶用。后世无用。此期其他用例有如:

> 泉中得一银木筒,长一尺,广二寸,隐起文曰:"庐山道人张陵再拜谒诣起居。"(南齐书·卷十八·祥瑞志)
>
> 为洗浴者视其尸体,大有杖处,青赤隐起二百下许。(魏书·卷七十一·夏侯道迁列传附夬)
>
> 迳狗峡西,峡崖隺中,石隐(起有狗形,形状具足,故以狗名)峡。(水经注·卷三十四·江水二)
>
> 赐以通身隐起金饰棺,丧礼一依安城王叔孙俊故事。(魏书·卷二十七·穆崇列传附观)

阿尼

> 二十七年,坐贪纵过度,自杖治中荀齐文垂死,乘舆出城行,与阿尼同载,为有司所纠。(卷六十五·刘道产列传)

附加式合成词,指称"尼姑"。阿,是词头。张振德《〈世说新语〉语言研究》详论魏晋时期的名词词头"阿",认为"阿"一般用在称呼中,常出现于人物对话中②。骆晓平《魏晋六朝汉语词汇双音化倾向三题》认为"阿"作为词头可置于一般单音名词前,构成表示身份的词。并说道:"词头'阿'的构词能力在当时得到充分的发展,它的各种用法至此都已具备,成为一个成熟的词头。"③殷正林《〈世说新语〉中所反映的魏晋时期的新词和新义》举《三国志·魏书·韩辰传》"东方人名我为阿"及《裴子语林》"汝阿见子敬,便沐浴为论兄辈"论述认为,"阿"是魏晋吴方言词。魏晋时,"我"在吴方言中可能已丢失了声母[ŋ],所以"我"与"阿"同音④。张俊阁《汉语第一人称代词"俺"的来源》认为,宋元时期汉语第一人

---

① 小学汇函本。
② 第161—166页。
③ 见王云路等《中古汉语研究》第56页。
④ 见王云路等《中古汉语研究》第93页。

称代词"我"(古音[ŋɑ])经历了复杂的音变过程:"我"字韵头ŋ-脱略,同时由于受阿尔泰语领属格辅音词尾-n的影响,"我"在领属格的位置上又发生了鼻音音变,即"我"音发生了由[ŋɑ]→[ɑ]→[an]的连续变化,因而借用"俺"作为音变后的第一人称代词。我们基本同意几位学者的推论。认为,东晋六朝时期,"阿"是"我"的音变,在魏晋时期作为第一人称短暂使用之后,又逐渐发展为成熟的词头,与单音名词语素构成了非常丰富的附加式合成词,受"我"的语素核心义的影响,这类合成词通常都带有亲近的意味,诸如"阿奴""阿娇""阿尼"等等。"阿尼"表亲近意味,或许与当时佛教的重大影响有关联。词头"阿"在今天的吴方言中仍然大量使用。阿尼,后世除用作地名、人名以及音译日语称"兄"等外,指称"尼姑"的用法已罕见。应视作此期的特色语词。此期其他用例有如:

(高)俨辞曰:"(和)士开昔来实合万死,谋废至尊,剃家家头使作阿尼,故拥兵马,欲坐著孙凤珍宅上。臣为是矫诏诛之。尊兄若欲杀臣,不敢逃罪;若放臣,愿遣姊姊来迎臣,臣即入见。"(北史·卷五十二·齐宗室诸王列传下)

儿先作沙弥,其母后作阿尼,则跪其儿。不礼之教,中国绝之,何可得从?(弘明集·卷八·辩惑论)

而今之奉者,秽慢阿尼,酒色是耽,其违二矣。(晋书·卷六十四·简文三子列传)

即语言:"尊者,可入取食。"妇人言:"阿尼且食,我当更求与之比丘尼言。"(摩诃僧祇律·卷二十一·四提舍尼初)

舍人谏议,顿除王宅之妖。汪子张诚,同免阿尼之鬼。顶踵皆灯之疠鬼,退入民家。衣冠尽白之巨人,不殃信士。(普陀洛迦新志·卷一·本迹门)

阳为和上阴阿尼,假作父母度僧尼。师徒相度理无私,迁神涅盘归紫微。(老子化胡经·卷十·老君十六变词)

摩勒

奉献金刚指环、摩勒金环诸宝物、赤白鹦鹉各一头。(卷九十七·夷蛮列传)

释义待考。古文献中罕见记载,有《南史·夷貊列传上》等一条"同质"旁证云:"献金刚指环、摩勒金环诸宝物,赤白鹦鹉各一头。"清郝懿行《宋琐语·言诠》云:"按:摩勒,金之至美者也,即紫磨金,林邑谓之杨迈金,其贵无匹,故云宝物。"[1]《汉语大词典》据此孤证并郝懿行所说,立目释义,似无不可,然郝氏不言所据,可疑。今检古代文献,仅有"阿摩勒"[2]、"庵摩勒"[3]水果及"摩勒香""庵摩勒油"的记载[4],或"摩勒"用于人名。又,摩勒为国名。《大唐内典录·后周宇文氏传译佛经录上》:"右武帝世,摩勒国沙门达摩流支[5]为大冢宰晋荡公宇文护译《定意天子所问经》五卷。"

问题是,古代为何竟无"摩勒金"的其他相关记载?《格致镜原·金》:"《庶物异名疏》:南海扶南王阳迈初在孕,其母梦生儿,有人以金席借之,其色光丽,夷人因谓金之精者为'阳迈',若中国'紫磨'者。紫磨,华之上金也。"未及"摩勒金"。《本草纲目·金类二十八种》:"外有五种,乃波斯紫磨金、东夷青金、林邑赤金、西戎金、占城金也。"《梦溪笔谈·异事异疾附》:"《尔雅》云:'黄金谓之璗,其美者谓之镠。'西晋郭璞注云:'镠,即紫磨金。'孔融文:'金之优者,名曰紫磨,犹人之有圣也。'是金名'紫磨',由来已远,惟未详其所出……又《水经·温水注》:'华俗谓上金为紫磨金,夷俗谓上金为阳迈金……是则紫磨、阳迈,殆均为方言,亦自昔相传如是耳。"皆未及"摩勒金"。又,《明史·卷四十六·地理志》:"东北有南牙山,与南甸分界;西南有摩勒江,有大金沙江,俱与缅甸分界。"

根据所见文献及辞书释义,郝懿行及《汉语大词典》所释并为孤证。"摩勒"究竟是什么呢?为上等金子的名称,何以前人无其他记载和考说,今亦无传。且即便为金子名称,也无更多证据表明它与"杨迈金""紫摩金"之间的关系。或许此金与摩勒国抑或摩勒水所出有关,然《汉语大词典》未释"摩勒"国名、河名,除上举二则记载,关于国名、河名乃至是否产金,无更多记载与研究。即便是当时来献宝的迦毗黎国之所在亦存争议[6],更不用说"摩勒"国了。再有,我们注意到,"摩勒"作为一般语词,后世多用作"打磨雕刻"义,"摩勒指环"是否就是打磨雕刻了文字或花纹的指环呢?也许"摩勒"为"弥勒"等的音转,亦未可知。所有

---

[1] 第378页。
[2] "阿摩勒"又为佛教劫名。
[3] 《御定佩文斋广群芳谱·卷五十七·果谱》称:又名余甘子、摩勒落迦果。
[4] 阿、庵,音近。当为同一种水果的不同记载。
[5] 小字注文有"周言法希"。
[6] 参见莫任南《刘宋时遣使来华的迦毗黎国在南亚何处》一文。

这些,都有待更加深入的研究。

不过,"摩勒"一词不管是作为金子名还是作为一般词汇,它作为新生词、孤证词、反映当时与边远民族交往历史记录的特有语词,其词汇史的价值是不容否认的。谨录此待考。

第二章
《宋书》中的新词新义

第一节 关于新词新义

关于汉语词汇史研究中的新词新义的界定和研究,前人及之已多。徐朝晖《〈南村辍耕录〉中词的音节结构和新词新义分析》:"词汇学中的'新词',指代的是那些为了更好适应社会生活的变化及文化发展所新造的词汇,有部分词汇从其外部形式看是语言所固有的,但在发展过程中被赋予了新的含义和内容,并且新义与旧义之间并无明显的关联,该类词汇我们界定其为新词。因此对于新词,标准在于:① 一般以词的新形式出现,形式是判断新词与否的重要标志,而新词一般具备新的外在形式来展现新意义;② 这类词出现的时间并不早于元明文献,或者在《南村辍耕录》成书之前已出现但用例较少的词汇,亦可判定为新词;③ 在大型语言文字辞书中,譬如《汉语大词典》《汉语大字典》等中未有收录或是失收的隐晦词语。"雷汉卿《试论禅宗语言比较研究的价值》认为:"禅籍是唐宋俗语词的宝库,忠实记录了大量新兴俗语词,其中有不少俗语词始见于禅籍。从词义变迁的角度来说,有不少旧词产生了新义。比较法是识别新词新义的有效方法。"大多学者认为新词和新义是要以《汉语大词典》作为判断标准的。万久富《〈宋书〉复音词研究》在综合张永言、颜洽茂、张振德、李宗江等学者定义的基础上,认为:"所谓新词新义,从理论上讲,是一个时代新产生的词以及旧词所产生的新义。"[①]另外,还应该明确这样几条原则:一是新词应以词形为依据,词形除了书写形式,还应包括词的物质外壳语音;二是新义的判断中,除了考虑远近引申义层次外还要考虑词性的发展与否;三是新词新义的研究要以排比、对比语料

[①] 第149页。

为基本手段;四是判断新词新义需要在参照《汉语大词典》语词收释情况之后,尽最大可能占有目前所见的不同时代、不同类型的文献语料,去证明语词的时代。本章所讨论新词新义所指时代,指中古汉语中期——东晋南北朝。通常指此期开始出现或习用的语词,后代仍然使用的那部分。以此与"时代特色语词"一章互为补充。当然,《宋书》中的新词新义如已在其余各章讨论过的,这里则不再一一重复。

第二节 《宋书》新词新义例释

定(7①)

朝廷欲奉乘舆北走就公,寻知贼定未至,人情小安。(卷一·武帝纪上)

逆顺之势定殊,祸福之验易原也。(卷七十四·沈攸之列传)

时军中食尽,元景回据白杨岭,贼定未至,更下山进弘农,入湖关口,虏蒲阪戍主泰州刺史杜道生率众二万至阌乡水,去湖关一百二十里。(卷七十七·柳元景列传)

虏定不至,而东阳积聚,已为百姓所焚,由是征下廷尉,仍系尚方。(卷七十八·萧思话列传)

究竟;到底。副词。此期新生义,习用。后世沿用。此期其他用例有如:

体不常消,质无定白。深谷夏凝,小山春积。偶仙宫而为绛,值河滨而成赤。(周书·卷四十二·刘璠列传)

原隐居广阳山,教授数千人,为王浚所召,虽千古世悬,犹表二黉之称,既无碑颂,竟不知定谁后也。(水经注·卷十二·圣水)

城在山上,或言韩信始立,或言张良创筑,未知定所制矣。(水经注·卷三十二·溠水)

人问曰:"承有朝命,定是何府?"超宗怨望,答曰:"不知是司马,为是司驴;既是驴府,政应为司驴。"(南史·卷十九·谢灵运列传附超宗)

---

① 括号中的数字是该语词在《宋书》中出现的频次。余同。

界(57)

听如台所上,其六门内,既非州郡县部界,则不合依门外。(卷十五·礼志二)

是岁,有嘉禾生产屋景天中,一茎九穗,异于凡禾,县界大丰,故名光武曰秀。(卷二十七·符瑞志上)

元嘉十年十二月,营城县民成公会之于广陵高邮界获白麏麂以献。(卷二十八·符瑞志中)

任榛大抵在任城界,积世逋叛所聚,所在皆棘榛深密,难为用师,故能久自保藏,屡为民患。(卷八十八·薛安都列传)

区域,地区。万久富《〈宋书〉语词拾零》有论说①。中古习用。后世沿用。《汉语大词典》释义未确。此期其他用例有如:

率众趣平凉西界,布营数十里,托以牧马于原州,为自安之计。(周书·卷十四·贺拔胜列传附岳)

时(侯)景众已入颍川,刚于西界招复阳翟二万户,转输送洛。(周书·卷三十三·赵刚列传)

其德化为他界所归仰如此。(周书·卷四十二·刘璠列传)

道武简精骑二十万救之,遂徙(贺)讷部落及诸弟,处之东界。(北史·卷八十·外戚列传)

株(11)

鲁郡上民孔景等五户居近孔子墓侧,蠲其课役,供给洒扫,并种松柏六百株。(卷五·文帝纪)

宋从帝升明二年,宣城山中生紫芝一株,在所获以献。(卷二十九·符瑞志下)

孝武帝孝建二年六月癸巳,嘉禾二株生江夏王义恭东田。(卷二十九·符瑞志下)

元嘉二十年七月,盱眙考城县柞树二株连理,南兖州刺史临川王义庆以闻。(卷二十九·符瑞志下)

---

① 见《文史语言研究丛稿》第16页。

准量词。指草木的量。魏晋以前为名词,《说文解字·木部》:"株,木根也。"至此期"语法化"成准量词,符合汉语量词发展的一般规律。此期新生,习用。后世沿用。此期其他用例如:

乃于战所,准当时兵士,人种树一株,以旌武功。(周书·卷二·文帝纪下)

树则园植万株,竹则家封千户。(周书·卷四十一·庾信列传)

前并列数碑,栝柏数株,檀马成林,二陵南北,列驰道径通,皆以砖砌之,尚修整。(水经注·卷二十四·瓠子水)

种禾、黍于沟间,夹沟为两行,去沟两边各二寸半,中央相去五寸,旁行相去亦五寸。一沟容四十四株。一亩合万五千七百五十株。(齐民要术·卷一·种谷)

帖

南顿太守,帖治陈郡。(卷三十六·州郡志二)

新蔡太守,晋惠帝分汝阴立,今帖治汝南。(卷三十六·州郡志二)

(朱)龄石少好武事,颇轻佻,不治崖检。舅淮南蒋氏,八寸僮刀,龄石使舅卧于听事一头,剪纸方一寸,帖著舅枕,自以刀子悬掷之,相去八九尺,百掷百中。舅虽危惧战栗,为畏龄石,终不敢动。(卷四十八·朱龄石列传)

兼常之宜,以时稍进,本职非复重官可得,不须带帖数过,居之尽无诒怪。(卷八十五·谢庄列传)

附,挨着。此期由名词"官府文书"、动词"粘贴"发展成新义"附,挨着"的意思,作动词。"帖治"即"附治"。"帖著"即"附著"。"带帖"即"附带"。此期新义,习用。后世沿用。此期其他用例如:

圣旨每以蝉冕不宜过多,臣与王俭既已左珥,若复加戬,则八座便有三蝉,若帖以骁、游,亦不为少。(南史·卷三十·何尚之列传附戬)

(萧)子响勇力绝人,开弓四斛力,数在园池中帖骑驰走竹树下,身无亏伤。(南史·卷四十四·齐武帝诸子列传附子响)

病疟者写形帖著床壁,无不立愈。(南史·卷四十六·桓康列传)

那(18)

　　帝曰:"病人间多鬼,可畏,那可往。"(卷七·前废帝列传)

　　太后怒,语侍者:"将刀来,破我腹,那得生如此宁馨儿!"(卷七·前废帝列传)

　　元首明,魏家如此,那得不太平?(卷二十二·乐志四)

　　此门生入室,惊出谓妪曰:"室内那得此异物?"妪遽入之,见帝已觉矣。(卷二十七·符瑞志上)

如何,怎么;哪里。王引之《经传释词·那》云:"那者,奈何之合声也。"中古新生义,此期习用。后世沿用。此期其他用例如:

　　汝兄愚,那得忽来王参军此句?(南史·卷十六·王玄谟列传)

　　卿那得此副急泪?(南史·卷十七·刘怀肃列传附德愿)

　　齐桓灭谭,那得有君?(南史·卷二十二·王昙首列传)

底

　　及在房内见诸妓妾,恒语:"我去不知朝夕见底,若一旦死去作鬼,亦不取汝,取汝正足乱人耳。"(卷七十二·文九王列传)

疑问代词。什么。周一良《魏晋南北朝史札记》"刘彧与方镇及大臣诏书中当时口语"条据《宋书》此例首揭其义[①],是。中古新生义,后世沿用。其他用例有如:

　　(徐)之才聪辩强识,有兼人之敏……李谐于广坐,因称其父名曰:"卿嗜熊白生否?"[②]之才曰:"平平耳。"又曰:"卿此言于理平否?"谐遽出避之,道逢其甥高德正。德正曰:"舅颜色何不悦?"谐告之故。德正径造坐席,连索熊白。之才谓坐者曰:"个人讳底?"众莫知。之才曰:"生不为人所知,死不为人所讳,此何足问。"(北齐书·卷三十三·徐之才列传)

　　寒衣尚未了,郎唤侬底为?(乐府诗集·清商曲词一·子夜四时歌·秋歌十三)

---

① 第199页。
② 徐之才父名雄,谐音"熊"。熊白,《本草纲目兽二熊》引陶弘景曰"脂即熊白,乃背上肪,色白如玉,味甚美"。

掐

右卫将军刘道隆为帝所宠信,专统禁兵,乘舆尝夜幸著作佐郎江斅宅,兴宗马车从道隆从车后过,兴宗谓曰:"刘公!比日思一闲写。"道隆深达此旨,掐兴宗手曰:"蔡公!勿多言。"(卷五十七·蔡廓列传附兴宗)

用拇指和另一指头捏。"掐"不见于《说文》《字林》,《玉篇·手部》:"爪按曰掐。"作为南朝通语后裔的江淮方言通泰片方言如皋话中①,该词常用。为此期新生词,另有"截断"义,不烦引证。此期相关用例有如:

每一掐,辄耙楼地令起,下水加粪。三掐更种。一岁之中,凡得三辈。(齐民要术·卷三·种葵第十七)

用陈豆弥好;新豆尚湿,生熟难均故也。净扬簸,大釜煮之,申舒如饲牛豆,掐软便止;伤熟则豉烂。(齐民要术·卷八·作豉法第七十二)

(卞)彬颇饮酒,摈弃形骸。作《蚤虱赋序》曰:"余居贫,布衣十年不制。一袍之缊,有生所托,资其寒暑,无与易之……若吾之虱者,无汤沐之虑,绝相吊之忧,宴聚乎久襟烂布之裳,服无改换,掐啮不能加,脱略缓懒,复不勤于捕讨,孙孙息息,三十五岁焉。"(南齐书·卷五十二·卞彬列传)

人后尝心痛,不自堪忍,帝立侍帷前,以爪掐手心,血流出袖。(北史·卷七·齐本纪中)

委(28)

中书舍人秋当为太祖所信委,家在海陵,父死还葬,桥路毁坏,不通丧车,县求发民修治,子真不许。(卷五十三·张茂度列传)

(王)道隆为太宗所委,过于佃夫,和谨自保,不妄毁伤人。(卷九十四·恩幸列传)

(刘)秉少自砥束,甚得朝野之誉,故为太宗所委。(卷五十一·宗室列传)

唯有殷孝祖为朝廷所委赖,锋镝裁交,舆尸而反,文武丧气,朝野危心。(卷七十四·沈攸之列传)

信任。《汉语大词典》未及此义。方一新《东汉魏晋南北朝史书词语笺释》已

---

① 参鲁国尧《客、赣、通泰方言源于南朝通语说》(《鲁国尧自选集》第61—80页)一文。

有论述①。不烦赘述。此期习用,后世沿用。此期用例如:

  侯莫、陈悦本实庸材,遭逢际会,遂叨任委,既无忧国之心,亦不为高欢所忌。但为之备,图之不难。(周书·卷一·文帝纪上)

  自恃建立之功,久当权轴。凡所委任,皆非其人。(周书·卷十一·晋荡公护列传)

  (叱罗)协历仕二京,详练故事。又深自克励,太祖颇委任之。然犹以其家属在东,疑其有恋本之望。(周书·卷十一·叱罗协列传)

  犹二世之委赵高,元后之付王莽。呼鹿为马,卒有阎乐望夷之祸,王莽亦终移汉鼎。(梁书·卷三十八·贺琛列传)

饴

  邕所至嗜食疮痂,以为味似鳆鱼。尝诣孟灵休,灵休先患灸疮,疮痂落床上,因取食之。灵休大惊。答曰:"性之所嗜。"灵休疮痂未落者,悉褫取以饴邕。(卷四十二·刘穆之列传)

  时长瑜教惠连读书,亦在郡内,灵运又以为绝伦,谓方明曰:"阿连才悟如此,而尊作常儿遇之。何长瑜当今仲宣,而饴以下客之食。尊既不能礼贤,宜以长瑜还灵运。"(卷六十七·谢灵运列传)

  (臧)质答书曰:"省示,具悉奸怀……即时春雨已降,四方大众,始就云集,尔但安意攻城莫走。粮食阙乏者告之,当出禀相饴。"(卷七十四·臧质列传)

  同县俞阳妻庄年九十,庄女兰七十②,并各老病,单孤无所依,(严)世期衣饴之二十余年,死并殡葬。(卷九十一·孝义列传)

给别人吃;饲养。古同"饲"。此期新生义,后世沿用。此期其他用例有如:

  (萧)钧字宣礼,年五岁,所生区贵人病,便加惨悴,左右依常以五色饴饴之,不肯食,曰:"须待姨差。"(南史·卷四十一·齐宗室列传)

  同县俞阳妻庄年九十,庄女兰七十,并老病无所依,(严)世期饴之二十

---

① 第143—144页。
② 兰,犹"某"。

年,死并殡葬。(南史·卷七十三·孝义列传上)

郗公值永嘉丧乱,在乡里,甚穷馁。乡人以公名德,传共①饴之。(世说新语·德行)

时年饥粟贵,人多饿死,(王)荟以私米作馆粥,以饴饿者,所济活甚众。(晋书·卷六十五·王导列传附荟)

筑

又有群人就臣车侧,录收捕樊马子,互行筑马子顿伏,不能还台。(卷五十六·孔琳之列传)

尚书褚渊以手板筑兴宗,兴宗言之不已,上曰:"如卿言。"赭坼平,函送袁颙首,敕从登南掖门楼观之,兴宗潸然流涕,上不悦。(卷五十七·蔡廓列传附兴宗)

敲击,击打。本义是"捣土使结实",《说文·木部》:"捣也"。此期引申出新义"敲击,击打"。此期习用。后世沿用,今属江淮方言区泰如片的如皋话中,此义一般说成"笃",即为"筑"之古音。此期其他用例有如:

武士以刀镮筑(元)飖二下。飖大言曰:"皇天!忠而见杀。"(魏书·卷二十一·献文六王列传)

世子怒,召操,命刀环筑之,更令科罪。(北史·卷二十八·陆俟列传附操)

帝使(袁)文旷取祏,以刀环筑其心,曰:"复能夺我封不?"祏、祀同日见杀。(北史·卷四十七·江祏列传)

贼以刀筑其口,引之去。(北史·卷八十五·节义列传)

纽

建兴二年十二月,凉州刺史张实遣使献行玺一纽,封送玺使关内侯。晋愍帝建武元年三月己酉,丹阳江宁民虞由垦土得白麒麟玺一纽,文曰"长寿万年"。(卷二十九·符瑞志下)

上遣送章二纽,其一曰"竟陵县开国侯",食邑一千户,募赏禽诞;其二曰"建兴县开国男",三百户,募赏先登。(卷七十九·文五王列传)

---

① 传共:轮留。

太祖遣使送雍、秦二州所统郡及金紫以下诸将印合一百二十一纽与吴，使随宜假授。（卷九十五·索虏列传）

准量词。用于印。本义是"器物上用以提携悬系的襻纽"，印一般有纽①，故用以计量。符合汉语名词"语法化"成量词的一般规律。我们认为，出现"数·纽·名"时，"纽"就成了成熟的量词；处于"名·数·纽"阶段时，可两解：数·（个）"纽"；数·"纽"②。这种情形受限于语序的时代特点，我们姑且把此期的"纽"视作准量词③。此期新生，习用，后世沿用。此期其他用例如：

其后曰普回，因狩得玉玺三纽，有文曰皇帝玺，普回心异之，以为天授。（周书·卷一·文帝纪上）

使尚书令王叡宣诏，赐丕金印一纽。（魏书·卷十四·神元平文诸帝子孙列传）

逊昵延父子世雄漠北，又先得玉玺三纽，自言为天所相，每自夸大。（魏书·卷一百三·蠕蠕列传）

戊辰，前宁远石城公外兵参军王位于石头沙际获玉玺四纽，高祖表以送台。（陈书·卷一·高祖纪上）

举

其夜四更，值风，仍举帆直前。贼亦遣胡灵秀诸军，于东岸相翼而上。（卷五十·张兴世列传）

东军据岸结寨，农夫等攻破之，乘风举帆，直趣定山，破其大帅孙会之，于陈斩首。（卷八十四·孔觊列传）

南夷、西南夷，大抵在交州之南及西南，居大海中洲上，相去或三五千里，远者二三万里，乘舶举帆，道里不可详知。（卷九十七·夷蛮列传）

重以急政严刑，天灾岁疫，贫者但供吏，死者弗望埋，鳏居有不愿娶，生子每不敢举。（卷八十二·周朗列传）

悬挂，挂起；养活。由本义"双手托物使向上"引申为"升起；耸起"，再引申具

---

① 《周礼·夏官·弁师》"皆玄冕朱里延纽"东汉郑玄注云："纽，小鼻在武上，笄所贯也……冕鼻谓之纽，犹印鼻谓之纽也。"
② 略同"个"。
③ 本著所论其他量词也存在这种过渡情形，不再一一论说。

"悬挂,挂起"。"养活"义则直接引申自本义,由具体到抽象。此期新生义,习用。后世沿用。此期其他用例有如:

> 太康末,武帝尝出射雉,(陈)勰时已为都水使者,散从。车驾逼暗乃还,漏已尽,当合函,停乘舆,良久不得合,乃诏勰合之。勰举白兽幡指麾,须臾之间而函成。(晋书·卷二十四·职官志)

> 通幰车,驾牛,犹如今犊车制,但举其幰通覆车上也。诸王三公并乘之。(晋书·卷二十五·舆服志)

> 及濬将至秣陵,王浑遣信要令暂过论事,濬举帆直指,报曰:"风利,不得泊也。"(晋书·卷四十二·王濬列传)

> 吴虽在远,水道通利,举帆便至,无所隔限。(三国志·卷八·魏书八·公孙度传裴松之注)

枚(22)

> 别有八艚舰九枚,起四层,高十二丈。(卷一·武帝纪上)

> 有白梃数十枚,各有名号,针椎凿锯之徒,不离左右。(卷九·后废帝纪)

> 及依典制,用十二律造笛像十二枚,声均调和,器用便利。(卷十一·律历志上)

> 晋成帝咸康八年九月,庐江春谷县留珪夜见门内有光,取得玉鼎一枚,外围四寸。(卷二十九·符瑞志下)

> 晋穆帝永和元年二月,春谷民得金胜一枚,长五寸,状如织胜。(卷二十九·符瑞志下)

> 晋穆帝升平五年二月乙未,南掖门有马足陷地,得铜钟一枚。(卷二十九·符瑞志下)

> 咸和三年六月辛卯,临海大雷,破郡府内小屋柱十枚,杀人。(卷三十三·五行志四)

> 时沛郡相县唐赐往比村朱起母彭家饮酒还,因得病,吐蛊虫十余枚。(卷八十一·顾觊之列传)

> 太祖崩,原平号哭致恸,日食麦料一枚,如此五日。(卷九十一·郭世道列传)

> 在郡作书案一枚,及去官,留以付库。(卷九十二·良吏列传)

准量词。相当于个、只;相当于条、块;相当于件、支。此期使用对象范围较广。可参考汪维辉《〈齐民要术〉词汇语法研究》"枚"条①。梳理其引申路径,盖由本义"树干"虚化而来,一般用于长的事物,可包括长条形、扁长形、长方形、长圆形等。此期出现了较多特别的用例,或罕用,或沿用。可视为新义。此期其他用例如:

> 臣辄按行,去堰五里以外,方石可得数万余枚。(水经注·卷九·沁水)
> 掘地得古承水铜龙六枚,堰遂成。(水经注·卷十六·谷水)
> 漉去滓,以汁渍附子五枚。(齐民要术·卷一·种谷)
> 人有饷彦回鳆鱼三十枚,彦回时虽贵,而贫薄过甚,门生有献计卖之,云可得十万钱。(南史·卷二十八·褚裕之列传)

口(6)

> 市令盛馥进数百口材助营宅,恐人知,作虚买券。(卷五十三·庾登之列传附炳之)
> 孝建三年四月甲辰,晋陵延陵得古钟六口,徐州刺史竟陵王诞以献。(卷二十九·符瑞志下)
> 先是,宣帝有宠将牛金,屡有功,宣帝作两口榼,一口盛毒酒,一口盛善酒,自饮善酒,毒酒与金,金饮之即毙。(卷二十七·符瑞志上)
> 城内居民私储又二十万斛,虏田五谷三百顷,铁三万斤,大小铁器九千余口,余器仗杂物称此。(卷九十五·索虏列传)

量词。用于器物。作为量词的"口"上古用于人,此期可以用于表示口腔的容量或动作;用于牲畜;用于器物;用于处所。一般都跟有"口"的事物有关,如"石室"。即便如"剑口",也可使用。属于使用范围的扩大,可视作新义,后世沿用。此期其他用例如:

> 即给牛三十头、车五乘、绵绢一十五车、羊五十口②。(周书·卷二十·杨宽列传)
> 又云:"(刘)兴祖家饷糜,中下药,食两口便觉,回乞狱子,食者皆大利。

---

① 第125页。
② 此期用于牲畜,以用于"羊"居多。

兴祖大叫道:'糜中有药!'近狱之家,无人不闻。"(南齐书·卷四十九·王奂列传)

献剑一口,置前,再拜而去。(水经注·卷六·汾水)

北有石室二口,旧是隐者念一之所,今无人矣。(水经注·卷九·清水)

溪陕侧,盐井三口,相去各数十步,以木为桶,径五尺,修煮不绝。(水经注·卷三十三·江水)

又东得清阳土坞二口,江浦也。(水经注·卷三十五·江水三)

若不作栅,假有千车荄,掷与十口羊①,亦不得饱:群羊践蹋而已,不得一茎入口。(齐民要术·卷六·养羊第五十七)

首(16)

黄门侍郎王韶之所撰哥辞七首,并合施用。(卷十九·乐志一)

皇太子、王公以下上《舞马歌》者二十七首。(卷九十六·吐谷浑列传)

乃援琴歌咏,作诗一首,旬日而卒。(卷三十二·五行志三)

延之与同府王参军俱奉使至洛阳,道中作诗二首,文辞藻丽,为谢晦、傅亮所赏。(卷七十三·颜延之列传)

准量词。相当于"篇",用于诗歌。"首"本义是"头"②,引申之"诗文的标题",短语"……首"原本指"……(个)标题",进而"语法化"成量词。作为表诗文量的准量词,《史记》《汉书》中仅用于文章,此期多可用于诗歌。使用范围扩大,跟此期乐府诗歌的大量出现有关系。可以视作新义。后世沿用。此期其他用例如:

又令司乐作常山公平梁歌十首,使工人歌之。(周书·卷十五·于谨列传)

十二能属文,常日限为诗一篇,或数日不作,则追补之,稍进作赋颂,至年十六,向作二千余首。③(南史·卷三十一·张裕列传附率)

景经涉山水,怅然怀古,乃拟刘琨《扶风歌》十二首。(魏书·卷八十二·常景列传)

县令裴鉴莅官清苦,致白雀等瑞,逊上《清德颂》十首。(北齐书·卷四十五·樊逊列传)

---

① 十口羊,属于典型的"数量名",证此期"口"为成熟量词。
② 《说文解字·首部》:"头也。"
③ 首、篇,杂用。

间（10）

其年,选公卿二千石子弟为生,增造庙屋一百五十五间。(卷十四·礼志一)

丙辰,又雨雹,损伤秋麦千三百余顷,坏屋百三十余间。(卷三十三·五行志四)

太妃家在建康县界,家贫,有草屋两三间。(卷四十一·后妃列传)

微常住门屋一间,寻书玩古,如此者十余年。(卷六十二·王微列传)

量词。用于房室。由本义"缝隙"引申为"间隔",再"语法化"成量词,用于房室,语义相通。中古新生,此期习用,后世沿用。此期其他用例如：

有石阙、祠堂、石室三间,椽架高丈余……作制工丽,不甚伤毁。(水经注·卷八·济水)

谓台已平,或更有见,意所未详、中曰铜雀台,高十丈,有屋百一间,台成,命诸子登之,并使为赋。(水经注·卷十·浊漳水)

北曰冰井台,亦高八丈,有屋百四十五间,上有冰室,室有数井,井深十五丈,藏冰及石墨焉。(水经注·卷十·浊漳水)

三间屋,得作百石豆。二十石为一聚①。(齐民要术·卷八·作豉法)

只

斛兰昔深入彭城,值少日雨,只马不返,尔岂忆邪？(卷七十四·臧质列传)

先是,敬宣未死,尝夜与僚佐宴集,空中有放一只芒屩于坐中,坠敬宣食盘上,长三尺五寸,已经人著,耳鼻间并欲坏。(卷四十七·刘敬宣列传)

量词。一般用于禽鸟、马。"只"的本义为"鸟一只",因而发展来的量词,一般用于禽鸟。用于马应跟手牵马与只手抓鸟动作的相似有关。中古也用于鞋,我们推测其造词理据有二：一是与典故有关,《后汉书·方术传·王乔》："于是候凫至,举罗张之,但得一只舄焉。""舄"同"舃",即鞋。这一神话传说或许正是影响量词"只"用于鞋的原因。二是古人鞋面上或许都绣着禽鸟一类的图案。故而量词"只"可用于鞋。此期犹用于鞋,又引申用于脚等。此期新生义,后世沿用。此期其他用例如：

---

① 此例中"三间屋"是典型的"数量名",说明此期"间"已经是成熟的量词。

有鹍飞鸣于殿前,帝素知炽善射,因欲示远人,乃给炽御箭两只,命射之。鹍乃应弦而落,诸番人咸叹异焉①。(周书·卷三十·窦炽列传)

杜预曰……河东王乔之为叶令也,每月望,常自县诣台朝,帝怪其来数而不见车骑,显宗密令太史伺望之,言其临至,辄有双凫从东南飞来。于是候凫至,举罗张之,但得一只舄②。(水经注·卷二十一·汝水)

尝于元会至朝,不及朝列,化为白鹄,至阙前,回翔欲下,威仪以石掷之,得一只履,耽惊还就列,内外左右,莫不骇异。(水经注·卷三十七·浪水)

便买黄雌鸡十只,雄一只。(齐民要术·卷六·养鸡)

解严(14)

癸巳,六军解严。大赦天下,赐民爵一级。(卷八·明帝纪)

十四年正月壬戌,公至彭城,解严息甲。(卷二·武帝纪中)

壬午,车驾幸瓜步,是日解严。三月乙酉,车驾还宫。(卷五·文帝纪)

五月甲寅,义宣等攻梁山,王玄谟大破之。己未,解严。(卷六·孝武帝纪)

解除非常的戒备措施。"严"具"戒严"义,双音合成词。此期高频新生词。后世沿用。此期其他用例如:

司空郗鉴使广陵相陈光帅众卫京师,贼退向襄阳。戊午,解严。(晋书·卷七·成帝纪)

值海西废,简文帝登阼,未解严,大司马桓温屯中堂,吹警角,恬奏劾温大不敬,请科罪。(晋书·卷三十七·宗室列传)

玄入京师,矫诏曰:"义旗云集,罪在元显。太傅已别有教,其解严息甲,以副义心。"(晋书·卷九十九·桓玄列传)

丁未,诏内外解严。(魏书·卷十·孝庄纪)

林檎

元嘉十五年二月,太子家令刘徵园中林檎树连理,徵以闻。(卷二十九·符瑞志下)

桃李多品,梨枣殊所。枇杷、林檎,带谷映渚。(卷六十七·谢灵运列传)

---

① 用于箭,或许与箭与禽鸟共同的"飞"的意义有关。
② "一只舄"及下例"一只履"属于典型的"数量名",足见"只"此期已是相当成熟的量词。

植物名。又名花红、沙果、来禽。蔷薇科、苹果属植物。亦指其果实。古人似与柰、苹果多混同。《通雅·植物》："来禽，即林檎也。频果，曰频婆，言相思也"；"《广志》曰：'林檎，北人呼为频婆。此非也。'"《本草纲目·果部·果之二》①不载"苹果"，记林檎，称："林檎，即柰之小而圆者。其味酢者，即楸子也。其类有金林檎、红林檎、水林檎、蜜林檎、黑林檎，皆以色味立名。黑者色似紫柰。有冬月再实者。林檎熟时，晒干研末点汤服甚美，谓之林檎。"《钦定授时通考·农余·果一》："林檎，一名来禽，一名蜜果，一名文林郎果，一名冷金丹。《元氏长庆集》：'林檎花，一名月临花。'生渤海间，以柰树搏接，二月开，粉红，花子如柰，小而差圆，六七月熟，色淡红可爱，有甜、酸二种，有金、红、水、蜜、黑五色，甜者早熟而味脆美，酸者熟差晚，须烂方可食，黑者色如紫柰，有冬月再实者，性甘温，下气消渴，多食胀满，或云食多觉膨胀，并嚼其核即消，一云食其子令人心烦，生者食多，生疮疖。《学圃余疏》：'花红，即古林檎。'""苹果，按《本草》不载苹果，而释'柰'"；"云'一名频婆'，据《采兰杂志》《学圃余疏》，频婆，又当属此名。盖与柰一类二种也。出北地燕赵者尤佳，接用林檎体，树身耸直，叶青，似林檎而大，果如梨而圆滑，生青，熟则半红半白或全红，光洁可爱玩，香闻数步，味甘松。未熟者食如棉絮，过熟又沙烂不堪食，惟八九分熟者最美。《采兰杂记》：'燕地有频婆，味虽平淡，夜置枕边，微有香气，即佛书所谓频婆——华言相思也。'《学圃余疏》：'北土之频婆，即花红一种之变也。吴地素无，近亦有移植之者。'"日语中"林檎"即苹果。可见，早期"林檎"一词究竟何指，当有待更加深入的研究。不过它作为中古外来新词是可以确定的。后世沿用。此期其他用例有如：

歌毕佗树，花似林檎，叶似榆而厚大，实似李，其大如升。（北史·卷九十五·真腊列传）

林檎赤熟时，擘破，去子、心、蒂，日晒令干。（齐民要术·卷四·柰、林檎）

《谢赉林檎书》……（汉魏六朝百三家集·卷九十八·梁刘孝威）

阿家

于是呼前。晔妻先下抚其子，回骂晔曰："君不为百岁阿家，不感天子恩遇，身死固不足塞罪，奈何枉杀子孙。"晔干笑云："罪至而已。"晔所生母泣

---

① 金陵本。

曰："主上念汝无极,汝曾不能感恩,又不念我老,今日奈何?"仍以手击晔颈及颊,晔颜色不怍。妻云:"罪人,阿家莫念。"(卷六十九·范晔列传)

称夫之母。同"大家"。阿,词头,吴方言习用。明末清初黄生《义府》"阿家、阿翁"条云:"阿家、阿翁,谓公姥二人。温公《通鉴》去一阿字作'阿家翁'失古人口语矣。"此期新词,习用。后世延用。此期其他用例有如:

(范)晔妻云:"罪人,阿家莫忆莫念。"妹及妓妾来别,晔乃悲泣涟洏。(南史·卷三十三·范泰列传附晔)

初,文宣尝问乐安公主:"达拏于汝何似?"答云:"甚相敬,唯阿家憎儿。"文宣令宫人召达拏母入而杀之,投漳水。(北史·卷三十二·崔挺列传附达拏)

忽即发被看之,乃有一胡床上而卧,其妇惊惧,走告姑曰:"阿家儿昨夜有何变怪,今有一婆罗门胡,在新妇床上而卧。"(搜神记·行孝·李信①)

爰自(16)

故爰自盛王,迄于近代,莫不敦崇学艺,修建庠序。(卷三·武帝纪下)

爰自前代,咸加褒述。(卷六·孝武帝纪)

爰自汉元,迄乎有晋,虽时或更制,大抵相因,为不袭名号而已。(卷十九·乐志一)

故尚书左仆射、前将军臣穆之,爰自布衣,协佐义始,内端谋猷,外勤庶政,密勿军国,心力俱尽。(卷四十二·刘穆之列传)

自从;出自。"爰"本义为"引",引申之,具介词"自"义,诸如《汉书·叙传下》"秦人不纲,罔漏于楚,爰兹发迹,断蛇奋旅";《文选·东晋袁宏〈三国名臣序赞〉》"爰初发迹,遘此颠沛"。因而,此期发展出同义复合虚词,多用于诏命、奏疏、书札等典雅文言文中。此期习用,后世沿用。《汉语大词典》未收释,疏漏。此期其他用例如:

皇帝若曰……爰自三五,以迄于兹,匪惟相革,惟其救弊,匪惟相袭,惟其可久。(周书·卷二十三·苏绰列传)

甲子,遣使奉策曰……爰自书契,降逮三五,莫不以上圣君四海,止戈定

---

① 勾道兴本。

大业。(南史・卷一・宋本纪上)

今将授公典礼,其敬听朕命……张淹迷昧,弗顾本朝,爰自南区,志图东夏,潜军间入,窃觊不虞。(南史・卷四・齐本纪上)

谢岐议曰……今谓梓宫灵辰,共在西阶,称为成服,亦无卤簿,直是爰自胥吏,上至王公,四海之内,必备衰绖。(南史・卷六十八・刘师知列传)

难必

诸将佐皆固谏曰:"今远出讨(桓)谦,其胜难必。荀林近在江津,伺人动静。若来攻城,(鲁)宗之未必能固,脱有差跌,大事去矣。"(卷五十一・宗室列传)

难以肯定;难说。此期新生语词。后世沿用。《汉语大词典》仅以近代语料为证,殊不知中古已习用,唐宋后亦有用例,如唐赵蕤《长短经・难必》:"故孝己忧而曾参悲,此难必者也。何以言之?"分析书证,不可拆分解读,"难必"成词是可以肯定的。此期其他用例有如:

轻兵野战,胜负难必,是胡骑之法,非深谋远算万全之术也。(北齐书・卷四十二・卢叔武列传)

帝少事戎旅,不经涉学,及为宰相,颇慕风流。时或谈论,人皆依违不敢难。鲜之难必切至,未尝宽假。(南史・卷三十三・郑鲜之列传)

今县军远伐,经途万里,众寡事殊,客主势异,以逸待劳,全胜难必。(南齐书・卷四十・武十七王列传)

云何智人以为安隐?若出气保当还入,入息保出,睡眠保复得还觉。是皆难必。何以故?是身内外多怨故。(大智度论・卷第二十二・释初品中・八念义第三十六之余)

借问

借问叹者谁?自云客子妻。(卷二十一・乐志三)

是以每见世人文赋书论,无所是非,不解处即日借问,此其本心也。(卷六十二・王微列传)

(萧)惠开先与(蔡)兴宗名位略同,又经情款,自以负衅摧屈,虑兴宗不能诣己,戒勒部下:"蔡会稽部伍若借问,慎不得答。"(卷八十七・萧惠开列传)

问。王云路《六朝诗歌语词研究》"借问"条有说①。此期新生词,诗歌中习用。后世沿用。此期其他用例有:

(曹)景宗便操笔,斯须而成,其辞曰:"去时儿女悲,归来笳鼓竞。借问行路人,何如霍去病。"(南史·卷五十五·曹景宗列传)

顾眄遗光彩,长啸气若兰。行徒用息驾,休者以忘餐。借问女安居,乃在城南端。(玉台新咏·卷二·曹植美女篇)

东南有思妇,长叹充幽闼。借问叹何为,佳人眇天末。(玉台新咏·卷三·陆机为顾彦先赠妇其二)

一皆(15)

其有犯乡论清议、赃污淫盗,一皆荡涤洗除,与之更始。(卷三·武帝纪下)

大官供膳,可详所减撤,尚方御府雕文篆刻无益之物,一皆蠲省,务存简约,以称朕心。(卷八·明帝纪)

爰及《雅》《郑》,讴谣之节,一皆屏落,曾无概见。(卷十一·志序)

今殡宫始彻,山陵未远,而凡诸制度兴造,不论是非,一皆刊削。虽复禅代,亦不至尔。(卷五十七·蔡廓列传附兴宗)

全部。一,具"全部"语素义。王引之《经传释词·一》:"一,犹'皆'也。"同义复合词。符合此期汉语词双音化以及构词法的一般规律和特点。此期新生词,习用。后世沿用。此期其他用例有如:

十四年春正月癸亥,诏淮南所获俘虏付诸作部者一皆散遣,男女自相配匹……以襄阳、淮南饶沃地各立一县以居之。(晋书·卷九·李武帝纪)

二代三京,袭而不变,虽诗章辞异,兴废随时,至其韵逗留曲折,皆系于旧,有由然也。是以一皆因就,不敢有所改易。(晋书·卷二十二·乐志上)

而王谦让之至,一皆簿送,非所以慰副初附,从其款愿也。(三国志·卷四·魏书四·三少帝纪)

圣上忘先帝之自新,不问理之伸屈,一皆抑之,岂苍生黎庶所仰望于圣德?(魏书·卷七十八·张普惠列传)

---

① 第211—212页。

狼抗

> 休佑平生,狼抗无赖,吾虑休仁往哭,或生崇祸。(卷七十二·文九王列传)

不顺从。前人多有释:清郝懿行《宋琐语·言诠》说"按今人以狼抗为不牢固之意,此之所言,似谓浪当无检也"①;周一良《魏晋南北朝史札记》推论"狼抗当即傲慢自大,刚愎自用之意也"②;徐复《徐复语言文字学晚稿》认为"狼抗,谓暴戾狠毒。晋宋人语"③;汪维辉《说"狼抗"》认为"狼抗"的核心词义为"大";殷正林《〈世说新语〉中所反映的魏晋时期的新词新义》释作"凶残"的意思④;宋子然《古汉语词义丛考》释作"傲慢抗上、刚愎自用"⑤;王敏红《"狼抗"考源》认为"狼抗"是一个含"空""大""高"之义的义合式联绵词,"笨拙""笨重""傲慢"诸义皆由此引申而来,从而辩驳了表"傲慢"的"狼抗"来源于"狼举前爪"的说法。等等。万久富《〈宋书〉语词拾诂》"狼抗"条在参考前人研究的基础上⑥,排比相关用例,从语源的角度认为"狼抗"为"榔槺"等的异形联绵词⑦,"'不顺从'才是'狼抗'的义位。与这一义位互为引申的上下位引申义有'高大''笨重''傲慢''倔强不驯服',等等"。还列举了泰如片方言中的如皋话、南通话,以及厦门、曲阜等其他方言中的说法作佐证。"狼抗"此义此期新生,习用。后世沿用。此期其他用例有如:

> 伯仁曰:"今主非尧、舜,何能无过?且人臣安得称兵以向朝廷?处仲狼抗刚愎,王平子何在?"(世说新语·方正)

> 伯仁为人志大而才短,名重而识暗,好乘人之弊,此非自全之道;嵩性狼抗,亦不容于世;唯阿奴碌碌,当在阿母目下耳。(世说新语·识鉴)

> 处仲刚愎强忍,狼抗无上,其意宁有限邪!(晋书·卷六十九·周顗列传)

---

① 第369页。
② 第197页。
③ 第229页。
④ 见王云路等《中古汉语研究》第95页。
⑤ 第58页。
⑥ 见万久富《文史语言丛稿》第57—58页。
⑦ 还与"狼伉""狼亢""狼犺"同源。

洄洑(澓)

江有洄洑,船下必来泊,岸有横浦,可以藏船舸,二三为宜。(卷五十·张兴世列传)

俄而贼来转近,舫入洄洑,兴世乃命寿寂之、任农夫率壮士数百击之,众军相继进,胡于是败走。(卷五十·张兴世列传)

水流回旋处。洄,见《诗经·蒹葭》"溯洄从之";洑,此期新出。万久富《文史语言研究丛稿》"洄洑"条已释①。此期新语词,后世沿用,亦指水流回旋的样子。此期其他用例有如:

江水溠②洄洑浦,是曰黄军浦,昔吴将黄盖军师所屯,故浦得其名,亦商舟之所会矣。(水经注·卷三十五·江水三)

人之性其犹水……是故方圆曲折湛于所遇而形易矣,青黄赤白湛于所受而色易矣。砰訇淙射湛于所阂而响易矣,洄洑潋容湛于其所以容而态易矣。(子华子·卷下·大道)③

戒取难免离故,犹如浮木入洄澓中难可得出。是人亦尔。(成实论·九结品第一百三十七)

不出陆地不为人取及非人取,不入洄澓不自腐烂。(成实论·后五定具品第一百八十四)

平进

(蔡)兴宗曰:"吾素门平进,与主上甚疏,未容有患。宫省内外,人不自保,会应有变。若内难得弭,外衅未必可量。汝欲在外求全,我欲居内免祸,各行所见,不亦善乎。"(卷五十七·蔡廓列传附兴宗)

指人生按次第发展不越级。此期新词,习用。后世沿用。此期其他用例如:

(刘)璠少慷慨,好功名,志欲立事边城,不乐随牒平进。(周书·卷四十二·刘璠列传)

---

① 第56—57页。
② 溠:江水支流。
③ 旧本题晋人程本撰。清永瑢等《四库群书总目提要》有说。

吾家本素族，自可依流平进，不须苟求也。（南史·卷二十二·王昙首列传附骞）

吾家门户，所谓素族，自可随流平进，不须苟求也。（梁书·卷七·太宗王皇后列传）

向使西京七族、东京六姓皆非姻族，各以平进，纵不悉全，决不尽败。（晋书·卷七十三·庾亮列传）

人事(10)

茂度内足于财，自绝人事，经始本县之华山以为居止，优游野泽，如此者七年。（卷五十三·张茂度列传）

顷之，去官。以母老家贫，与弟熹俱弃人事，躬耕自业，约己养亲者十余载。（卷五十五·臧焘列传）

而(戴)法兴、(戴)明宝大通人事，多纳货贿，凡所荐达，言无不行，天下辐凑，门外成市，家产并累千金。（卷九十四·恩幸列传）

守宰不明，与夺乖舛，人事不至，必被抑塞。（卷五十三·谢方明列传）

交际应酬。此期新生义，由"人世间事"发展而来，与此期门阀制度、人物品评荐举、隐逸等时代风尚有关。习用，后世沿用。此期其他用例有如：

(薛)端少有志操。遭父忧，居丧合礼。与弟裕，励精笃学，不交人事。（周书·卷三十五·薛端列传）

及梁武帝执政，遂以疾辞。寻而齐和帝暴崩，(颜)见远恸哭而绝。梁武帝深恨之，谓朝臣曰："我自应天从人，何预天下人事，而颜见远乃至于此。"（周书·卷四十·颜之仪列传）

(萧)大圜以世多故，恐逸愆生焉，乃屏绝人事。门客左右不过三两人，不妄游狎。（周书·卷四十二·萧大圜列传）

既长，杜绝人事，专精笃学，昼夜手不辍卷。（梁书·卷五十·文学列传下）

处分(43)

以(徐)赤特违处分，斩之。命参军褚叔度、朱龄石率劲勇士千余人过

淮。(卷一·武帝纪上)

数从高祖征讨,备睹经略,至是指麾处分,莫不曲尽其宜。(卷四十四·谢晦列传)

从平京邑,高祖始至,诸大处分皆仓卒立定,并(刘)穆之所建也。(卷四十二·刘穆之列传)

(檀)道济领兵居前,羡之等继其后,由东掖门、云龙门入,宿卫先受处分,莫有动者。(卷四十三·徐羡之列传)

处理;指挥。此期新生义,习用。后世沿用。 此期其他用例如:

仍加授大将军、雍州刺史,兼尚书令,进封略阳郡公,别置二尚书,随机处分,解尚书仆射,余如故。(周书·卷一·文帝纪上)

帝乘常御马,从数人巡阵处分,所至辄呼主帅姓名以慰勉之。(周书·卷六·武帝下)

河阳、幽、相、豫、亳、青、徐七总管,受东京六府处分。(周书·卷七·宣帝纪)

太祖崩后,皆受(宇文)护处分,凡所征发,非护书不行。(周书·卷十一·晋荡公护列传)

俯仰

殿内将帅,正听外间消息,若一人唱首,则俯仰可定。(卷五十七·蔡廓列传附兴宗)

比喻时间短暂。此期新生义,习用,后世沿用。 此期其他用例有如:

高祖曰:"历城既陷,梁邹便是掌中,何烦兵力?"对曰:"若如圣旨,(慕容)白曜便应穷兵极意,取胜俯仰[①],何为上假赤虎之信,下炫知变之民?"(魏书·卷四十三·刘休宾列传附文晔)

高祖南伐,克宛外城,命令人公孙延景宣诏于伯玉曰:"天无二日,土无两王,是以躬总六师,荡一四海。宛城小戍,岂足以御抗王威?深可三思,封侯胙土,事在俯仰。"(魏书·卷四十三·房法寿列传附伯玉)

[①] 取胜俯仰:指取胜在俯仰之间。

猛遥见之,即亦挺身独出,与其相对,俯仰之间①,刺贼落马,因即斩之。(北齐书·卷四十一·綦连猛列传)

向之所欣,俯仰之间,已为陈迹,犹不能不以之兴怀。(晋书·卷八十·王羲之列传)

嫌责(5)

群下见陛下顾遇既重,恐不敢苦相侵伤。顾问之日,宜布嫌责之旨。(卷五十三·庾登之列传附炳之)

(刘)昶轻吵褊急,不能祗事世祖,大明中常被嫌责。(卷七十二·文九王列传)

以父在都邑,不获致身,及事平,颇见嫌责,犹以旧恩,除南平王铄司空长史,不拜。(卷八十五·王景文列传)

(萧)思话素恭谨,操行与惠开不同,常以其峻异,每加嫌责。(卷八十七·萧惠开列传)

责备。此期新词,习用。后世沿用。此期用例有如:

(刘)昶轻诊褊急,不能事孝武,大明中常被嫌责,人间常言昶当有异志。(南史·卷十四·宋宗室及诸王列传下)

以父在都下,不获致身,事平,颇见嫌责。犹以旧恩,累迁司徒左长史。(南史·卷二十三·王彧列传)

言臣恶者,接以恩颜;称臣善者,即被嫌责。(北史·卷十六·太武五王列传)

以受旨乖忤,频被嫌责,加以棰楚,久不得志。(北齐书·卷三十七·魏收列传)

恨恨

弃市之刑,本斩右趾,汉文一谬,承而弗革,所以前贤恨恨,议之而未辩。(卷五十六·孔琳之列传)

憾恨。《说文·心部》:"恨,怨也。"又,"怨,恚也。"本义是:恼恨。引申义有:

---

① 此例有两解:一会儿;一俯一仰。

愤怒；遗憾；仇恨。中古习用其引申义"遗憾"。方一新《东汉魏晋南北朝史书词语笺释》说道："六朝时又有'恨恨'一词，《广雅·释训》：'恨恨，悲也。'也有惆怅伤感义。……故古籍中每每相混。"①徐复先生《从语言上推测〈孔雀东南飞〉一诗的写定年代》论述了"恨恨"与"恨恨"在古籍中的讹变与纠缠问题，指出《孔雀东南飞》中的"恨恨"是"恨恨"的误改，可能性是存在的，值得关注。不过，"恨恨"一词，在此期作为一个逐渐发展成熟起来的叠音词，其语义发展出新的"憾恨"义，应该是符合语词发展规律的。此期习用，后世沿用。此期用例有如：

生人作死别，恨恨那可论。（佚名·孔雀东南飞）

肝血之诚，终不一闻，所以临难慷慨而不能不恨恨者，唯此而已。（晋陆机·谢平原内史表）

彦先来，相欣喜，便复分别，恨恨不可言，阶涂尚否，通路今塞，令人惘然。（晋陆云·与杨彦明书）

九州未一，二方犹梗，顾此恨恨，目用不瞑。（北史·卷九·周本纪上）

忽更

豫章有大樟树，大三十五围，枯死积久，永嘉中，忽更荣茂。（卷二十七·符瑞志上）

永嘉六年七月，豫章郡有樟树久枯，是月忽更荣茂，与昌邑枯社复生同占。（卷三十二·五行志三）

性本宽厚，而忽更苛暴，问左右曰："今年男婚多？女嫁多？"是冬大雪，景仁乘舆出听事观望，忽惊曰："当阁何得有大树？"既而曰："我误邪？"疾转笃。（卷六十三·殷景仁列传）

忽然又；一下子变得。方一新《东汉魏晋南北朝史书词语笺释》释作"忽然；突然"，并云"'忽更'就是忽然，突然，而不是忽然更加义"②。似乎未确。更，改。"忽更"语词中，"更"的实义语素义应当没有虚化，从出现频率和上下文语义分析，它也还没有"语法化"成词尾。上列两例以"忽然又""一下子变得"来释读，顺畅无碍。此期新出现，后世沿用。此期其他用例有如：

---

① 第60页。
② 第63页。

郡西亭有古树,积年枯死,翔至郡,忽更生枝叶,咸以为善政所感。(南史·卷二十八·褚裕之列传附翔)

宋泰豫元年,京师祇垣寺皂荚树枯死。升明末,忽更生花叶。(南齐书·卷十九·五行志)

苏峻作逆,与祖涣、许柳等将万余人出横江。连船东渡,时遇西风,既济半江中,忽更东风,吹船还西岸。(清汤球·旧晋书九家辑本·桓玄录)

将士喜悦,以为(于)吉必见原,并往庆慰。(孙)策遂杀之。将士哀惜,藏其尸。天夜,忽更兴云覆之。明旦往视,不知所在。(搜神记·卷一·孙策杀于吉)

伍伯

凡兵事,总谓之戎。《尚书》云:"一戎衣而天下定。"《周礼》:"革路以即戎。"又曰:"兵事韦弁服。"以靺韦为弁,又以为衣裳。《春秋左传》:"戎服将事。"又云:"晋郤至衣靺韦之跗。"注,先儒云:"靺,绛色。"今时伍伯衣。(卷十八·礼志五)

诸官府至郡,各置五百者,旧说古君行师从,卿行旅从。旅,五百人也。今县令以上,古之诸侯,故立四五百以象师从旅从,依古义也。韦曜曰,五百字本为伍伯。伍,当也;伯,道也。使之导引当道伯中以驱除也。(卷四十·百官志下)

古代官员前导、护卫的役卒。六朝新生义。是"伍长"的引申[①]。后世沿用。清郝懿行《晋宋书故》"伍伯"条释作"如今官府前导,著红黑帽人,谓之'军牢'者也""其行在诸卤簿前"。中古用例有如:

(陈)元康趋入,止伍伯,因历阶升曰:"王方以天下付世子,世子有一崔暹不能免其杖,父子尚尔,况世间人邪?"(北史·卷五十五·陈元康列传)

在州,选绝有力者为伍伯。吏人过之者,必加诘问,辄楚挞之,创多见骨。奸盗屏迹,境内肃然。(北史·卷八十七·酷吏列传)

世言纯之先尝有伍伯者,(贾)充之先有市魁者,充、纯以此相讥焉。(晋书·卷五十·庾纯列传)

将军黄祖屯夏口,祖子射与衡善,随到夏口。祖嘉其才,每在坐,席有异

[①] 晋崔豹《古今注·舆服》:"伍伯,一伍之伯。五人曰伍,五长为伯,故称伍伯。"

宾,介使与衡谈。后衡骄蹇,答祖言俳优饶言,祖以为骂己也,大怒,顾伍伯捉头出。左右遂扶以去,拉而杀之。(三国志·卷十·魏书十·荀彧传裴松之注引典略)

要须

圣明御世,士人诚不忧至苦,然要须临事论通,上干天听为纷扰,不如近为定科,使轻重有节也。(卷四十二·王弘列传)

求情既所不容,即实又非所继,但以方仗威灵,要须综摄,乞解金紫宠私之荣,赐以鹰扬折冲之号。(卷四十八·毛修之列传)

彼此之情,虽不可尽,要须见我小大,知我老少,观我为人。(卷五十九·张畅列传)

(郑)鲜之难必切至,未尝宽假,要须高祖辞穷理屈,然后置之。(卷六十四·郑鲜之列传)

必须。单音词"要"在此期亦多解作"必须"。同义复合词。此期新生,习用。后世沿用。此期其他用例如:

天下未宁,要须良臣以镇边境。(三国志·卷十四·魏书十四·蒋济传)

征伐之举,要须戎马,如其无马,事不可克。(魏书·卷十四·神元平文诸帝子孙列传)

然天道盈虚,岂曰必协,要须参候是非,乃可施用。(魏书·卷一百七·律历志三上)

比来诸王立庙者,自任私造,不依公令,或五或一,参差无准。要须议行新令,然后定其法制。(魏书·卷一百八·礼志四之二)

俘囚

安西将军义真之归也,佛佛遣子昌破之青泥,俘囚诸将帅,遂有关中,自称尊号,号年曰真兴元年。(卷九十九·索虏列传)

周、汉二策,在宋顿亡,遂致胡马横行,曾无藩落之固,使士民局苍天,踏厚地,系虏俘囚,而无所控告,哀哉!(卷六十四·何承天列传)

前例为"俘获"义,动词。后例为"俘虏"义,名词。并中古新生词。后世沿用。中古用例又有如:

此获俘囚,礼送相继;彼所拘执,曾无一反。(周书·卷六·武帝纪下)

今魏虏贪惏,罔顾吊民伐罪之义,必欲肆其残忍,多所诛夷,俘囚士庶,并为军实。(周书·卷四十八·萧詧列传)

因命搜所获俘囚,得伯之幢主苏隆之,厚加赏赐,使致命焉。(南史·卷六·梁本纪上)

义熙十二年,武帝北伐,道济为前锋,所至望风降服。径进洛阳,议者谓所获俘囚,应悉戮以为京观。(南史·卷十五·檀道济列传)

帝许之,顿怀远镇受其降,仍以俘囚军实归。(北史·卷九十四·高丽列传)

周旋(23)

与君周旋,乐道亡余。(卷二十二·乐志四)

至于羡之、亮等,周旋同体,心腹内外,政欲戮力皇家,尽忠报主。《卷四十四·谢晦列传》

臣与炳之周旋,俱被恩接,不宜复生厚薄。(卷五十三·庾登之列传附炳之)

辄属鞬秉锐,与执事周旋,授命当仁,理无所让。(卷六十八·武二王列传)

交游。此期习用,后世沿用。周一良《魏晋南北朝史札记》释作"亲密往来之意",指出"周旋二字作动词用,魏晋南北朝载籍屡见""五代时犹称朋友曰周旋人""周旋亦可用作名词,指亲密往来之人"[①]。释是。颜洽茂《佛教语言阐释——中古佛经词汇研究》"周旋"条据佛经释作"周游"[②]。周游,多指到处游说;遍游;交游。交游,即交际;结交朋友。"交游"义为此期习用义,上举《宋书》用例皆用此义。此期其他用例有如:

但臣与(萧)宝夤周旋契阔,言得尽心,而不能令其守节,此臣之罪也。(周书·卷三十八·苏亮列传附湛)

至于赵、滕诸王,周旋款至,有若布衣之交。群公碑志,多相请托。唯王褒颇与信相埒,自余文人,莫有逮者。(周书·卷四十一·庾信列传)

---

① 第204—205页。
② 第235—236页。

憨孙劝(颜)师伯酒,师伯不饮,憨孙因相裁辱曰:"不能与佞人周旋。"(南史·卷二十六·袁湛列传附憨孙)

(崔)赡性简傲,以才地自矜,所与周旋,皆一时名望。(北史·卷二十四·崔逞列传附赡)

忽忽

其举可陋,其事不经,非独搢绅者不道,仆妾皆将笑之。忽忽不乐,自知寿不得长,且使千载知弟不诈谖耳。(卷六十二·王微列传)

弟怀随和之宝,未及光诸文章,欲收作一集,不知忽忽当办此不?(卷六十二·王微列传)

失意的样子;匆匆忙忙。《说文·心部》:"忽,忘也。"《诗经·大雅·皇矣》"是绝是忽",毛传:"忽,灭也。"《尔雅·释诂》:"尽也。"晋郭璞注:"忽然尽貌。"本义是:忘记。引申义有:疏忽;失意。讹变义有:迅速;匆忙。宋玉《高唐赋》:"悠悠忽忽",李善注:"忽忽,迷也。"第二例"匆匆忙忙"义,当为"忽忽"之讹用。因书写混淆,同音借用,形体近似,造成古代文献中怱(悤)、蔥、勿、忽、匆、总(惣)多混用。明方以智《通雅·释诂》:"恖恖,讹为惣惣、忽忽、匆匆。因有勿勿之说。勿勿,犹忽忽也。"第一义中古习用。后世沿用。此期用例有如:

及为中散大夫,弥忽忽不乐,乃至徒行市道,不择交游。有时涂中见相识,辄以笠伞覆面。后为作唐侯相,小邑寡事,弥不乐,不理县事。(南史·卷二十一·王弘列传附籍)

晚年忽忽不得志,后为秘书监。(南史·卷三十九·刘勔列传附孝绰)

久留都,忽忽不乐,遂纵酒虚悖。在石头东斋,引刀自刺而卒。(南史·卷五十一·梁宗室上)

(李)大师既至会州,忽忽不乐,乃为《羁思赋》以见其事。(北史·卷一百·序传)

老子

贼至,(潘)骠亦请贼曰:"儿年少,自能走,今为老子不走去。老子不惜死,乞活此儿。"(卷九十一·孝义列传)

是年初,庆之梦有人以两匹绢与之,谓曰:"此绢足度。"谓人曰:"老子今年不免。两匹,八十尺也。足度,无盈余矣。"(卷七十七·沈庆之列传)

老年人第一人称代词,犹"老夫",有谦卑的意味。不同于后世有倨傲意味的"老子"。亦指老年人。中古新生义,此期习用。后世沿用。此期其他用例有如:

拊帝须曰:"乃欲臣老子。"辞疾不起。(南史·卷三十·何尚之列传附点)

牧羊必须大老子、心性宛顺者,起居以时,调其宜适。(齐民要术·卷六·养羊五十七)

(沈)昙庆谨实清正,所莅有称绩。常谓子弟曰:"吾处世无才能,图作大老子耳。"世以长者称之。(南史·卷三十四·沈怀文列传附昙庆)

(到)彦之与友人萧斌书曰:"鲁轨顽钝,马楚粗狂,亡人之中唯王慧龙及韩延之可为深惮。不意儒生懦夫,乃令老子讶之。"(魏书·卷三十八·王慧龙列传)

自许

常云:"兄文骨气,可推英丽以自许。又兄为人矫介欲过,宜每中和。"(卷六十二·王微列传)

既自以名辈、才能应参时政,初被召,便以此自许;既至,文帝唯以文义见接,每侍上宴,谈赏而已。(卷六十七·谢灵运列传)

书与袁粲、褚渊、刘秉曰……便当投命有司,谢罪天阙,同奉温清,齐心庶事。伊、霍之任,非君而谁;周、邵之职,颇以自许。(卷七十九·文五王列传)

自负。此期新词,后世沿用,意义发展为"自夸"。此期用例有如:

及长,进止闲雅,胆气壮烈,每以将帅自许。(周书·卷二十七·厍狄昌列传)

(王)杰少有壮志,每以功名自许。(周书·卷二十九·王杰列传)

二庾藉元舅之盛,自许专征,元规临邾城以覆师,稚恭至襄阳而反斾。(南齐书·卷五十七·魏虏列传)

天姿雄杰,傲倪不群,虽在童幼,恒以将略自许。(北齐书·卷十·高祖

108 | 《宋书》词汇专题研究

十一王列传)

邀(19)/要

　　初,雍州刺史鲁宗之常虑不为公所容,与休之相结,至是率其子竟陵太守轨会于江陵。江夏太守刘虔之邀之,军败见杀。(卷二·武帝纪中)

　　小镇告警,大督电赴,坞壁邀断,州郡犄角,傥有自送,可使匹马不反。(卷九十四·恩幸列传)

　　转战至高梁亭,虏宁南将军、济州刺史寿昌公悉颊库结前后邀战,道济分遣段宏及台队主沈虔之等奇兵击之,即斩悉颊库结。(卷四十三·檀道济列传)

　　张寻自涪城率众二万来助(赵)广等,(裴)方明、(费)淡斩竹开径邀之,战败,退还郫县。(卷四十五·刘粹列传附道济)

　　时张永已行,不见从。(薛)安都闻大军过淮,婴城自守,要取索虏。永战大败,又值寒雪,死者十八九,遂失淮北四州。(卷五十七·蔡廓列传附兴宗)

　　初,(杨)难当遣第二子虎为镇南将军、益州刺史,守阴平。闻父走,逃还,至下辩。(裴)方明使子肃之要之,生禽虎,传送京师,斩于建康市。(卷九十八·氐胡列传)

　　邀,攻击,打击,截击。要,同"邀",多用作"截击",亦偶有"攻击"用例。可参考万久富《文史语言研究丛稿》"邀、要"条[①]。新生义,此期习用,后世沿用。此期用例分别有如:

　　悉令赴关,(侯莫陈)悦蹑其后,(高)欢邀其前,首尾受敌,其势危矣。(周书·卷一·文帝纪上)

　　乃令原州都督导邀其前,都督贺拔颖等追其后。(周书·卷一·文帝纪上)

　　明旦日出,汝叔将兵邀截,吾及汝等,还得向营。(周书·卷十一·晋荡公护列传)

[①] 第26—27页。

其日,张冲出军迎战,(王)茂等邀击,大破之,皆弃甲奔走。(梁书·卷一·武帝纪上)

其日,东昏将李居士与众来战,僧珍等要击,大破之。(梁书·卷十一·吕僧珍列传)

西魏使其大都督李景和、若干宝领马步数万,欲从新城赴援侯景。金率众停广武以要之,景和等闻而退走。(北齐书·卷十七·斛律金列传)

雄设伏要击,生擒(李)洪芝、(王)当伯等,俘获甚众。(北齐书·卷二十·尧雄列传)

破六汗拔陵兵众不少,闻乜列河等归附,必来要击。(周书·卷十五·于谨列传)

一时(25)

是以累代异宝,王莽头、孔子履、汉高断白蛇剑及二百万人器械,一时荡尽。(卷三十二·五行志三)

台军至忌置洲尾,列舰过江,晦大军一时溃散。(卷四十四·谢晦列传)

(王)恭方出城耀军,驰骑横击之,一时散溃。(卷四十七·刘敬宣列传)

(沈)林子率师御之,旗鼓未交,一时披溃,(姚)赞轻骑遁走。(卷一百·自序)

一下子。由名词"短时间"逐渐"语法化"成副词。"语法化"的过程,可以看成"(在)短时间"作状语时的介词"在"的省略后,"短时间"发展成副词"一下子"。此期习用。后世沿用。此期其他用例有如:

自后毁撤,一时俱尽。间遗工雕镂,尚存龙云逞势,奇为精妙矣。(水经注·卷二十三·获水)

卢循之寇交州也,交州刺史杜慧度率水步军晨出南津,以火箭攻之,烧其船舰,一时溃散,循亦中矢赴水而死。(水经注·卷三十七·叶榆河)

及(王)敬则反,(张)瓌遣将吏三千人迎拒于松江,闻敬则军鼓声,一时散走,瓌弃郡逃民间。(南齐书·卷二十四·张瓌列传)

于是众情离阻,一时奔退。(南齐书·卷二十五·垣崇祖列传)

威仪(12)

太子出，则当直者前驱导威仪。(卷四十·百官志下)

伏愿陛下给一旅之众，北临河、陕，赐臣威仪，兼给戎械，进可以厌捍凶寇，覆其巢窟，退可以宣国威武，镇御旧京。(卷九十五·索虏列传)

凡是中丞收捕，威仪悉皆缚取。(卷五十六·孔琳之列传)

车驾将至，威仪唱："引先置前部从官就位。"再拜。(卷十四·礼志一)

帝王或大臣的仪仗、扈从。雅言词。语本《尚书·顾命》"思夫人自乱于威仪"，本义是"庄重的仪容举止"。此期出现新生义，习用。后世沿用。此期其他用例如：

每水旱不调，居民作威仪、服饰，往入穴中，旱则鞭阴石，应时雨多，雨则鞭阳石，俄而天晴。(水经注·卷三十七·夷水)

尝于元会至朝，不及朝列，化为白鹄，至阙前，回翔欲下，威仪以石掷之，得一只履，耽惊还就列，内外左右，莫不骇异。(水经注·卷三十七·泿水)

白簿治礼吏八人，六品；保学医二人；威仪二人。(南齐书·卷十六·百官志)

拜天部大人，进爵为公，命(奚)斤出入乘召轩，备威仪导从。(魏书·卷二十九·奚斤列传)

率皆

校之何承天等六家之历，虽六元不同，分章或异，至今所差，或三日，或二日数时，考其远近，率皆六国及秦时人所造。(卷十二·律历志中)

国王相承，未尝断绝，国中人民，率皆修善，诸国来集，共遵道法，诸寺舍子，皆七宝形像，众妙供具，如先王法。(卷九十七·夷蛮列传)

大都；都是。率，上古有"一概、都""大概、一般"二义。此期与"皆"复合成语词后，原单音词的语素义保留在复合语词中。故而，根据具体书证的语境，此期用例有两解。习用，后世沿用。此期其他用例如：

所留之种，率皆精好，与世间绝殊，不可同日而语之。(齐民要术·卷六·养羊第五十七)

窃见顷之言便宜者，非能于民力之外用天分地也，率皆即日不宜于民，

方来不便于公。(南齐书·卷四十六·陆慧晓列传)

时有诸疑事三百余条,敕丕制决,率皆平允。(魏书·卷十四·神元平文诸帝子孙列传)

乘前以来,功不充课,兵人口累,率皆饥俭。(魏书·卷三十八·刁雍列传)

生口(5)

上欲伐林邑,朝臣不同,唯广州刺史陆徽与演之赞成上意。及平,赐群臣黄金、生口、铜器等物,演之所得偏多。(卷六十三·沈演之列传)

虏退走,因使(臧)质伐汝南西境刀壁等山蛮,大破之,获万余口,迁太子左卫率。坐前伐蛮枉杀队主严祖,又纳面首、生口,不以送台,免官。(卷七十四·臧质列传)

林邑乞降,输生口、大象、金银、古贝等,乃释之。(卷九十二·良吏列传)

(苻)坚云中护军贾雍掠其田者,获生口、马牛羊,坚悉以还之,卫臣感恩,遂称臣入居塞内,其后渐强盛。(卷九十五·索虏列传)

奴隶。秦汉本指"俘虏",是"活口"的意思。此期发展出新义"奴隶",多与"赐""献(纳)"组合使用。习用。后世沿用。此期其他用例如:

及太祖辅政,超为邺令,赐其生口十人,绢百匹,既欲励之,且以报干湛也。(齐民要术·卷五·种桑、柘第四十五养蚕附)

缘淮百余里,尸骸枕藉,生擒五万余人,收其军粮器械,积如山岳,牛马驴骡,不可胜计。景宗乃搜军所得生口万余人①,马千匹,遣献捷,高祖诏还本军,景宗振旅凯入,增封四百,并前为二千户,进爵为公。(梁书·卷九·曹景宗列传)

四年春正月乙酉,车驾至自西伐,赐留台文武生口、缯帛、马牛各有差。(魏书·卷四·世祖纪上)

以(赫连)昌宫人及生口、金银、珍玩、布帛班赉将士各有差。(魏书·卷四·世祖纪上)

---

① 前云"五万余人",后云"生口万余人",显然"生口"指军中奴隶。

顷/"自顷"等(139)/俄顷(15)/有顷(6)/顷之(47)

昭太后神主毁之埋之后,上室不可不虚置,太后便应上下升之。既升之顷,又应设脯醢以安神。(卷十七·礼志四)

娄县有一女,忽夜乘风雨,怳忽至郡城内。自觉去家正炊顷,衣不沾濡。(卷三十四·五行志五)

顷军国务殷,刑辟未息。(卷二·武帝纪中)

顷年事故,绥抚未周。(卷二·武帝纪中)

自顷军役殷兴,国用增广,资储不给,百度尚繁。(卷五·文帝纪)

祸福之具,内充外斥,陵九折于邛僰,泛冲波于吕梁,倾侧成于俄顷,性命哀而莫救。(卷四十三·傅亮列传)

初起兵,望见家南有火光,以为人持火,呼之而光遂盛,萦然上属天,有顷不见。(卷二十七·符瑞志上)

顷之,受魏禅。(卷二十七·符瑞志上)

往日;近来;一会儿。"顷"作为单音名词表示时间短上古即已出现。此期多用于句末,表示"一段时间";偶有用作副词作状语的。还大量出现与其他单音词复合成同义双音节名词或副词的,作状语、补语或宾语用[①]。诸如:顷之、自顷、俄顷、有顷、顷来、顷世、顷年、顷日等,《宋书》中这类语词用例多达 139 例,其中的"顷之"多达 47 例;"自顷"多达 21 例,"俄顷"多达 15 例。此期新生,习用,后世沿用的有顷来、顷年、顷日、俄顷、自顷、有顷、顷之。此期新生,习用,后世罕用的有:顷世。需要注意的是,有些语词如"顷之"在上古即已出现,但我们认为,当时还是"顷""之"两个单音词的连用,"之"只是句中助词而已。而此期随着"顷之"的大量使用,两者之间结构关系越来越紧密,复音语词,乃至于复音词的资格基本具备了,"之"可以说已经逐步具有了词尾的性质。限于体例,这里不再展开。此期其他用例有如:

而俗老耆儒,犹揭斯庙为铜马刘神寺,是碑顷因震裂,余半不可复识矣。(水经注·卷十·浊漳水)

半食顷,从北头渐灭至半,须臾还如初见,内赤外青,其色分炳。(魏书·卷一百五·天象志一之一)

[①] 包括介词宾语,如"于俄顷"等。

秋七月丁巳,诏曰:"顷风水为灾,二岸居民多离其患,加以贫病六疾,孤老稚弱,弥足矜念。遣中书舍人履行沾恤。"(南齐书·卷三·武帝纪)

自顷公私凋尽,绥抚之宜,尤重恒日。(南齐书·卷二十二·豫章文献王)

世祖暴渐,内外惶惧,百僚皆已变服,物议疑立子良,俄顷而苏,问太孙所在,因召东宫器甲皆入。(南齐书·卷四十·武十七王列传)

十一月庚戌,电光,有顷雷鸣,久而止。(南齐书·卷十九·五行志)

寻增(褚)渊班剑为三十人,五日一朝。顷之寝疾。上相星连有变,渊忧之,表逊位。(南齐书·卷二十三·褚渊列传)

吴国男子张充致书于琅邪王君侯侍者:顷日路长,愁霖韬晦,凉暑未平,想无亏摄。(梁书·卷二十一·张充列传)

顷年以来,天步时阻,干戈不戢,荆棘斯生。(魏书·卷十一·出帝平阳王纪)

礼天朝日,既服宜有异,顷世天子小朝会,著绛纱袍、通天金博山冠,斯即今朝之服次衮冕者也。(南齐书·卷九·礼志上)

(傅)縡素刚,因愤恚,于狱中上书曰:"夫人君者……陛下顷来酒色过度,不虔郊庙之神,专媚淫昏之鬼。"(南史·卷六十九·傅縡列传)

不时(13)

(王)镇恶性贪,既破襄,因停军抄掠诸蛮,不时反。(卷四十五·王镇恶列传)

若济拯不时,以至捐弃者,严加纠劾!(卷六·孝武帝纪)

(荀)僧宝有私货停巴陵,不时下,会义宣起兵,津径断绝,僧宝遂不得去。(卷五十九·张畅列传)

但既据旧史,应有疑却本末,曾无此状,犹宜反咎其不请白虎幡、银字棨,致门不时开,由尚书相承之失,亦合纠正。(卷六十三·王昙首列传)

不及时。此期新生义,习用。后世沿用。此期其他用例有如:

臣闻之,作事不时,怨讟动于民,则有非言之物言也。(水经注·卷六·浍水)

《春秋》谓之新城。《左传》僖公六年,会诸侯伐郑,围新密,郑所以不时城也。(水经注·卷二十二·洧水)

闻哀不时,实缘在远。为位不奠,益有可安。此自有为而然,不关嫡庶。(南齐书·卷十·礼志下)

又曰:"永元之季……可通检尚书众曹,东昏时诸诤讼失理及主者淹停不时施行者,精加讯辨,依事议奏。"(梁书·卷一·武帝纪上)

回转

指南车,其始周公所作……安帝义熙十三年,宋武帝平长安,始得此车。其制如鼓车,设木人于车上,举手指南。车虽回转,所指不移。(卷十八·礼志五)

回旋;翻转;返回。此期新义,后世沿用。此期其他用例如:

今辽东耕犁,辕长四尺,回转相妨,既用两牛,两人牵之,一人将耕,一人下种,二人挽耧:凡用两牛六人,一日才种二十五亩。其悬绝如此。(齐民要术·卷一·耕田第一)

按……长辕耕平地尚可,于山涧之间则不任用,且回转至难,费力,未若齐人蔚犁之柔便也。(齐民要术·卷一·种田第一)

若旧瓶已曾卧酪者,每卧酪时,辄须灰火中燥瓶,令津出,回转烧之,皆使周匝热彻,好,干,待冷乃用。(齐民要术·卷六·养羊第五十七)

时所住斋常有五色回转,状若蟠龙,其上紫气腾起,形如伞盖,望者莫不异焉。(梁书·卷一·武帝纪上)

尝夜至丞相许戏,二人欢极,丞相便命使入已帐眠。顾至晓回转[①],不得快孰。(世说新语·雅量)

几何(6)

凄凄凌霜叶,网网冲风菌。邂逅竟几何,修短非所愍。(卷六十七·谢灵运列传)

今宗室磐石,蕃岳张跱,设使窃发侥幸,方镇便来讨伐,几何而不诛夷。(卷六十九·范晔列传)

泗、汴秀士,星流电烛,徐、阜严兵,雨凑云集,蹶乱桑溪之北,摇溃瀚海以南,绝其心根,勿使能植,衔索之枯,几何不蠹。(卷七十·袁淑列传)

[①] "返回、回家"义,此词仍保留在属于北部吴语苏沪嘉小片的海门话中。

俟河之清，人寿几何！（卷五十一·宗室列传）

多久。此期新义，习用。后世沿用。《汉语大词典》出"犹若干，多少"义。未明确此义。两义有联系，有区别，似可单立义项。且其所举《新唐书·李多祚传》"乃从容谓曰：'将军居北门几何？'曰：'三十年矣。'"正当释作"多久"。此期其他用例如：

（王）敦固疑（郭）璞之劝（温）峤、（庾）亮，又闻卦凶，乃问璞曰："卿更筮吾寿几何？"（晋书·卷七十二·郭璞列传）

后无几何，齐兴兵伐楚。（三国志·卷四十二·蜀书十二·郤正传裴松之注）

（孙）权令赵达算之，曰："曹丕走矣，虽然，吴衰庚子岁。"权曰："几何？"达屈指而计之，曰："五十八年。"（三国志·卷四十七·吴书二·吴主传裴松之注）

（王）果承间进曰："果等契阔生平，皓首播越，顾瞻西夕，余光几何。今遭圣化，正应力兹愚老，申展尺寸，但在南百口，生死分张，乞还江外，以申德泽。"（魏书·卷二十一下·献文六王列传下）

何物

刘胡闻兴世欲上，笑之曰："我尚不敢越彼下取扬州，张兴世何物人，欲轻据我上！"（卷五十·张兴世列传）

什么，哪一个。上古本指"什么人；什么东西"，此期发展成较抽象的意义。前人认为"物"即"么"[①]。我们认为除非"何么"常见，否则还是释作词义从具体向抽象的一般引申更符合语词发展规律。新生义，习用。后世沿用。此期其他用例有如：

总角尝造山涛，涛嗟叹良久，既去，目而送之曰："何物老妪，生宁馨儿！然误天下苍生者，未必非此人也。"（晋书·卷四十三·王戎列传附衍）

朕畏天顺人，授位相国，何物奴，敢逼人！（魏书·卷十二·孝静纪）

（王）敬则曰："是臣愚意。臣知何物科法，见背后有节，便言应得杀人。"

[①] 张振德等《〈世说新语〉语言研究》"何物"条（第42—44页）引《世说新语·贤媛》余嘉锡笺疏引吴承仕说。

（南史·卷四十五·王敬则列传）

　　时贼遣其徒入直殿内，或驱驴马出入殿庭。武帝方坐文德殿，怪问之，石珍曰："皆丞相甲士。"上曰："何物丞相？"对曰："侯丞相。"上怒叱之曰："是名侯景，何谓丞相！"（南史·卷七十七·恩幸列传）

底定

　　既鲸鲵折首，西夏底定，便宜诉其本怀，避贤谢拙。（卷四十二·王弘列传）

　　武帝北平关、洛，河南底定，置司州刺史，治虎牢，领河南、荥阳、弘农实土三郡。（卷三十六·州郡志二）

　　平定，安定。雅言词。语出《尚书·禹贡》："三江既入，震泽底定。"宋蔡沉《尚书集传》："底定者，言底于定而不震荡也。"底，古同"抵"，至，"达到"的意思。本指震泽的水流平缓。

　　中古出现新生义，引申指平定、安定。后世沿用。此期其他用例有如：

　　东夏底定，又为行军总管，与齐王讨稽胡。（周书·卷十三·文闵明武宣诸子列传）

　　太祖受大明命，与物更新，是以二纪之中，大功克举。南清江、汉，西定巴、蜀，塞表无虞，河右底定。（周书·卷三十一·韦孝宽列传）

　　公按剑凝神，则奇谋冠世；把旄指麾，则懦夫成勇。信宿之间，宣阳底定，此又公之功也。（南史·卷四·齐本纪上）

　　既而荆、扬底定，区宇乂安，群公草封禅之仪，天子发谦冲之诏，未足比隆三代，固亦擅美一时。（晋书·卷九十一·儒林列传）

依违

　　高祖少事戎旅，不经涉学，及为宰相，颇慕风流，时或言论，人皆依违之，不敢难也。（卷六十四·郑鲜之列传）

　　而臣儿女近情，不识大体，上闻之初，不务指斥，纸翰所载，尤复漫略者，实以凶计既表，逆事归露；又仰缘圣慈，不欲穷尽，故言势依违，未敢缕陈。（卷七十一·徐湛之列传）

　　历稔交聘，遂求国婚，朝廷羁縻之义，依违不绝，既积岁月，渐不可诬，兽心无厌，重以忿怒，故至于深入。（卷七十五·颜竣列传）

其后，焘又遣使通好，并求婚姻，太祖每依违之。（卷九十五·索虏列传）

依顺；依仗。此期新生义。后世沿用。此期其他用例有如：

臣以侃勋劳王室，是以依违容掩，故表为南中郎将，与臣相近，思欲有以匡救之。（晋书·卷六十六·陶侃列传附称）

曹爽专政，丰依违二公间，无有适莫，故于时有谤书曰："曹爽之势热如汤，太傅父子冷如浆，李丰兄弟如游光。"（三国志·卷九·魏书九·曹玄传裴松之注）

此既家国大事，宜共君臣各尽所见，不得以朕先言，便致依违，退有同异。（魏书·卷五十三·李冲列传）

生生

既而爱惜前好，犹复沈吟，多杀生生，在之一亡十，仁者之所不为。（卷九十五·索虏列传）

犹众生；性命。此期新生义。后世沿用。此期其他用例有如：

官得其人，则事得其序；事得其序，则物得其宜；物得其宜，则生生丰植，人用资给，和乐兴焉。（晋书·卷五十二·郤诜列传）

夫能保其安者，非谓崇生生之厚而耽逸豫之乐也，不忘危而已。（晋书·卷五十五·潘岳列传附尼）

凡其经旨，大抵言生生之类，皆因行业而起。有过去、当今、未来，历三世，识神常不灭。凡为善恶，必有报应。（魏书·卷一百一十四·释老志）

乃祖

皇皇宗庙，乃祖先皇。（卷二十·乐志二）

臣乃祖故太保瓘，于魏咸熙之中，太祖文皇帝为元辅之日，封萧阳侯；大晋受禅，进爵为公。历位太保，总录朝政。（卷六十·荀伯子列传）

（吐谷）浑曰："我乃祖以来，树德辽右，又卜筮之言，先公有二子，福胙并流子孙。我是卑庶，理无并大，今以马致别，殆天所启。诸君试拥马令东，马若还东，我当相随去。"（卷九十六·鲜卑吐谷浑列传）

祖父；先祖。此期新生义。后世沿用。此期其他用例有如：

惟王乃祖乃父，服膺明哲，辅亮我皇家，勋德光于四海。（晋书·卷三·武帝纪）

我乃祖乃父亦是晋臣，往与六郡避难此都，为同盟所推，遂有今日。（晋书·卷八十六·张轨列传附骏）

先人以来，世据北土，子孙相承，不失其旧。乃祖受晋正朔，爵称代王，东与燕世为兄弟。（魏书·卷十五·昭成子孙列传）

问讯(11)

其间又有应答问讯，卜筮师母，乃至残余饮食，诘辩与谁，衣被故敝，必责头领。（卷四十一·后妃列传）

判急务讫，然后可入问讯，既睹颜色，审起居，便应即出，不须久停，以废庶事也。（卷六十一·武三王列传）

私门有幸，亡大姑元嘉中蒙入台六宫，薄命早亡，先朝赐赠美人，又听大姑二女出入问讯。（卷七十九·文五王列传）

世祖旧臣故佐，普皆升显，（沈）伯玉自守私门，朔望未尝问讯。（卷一百·自序）

问候。中古新生义。习用。后世沿用。此期其他用例有如：

王献之兄弟，自（郗）超未亡，见憎，常蹑履问讯，甚修舅甥之礼。（晋书·卷六十七·郗鉴列传附超）

夫太庙立，移神主，应问讯，不应贺。（晋书·卷九十·良吏列传）

然每遣使表疾病消息，权辄召见，口自问讯，入赐酒食，出送布帛。（三国志·卷五十六·吴书十一·朱然传）

汝至彼，太师事毕后日，宜一拜山陵。拜讫，汝族祖南安可一就问讯。在途，当温读经籍。（魏书·卷二十二·孝文五王列传）

沙汰

又沙汰沙门，罢道者数百人。（卷九十七·夷蛮列传）

佛法讹替，沙门混杂……可付所在，精加沙汰，后有违犯，严加诛坐。（卷九十七·夷蛮列传）

淘汰;拣选。此期新生词。习用。后世沿用。此期其他用例有如：

  时欲沙汰郎官,非其才者罢之。(晋书·卷四十一·魏舒列传)

  侨居平阳,太守杜恕请为功曹,沙汰郡吏百余人,三魏称焉。(晋书·卷四十五·刘毅列传)

  余姚风俗,各有朋党,宗人共荐预为县功曹,欲使沙汰秽浊。(晋书·卷八十二·虞预列传)

  偷窃军阶,亦悉沙汰。籍贯不实,普使纠案,听自归首,逋违加罪。(魏书·卷九·肃宗纪)

随宜(34)

  (张)畅随宜应答,吐属如流,音韵详雅,风仪华润,(李)孝伯及左右人并相视叹息。(卷五十九·张畅列传)

  高祖寻登城唤(王)镇恶,镇恶为人强辩,有口机,随宜酬应,高祖乃释。(卷四十五·王镇恶列传)

  (张)畅随宜应答,甚为敏捷,音韵详雅,魏人美之。(卷四十六·张邵列传)

  臣今与宗之亲御大众,出据江津,案甲抗威,随宜应赴。(卷二·武帝纪中)

  可遣使存问,并给医药;其死亡者,随宜恤赡。(卷六·孝武帝纪)

  (刘)义欣纲维补缉,随宜经理,劫盗所经,立讨诛之制。(卷五十一·宗室列传)

随意;便宜行事。此期新生义。习用。后世沿用。此期其他用例有如：

  甲子,诏都下二县,坟墓毁发,随宜掩埋,遗骸未槥者,并加敛瘗。(南史·卷四·齐本纪上)

  帝从容曰:"比日何为自同外客,略不可见? 自今假非局司,但有所怀,随宜作一牒,候少隙即径进也。"(北史·卷二十四·王宪列传附晞)

  辛酉,诏以都下疾疫,遣使存问,并给医药。其亡者随宜赈恤。(南史·卷二·宋本纪中)

沔北诸郡,为魏所攻,相继亡败,新野太守刘思忌随宜应接,食尽,煮土为粥,而救兵不至,城被克,死之。(南史·卷五·齐本纪下)

(刘)勔既至,随宜翦定,大致名马,并献珊瑚连理树。(南史·卷三十九·刘勔列传)

浇薄

苽之以清心,镇之以无欲,勖之以无倦,翼之以廉谨,舍日计之小成,期远致于莫岁,则浇薄自淳,心化有渐矣。(卷五十二·袁湛列传附豹)

指社会风气浮薄。浇,薄。《说文解字·水部》:"沃,溉灌也"段玉裁注曰:"自上浇下曰沃。""浇隶作沃。"又,"浇,沃也。"段玉裁注曰:"凡醲者浇之则薄,故其引伸之义为薄。"①该词显然是联合式同义复合词。此期新生,习用。后世沿用。此期其他用例有如:

自兹已降,世极道消,风猷稍远,浇薄方竞,退让寂寥,驰竞靡节。(魏书·卷七十七·羊深列传)

齐人浇薄,唯利是从,齐州城民尚能迎汝阳王,青州之人岂不能开门待卿也。(魏书·卷八十·侯渊列传)

杨遵彦作《文德论》,以为古今辞人皆负才遗行,浇薄险忌,唯邢子才、王元景、温子升彬彬有德素。(魏书·卷八十五·文苑列传)

世逐浮竞,人习浇薄,终使祸乱交兴,天下丧败。(周书·卷四十五·儒林列传)

职局

太后停尸漆床先出东宫,上尝幸宫,见之怒甚,免中庶子官,职局以之坐者数十人。(卷八·明帝纪)

永兴令羊恂觉其奸谋,以告(褚)淡之;淡之不信,乃以诬人之罪,收县职局。(卷五十二·褚叔度列传)

"职能部门"的意思。此期新生词。后世沿用。《汉语大词典》失收。此期其他用例有如:

---

① 今江淮方言区泰如片方言中的如皋话里,犹有多点把书本薄或稀饭等的不黏稠说作"浇"(与"消"音同)。

十三年,累迁为左光禄大夫,加亲信四十人,岁给米万斛,药直二百四十万,厨供月二十万,并二卫两营杂役二百人,倍先置防阁、白直左右职局一百人。(南史·卷五十二·梁宗室列传下)

(萧)纶素骄纵,欲盛器服,遣人就市赊买锦采丝布数百匹,拟与左右职局防阁为绛衫、内人帐幔。(南史·卷五十三·梁武帝诸子列传)

于是诏尚书令王俭制定新礼,立治礼乐学士及职局,置旧学四人、新学六人、正书令史各一人、干一人、秘书省差能书弟子二人。(南齐书·卷九·礼志上)

子隆深相爱纳,数与谈宴,州府职局,多使关领,意遇与谢朓相次。(南齐书·卷五十一·张欣泰列传)

处分(17)

道济领兵居前,羡之等继其后,由东掖门云龙门入,宿卫先受处分,莫有动者。(卷四十三·徐羡之列传)

旦日,帝求诸簿署,应时即至;怪问其速,诸曹答曰:"昨夜受张主簿处分。"(卷四十六·张邵列传)

祗惊起,出门将处分,贼射之,伤股,乃入。(卷四十七·檀祗列传)

诸军虽进,未知处分所由。(卷四十八·朱龄石列传)

吩咐;指挥,安排。此期新生义。后世沿用。此期其他用例有如:

太祖崩后,皆受护处分,凡所征发,非护书不行。(周书·卷十一·晋荡公护列传)

帝乘常御马,从数人巡阵处分,所至辄呼主帅姓名以慰勉之。(周书·卷六·武帝纪下)

有司宜勒众军,量程赴集。进止迟速,委公处分。(周书·卷十一·晋荡公护列传)

沈攸之事起,未得朝廷处分,上以中流可以待敌,即据盆口城为战守备。(南史·卷四·齐本纪上)

优游

(张)臶博学有高节,不应袁绍、高幹之命,魏太祖辟亦不至,优游嘉遁,

门徒数百,太守王肃雅敬焉。(卷三十二·五行志三)

茂度内足于财,自绝人事,经始本县之华山以为居止,优游野泽,如此者七年。(卷五十三·张茂度列传)

物色异人,优游据正。显不失心,幽无怨气。(卷五十一·宗室列传)

永少便驱驰,志在宣力,年虽已老,志气未衰,优游闲任,意甚不乐,及有此授,喜悦非常,即日命驾还都。(卷五十三·张茂度列传附永)

游玩；从容,不急迫。此期新生义,习用,后世沿用。此期其他用例有如：

(应)詹以王敦专制自树,故优游讽咏,无所标明。(晋书·卷七十·应詹列传)

游翁慷慨,展布腹心,全躯保郡,见延帝王,又放陆生,优游宴戏,亦一实也。(三国志·卷二十三·魏书二十三·裴潜传裴松之注)

幸天下尚安,庶可优游卒岁。(晋书·卷三十五·裴秀列传附颁)

鲲知不可以道匡弼,乃优游寄遇,不屑政事,从容讽议,卒岁而已。(晋书·卷四十九·谢鲲列传)

周回(10)

所统晋宁之滇池县,旧有河水,周回二百余里。(卷二十八·符瑞志中)

北倚近峰,南眺远岭,四山周回,溪涧交过,水石林竹之美,岩岫隈曲之好,备尽之矣。(卷六十七·谢灵运列传)

此则丹心微款,未亮于高鉴,赤诚幽志,虚感于平日,环念周回,始悟知己之为难也。(卷六十八·武二王列传)

又有鹅三四头,高飞且鸣,周回东西,昼夜不下,如此者六七日。(卷二十七·符瑞志上)

环绕,周围；反复。此期新生义,习用。后世沿用。此期其他用例有如：

其国置小王数十,其王所治城周回百余里,有官曹文书。(三国志·卷三十·魏书三十·东夷传裴松之注)

发京师六千人筑苑,起自旧苑,东包白登,周回三十余里。(魏书·卷三·太宗纪)

其步兵所衣,青赤黄黑别为部队。盾稍矛戟相次周回转易,以相赴就。(魏书·卷一百八·礼志四)

曰皇上天,玄鉴惟光。神器周回,五德代章。祚命于晋,世有哲王。(晋书·卷二十二·乐志上)

何许

文帝沈婕妤,讳容姬,不知何许人也。纳于后宫,为美人。生明帝,拜为婕妤。(卷四十一·后妃列传)

先生不知何许人,不详姓字,宅边有五柳树,因以为号焉。(卷九十三·隐逸列传)

哪里;何时。此期新生语词,习用。后世沿用。此期其他用例有如:

武帝张夫人,讳阙,不知何许人也。生少帝及义兴恭长公主惠媛。(南史·卷十一·后妃列传上)

时有王斌者,不知何许人。著《四声论》行于时。(南史·卷四十八·陆慧晓列传附厥)

张彪不知何许人,自云家本襄阳,或云左卫将军、衡州刺史兰钦外弟也。(南史·卷六十四·张彪列传)

先生不知何许人,不详姓字。闲静少言,不慕荣利。好读书,不求甚解,每有会意,欣然忘食。(南史·卷七十五·隐逸列传上)

小子(6)

又曰:"颜竣小子,恨不得鞭其面!"(卷八十二·沈怀文列传)

及刘胡叛走,不告顗,顗至夜方知,大怒骂曰:"今年为小子所误!"(卷八十四·袁顗列传)

(薛)安都跃马至车后曰:"小子庾淑之鞭我从弟,今指往刺杀之。"(卷八十八·薛安都列传)

应积善之余佑,当履福之所延。何小子之凶放,实招祸而作怨。(卷四十四·谢晦列传)

轻慢的称呼。此期新生义,习用。后世沿用。此期其他用例有如:

呜呼!小子瞻,汝其见予之长于仁,未见予之长于义也。(晋书·卷五十五·夏侯湛列传附瞻)

且祖约情性褊阤,忌克不仁,苏峻小子,惟利是视,残酷骄猜,权相假合。(晋书·卷六十七·温峤列传)

(郗)愔于是大怒曰:"小子死恨晚矣!"更不复哭。(晋书·卷六十七·郗鉴列传附超)

会长沙王乂至,于(司马)冏案上见(王)豹笺,谓冏曰:"小子离间骨肉,何不铜驼下打杀!"(晋书·卷八十九·忠义列传)

抗表

三月,公抗表北讨,以丹阳尹孟昶监中军留府事。(卷一·武帝纪上)

抚军将军刘毅抗表南征,公与毅书曰……(卷一·武帝纪上)

向皇帝上奏章。此期新生词。后世沿用。此期其他用例有如:

刘裕及何无忌等抗表逊位,不许。(晋书·卷十·安帝纪)

元帝之初,末波通使于江左,湛因其使抗表理琨,文旨甚切,于是即加吊祭。(晋书·卷四十四·卢钦列传附湛)

及孙皓降于王濬,(贾)充未之知,方以吴未可平,抗表请班师。(晋书·卷五十·秦秀列传)

荣抗表之始,遣从子天光、亲信奚毅及仓头王相入洛,与从弟世隆密议废立。(魏书·卷七十四·尔朱荣列传)

轻佻

(朱)龄石少好武事,颇轻佻,不治崖检。(卷四十八·朱龄石列传)

谓言语举动不庄重、不严肃。此期新生义。后世沿用。此期其他用例有如:

尚书左仆射谢混凭藉世资,超蒙殊遇,而轻佻躁脱,职为乱阶,扇动内

外,连谋万里,是而可忍,孰不可怀!(晋书・卷八十五・刘毅列传)

皇帝承绍,海内侧望,而帝天姿轻佻,威仪不恪,在丧慢惰,衰如故焉。(三国志・卷六・魏书六・董卓传裴松之注)

然性微轻佻,颇以功名自许,护疵称伐,少所推下,高祖每以此为言。(魏书・卷六十三・王肃列传)

膏粱

孝伯又曰:"君南土膏粱,何为著屩?君且如此,将士云何?"(卷四十六・张邵列传附畅)

(荀)伯子常自矜荫籍之美,谓(王)弘曰:"天下膏粱,唯使君与下官耳。宣明之徒,不足数也。"(卷六十・荀伯子列传)

高祖曰:"此君并膏粱盛德,乃能屈志戎旅?"(卷六十三・王昙首列传)

指富贵人家及其后嗣。此期新生义,习用。后世沿用。此期其他用例有如:

王、何叨海内之浮誉,资膏粱之傲诞,画螭魅以为巧,扇无检以为俗。(晋书・卷七十五・范汪列传附宁)

夫生乎深宫,长于膏粱,忧惧不切于身,荣辱不交于前,则其仁义之本浅矣。(晋书・卷九十二・文苑列传)

至于开伎作宦途,得与膏粱华望接阁连甍,何其略也。(魏书・卷六十・韩麒麟列传附显宗)

古人有言,膏粱之性难正,故曰时遇叔世。(晋书・卷四十六・刘颂列传)

交关(9)

今复出入燕、河,交关姬、卫,整笏振豪,已议于帷筵之上,提鞭鸣剑,复呵于军场之间,身超每深恩之所集,心动必明主之所亮。(卷八十二・周朗列传)

公不知惭惧,犹加营理,遣左右二人,主掌殡敛。显行邪志,罔顾吏司。又挟阉竖陈道明交关不逞,传驿音意,投金散宝,以为信誓。(卷七十九・文五王列传)

于是设诸条禁,自非戒行精苦,并使还俗。而诸寺尼出入宫掖,交关妃后,此制竟不能行。(卷九十七·夷蛮列传)

议者不过言互市之利在得马,今弃此所重,得彼下驷,千匹以上,尚不足言,况所得之数,裁不十百邪。一相交关,卒难闭绝。(卷七十五·颜竣列传)

诱(顾)绰曰:"我常不许汝出责,定思贫薄亦不可居。民间与汝交关有几许不尽,及我在郡,为汝督之。将来岂可得。凡诸券书皆何在?"(卷八十一·顾觊之列传)

西难既殄,便应还朝,而解故槃停,托云扞蜀。实由货易交关,事未回展。又遣人入蛮,矫诏慰劳,赕伐所得,一以入私。(卷八十三·吴喜列传)

交往,勾结;交易。并中古新生义,习用。后世沿用。此期其他用例有如:

(张)敬儿又遣使与蛮中交关,武帝疑有异志,永明元年,敕朝臣华林八关斋,于坐收敬儿。(南史·卷四十五·张敬儿列传)

高肇素疾诸王,常规陷害,既知(王)详与(茹)皓等交关相昵,乃构之世宗,云皓等将有异谋。(魏书·卷九十三·恩幸列传)

初,(段)文振北征,(王)世积遗以驼马。比坐,世积以罪诛,文振坐与交关,功遂不录。(北史·卷七十六·段文振列传)

今党援沮坏,亲属离叛,其余胜兵,不过数百,宜及此时,建复西海郡县,规固二榆,广设屯田,隔塞羌胡交关之路,殖谷富边,省输转之役。(水经注·卷二·河水)

前政与百姓交关,质录其儿妇,愿遣人于道夺取将还。(南史·卷七十·循吏列传)

又司市之要,自昔所难……兼复交关津要,共相唇齿,愚野未闲,必加陵诳,罪无大小,横没赀载。(南齐书·卷四十·武十七王列传)

第三章
《宋书》中的谦敬语词

第一节　关于谦敬语词

谦敬语词的研究涉及遣词造语,既是消极修辞研究的分野,又是汉语词造词法、构词法研究的应有之义,更是中古汉语词汇发展特点研究需要着力探讨的中心问题。《宋书》中埋藏了大量谦敬语词"富矿",需要我们深入挖掘。

所谓谦敬语,一般是指"带有谦己敬人色彩的基本固定的词语"①。谦敬语可以大致分为谦逊与恭敬两方面,一是表示自己谦逊;二是表达对别人恭敬。实际上,不管是表谦逊还是表恭敬,从语用的角度看都是为了敬人。为了论述的方便,我们姑且分为两类。谦敬语作为一类特别的语汇,一般包括称谓语词和一般语词。称谓语又可以分为亲属称谓语词与一般称谓语词;这里所说"一般语词"是指称谓语词之外的含谦敬意味的名词、动词、副词、形容词等。汉语谦敬语词的产生既跟中华文化中"礼让""和合"等优秀传统和"天地尊亲师"的儒学传承有关,也跟古代的封建等级制度有一定关联。谦敬语词既多用于诏令、奏疏等公文中,也多见于人物对话和诗文中。在谦敬语词的分析中需要结合谦敬主体、谦敬对象以及具体的语境作深入的推敲。谦敬语中的"一般语词"有时用于潜在的需要尊敬的对象,例如天地、神灵、帝王、将相、长辈以及需要"客套"的对象等。这类词不一定用于公文或对话中,所恭敬的对象也有泛化趋势,后来逐渐发展为汉语词汇家族中的一般词汇。来源于上古的谦敬语还属于"雅言词"的范畴,需要结合典故加深理解。本章主要对《宋书》中的一般谦敬称谓语词及含谦敬意味的一般语词进行初步的描写和分析。

---

① 见王金芳《试论中国古代敬语的特点》一文。

第二节 《宋书》谦敬语词例释

一、表谦逊的语词

通常用于上下级之间(尤指君臣之间)以及不同辈分的人之间,通过降低自己以表示谦逊。

(一) 名词

丹愚

臣虽草芥,备充黔首,少不量力,颇高殉义之风,谓蹈善于朝闻,愈徒生于白首。用敢干禁忘戮,披叙丹愚。(卷六十一·武三王列传)

臣草芥微臣,窃不自揆,耻抱赍蒉倾阳之心,仰搞《周易》匪躬之志,敢不远六千里,愿言命侣,谨贡丹愚,希垂察纳。(卷六十八·武二王列传)

按:赤诚的心。"丹"具"红"义,即"赤";愚,指"不欺骗",即"诚"。复合成词,表示对涉及对象的谦逊。此期新生词。同时期其他用例有如:

(王)融复上疏曰……所以敢布丹愚,仰闻宸听。(南齐书·卷四十七·王融列传)

臣受恩奕世,思尽丝发。受任到东,亲临所见,敢缘弘政,献其丹愚。伏愿听断之暇,少垂察览。(晋书·卷七十三·庾亮列传附羲)

愚管(6[①])

乙未,尚书右丞虞玩之表陈时事曰……署府谢雕丽之器,土木停缇紫之容,国戚无以赡,勋求无以给。如愚管所虑,不月则岁矣。(卷九·后废帝纪)

大明五年九月甲子,有司奏……故明堂事修,圣心所以昭玄极;泛配宗

[①] 括号中的数字是指该词在《宋书》中出现的频次。后同。

庙,先儒所以得礼情。愚管所见,谓宜用六牛。(卷十六·礼志三)

按:浅陋的见解。愚,指不高明的见解;管,一管之见。与下列"愚诚"一样,都是同义复合语词①。降低自己表谦逊。

愚诚

　　伏愿思可久之道,赊欲速之情,弘山海之纳,择刍收之说,则嘉谋日陈,圣虑可广。其亡存心,然后苞桑可系。愚诚一至,用忘寝食。(卷六十·范泰列传)

　　(何)尚之又表谏曰……伏愿少采愚诚,思垂省察,不以人废,适可以慰四海之望。(卷六十六·何尚之列传)

按:同时期其他用例有如:

　　(柳)庆辞气不挠,抗声曰:"窃闻君有不达者为不明,臣有不争者为不忠。庆谨竭愚诚,实不敢爱死,但惧公为不明之君耳。愿深察之。"(周书·卷二十二·柳庆列传)

　　愚诚所见,宜以彭城胡军换取南豫州徙民之兵,转戍彭城;又以中州鲜卑增实兵数,于事为宜。(魏书·卷五十·尉元列传)

愚见(5)

　　唯太子旅贲中郎将戴法兴议以为……案冲之所议,每有违舛,窃以愚见,随事辨问。(卷十三·律历志下)

　　其年秋,旱蝗,又上表曰……臣比陈愚见,便是都无可采,徒烦天听,愧怍反侧。(卷六十·范泰列传)

按:谦指自己的意见。与下列"愚怀""愚心"一样,都是偏正式复合语词。同时期多有,兹不引证。

愚怀(6)

　　中书侍郎裴松之议曰……吏之被敕,犹除者受拜,民不以未见阙其被礼,吏安可以未到废其节乎?愚怀所见,宜执吏礼。(卷五十三·庾登之列

---

① "语词"指该词形处于短语向复音词的发展阶段。余同。

传附炳之）

臣昔启范晔,当时亦惧犯触之尤,苟是愚怀所挹,政自不能不舒达,所谓虽九死而不悔者也。(卷五十三·庾登之列传附炳之)

按:谦指己见。

同时期多有,兹不引证。

愚心(5)

(范)泰又上表曰……是以古今异用,循方必壅,大道隐于小成,欲速或未必达。深根固蒂之术,未洽于愚心,是用猖狂妄作而不能缄默者也。(卷六十·范泰列传)

臣志干短弱,历著出处。值皇涂隆泰,身荷恩荣,阶牒推迁,日月频积,失在饕餮,患不自量。而奉闻今授,固守愚心者,窃惟殊次之宠,必归器望;喉唇之任,非才莫居。(卷六十三·殷景仁列传)

按:谦称自己的想法。

同时期多有,兹不引证。

眇身(4)

天步艰难,国道用否,虽基构永固,而气数时愆。朕以眇身,奄承皇业,奉寻历命,鉴寐震怀。(卷六·孝武帝纪)

朕以眇身,凤绍洪业,敬御天威,钦对灵命。仰遵凝绪,日鉴前图,实可以拱默守成,诒风长世。(卷七·前废帝纪)

按:犹言微末之身。偏正结构合成语词。皇帝谦称自己。古代通用。

同时期多有,兹不引证。

薄德

东宫之重,四海瞻望,非臣薄德,所可居之。(卷六十六·王敬弘列传)

按:寡德的人;缺少仁义。降低自己,有谦逊意味。同时期其他用例有如:

朕以薄德,作民父母,乃眷元元,瘝言增叹。(魏书·卷十一·废出三帝纪)

唯此一州,介在群胡之间,以吾薄德,能自存立者,赖代王之力。(魏书·卷二十三·莫含列传)

草莱

告人曰："我布衣草莱之人，少长垄亩，何枉轩冕之客。"（卷九十三·隐逸列传）

按：草野。一般语词，用在人物对话中贬低自己的处境，表示谦逊。下列"草莽"略同。同时期其他用例有如：

会稽谢郁致书戒之曰："草莱之人，闻诸道路，君侯已得瞻望朝夕，出入禁门，醉尉将不敢呵，灰然不无其渐，甚休，甚休！敢贺于前，又将吊也。"（梁书·卷三十七·何敬容列传）

（沈）升之草莱百姓，言出祸已随之，孰与超然谢病，高枕家园，则与松柏比操，风霜等烈，岂不美邪。（南史·卷七十三·孝义列传上）

草莽

龙骧参军巴东扶令育诣阙上表曰……文帝不用，追悔无及。臣草莽微臣，窃不自揆，敢抱葵藿倾阳之心，仰慕《周易》匪躬之志，故不远六千里，愿言命侣，谨贡丹愚，希垂察纳。（卷六十八·武二王列传）

按：同时期其他用例有如：

其后武帝频下诏敦逼不已，（皇甫）谧上疏自称草莽臣曰……（晋书·卷五十一·皇甫谧列传）

（管）宁称草莽臣上疏曰……（三国志·卷十一·魏书十一·管宁传）

下国

曹植《鞞舞哥序》曰……故依前曲改作新哥五篇，不敢充之黄门，近以成下国之陋乐焉。（卷十九·乐志一）

江革奉挚，庆禄是荷。姜诗入贡，汉朝咨嗟。勖哉行人，敬尔休嘉。俾是下国，照辉京华。（卷九十一·孝义列传）

按：诸侯国。一般语词。用于对话或诗文中，相对于天子，一"下"字降低自己地位之意具足，有谦逊的意味。

同时期多有，兹不引证。

下官(30)[①]

(庾)登之曰："下官亲老在都,又素无旅,情计二三,不敢受此旨。"(卷四十四·谢晦列传)

(张)畅曰："若历城、郁洲可至,下官敢不高赞……此计必行,下官请以颈血污君马迹!"(卷四十六·张邵列传附畅)

按:偏正结构合成词。此期习用。后世沿用。一"下"字,则降低自己的意味具足。是对帝王或上司的自谦。

同时期多有,兹不引证。

末学

(陆)澄重议……若丧用成人,亲以殇服,末学含疑,未之或辨。(卷十五·礼志二)

博士徐道娱等又议称……四牲不改,在鸡偏异,相承来久,义或有由,诚非末学所能详究。(卷十七·礼志四)

按:肤浅无根柢的学问或学人。多用作自谦的一般语词或自称的谦辞。

同时期多有,兹不引证。

鄙人

(蒯)恩益自谦损,与人语常呼官位,而自称为鄙人。抚待士卒,甚有纪纲,众咸亲附之。(卷四十九·蒯恩列传)

按:偏正结构合成词。用于自称的谦辞。古今通用。同时期其他用例有如:

(沈)约答曰:"约闾阎鄙人,名不入第,欸酬今旨……已不觉汗之沾背也。"(南史·卷四十二·齐高帝诸子列传上)

仆东皋鄙人,入穴幸无衔窭,耻天下之士不为执事道之,故披肝胆,示情素,君侯岂能鉴焉。(梁书·卷三十七·何敬容列传)

粪土臣(3)

前太尉参军都乡侯粪土臣何琦稽首再拜承制诏。(卷十四·礼志一)

[①] 自此以下数词都具有代词性质,不再单独列出,姑附于名词后。

辞关板文云:"某官粪土臣某甲临官。稽首再拜辞。"制曰右除粪土臣及稽首云云。(卷十五·礼志二)

按:偏正结合合成词。犹"贱臣"。贬低自己,表谦逊。是对帝王的尊敬。此期新生词,其他用例有如:

谨拜章陈情,使行相国永寿少府粪土臣毛宗奏,并上玺绶。(三国志·卷二·魏书二·文帝纪裴松之注)

(孟)业具牛酒,率人吏拜谒路旁,自称:"粪土臣孟业,伏惟圣驾亲行,有征无战,谨上微礼。"(北史·卷八十六·循吏列传)

下臣

伏愿陛下远存至公,近鉴丹款,俯顺朝野,改授亲贤。岂惟下臣,获免大戾,凡厥众隶,孰不庆幸。(卷四十二·王弘列传)

按:臣下,是一般语词。异序后的"下臣"为偏正结构合成语词。多表示谦逊。同时期其他用例有如:

寡君所以遣下臣冒险通诚,不远万里者,以陛下义声远播,必能愍寡君勤王之志。天下之善一也,惟陛下图之。(晋书·卷八十六·张轨列传附骏)

温至蜀,诣阙拜章曰……是以忍鄙倍之羞,使下臣温通致情好。(三国志·卷五十七·吴书十二·张温传)

微臣(7)

伏愿陛下远寻永初托付之旨,近存元嘉奉戴之诚,则微臣丹款,犹有可察。临表哽慨,言不自尽。(卷四十四·谢晦列传)

敬弘诣京师上表曰……今内外英秀,应选者多,且版筑之下,岂无高逸,而近私愚朽,污辱清朝。呜呼微臣,永非复大之一物矣。(卷六十六·王敬弘列传)

按:作为一般语词,是"微末小臣"的意思。自称时有谦逊的意味。略同"贱臣"。

同时期多有,兹不引证。

（二）动词

伏愿(45)

乙未，尚书右丞虞玩之表陈时事曰……伏愿陛下留须臾之鉴，垂永代之计，发不世之诏，施必行之典，则氓隶齐欢，高卑同泰。（卷九·后废帝纪）

若臣所上，万一可采，伏愿颁宣群司，赐垂详究，庶陈锱铢，少增盛典。（卷十三·律历志下）

按：偏正结构合成词。"盼望"的意思。"伏"本为单音谦敬副词，用于动词"愿""惟"等前面时，其词汇意义逐渐弱化，构词语素性质增强，仅仅成为"愿""惟"等的谦逊色彩"标签"，属于典型的偏正式合成词。从使用频次和发展历史看，此类语词已经完全属于复音词性质。

伏惟(31)

时民居未一，公表曰……伏惟陛下，垂矜万民，怜其所失，永怀《鸿雁》之诗，思隆中兴之业。（卷二·武帝纪中）

侍中臣琇……等上表曰……伏惟陛下君德自然，圣明在御，孝悌著于家邦，风猷宣于蕃牧。（卷五·文帝纪）

按：作为谦敬动词有二义：略同"伏愿"，"盼望"；私下想到（着）。

仰咏

（裴）松之反使，奏曰……远猷形于《雅》《诰》，惠训播乎遐陬。是故率土仰咏，重译咸说，莫不讴吟踊跃，式铭皇风。（卷六十四·裴松之列传）

按：敬颂。偏正结构复音语词。表示对帝王的谦逊。此期新生，后世罕用。同时期其他用例有如：

（王）羲之深耻之，遂称病去郡，于父母墓前自誓曰……进无忠孝之节，退违推贤之义，每仰咏老氏、周任之诫，常恐死亡无日，忧及宗祀，岂在微身而已！是用寤寐永叹，若堕深谷。（晋书·卷八十·王羲之列传）

（戴）逵后徙居会稽之剡县。性高洁，常以礼度自处，深以放达为非道，乃著论曰……情礼俱亏，则仰咏兼忘，其弊必至于本薄。夫伪薄者，非二本之失，而为弊者必托二本以自通。（晋书·卷九十四·隐逸列传）

仰慕

臣草莽微臣,窃不自揆,敢抱葵藿倾阳之心,仰慕《周易》匪躬之志,故不远六千里,愿言命侣,谨贡丹愚,希垂察纳。(卷六十八·武二王列传)

按:敬仰思慕。偏正结构复音词。中古新生,古今通用。同时期其他用例有如:

臣闻之,下情踊悦,若暂奉见尊足,仰慕慈恩,泽流小国,天垂所感,率土之民,并得皆蒙恩佑。(南齐书·卷五十八·东南夷列传)

(谢)几卿答曰……寻理涤意,即以任命为膏酥;揽镜照形,翻以支离代萱树。故得仰慕徽猷,永言前哲;鬼谷深栖,接舆高举;遁名屠肆,发迹关市;其人缅邈,余流可想。(梁书·卷五十·文学列传下)

叨恩

五年春,大旱,(王)弘引咎逊位,曰……臣以庸短,自辈凡流,谬逢嘉运,叨恩在昔。陛下忘其不腆,又重之以今任。(卷四十二·王弘列传)

先帝以日月之光,照临区宇,风泽所渐,无幽不洽。况下官世荷宠灵,叨恩逾量,谢病私门,幸免虎口,虽志在投报,其路无由。(卷八十五·谢庄列传)

按:承恩。动宾结构复音语词。表示对帝王的谦逊。"叨"为含谦逊色彩的动词语素。

猥荷

陛下聿遵先志,申以婚姻,童稚之目,猥荷齿召,荐女迁子,合门相送。(卷四十四·谢晦列传)

按:愧担。偏正结构合成语词。"猥"为标记谦逊色彩的副词语素。同时期其他用例有如:

朕以寡德,猥荷洪基,思与百辟,允厘庶务。然朕识乏知人,不能使朝绝素餐之讥,野无《考盘》之刺,凤宵瘠瘵,载怀怵惕。(魏书·卷二十一上·献文六王列传上)

臣虽凡庸,识乏武略,然猥荷重任,思在投袂。请率所统,径进南郡,与

征西将军臣豁参同谋猷。(晋书·卷七十四·桓彝列传附冲)

(三) 形容词

寡暗(4)

朕以寡暗,道谢前哲,因受终之期,托兆庶之上,鉴寐属虑,思求民瘼。(卷三·武帝纪下)

朕以寡暗,属承洪业,兢畏在位,昧于治道,夕惕惟忧,如临渊谷。(卷六十四·裴松之列传)

按:知识浅陋,不明事理。一般为帝王谦逊语。同义复合语词。

寡陋

顺帝升明二年,尚书令王僧虔上表言之,并论三调哥曰……斯乃天地之灵和,升降之明节。今帝道四达,礼乐交通,诚非寡陋所敢裁酌。(卷十九·乐志一)

又为《命子诗》以贻之曰……嗟余寡陋,瞻望靡及。顾惭华鬓,负景只立。(卷九十三·隐逸列传)

按:见闻狭窄,学识浅陋。一般为动作行为主动者降低自己的谦逊之词。同义复合语词。

凡鄙

臣东州凡鄙,生于微族,长自闾阎,不窥官辙,门无富贵,志绝华伍。直以委身垄亩,饥寒交切,先朝陶均庶品,不遗愚贱,得免耕税之勤,厕仕进之末。(卷七十五·颜竣列传)

按:平庸浅陋。一般形容词,用在人物对话中形容自己,表示谦逊。同时期其他用例有如:

臣凡鄙小人,才不经世,阶缘戚属,累忝非服,叨窃弥重,谤议弥兴。(晋书·卷七十三·庾亮列传)

愚短

伏见行参军谢绚,清悟审正,理怀通美,居以端右,虽未足舒其采章,升

庸以渐,差可以位拟人。请乞愚短,甘充下列,授为贤牧,实副群望。(卷六十四·郑鲜之列传)

今若务存遵养,许其自新,虽未可羁致北阙,犹足镇静边境。然和亲事重,当尽庙算,诚非愚短所能究言。(卷六十四·何承天列传)

按:愚钝无能。一般用于说话者贬低自己,表谦逊。同义复合语词。同时期其他用例有如:

以臣愚短,当此至难,忧如循环,不遑寝食。(晋书·卷六十二·刘琨列传)

(高)允上《酒训》曰……但臣愚短,加以荒废,辞义鄙拙,不足观采。(魏书·卷四十八·高允列传)

驽下

臣虽驽下,情非木石。岂不知丑点难婴,伏剑为易。而靦然视息,忍此余生,实非苟吝微命,假延漏刻。(卷七十一·徐湛之列传)

按:驽,本义"驽马",引申之,比喻人没有能力。下,低劣。说话者贬低自己,表谦逊。同义复合语词。同时期其他用例有如:

臣备位历年,才质驽下,丘山之衅已彰,豪厘之效未著。(晋书·卷六十二·刘琨列传)

曹操五攻昌霸不下,四越巢湖不成,任用李服而李服图之,委夏侯而夏侯败亡,先帝每称操为能,犹有此失,况臣驽下,何能必胜?(三国志·卷三十五·蜀书五·诸葛亮传裴松之注)

谬允

时农务顿息,末役繁兴,弘以为宜建屯田,陈之曰……若所启谬允者,伏愿便以时施行,庶岁有务农之勤,仓有盈廪之实,礼节之兴,可以垂拱待也。(卷四十二·王弘列传)

二十九年,太祖更遣张永、王玄谟及(鲁)爽等北伐,青州刺史刘兴祖建议伐河北,曰……若前驱乘胜,张永及河南众军,便宜一时济河,使声实兼举。愚计谬允,宜并建司牧,抚柔初附。(卷九十五·索虏列传)

按:意见可行;观点正确。谬,错误;允,合适。偏正结构合成语词。"谬"表谦逊。意思是"勉强合适或可行"。

(四) 副词

幸(8)

又玺书曰……而道不常泰,戎夷乱华,丧我洛食,蹙国江表,仍遘否运,沦没相因,逮于元兴,遂倾宗祀。幸赖神武光天,大节宏发,匡复我社稷,重造我国家。(卷二·武帝纪中)

微因此又与从弟僧绰书曰……幸值圣明兼容,置之教外,且旧恩所及,每蒙宽假。(卷六十二·王微列传)

臣幸得出内层禁,游心明代,泽与身泰,恩随年行,无以逢迎昌运,润饰鸿法。(卷七十·袁淑列传)

太宗定乱,令书曰……朕蒙险在难,含哀莫申,幸赖宗祐之灵,克纂祈天之祚,仰惟勋戚,震恸于厥心。(卷六十一·武三王列传)

(刘)勔又与(殷)琰书曰……如其孤背亭毒,弗忌屠陷者,便当穷兵肆武,究法极刑。将恐贵门无复祭祀之主,坟垄乏扫洒之望。进谢忠臣,退惭孝子,名实两丧,没有余责。扶力略白,幸加研览。(卷八十七·殷琰列传)

(刘)休佑与(殷)琰书曰……何故苟困士民,自求齑脍,身膏斧镬,妻息并尽,老兄垂白,东市受刑邪!幸自思之。信言不爽,有如皎日。(卷八十七·殷琰列传)

按:谦敬副词通常紧挨着谓语动词出现,用来修饰动词,当动词表示的动作由说话人发出时,一般说来是表谦逊的副词。前两例就是对祖先的谦逊。后两例情况特别,"加研览""自思之"者为对方,是说对方能发出此动作行为,是自己的荣幸。以示谦逊。上古即有用例如《韩非子·存韩》:"愿陛下幸察愚臣之计,无忽。"又,"幸"兼有"幸亏、幸好"义,属"情态副词"。有时与谦敬副词之间的界限不太分明。例如以下各例中的"幸"似乎两解,前两例即是。我们认为如果用在对话中有明确的谦敬对象时,不妨看成表谦逊的副词,后两例即是。

此谦敬副词古代通用。此期其他用例有如:

幸值刘禅闇弱,无猜险之性,诸葛威略,足以检卫异端,故使异同之心无由自起耳。(三国志·卷三十五·蜀书五·诸葛亮传裴松之注)

（刘）隗又奏曰……谨按从事中郎周莚、法曹参军刘胤属李匡幸荷殊宠，并登列曹，当思敦奉政道，详法慎杀，使兆庶无枉，人不称诉。（晋书·卷六十九·刘隗列传）

诏以问（荀）勖，勖曰："今天下幸赖陛下圣德，六合为一，望道化隆洽，垂之将来。而门下上称程咸、张恽，下称此等，欲以文法为政，皆愚臣所未达者。"（晋书·卷三十九·荀勖列传）

（阮）种对曰……宜师踪往代，袭迹三五，矫世更俗，以从人望。令率士迁义，下知所适，播醇美之化，杜邪枉之路，斯诚群黎之所欣想盛德而幸望休风也。（晋书·卷五十二·阮种列传）

后遣使吴，（马）良谓（孙）亮曰："今衔国命，协穆二家，幸为良介于孙将军。"①（三国志·卷三十九·蜀书九·马良传）

（高）允答书曰……今往诗一篇，诚不足标明来旨，且表以心。幸恕其鄙滞，领其至意。（魏书·卷五十二·宗钦列传）

谨(65)

（孟）昶恐其不济，乃为表曰："臣裕北讨，众并不同，唯臣赞裕行计，致使强贼乘间，社稷危逼，臣之罪也。今谨引分以谢天下。"（卷一·武帝纪上）

行台至止，瞻望城阙，不胜喜悦凫藻之情，谨诣门拜表以闻。（卷五·文帝纪）

按：谨，敬。副词。表谦逊。上古即有用例，如《史记·田敬仲完世家》："驺忌子曰：'谨受令，请谨毋离前。'"

窃(55)

窃闻淮南中雾，眷求遗绪；楚英流殛，爱存丘墓。（卷七十九·文五王列传）

时有上书者曰："汉王氏五侯兄弟迭任，今杨氏三公并在大位，天变屡见，窃为陛下忧之。"（卷三十二·五行志三）

按：由"偷"引申为"偷偷"，再引申为"私下里、暗中"。副词。表谦逊。上古即有用例，如《战国策·赵策四》："老臣病足，曾不能疾走，不得见久矣，窃自恕，

---

① 谦逊地表示希望。

恐太后玉体之有所郄也,故愿望见。"

伏(38)

  太常荀崧上疏曰……伏闻节省之制,皆三分置二,博士旧员十有九人,今五经合九人。准古计今,犹未中半。九人以外,犹宜增四。愿陛下万机余暇,时垂省览。(卷十四·礼志一)

  宋文帝元嘉六年六月辛酉朔,驸马都尉奉朝请徐道娱上表曰……伏寻《礼记·月令》,王者四时之服正云驾仓龙,载赤旂,衣白衣,服黑玉。(卷十五·礼志二)

按:"伏"本义为动词"伏地",逐步发展成动词作状语"伏着"的用法。例如《宋书·礼志一》:"百官伏称万岁,四厢乐作,百官再拜。"进一步"语法化",产生更抽象的"敬伏——敬"的意义。副词。表谦逊,后接动词。需要注意,中古时期已经进一步语素化,与"惟""愿"复合成了两个常见的双音词"伏惟""伏愿"。出现了单音词与语素化相关双音词并现的情形①。

上古即有用例,如《史记·三王世家》:"臣青翟、臣汤、博士臣将行等伏闻康叔亲属有十。"

昧

  虽有司挠笔,未加准绳,岂宜尸禄,昧安殊宠,乞蒙屏固,以申国法。(卷九十五·索虏列传)

  臣等荷遇二世,休戚以均,情为国至,岂容顺默。重披丹心,冒昧以请。(卷四十三·徐羡之列传)

按:本义是形容词"糊涂",经常后接动词就发展为副词"糊涂地"的意思了,因"昧""冒"音通义通,亦有"冒昧地"的意思。中古新生副词。同时期其他用例有如:

  亮上书让曰……小人禄薄,福过灾生,止足之分,臣所宜守。而偷荣昧进,日尔一日,谤讟既集,上尘圣朝。(晋书·卷七十三·庾亮列传)

  今臣不敢章宣愚情,以露天恩,谨伏手书,冒昧陈闻,乞圣朝哀察。(三国志·卷六十四·吴书十九·诸葛恪传)

  臣闻君明者臣忠,主圣者臣直,是以慺慺,昧犯天威,乞垂哀省。(三国

---

① 其他副词也往往存在这种情形,不再详细讨论。

志·卷六十五·吴书二十·华覈传）

愚(58)

  窃闻时以作事，事以厚生，以此乃生人之大本，历数之所先，愚恐非冲之浅虑妄可穿凿。（卷十三·律历志下）

  又曰……然臣愚谓庙室当以客主为限，无拘常数。殷世有二祖三宗，若拘七室，则当祭祢而已。推此论之，宜还复豫章、颍川，全祠七庙之礼。（卷十六·礼志三）

按：本义是形容词"愚笨"，中古汉语发展出表自谦的第一人称代词。从语法地位分析，似乎也可以看作"愚"后中心词的省略，又进而"语法化"成表敬副词。上举下例中，"臣""愚"并用，显然"愚"已经是表敬副词。起码可以说，中古时期"愚"的代词用法与副词用法共存。我们在这里姑且视作副词。

上古的同类型用例我们则视作代词，如《史记·平准书》："式曰：'天子诛匈奴，愚以为贤者宜死节于边，有财者宜输委，如此而匈奴可灭也。'"

同时期典型的副词用例又如：

  然臣愚谓庙室当以容主为限，无拘常数。（晋书·卷十九·礼志上）

  臣愚以为自非大逆、赤手杀人之罪，其坐赃及盗与过误之愆应入死者，皆可原命，谪守边境。（魏书·卷四十一·源贺列传）

猥(27)

  又诏曰……宁内拓外，迄用有成。威灵远著，寇逆消荡，遂当揖让之礼，猥飨天人之祚。（卷三·武帝纪下）

  上公宗卿，兼至副介，近臣百两，臣蜉蚁之族，猥承大礼，忧惧战悸。钦承旧章，肃奉典制。（卷十四·礼志一）

按：本义是形容词"鄙陋"，中古发展出副词的用法，"鄙陋地"的意思，与"辱""愧"略同。表示谦逊。是中古新生副词。同时期其他用例有如：

  丁亥，诏曰……衍以幼弱，猥当大重，当赖忠贤，训而成之。（晋书·卷六·明帝纪）

  戊午，诏曰……朕以寡德，猥居元首，实惧眇然，不克负荷，战战兢兢，罔知攸济。（晋书·卷九·简文帝纪）

上疏曰……前奉诏书，臣等绝朝，心离志绝，自分黄耇无复执珪之望。不图圣诏猥垂齿召，至止之日，驰心辇毂。（三国志·卷十九·魏书十九·陈思王植传）

后高祖临朝堂，谓群臣曰……朕以寡德，猥荷洪基，思与百辟，允厘庶务。然朕识乏知人，不能使朝绝素餐之讥，野无考槃之刺，凤宵寤寐，载怀怵惕。（魏书·卷二十一上·献文六王列传上）

叨

吏部尚书江湛举（王）微为吏部郎，微与湛书曰……今有此书，非敢叨拟中散，诚不能顾影负心，纯盗虚声，所以绵络累纸，本不营尚书虎爪板也。（卷六十二·王微列传）

将军王广之求勔所自乘马，诸将帅并忿广之叨冒①，劝勔以法裁之，勔欢笑，即时解马与广之。（卷八十六·刘勔列传）

太宗使朝士与颢书曰……吾等并过荷曲慈，俱叨非服，纡金拖玉，改观蓬门，入奉舜、禹之渥，出见羲、唐之化，雍容揄扬，信白驹空谷之时也。（卷八十四·袁颢列传）

况下官世荷宠灵，叨恩逾量，谢病私门，幸免虎口，虽志在投报，其路无由。（卷八十五·谢庄列传）

按：叨，本义是"贪"。《说文解字·食部》："饕，贪也。从食号声。叨，饕。或从口刀声。"②由动词"贪得"义引申发展为形容词"贪婪"义，再进而"语法化"成谦敬副词，"过分地"的意思，是说自己的行为是对方"大大地"恩赐，自己过度获得。可以译为"愧"。中古新生副词。需要注意的是，中古时期"叨"亦有表谦逊的动词的用法，其后往往会接名词谓语，似乎可以理解为动词的省略，即解作"愧（得）"。但当"叨"后接动词时，其副词用法是可以认定的。中古时期"叨"的副词用法与动词用法并存。其他用例又如：

臣凡鄙小人，才不经世，阶缘戚属，累忝非服，叨窃弥重，谤议弥兴。（晋书·卷七十三·庾亮列传）

---

① 冒：承受。
② 陈昌治刻本，第108页。

及垒陷,姚方成执而数之,(徐)嵩厉色谓方成曰:"汝姚苌罪应万死,主上止黄眉之斩而宥之,叨据内外,位为列将,无犬马识养之诚,首为大逆。汝曹羌辈岂可以人理期也!何不速杀我,早见先帝,取姚苌于地下。"①(晋书·卷一百十五·苻丕载记附徐嵩)

臣荷天地覆载之恩,蒙大造生成之德,渐风训于华年,服道教于弱冠。濯缨清朝,垂周三纪,受先帝非分之眷,叨陛下殊常之宠。(魏书·卷九十三·恩幸列传)

论曰……临川不才,频叨重寄,古者睦亲之道,粲而不殊,加之重名,则有之矣。(南史·卷五十二·梁宗室列传下)

谬

臣千载幸会,谬荷荣遇,虽以智能虚薄,政绩蔑闻,而言无隐情,窃所庶几。(卷四十二·王弘列传)

(刘)勔又与(殷)琰书曰……过蒙朝恩,谬充将帅,蚤承风素,情有依然。(卷八十七·殷琰列传)

按:本义"差错",用作名词、形容词。中古发展出副词的用法,后接动词,"错误地"的意思。中古新生词。此期其他用例有如:

(傅)咸又上表曰……加在哀疚,假息日阕,陛下过意,授非所堪。披露丹款,归穷上闻,谬诏既往,终然无改②。(晋书·卷四十七·傅玄列传附咸)

臣以凡才,谬荷国恩,作司方州,奉辞伐罪,不能奋扬雷霆,折冲万里,军退于宛,分受显戮。(晋书·卷六十六·刘弘列传)

忝(34)

臣等忝荷朝列,豫充将命,复集休明之运,再睹太平之业。(卷五·文帝纪)

虽以不武,忝荷蕃任,国家艰难,悲愤兼集。(卷四十四·谢晦列传)

---

① 此例虽非自谦,实际上是徐嵩对姚方成谴责姚苌的话,是指姚苌"叨据",是站在姚的角度,对上天表示谦逊。暗指姚未得天意。

② 此例较特别,副词"谬"后的动词是自谦者所要尊敬的对象发出,是说帝王对自己的信任错了,以表自己的谦逊。

按：本义是"辱"。《说文解字·心部》："辱也。从心天声。"上古汉语中作使动词。如《诗经·小雅·小宛》"无忝尔所生"以及《尚书·君牙》"无忝祖考"都释作"不要让……受辱"。中古汉语中，"忝"后接动词，核心义未变，语法功能扩大，表示动作行为主动者发出谓语动作让受事者受到羞辱，表达主动者的愧疚、谦逊之意。中古汉语新生副词用法。需要注意，《宋书》中还有"忝"直接用作表谦逊动词的用例，既可以视作上古汉语使动词的发展，也可以从修辞上理解为其后潜在动词的省略。例如《刘敬宣列传》："(刘)敬宣报曰：'下官自义熙以来，首尾十载，遂忝三州七郡。今此杖节，常惧福过祸生，实思避盈居损；富贵之旨，非所敢当'""忝三州七郡"可以扩展为"忝(任)三州七郡"，或许可以释作"任"的修辞省略。同时期其他表谦逊的副词、动词用例有如：

(王)导忝荷重任，不能崇浚山海，而开导乱源，饕窃名位，取紊彝典，谨送鼓盖加崇之物，请从导始。(晋书·卷六十五·王导列传)

臣忝守退方，变生虑表，贼众俍张，所在强盛。(魏书·卷十六·道武七王列传)

臣自思忖，必是死人，但恐不得谢罪阙庭，既忝宗枝，累辱不浅。(魏书·卷十六·道武七王列传)

仆久忝朝恩，历试无效，统御戎马，董齐东夏，事有阙废，中心犯义，罪在三百，妻子同县，无所祷矣。(三国志·卷二十八·魏书二十八·王凌传裴松之注)

仰(74)

朕以寡昧，仰赞洪基，夷羿乘衅，荡覆王室，越在南鄙，迁于九江。(卷二·武帝纪中)

朕以冲昧，嗣膺宝业，思仰述圣猷，勉弘政道，兴言多士，常想得人。(卷九·后废帝纪)

按：本义是动词"脸向上"，引申之为"抬头""仰望"。"语法化"过程中，多用在动词前起摹态作用①，对谓语动词进行附加描写。语法意义上，是表示自己的

---

① 即马建忠《马氏文通·正名》所界定的"凡实字以貌动静之容者曰'状字'"之"状"。

矮小和对对方的仰慕,寓谦逊之意。意义更抽象,但语法功能增强,实际上就发展成谦敬副词了。中古新生谦敬副词,习用。同时期其他用例有如:

又上书训于天子曰……仰观黄轩五代之主,莫不有所禀则,颛顼受学于绿图,高辛问道于柏招。(晋书·卷二·景帝纪)

壬申,诏曰……令在事之人,仰鉴前烈,同心戮力,深思所以宽众息役,惠益百姓,无废朕命。(晋书·卷六·元帝纪)

评曰……陈留王恭己南面,宰辅统政,仰遵前式,揖让而禅,遂飨封大国,作宾于晋,比之山阳,班宠有加焉。(三国志·卷四·魏书四·三少帝纪)

(拓跋)禧对曰:"陛下圣过尧舜,光化中原,臣虽仰禀明规,每事乖互,将何以宣布皇经,敷赞帝则。舛违之罪,实合刑宪。"(魏书·卷二十一·献文六王列传上)

敢(30)

永初元年夏六月丁卯,设坛于南郊,即皇帝位,柴燎告天。策曰:皇帝臣裕,敢用玄牡,昭告皇天后帝。(卷三·武帝纪下)

南徐州从事史祖冲之上表曰……臣生属圣辰,逮在昌运,敢率愚瞽,更创新历。(卷十三·律历志下)

按:本义是"有勇气、胆量",引申义是"敢于",用在动词前表示委婉的语气,相当于"岂敢",表达自己惶恐的心理,以示谦逊,作副词。上古汉语即有用例,如《左传·僖公三十三年》:"寡君闻吾子将步师出于鄙邑,敢犒从者。"

奉(33)

天步艰难,国道用否,虽基构永固,而气数时忒。朕以眇身,奄承皇业,奉寻历命,鉴寐震怀。(卷六·孝武帝纪)

诏曰:"孤茕忽尔,日月已周,痛慕摧感,永无逮及。欲奉瞻山陵,以叙哀愤。体气自佳,其又已凉,便当行,不得如所奏也。主者便具行备。"(卷十五·礼志二)

按:本义是动词"捧"。其发展为表谦逊的副词的"语法化"过程与"仰"略同。需要注意的是,中古时期"奉"已发展成构词语素,与"迎"复合成一般双音语词了,有的不一定表示说话人的谦逊意味,《宋书》中的用例有 22 个之多。

蒙(40)

若所上蒙允,并请班司徒二府及诸仪同三府,通为永准。(卷十八·礼志五)

且详考地形,殊乖相势。朕蚤蒙慈遇,情礼兼常,思使终始之义,载彰幽显。(卷四十一·后妃列传)

按:本义是"草名",引申之有"蒙昧""童蒙"。再引申有"蒙受""承受",此动词义可接兼语,当兼语省略直接接谓语动词时,其"蒙受""承受"的实词意义就进一步虚化,仅仅表示其后所接动词所表示的"对方动作行为"有恩赐的意味,实际上是在降低自己,表示谦逊。副词"蒙"所接动词不是自己发出,却表示谦逊,这一点比较特别,不符合一般规律。从"蒙"的语法地位看,已经发展为谦敬副词了。《汉语大词典》释作"敬词。承蒙。"首出书证为《后汉书·班超传》"臣超区区,特蒙神灵"。实际上是释其动词义,未释副词义。中古新生谦敬副词用法以及传承的表敬动词用法共存现象,值得注意。同时期其他用例有如:

帝曰:"我得罪于此,幸蒙宽宥,岂敢妄动哉!且太后有诏,便应官属来,何独使汝也?汝必为乱。"(晋书·卷八·海西公纪)

(陈)矫说太祖曰:"鄄郡虽小,形便之国也,若蒙救援,使为外藩,则吴人剉谋,徐方永安,武声远震,仁爱滂流,未从之国,望风景附,崇德养威,此王业也。"(三国志·卷二十二·魏书二十二·陈矫传)

二、表恭敬的语词

表恭敬的语词,通常用于上下级之间(尤指君臣之间)以及不同辈分之间,通过抬高别人以表示恭敬。

(一) 名词

圣朝(22)

散骑常侍戴邈又上表曰……今天地造始,万物权舆,圣朝以神武之德,值革命之运,荡近世之流弊,继千载之绝轨,笃道崇儒,创立大业。(卷十

四·礼志一）

　　元嘉二十三年七月，白衣领御史中丞何承天奏……台伏寻圣朝受终于晋，凡所施行，莫不上稽礼文，兼用晋事。（卷十五·礼志二）

按：圣，本义是"古时称所谓人格最高尚的、智慧最高超的人"①，引申之，成了"封建时代美化帝王的说法"。是名词兼形容词。"圣朝"意指"圣明的朝廷"。略同"王朝"等。是对帝王的褒赞，表示恭敬。偏正结构复合词。中古习用。下列以"圣"作核心语素的系列语词，内部结构及表恭敬意味大致相同。都是对帝王的恭敬。

圣躬（9）

　　魏明帝世，中护军蒋济奏曰……自武、文至于圣躬，所以参成天地之道，纲维人神之化，上天报应，嘉瑞显祥，以比往古，其优衍丰隆，无所取喻。（卷十六·礼志三）

　　羡之等又固陈曰……泰山之安，未易可保，昏明隆替，系在圣躬。（卷四十三·徐羡之列传）

按：敬称皇帝。偏正结构复合词。古今通用。

圣鉴

　　西虏或为河、洛之患，今正宜通好北虏，则河南安。河南安，则济、泗静。伏愿圣鉴察臣愚怀。（卷六十四·郑鲜之列传）

按：敬指帝王或临朝太后的鉴识。偏正结构复合词。中古新生，后世沿用。同时期其他用例有如：

　　正光五年秋，灵太后对肃宗谓君臣曰："隔绝我母子，不听我往来儿间，复何用我为？放我出家，我当永绝人间，修道于嵩高闲居寺。先帝圣鉴，鉴于未然，本营此寺者正为我今日。"（魏书·卷十六·道武七王列传）

　　既定迁都，显宗上书……圣鉴矜愍，优旨殷勤，爵浃高年，赉周鳏寡，虽赈贷普沾，今犹恐来夏菜色。（魏书·卷六十·韩麒麟列传附子熙）

---

① 《重修玉篇·耳部》："圣，书曰'睿作圣'，孔氏传云：'于事无不通谓之圣。'又《风俗通》云：'圣者，声也。闻声知情，故曰圣也。'"

圣泽(4)

将行,上书劝伐河北曰……仰望圣泽,有若渴饥,注心南云,为日已久。(卷六十七·谢灵运列传)

有司奏曰……故司空晋平刺王休祐,少无令业,长滋贪暴,莅任陕荆,毒流西夏,编户嗟散,列邑雕虚,圣泽含弘,未明正宪。(卷七十二·文九王列传)

按:帝王的恩泽。偏正结构复合词。中古新生,后世沿用。

圣慈(5)

有司上曰……穷奸极欲,干请无度。圣慈含弘,每不折旧,秒释屡加,恩畴已往。(卷六十八·武二王列传)

(谢)庄素多疾,不愿居选部,与大司马江夏王义恭笺自陈曰……此段不堪见宾,已数十日,持此苦生,而使铨综九流,应对无方之诉,实由圣慈罔已,然当之信自苦剧。(卷八十五·谢庄列传)

按:帝王的仁爱。偏正结构复合词。中古新生,后世沿用。

圣主(11)

晋四厢歌十六篇,成公绥造……咏《雅》《颂》,和律吕。于胥乐,乐圣主。(卷二十·乐志二)

角端者,日行万八千里,又晓四夷之语,明君圣主在位,明达方外幽远之事,则奉书而至。(卷二十九·符瑞志下)

按:对皇帝的敬称。偏正结构复合词。中古新生,后世沿用。

圣王(19)

九月己丑,诏曰:"昔圣王既没,淳风已衰,龟书永湮,龙图长秘。故三代之末,德刑相扰。世沦物竞,道陂人谀。"(卷十·顺帝纪)

诏曰:"夫民之大事,在祀与农。是以古之圣王,躬耕帝籍,以供郊庙之粢盛,且以训化天下。"(卷十四·礼志一)

按:圣明的帝王。是对上古伟大帝王的敬称。偏正结构复合词。古今通用。

圣怀(8)

步兵校尉习隆、中书侍郎向允等言于禅曰……建之京师,又逼宗庙,此

圣怀所以惟疑也。(卷十七·礼志四)

　　景仁议曰……苏夫人阶缘戚属,情以事深,寒泉之思,实感圣怀,明诏爰发,询求厥中。(卷六十三·殷景仁列传)

按:皇帝的心意。偏正结构复合词。中古新生,后世沿用。

圣世(10)

　　成帝咸康三年,国子祭酒袁瓌、太常冯怀又上疏曰……如之何泱泱之风,漠焉无闻;洋洋之美,坠于圣世乎!(卷十四·礼志一)

　　(何)尚之答曰……今之枉直,明白灼然,而睿王令王,反更不悟,令贾谊、刘向重生,岂不慷慨流涕于圣世邪!(卷五十三·庾登之列传附炳之)

按:圣明的时代。偏正结构复合词。中古新生,习用。后世沿用。

圣教

　　嗟夫!六艺以宣圣教,九流以判贤徒。(卷六十七·谢灵运列传)

　　兄弟二人,争求受罪,郡县不能判,依事上详。州议之曰:"礼让者以义为先,自厚者以利为上,末世俗薄,靡不自私。伏膺圣教,犹或不逮,况在野夫,未达诰训,而能互发天伦之忧,甘受莫测之罪,若斯情义,实为殊特。"(卷九十一·孝义列传)

按:旧称尧舜文武周公孔子的教导。实际上是对尧等的恭敬。偏正结构复合词。中古新生,后世沿用。

圣上(12)

　　太常华恒议:"今圣上继武皇帝,宜准汉世祖故事,不亲执觞爵。"(卷十六·礼志三)

　　太祖时已戒严,诸军相次进路。尚书符荆州曰……圣上殷勤哀愍,其罪由晦,士民何辜。是用一分前麾,宣示朝旨。符到,其即共收擒晦身,轻舟护送。(卷四十四·谢晦列传)

按:封建时代敬称皇帝。联合式复合词。此期习用。古代通用。

圣恩(7)

　　祠部郎朱膺之议:"南丰王嗣爵封已绝,圣恩垂矜,特诏继茅土,复申义同始封,为之告庙临轩。"(卷十七·礼志四)

故龙骧将军、广川太守孟龙符,忠勇果毅,陨身王事,宜蒙甄表,以显贞节,圣恩嘉悼,宠赠方州。(卷四十七·孟怀玉列传)

按:帝王的恩宠。偏正结构复合词。中古新生,后世沿用。

圣诏

尚书符荆州曰……徐羡之、傅亮、谢晦,安忍鸩杀,获罪于天,名教所极,政刑所取,已远暴四海,宣于圣诏。(卷四十四·谢晦列传)

(杜)坦曰:"(金)日䃅之美,诚如圣诏。假使生乎今世,养马不暇,岂办见知。"(卷六十五·杜骥列传附坦)

按:敬称皇帝或临朝太后的诏书。偏正结构复合词。古代通用。

圣皇(29)

惟圣皇,德巍巍,光四海。礼乐犹形影,文武为表里,乃作《巴俞》。(卷二十·乐志二)

后将军长沙王义欣出镇彭城,总统群帅,告司、兖二州曰……圣皇践阼,重光开朗,明哲柔远,以隆中兴,遐夷慕义,云腾波涌。(卷九十五·索虏列传)

按:对皇帝的尊称。偏正结构复合词。此期习用。中古惯用。后世罕用。

圣颜(3)

臣蒙先朝过遇,陛下殊私,实欲尽心竭诚,少报万分;而惛耄已及,百疾互生,便为永违圣颜,无复自尽之路,贪及视息,陈其狂瞽。(卷六十·范泰列传)

臣疾患日笃,夕不谋朝,会及岁庆,得一闻达,微诚少亮,无恨泉壤,永违圣颜,拜表悲咽。(卷六十·范泰列传)

按:圣容。对皇帝的恭敬。偏正结构复合词。中古新生,后世沿用。

圣旨(12)

太宰司马孚……中军将军羊祜等奏曰……方今荆蛮未夷,庶政未乂,万机事殷,动劳神虑。岂遑全遂圣旨,以从至情。(卷十五·礼志二)

而复猥充博采之数,与闻爰发之求,实无以仰酬圣旨万分之一。不敢废默,谨率管穴所见五十二事上呈。(卷五十五·傅隆列传)

按:皇帝的命令。旨,心志,心意。偏正结构复合词。对皇帝的恭敬。古代通用。现代多用作比喻。

圣帝(5)

然则自汉高帝五年之首冬,暨宋顺帝升明二年之孟夏,二辰六沴,甲子无差。圣帝哲王,咸有瑞命之纪。盖所以神明宝位,幽赞祯符,欲使逐鹿弭谋,窥觊不作,握河括地,绿文赤字之书,言之详矣。(卷十一·志序)

晋武帝泰始元年十二月,诏:"昔圣帝明王,修五岳、四渎,名山川泽,各有定制。所以报阴阳之功,而当幽明之道故也。"(卷十七·礼志四)

按:犹圣主、圣君。偏正结构复合词。对皇帝的恭敬。古代通用。

鸿基(4)

《肆夏》式敬,升歌发德。永固鸿基,以绥万国。(卷二十·乐志二)

《圣祖颂》:圣祖惟高德,积勋代晋历。永建享鸿基,万古盛音册。(卷二十二·乐志四)

按:伟大的基业。多指王业。偏正结构复合词。多表示对皇帝的恭敬。此期新生,后世沿用。

明主(12)

若夫衰世德爽,而嘉应不息,斯固天道茫昧,难以数推。亦由明主居上,而震蚀之灾不弭;百灵咸顺,而悬象之应独违。(卷十一·志序)

(傅)僧祐引(臧)凝之衣令止,凝之大言谓僧祐曰:"明主难再遇,便应正尽所怀。"上与往复十余反,凝之词韵铨序,兼有理证,上甚赏焉。(卷五十五·臧焘列传附凝之)

按:贤明的君主。古代用于敬称君王。偏正结构复合词。古代通用。

御座(10)

军校、侍中、散骑常侍、给事黄门侍郎、散骑侍郎升殿夹御座。尚书令以下应阶者以次入。(卷十四·礼志一)

汉灵帝时,蛇见御座,杨赐以为帝溺于色之应也。(卷三十四·五行志五)

按:皇帝的宝座。御,由本义"驾车"引申为"(皇帝)驾临",再引申为"封建社会指与皇帝有关的"。偏正结构复合词。对皇帝的恭敬①。下列"御米""御唾壶"略同。中古新生。后世沿用。

御米

  䆶官令一人、丞一人,掌舂御米。汉东京置。䆶,择也。择米令精也。(卷三十九·百官志上)

按:皇帝专供的米。中古其他用例如:

  县北有稻田,出御米也。(水经注·卷三十三·江水)

御唾壶

  武帝世,孔安国为侍中,以其儒者,特听掌御唾壶,朝廷荣之。(卷三十九·百官志上)

按:皇帝用的承唾之器。魏晋南北朝时常用的随葬陶瓷器。表示对皇帝的恭敬。偶用语词。

主上(40)

  天未亡难,凶力繁兴,逾年之间,遂倾皇祚。主上播越,流幸非所;神器沉沦,七庙毁坠。(卷一·武帝纪上)

  按,昭皇太后于主上,亲无名秩,情则疏远,庶母在我,犹子祭孙止,况伯父之庶母。(卷十七·礼志四)

按:古代臣子对君主的称呼。主,君主。一"上"字,恭敬之意具足。偏正结构合成词,前正后偏。此期习用。古代通用。

天听(7)

  (王)弘议曰……圣明御世,士人诚不忧至苦,然要须临事论通,上干天听为纷扰,不如近为定科,使轻重有节也。(卷四十二·王弘列传)

  晦又上表曰……而凶狡无端,妄生衅祸,(徐)羡之内诛,臣受外伐,顾省诸怀,不识何罪?天听邈邈,陈诉靡由。(卷四十四·谢晦列传)

按:帝王的听闻。天,上天。皇帝为天子,故古代"天"可借指皇帝。偏正结

---

① 日语中的汉字"御"即是表示敬意的词,相当于汉语的"您",或许正是中古汉语的遗痕。

构合成词。此期新生。后世沿用。下列"天兵""天朝""天府"等词中的"天"的语素义并同。

天兵

及为护军,不得志,乃启求徐州,曰……间者天兵未获,已肆其轻汉之心,恐戎狄贪惏,犹怀匪逊。脱以神州暂扰,中夏兵饥,容或游魂塞内,重窥边垒。(卷七十五·王僧达列传)

及为护军,不得志,乃启求徐州,曰……若首统军政,董勒天兵,既才所不周,实诚亦非愿。陛下矜谅已厚,愿复曲体此心。(卷七十五·王僧达列传)

按:指朝廷的军队。此语词是对皇帝的恭敬。

天朝(5)

其余百官悉依天朝之制。又诏宋国所封十郡之外,悉得除用。(卷二·武帝纪中)

大宋应运,四海宅心,臣亡兄阿豺慕义天朝,款情素著。(卷九十六·鲜卑吐谷浑列传)

按:封建时代臣下称本朝朝廷;藩属尊称宗主。含恭敬意味。中古新生,后世延用。

天府(9)

便宜敬是前式,宪兹嘉礼,勒功天府,配祭庙庭,俾示徽章,垂美长世,茂绩远猷,永传不朽。(卷五十一·宗室列传)

先臣廓清河外,勋光天府,标榜称迹,实兼斯义。(卷九十八·氐胡列传)

若有新置官,又官多印少,文或零失,然后乃铸,则仰禅天府,非唯小益。(卷五十六·孔琳之列传)

按:朝廷;朝廷藏物之府库。偏正结构合成词。中古新生义,习用。后世沿用。《宋书》中亦有星宿名的用例,例如《天文志二》:"天市一名天府,一名天子祺,帝座在其中。"

皇风(7)

殿中郎丘景先议……今皇风缅畅,辉祀通岳,愚谓宜使以太常持节,牲

以太牢之具,羞用酒脯时谷,礼以赤璋纁币。(卷十七·礼志四)

《大豫舞》歌诗……淳化既穆,王道协隆。仁及草木,惠加昆虫。亿兆夷人,说仰皇风。丕显大业,永世弥崇。(卷二十·乐志二)

按:皇帝的教化。偏正结构合成词。中古新生。后世沿用。

足下(37)

延之报曰……刘讳足下,海内之人,谁不见足下此心,而复欲欺诳国士! 天地所不容,在彼不在此矣。(卷二·武帝纪中)

时疑扬州刺史庐陵王义真朝堂班次,(傅)亮与(蔡)廓书曰:"扬州自应著刺史服耳。然谓坐起班次,应在朝堂诸官上,不应依官次坐下。足下试更寻之。"(卷五十七·蔡廓列传)

按:古代下称上或同辈相称的敬词。本指尊敬者的脚下面,转指身边的人。古人对话时一般不直指对方,而是委婉地用对方身边的人转指对方,以示对对方的恭敬。偏正结构合成词,前正后偏。下列"陛下"的造词理据与构词法并与此相同。

陛下(182)

或曰:"刘裕等众力甚弱,岂办之有成,陛下何虑之甚!"(卷一·武帝纪上)

休之上表自陈曰……问鼎之迹日彰,人臣之礼顿缺。陛下四时膳御,触事县空,宫省供奉,十一不在。皇后寝疾之际,汤药不周;手与家书,多所求告。皆是朝士共所闻见,莫不伤怀愤叹,口不敢言。(卷二·武帝纪中)

按:对皇帝的尊称。陛,宫殿的台阶。古代通用高频词。

清朝

(王)敬弘诣京师上表曰……今内外英秀,应选者多,且版筑之下,岂无高逸,而近私愚朽,污辱清朝。(卷六十六·王敬弘列传)

按:清明的朝廷。抬高朝廷的影响,表示对皇帝的恭敬。偏正结构合成词。中古新生语词。后世沿用。此期其他用例有如:

服阕,乃慨然叹曰:"所以出身仕者,非谓有尺寸之能以效智力,实利微禄,私展供养。一旦茕然,无复恃怙,岂可复以朽钝之质尘黩清朝哉!"(晋书·卷八十八·孝友列传)

及疾笃，上疏曰……臣荷天地覆载之恩，蒙大造生成之德，渐风训于华年，服道教于弱冠。濯缨清朝，垂周三纪，受先帝非分之眷，叨陛下殊常之宠。(魏书·卷九十三·恩幸列传)

神器(18)

三月，天子至自江陵。诏曰……未有因心抚民，而诚发理应，援神器于已沦，若在今之盛者也。(卷一·武帝纪上)

甲子，策曰……是用仰祇皇灵，俯顺群议，敬禅神器，授帝位于尔躬。大祚告穷，天禄永终。(卷二·武帝纪中)

按：帝王的印玺，借指帝位、国家权力。偏正结构合成词。古代通用。

神兵(6)

高祖表曰……(王)镇恶轻舟先迈，神兵电临，旰食之虞，一朝雾散。(卷四十五·王镇恶列传)

今将授公典策，其敬听朕命……公御轨以刑，消之无日，仓兕电溯，神兵风扫，罪人斯得，荆、衡清晏。(卷二·武帝纪中)

按：犹"天兵"。谓有天神相助的军队。多用以指王师。是对朝廷的尊敬。偏正结构合成词。中古新生词，此期习用，后世沿用。

英谟

今将授公典策，其敬听朕命……公乘辕南济，义形于色，嶷然内湛，视险若夷，摅略运奇，英谟不世，狡寇穷恤，丧旗宵遁，俾我畿甸，拯于将坠。(卷二·武帝纪中)

遂写集闻见，作赋《撰征》，俾事运迁谢，托此不朽。其词曰……闵隆安之致寇，伤龟玉之毁碎。漏妖凶于沧洲，缠衅难而盈纪。时焉依于晋、郑，国有感于百里。赖英谟之经营，弘兼济以忘己。(卷六十七·谢灵运列传)

按：英明的谋略；指擅长谋略的人。谟，谋。《说文解字·言部》："谟，议谋也。"段玉裁注云："《释诂》曰：'谟，谋也。'"偏正结构合成词。中古新生，后世沿用。此期其他用例有如：

诏曰……亡身殉国，则契协英谟；经纶屯昧，则重氛载廓。及敷政方夏，实播风惠。妖寇构乱，侵扰邦畿，投袂致讨，志清王略。(晋书·卷八十五·

何无忌列传)

策曰……公英谟雄算,电扫风行,驰御楼船,直跨沧海,新昌、典澈,备履艰难,苏历、嘉宁,尽为京观。(陈书·卷一·高祖纪上)

幽旨(3)

哲人县鉴微远,杜渐防萌,知采椽不惬后代之心,不斫不为将来之用,故加朱施漆,以传厥后。散木凡材,皆可入用。远探幽旨,将在斯乎。(卷十八·礼志五)

太子率更令何承天上表曰……野思古拙,意及庸陋,不足以发挥清英,敷赞幽旨,瞻前顾后,亦各其志。(卷二十九·符瑞志下)

按:深奥玄妙的旨趣。有抬高对方,表示恭敬的意味。偏正结构合成词。此期新生,后世沿用。

皇胤

奉使慰劳高祖于彭城,作《撰征赋》。其序曰……本文成之素心,要王子于云仞。岂无累于清霄,直有概于贞客。始熙绩于武关,卒敷功于皇胤。(卷六十七·谢灵运列传)

按:对皇帝后代的敬称。皇,大;美。《说文解字》:"皇,大也。"《广雅·释诂一》:"皇,美也。"意指皇帝优秀的继承人。寓恭敬之意。偏正结构合成词。此期新生词,后世罕用。此期其他用例有如:

戊午,诏曰:"王室多故,穆哀早世,皇胤夙迁,神器无主。"(晋书·卷九·简文帝纪)

占者以金是晋行大兴之祥,(司马)覃为皇胤,是其瑞也。(晋书·卷六十四·武十三王列传)

皇猷(6)

方今皇猷载晖,旧域光被,诚应综核晷度,以播维新。承天历术,合可施用。宋二十二年,普用《元嘉历》。(卷十二·律历志中)

(谢)晦又上表曰……(徐)羡之及(庾)亮,内赞皇猷,臣与(刘)道济,分翰于外,普天之下,孰曰不宜。(卷四十四·谢晦列传)

按：帝王的谋略或教化。猷，谋。《尔雅·释诂》："猷，谋也。"北宋邢昺疏："猷者，以道而谋也。"意思是帝王高明的谋略或美好的教化。寓恭敬意味。偏正结构合成词。此期新生，后世沿用。

皇宋(11)

　　光武绍祚，定二郊洛阳南北。晋氏过江，悉在北。及郊兆之议，纷然不一。又南出道狭，未议开阐，遂于东南巳地创立丘坛。皇宋受命，因而弗改。（卷十四·礼志一）

　　如下旨，伏寻皇宋受终，每因晋旧制，律令条章，同规在昔。（卷十八·礼志五）

按：犹"大宋"，是对南朝宋的尊称。偏正结构合成词。此期新生，习用。后世罕用。

皇祖(17)

　　七月，追尊皇祖为太王，丁夫人曰太王后。黄初元年十一月受禅，又追尊太王曰太皇帝，皇考武王曰武皇帝。（卷十六·礼志三）

　　于邈先后，实司于天。显矣皇祖，帝祉肇臻。本支克昌，资始开元。惠我无疆，享祚永年。右祠颍川府君登歌。（卷二十·乐志二）

按：对已故祖父的敬称。偏正结构合成词。此期新生，习用。后世沿用。

令典(9)

　　古者躬耕帝籍，敬供粢盛，仰瞻前王，思遵令典。便可量处千亩，考卜元辰。朕当亲率百辟，致礼郊甸，庶几诚素，将被斯民。（卷五·文帝纪）

　　伏惟陛下惠哲光宣，经纬明远，皇阶藻曜，风猷日升，而犹询衢室之令典，遵明台之睿训，降渊虑于管库，纡圣思乎版筑，故以道邈往载，德高前王。（卷五十一·宗室列传）

按：好的典章法度。令，美好。偏正结构合成词。古代通用。

景业(5)

　　十九年正月乙巳，诏曰……永瞻前猷，思敷鸿烈，今方隅乂宁，戎夏慕向，广训胄子，实维时务。便可式遵成规，阐扬景业。（卷五·文帝纪）

　　丁巳，诏曰……猥以眇躬，属承景业，阐扬遗泽，无废厥心。（卷六·孝

武帝纪）

按：大业。景，大。《尔雅·释诂》："景，大也。"一般指前代帝王所传大业。表达对前代帝王的恭敬。偏正结构合成词。此期新生，后世罕用。

神机

(刘)勔又与(殷)琰书曰……主上神机天发，指麾克定，横流涂炭，一朝太平，扶危拯急，实冠终古。（卷八十七·殷琰列传）

按：神异的禀赋。后接动词一般是对方发出的动作。表示对对方的恭敬。偏正结构合成词。此期新生，习用。后世罕用。此期其他用例有如：

(韦)宗出而叹曰："命世大才、经纶名教者，不必华宗夏士；拨烦理乱、澄气济世者，亦未必八索、九丘。五经之外，冠冕之表，复自有人。车骑神机秀发，信一代之伟人，由余、日磾岂足为多也！"（晋书·卷一百二十六·秃发傉檀载记）

功业已就，天下已顺，乃燎于上帝，告以天命，混齐六合，南面以制，移神器于己家，推亡汉以定祚，实神机之至决，风发之良时也。（三国志·卷十·魏书十·贾诩传裴松之注）

王师(31)

明年，昭太后崩，四方贼起，王师水陆征伐，义兴晋陵县大战，杀伤千计。（卷二十六·天文志四）

南荆何辽辽，江汉浊不清。菁茅久不贡，王师赫南征。（卷二十二·乐志四）

按：天子的军队；国家的军队。偏正结构合成词。此期习用，古代通用。

英算

及其灵威薄震，重关莫守，故知英算所苞，先胜而后战也。王镇恶推锋直指，前无强陈，为宋方叔，壮矣哉！（卷四十五·王镇恶列传）

按：英明的谋划。偏正结构合成词。此期新生，中古习用。同时期其他用例有如：

(司马)承答书曰……猥辱来使，深同大趣；嘉谋英算，发自深衷。执读

周复，欣无以量。足下若能卷甲电赴，犹或有济；若其狐疑，求我枯鱼之肆矣。(晋书·卷三十七·宗室列传)

骏又表曰……伏惟陛下、太皇太后英算神规，弥纶百胜之外；应机体变，独悟方寸之中。臣影颓虞渊，昏耄将及，虽思忧国，终无云补。(魏书·卷六十·程骏列传)

清庙(14)

谨寻清庙之道，所以肃安神也。《礼》曰，庙者，貌也；神灵所冯依也。事亡如存，若常在也。(卷十七·礼志四)

四时祠祀歌，曹毗造：肃肃清庙，巍巍圣功。万国来宾，礼仪有容。(卷二十·乐志二)

按：即太庙。古代帝王的宗庙。清，清明；纯洁。偏正结构合成词。是对帝王祖先的恭敬。此期习用，后世沿用。

雅量

或雅量高劭，风鉴明远，或识唯知正，才略开迈，咸文德以熙帝载，武功以隆景业，固以侔踪姬旦，方轨伊、邵者矣。(卷五十一·宗室列传)

按：宽宏的气度。偏正结构合成词。古代通用。此期其他用例有如：

久之，诏曰……尚书令、左光禄大夫裴秀，雅量弘博，思心通远，先帝登庸，赞事前朝。朕受明命，光佐大业，勋德茂著，配踪元凯。(晋书·卷三十五·裴秀列传)

乃下诏曰……侍中、守尚书令、车骑将军贾充，雅量弘高，达见明远，武有折冲之威，文怀经国之虑，信结人心，名震域外。(晋书·卷四十·贾充列传)

大吴

邈矣帝皇世，圣吴同厥风。荒裔望清化，化恢弘。煌煌大吴，延祚永未央。(卷二十二·乐志四)

光被弥苍生，家户蒙惠赉。风教肃以平，颂声章嘉喜。大吴兴隆，绰有余裕。(卷二十二·乐志四)

按：对三国吴的敬称。一"大"字,恭敬意味具足。偏正结构合成词。此期新生。后世罕用。下列用"大"作表敬构词语素的系列语词如"大魏""大晋""大舜""大禹"等,造词理据及结构方式并同此,不再一一赘述。

大魏(13)

其后尚书令陈群奏,以为"历数难明,前代通儒多共纷争。《黄初》之元,以《四分历》久远疏阔,大魏受命,宜正历明时"。(卷十二·律历志中)

魏明帝世,中护军蒋济奏曰……今大魏振前王之弊乱,拯流遁之艰危,接千载之衰绪,继百世之废始。(卷十六·礼志三)

按：对三国魏的敬称。

大舜(3)

魏明帝世,中护军蒋济奏曰……若尔,三苗堀强于江海,大舜当废东巡之仪；徐夷跳梁于淮、泗,周成当止岱岳之礼也。(卷十六·礼志三)

天命降,授宣皇。应期运,时龙骧。继大舜,佐陶唐。赞武文,建帝纲。(卷二十二·乐志四)

按：对虞舜的敬称。

大禹

瓘等又奏……虽黄轩之征,大禹远略,周之奕世,何以尚今。(卷十六·礼志三)

五年春,又被敕撰《宋书》。六年二月毕功,表上之,曰：臣(沈)约言：臣闻大禹刊木,事炳虞书,西伯戡黎,功焕商典。(卷一百·自序)

按：对夏禹的敬称。此期其他用例有如：

昔大禹观于浊河而受绿字,寰瀛之内可得而言也。(晋书·卷十四·地理志上)

时欲广农,晳上议曰：伏见诏书,以仓廪不实,关右饥穷,欲大兴田农,以蓄嘉谷,此诚有虞戒大禹尽力之谓。(晋书·卷五十一·束晳列传)

大晋(35)

贼玄之首,已当枭于大航矣。诸君非大晋之臣乎,今来欲何为？(卷

一·武帝纪上）

晋武帝泰始二年九月,群公奏……今大晋继三皇之踪,踵舜、禹之迹,应天从民,受禅有魏,宜一用前代正朔服色,皆如有虞遵唐故事,于义为弘。（卷十四·礼志一）

按:对东晋的敬称。习用。

大命(7)

诏曰……晋氏以多难仍遘,历运已移,钦若前王,宪章令轨,用集大命于朕躬。（卷三·武帝纪下）

上答曰……猥以不德,谬降大命,顾已兢悸,何以克堪。辄当暂归朝庭,展哀陵寝,并与贤彦申写所怀。（卷五·文帝纪）

按:天命。是对上天的恭敬。一般用于帝王自谓秉承天命。偏正结构复合词。古代通用。

尊号(18)

孙权初称尊号于武昌,祭南郊告天。（卷十六·礼志三）

光武平定河北,还至中山,将军万修得《赤伏符》,言光武当受命。群臣上尊号,光武辞。（卷二十七·符瑞志上）

按:尊,本义是"地位或辈分高"。偏正结构复合词。尊崇帝后或其先王及宗庙等的称号。西汉至南北朝使用。此期习用。

徽号(6)

世祖大明元年十一月戊申,太宰江夏王义恭表曰……绍乾维,建徽号,流风声,被丝管,自无怀以来,可传而不朽者,七十有四君。（卷十六·礼志三）

少帝即位,有司奏曰……伏惟夫人德并坤元,徽音光劭,发祥兆庆,诞启圣明。宜崇极徽号,允备盛则。（卷四十一·后妃列传）

按:褒扬赞美的称号。《尔雅·释诂》:"徽,善也。"偏正结构复合语词。寓恭敬意味。此期新生。后世沿用,略同"尊号"。

洪恩

尚书符荆州曰……顷大刑所加,洪恩旷洽,傅亮三息,特蒙全宥,晦同产以下,(徐)羡之诸侄,咸无所染。（卷四十四·谢晦列传）

时益州刺史鲍陋不肯进讨,修之下都上表曰……今臣庸逾在昔,未蒙宵迈之旗,是以仰辰极以希照,眷西土以洒泪也。公私怀耻,仰望洪恩,岂宜遂享名器,比肩人伍。(卷四十八·毛修之列传)

按:大恩。"洪"有抬高夸大的意味,表恭敬。一般是臣下表示对皇帝的恭敬。偏正结构复合语词。古代通用。此期其他用例有如:

对曰:"臣闻君明臣直,今值朝廷上下无讳,实恃洪恩,不畏龙鳞。"(三国志·卷四十七·吴书二·吴主传裴松之注)

(薛)莹献诗曰……哀哀先臣,念竭其忠,洪恩未报,委世以终。(三国志·卷五十三·吴书八·薛综传附莹)

玉銮

宋明堂歌,谢庄造……皇德远,大孝昌。贯九幽,洞三光。神之安,解玉銮。景福至,万宇欢。(卷二十·乐志二)

元嘉中,河、济俱清,当时以为美瑞,(鲍)照为《河清颂》,其序甚工。其辞曰……是以丰功骎命,润色滕策,盛德形容,藻被歌颂。察之上代,则奚斯、吉甫之徒,鸣玉銮于前;视之中古,则相如、子褒之属,施金羁于后。(卷五十一·宗室列传)

按:车铃的美称。一般表示对仙佛或帝王的恭敬。偏正结构复合语词。此期新生。后世沿用。同时期其他用例有如:

(李)冲言于高祖曰……愿暂还北都,令臣下经造,功成事讫,然后备文物之章,和玉銮之响,巡时南徙,轨仪土中。(魏书·卷五十三·李冲列传)

既无事役,遂阖门自守,著《演赜赋》,以明幽微通塞之事。其词曰……乘玄虬之弈弈兮,鸣玉銮之玱玱。浮沧波而濯足兮,入三山而解裳。(魏书·卷七十二·阳尼列传附固)

崇号

博士程彦议以为:"五等虽差,而承家事等。公侯之母,崇号得从,子男于亲,尊秩宜显。……彦参议,以(司马)兴之议为允。除王氏为兴平县开国子太夫人。"(卷十五·礼志二)

时太宗宣太后已祔章太后庙,长兼仪曹郎虞龢议以为:"《春秋》之义,庶

母虽名同崇号,而实异正嫡。是以犹考别宫,而公子主其祀。"(卷十七·礼志四)

按:尊贵的爵位。崇,尊。寓恭敬意味。偏正结构复合语词。中古新生。

盛宋(3)

议曹郎中沈俣之议曰……青素相因,代有损益,何事弃盛宋之兴法,追往晋之颓典。(卷十八·礼志五)

其颂曰……于显盛宋,睿庆遐传。圣皇在上,道照鸿轩。称施既平,孝思永言。人和于地,神豫于天。(卷二十九·符瑞志下)

按:对南朝宋的敬称。偏正结构复合语词。此期新生。后世罕用。

烈考(4)

经始明堂,享祀匪懈。於皇烈考,光配上帝。赫赫上帝,既高既崇。(卷二十·乐志二)

祚我无疆,受天之祜。赫赫太上,巍巍圣祖。明明烈考,丕承继序。(卷二十·乐志二)

按:显赫的亡父。上古汉语中,烈,光明,显赫;考,父亲。《诗经·周颂·雝》:"既右烈考,亦右文母。"毛传:"烈考,武王也。"东汉郑玄笺:"烈,光也。"《尔雅·释亲》:"父为考。"《释名·释丧制》:"父死曰考。考,成也。亦言槁也,槁于义为成,凡五材,胶漆陶冶皮革,干槁乃成也。"《礼记·曲礼》:"生曰父,死曰考。"中古以后用于对亡父的敬称。偏正结构复合词。古代通用。

灵根

有司奏曰……民应惟和,神属惟祉,故能诞钟睿躬,用集大命,固灵根于既殒,融盛烈乎中兴。(卷四十一·后妃列传)

其年四月,上乃使有司奏曰……伏愿远寻宗周之重,近监兴亡之由,割恩弃私,俯顺群议,则卜世灵根,于兹克固,鸿勋盛烈,永永无穷。(卷七十九·文五王列传)

按:对祖先的敬称。《文选·陆机〈叹逝赋〉》"痛灵根之夙殒",刘良注:"灵根,灵木之根,喻祖考也。"偏正结构复合词。此期新生。后世沿用。此期其他用例有如:

天嘉元年七月丙辰,尚书八座奏曰:"臣闻本枝惟允,宗周之业以弘,盘石既建,皇汉之基思远,故能协宣五运,规范百王,式固灵根,克隆卜世。"(陈书·卷二十八·世祖九王列传)

宁康三年,中军将军桓冲等奏曰:"臣闻天地之道,盖相须而化成;帝后之德,必相协而政隆。然后品物流形,彝伦攸叙,灵根长固,本枝百世。"(晋书·卷三十二·后妃列传下)

懿亲(4)

《远期篇》:远期千里客,肃驾候良辰。近命城郭友,具尔惟懿亲。(卷二十二·乐志四)

上表曰……丞相臣义宣,育哲台铉,拊声联服,定主勤王之业,勋越平齐、晋;宗戚懿亲之寄,望崇于鲁、卫。(卷七十四·臧质列传)

按:至亲;特指皇室宗亲、外戚。偏正结构复合词。古代通用。第二义系中古新生,后世沿用,此期其他用例有如:

且(司马)攸为人,修洁义信,加以懿亲,志存忠贞。今陛下出攸之国,假以都督虚号,而无典戎干方之实,去离天朝,不预王政。伤母弟至亲之体,亏友于款笃之义,惧非陛下追述先帝、文明太后待攸之宿意也。(晋书·卷四十二·王浑列传)

(慕容)暐曰:"朕以不天,早倾乾覆,先帝所托,唯在二公。二公懿亲硕德,勋高鲁卫,翼赞王室,辅导朕躬,宣慈惠和,坐而待旦,虔诚夕惕,美亦至矣。"(晋书·卷一百十一·慕容暐载记)

(二)动词

天鉴(8)

天鉴有晋,世祚圣皇。(卷二十·乐志二)

近冒表闻,披陈愚管,实冀天鉴,体其至诚。(卷四十二·王弘列传)

此则臣等赤心已亮于天鉴,远近万邦咸达于圣旨。(卷四十四·谢晦列传)

仰凭陛下天鉴曲临,则死之日,犹生之年也。(卷六十七·谢灵运列传)

按:照临;眷顾。作动词,表示对方像上天一样看顾着自己。降低自己,表恭敬意。亦作名词。略同"天意"。表恭敬。

赐垂(4)

大明六年,南徐州从事史祖冲之上表曰……若臣所上,万一可采,伏愿颁宣群司,赐垂详究,庶陈锱铢,少增盛典。(卷十三·律历志下)

(刘)义恭于是大怒,上表曰……然此源不塞,此风弗变,将亏正道,尘秽盛猷。伏愿圣德,赐垂览察。(卷五十七·蔡廓列传附兴宗)

按:谓垂恩赐允。是对皇帝的敬词。动词的同义复合。此期新生,习用。后世罕用。此期其他用例有如:

臣处宗乏长幼之顺,接物无国士之礼,每因启请,已蒙哀借。不谓今诏,终不矜免。犹愿圣慈,赐垂蠲遂。(魏书·卷二十一下·献文六王列传下)

迁国子祭酒,(郑)道昭表曰……伏愿天慈回神纡盼,赐垂鉴察。(魏书·卷五十六·郑羲列传附道昭)

饰擢

顷年以来,斯务弛废,田芜廪虚,实亦由此。(王)弘过蒙饰擢,志输短效,岂可相与寝默,有怀弗闻邪!至于当否,尊自当裁以远鉴。(卷四十二·王弘列传)

按:夸奖提拔。饰,夸奖;擢,提拔。动词同义复合语词。此词特别,"夸""拔"皆有抬高之意,但动作行为的主动者是对方,不是自己拔高对方表恭敬,而是说对方抬高了自己,以谦逊的态度去恭敬对方。下列"恩奖"表恭敬方式亦同。此期新生,唐代沿用,后世罕用。同时期用例有:

吴既平,普减州郡兵,(陶)璜上言曰……臣亡国之余,议不足采,圣恩广厚,猥垂饰擢,蠲其罪衅,改授方任,去辱即宠,拭目更视,誓念投命,以报所受,临履所见,谨冒瞽陈。(晋书·卷五十七·陶璜列传)

恩奖

奏弹谢灵运曰……案世子左卫率康乐县公谢灵运过蒙恩奖,频叨荣授,

闻礼知禁,为日已久。而不能防闲闺闱,致兹纷秽,罔顾宪轨,恣杀自由。此而勿治,典刑将替。(卷四十二·王弘列传)

(王)弘又表曰……不悟天眷之隆,复垂恩奖,名器弗改,蒙宠如旧,愚惑自揆,茫若无涯。(卷四十二·王弘列传)

按:谓尊长给予的夸奖或奖励。"恩"是说对方发出"奖"的动作是对自己施恩。复合语词中,"恩"的实词语素义逐渐虚化,仅仅表示恭敬的意味。属于前偏后正的偏正式复合语词。下列"恩宥""荣授"等语词的造词法、构词法与此词并同。中古新生,习用。后世沿用。此期其他用例有如:

荣祖曰:"此非所宜言,政应云刘寅等孤负恩奖,逼迫巴东,使至于此。"(南史·卷二十五·垣护之列传附荣祖)

世祖虽可其奏,以象言辞依违,大怒,使左丞王逡之奏曰……(袁)彖才识疏浅,质干无闻,凭戚升荣,因慈荷任。不能克己厉情,少酬恩奖,挠法容非,用申私惠。何以纠正邦违,式明王度?(南齐书·卷三十六·谢超宗列传)

恩宥

与八座丞郎疏曰:"同伍犯法,无士人不罪之科。然每至诘谪,辄有请诉。若垂恩宥,则法废不可行;依事纠责,则物以为苦怨。宜更为其制,使得忧苦之衷也。"(卷四十二·王弘列传)

桓玄在荆州,使群僚博议,(郑)鲜之议曰……夫恩宥十世,非不隆也;功高赏厚,非不报也。若国宪无负于滕恬,则羡之通塞,自是名教之所及,岂是劝沮之本乎?(卷六十四·郑鲜之列传)

按:降恩宽宥。此期新生,习用,后世沿用。此期其他用例有如:

(拓跋)雍表曰……臣位荷师相,年未及终,难恕之罪,显露非一,何情以处,何颜以生?虽经恩宥,犹有余责,谨反私门,伏听司败。(魏书·卷二十一上·献文六王列传上)

时(高)道悦兄观为外兵郎中,而澄奏道悦有党兄之负,高祖诏责,然以事经恩宥,遂寝而不论。(魏书·卷六十二·高道悦列传)

荣授

奏弹谢灵运曰……案世子左卫率康乐县公谢灵运过蒙恩奖,频叨荣授,

闻礼知禁,为日已久。而不能防闲闺闱,致兹纷秽,罔顾宪轨,恣杀自由。此而勿治,典刑将替。(卷四十二·王弘列传)

二十一年,诏曰:"故征西大将军、河西王无讳弟安周,才略沈到,世笃忠款,统承遗业,民众归怀。虽亡士丧师,孤立异所,而能招率残寡,攘寇自令,宜加荣授,垂轨先烈①。"(卷九十八·氐胡列传)

按:恩授官职、爵位等。中古新生,习用。后世沿用。此期其他用例有如:

魏大统十六年,以地来附……后转湖州刺史。固以未经朝谒,遂蒙荣授,心不自安,启求入觐。太祖许之。及固至,太祖与之欢燕,赏赐甚厚。(周书·卷四十四·席固列传)

(刘)瓛与张融、王思远书曰……先朝为此,曲申从许,故得连年不拜荣授,而带帖薄禄。既习此岁久,又齿长疾侵,岂宜摄斋河间之听,厕迹东平之僚?(南齐书·卷三十九·刘瓛列传)

太和中,著作佐郎成淹上表理白曜曰……臣谓白曜策名王庭,累荷荣授,历司出内,世载忠美。……及方难既夷,身膺高赏,受胙河山,与国升降,六十之年,宠灵已极。(魏书·卷五十·慕容白曜列传)

《(刘)廙别传》载廙道路为笺谢刘表曰:"考覉过蒙分遇荣授之显,未有管、狐、桓、文之烈,孤德陨命,精诚不遂。兄望之见礼在昔,既无堂构昭前之绩,中规不密,用坠祸辟。"(三国志·卷二十一·魏书二十一·刘廙传裴松之注)

天眷(4)

五年春,大旱,(王)弘引咎逊位,曰……而常人偷安,日甘一日,实亦仰佩天眷,未能自已。荏苒推迁,忽及三载。遂令负乘之衅,彰著幽明,愆伏之灾,患缠氓庶。上缺皇朝缉熙之美,下增官谤覆𫗧之灾。伏念惶赧,五情飞散,虽曰厚颜,何以宁处。(卷四十二·王弘列传)

(鲁)瑜弟弘为(臧)质府佐,世祖遣报质,质于是执台使,狼狈举兵。上表曰……仰恃天眷,察亮丹款,苟血诚不照,甘心罪戮。(卷七十四·臧质列传)

按:指帝王对臣下的恩宠。结构、意义与"天鉴"略同。此期新生。后世沿用。

---

① 此例特别,诏文站在帝王角度要求相关部门"宜加荣授",似乎是又站在了自己弟弟的角度,表谦敬。

优诏(4)

其后,弘寝疾,弘表屡乞骸骨,上辄优诏不许。(卷四十二·王弘列传)

时上行幸,还多侵夕,尚之又表谏曰:"万乘宜重,尊不可轻……伏愿少采愚诚,思垂省察,不以人废,适可以慰四海之望。"亦优诏纳之。(卷六十六·何尚之列传)

按:敬指帝王下诏。"优"是"宽大"之意。意思是帝王下诏是对自己的宽待。表示对帝王的恭敬。偏正结构合成词。中古新生。后世沿用。

赐给(5)

夏四月,京邑疾疫。丙申,遣使按行,赐给医药。死而无收敛者,官为敛埋。(卷六·孝武帝纪)

清河人李辽又上表曰……愚谓可重符兖州刺史,遂成旧庙,蠲复数户,以供扫洒。并赐给《六经》,讲立庠序,延请宿学,广集后进,使油然入道,发剖琢之功。(卷十四·礼志一)

按:降恩给与。"赐"由动词发展为表敬的构词语素。偏正结构复合语词。中古新生。后世沿用。

崇待

(胡)藩因说(殷)仲堪曰:"桓玄意趣不常,每怏怏于失职。节下崇待太过,非将来之计也。"(卷五十·胡藩列传)

按:厚待。崇,高。意思是对方待己宽厚。言对方行为的崇高,表示对对方的恭敬。此与"赐给""优诏"等词兼表谦逊和恭敬双重意思,在分类时姑且归入"恭敬"类。这类词似无判然有别之划分标准。此期其他用例不多,例如:

(麋)竺面缚请罪,先主慰谕以兄弟罪不相及,崇待如初。(三国志·卷三十八·蜀书八·麋竺传)

(三) 形容词

神武(31)

诏曰……皇度有晋,天纵英哲,使持节、都督扬徐兖豫青冀幽并江九州

诸军事、镇军将军、徐青二州刺史,忠诚天亮,神武命世,用能贞明协契,义夫响臻。(卷一·武帝纪上)

(徐)道覆乃至番禺说(卢)循曰……若刘公自率众至豫章,遣锐师过岭,虽复将军神武,恐必不能当也。(卷一·武帝纪上)

按:英明威武。多用于敬指帝王将相。联合式同义复词。古代通用。

神睿

帝欲走,(寿)寂之追而殒之,时年十七。太皇太后令曰……卫将军湘东王体自太祖,天纵英圣,文皇钟爱,宠冠列藩。吾早识神睿,特兼常礼。(卷七·前废帝纪)

(裴)松之反使,奏曰……伏惟陛下神叡玄通,道契旷代,冕旒华堂,垂心八表。(卷六十四·裴松之列传)

按:神明圣哲。《重修玉篇·卷十一·又部第一百四十九》[①]:"叡,明也。圣也。智也。与'睿'同。"联合式同义复词。此期新生,习用。后世罕用。此期其他用例有如:

上表曰……至尊神叡纂御,神鉴烛远。四海晏如,八表归化。(魏书·卷十九下·景穆十二王列传下)

遂使有魏之业,光迈百王,岂非神叡经纶,事当命世。至于初则东储不终,末乃衅成所忽。固本贻防,殆弗思乎?(魏书·卷四下·世祖纪下)

灵武(10)

天子诏曰……公深秉大节,灵武霆震,弘济朕躬,再造王室。(卷二·武帝纪中)

今将授公典策,其敬听朕命:乃者桓玄肆僭,滔天泯夏,拔本塞源,颠倒六位,庶僚俯眉,四方莫恤。公精贯朝日,气凌霄汉,奋其灵武,大歼群慝,克复皇邑,奉帝歆神。(卷二·武帝纪中)

按:英明威武。略同"神武"。联合式同义复词。中古新生。后世沿用。

---

① 四库本。

徽章(3)

诏曰……今车服仪制,实宜约损,使徽章有序,勿得侈溢。可罢省御府二署。凡工丽雕镂,伤风毁治,一皆禁断。(卷十·顺帝纪)

太祖元嘉九年,诏曰……便宜敬是前式,宪兹嘉礼,勒功天府,配祭庙庭,俾示徽章,垂美长世,茂绩远猷,永传不朽。(卷五十一·宗室列传)

按:敬指褒崇封赠的策命。徽,美善;章,彰明。美好的事迹彰明。《尔雅·释诂》:"徽,善也。"北宋邢昺疏:"徽者,美善也。"是对帝王的恭敬。主谓结构复合词。此期新生。后世沿用。

(四)副词

辱

今辱来疏,始知以谯王前事,良增叹息。(卷二·武帝纪中)

按:谦敬副词。通常紧挨着谓语动词出现,用来修饰动词,当动词表示的动作是说话人以外的人发出时,一般是表恭敬的副词。"辱"与"忝"同义,语用不同。其后所接动词的主动者为恭敬的对象,意思是对方对自己先出此动作,自己觉得是让对方受辱了。"来疏"者为对方,以此抬高对方,表示恭敬。古代通用。上古用例如《左传·僖公四年》:"君惠徼福于敝邑之社稷,辱收寡君,寡君之愿也。"同时期其他用例有如:

瓘曰:"秦若兵强化盛,自可先取江南,天下自然尽为秦有,何辱征东之命!"(晋书·卷一百十二·苻洪载记附苻生)

惠(8)

其太社之祝曰:"地德普施,惠存①无疆。乃建太社,保佑万邦。悠悠四海,咸赖嘉祥。"(卷十七·礼志四)

按:惠,恩。是说大地让无数的生灵活着,是降下恩惠。以表对大地的恭敬。古今通用。上古用例如《左传·昭公三十一年》:"君惠顾先君之好,施及亡人。"

---

① 存:活。

恭(13)

五年春正月乙亥,诏曰:"朕恭承洪业,临飨四海,风化未弘,治道多昧,求之人事,鉴寐惟忧。"(卷五·文帝纪)

谢晦为抚军将军、荆州刺史,请为长史、南郡太守,仍为卫军长史,太守如故。登之与晦俱曹氏婿,名位本同,一旦为之佐,意甚不惬。到厅笺唯云"即日恭到",初①无感谢之言。(卷五十三·庾登之列传)

按:恭,敬。作副词。是"恭敬地"的意思。第一例是帝王对上天之敬。古今通用。上古用例如《尚书·盘庚下》:"朕及笃敬,恭承民命,用永地于新邑。"

敬(31)

十月,天子诏曰:朕闻先王之荏天下也,上则大宝以尊德,下则建侯以襃功。是以成勋告就,文命有玄圭之锡……俾朕负扆高拱,而保大洪烈。是用远鉴前典,延即群谋,敬授②殊锡,光启疆宇。(卷二·武帝纪中)

乃下诏曰……古者从时脉土,以训农功,躬耕帝籍,敬供粢盛。仰瞻前王,思遵令典,便可量处千亩,考卜元辰。(卷十四·礼志一)

今将授公典策,其敬听朕命……其祗服往命,茂对天休,简恤庶邦,敬敷③显德,以终我高祖之嘉命。(卷二·武帝纪中)

按:"敬"作表恭敬的副词,既可后接主动者所发出的动作,表示对对方的恭敬。也可用于主动者(帝王)希望对方所发出的动作,是希望对方以恭敬的态度去发出该动作,如上例中的"敬听""敬敷"等就属于这类情形。这种情形一般用于帝王等,因为古人认为帝王受命于上天,实际上是要求对方恭敬上天、神灵等。但,帝王对上天、神灵等则需要恭敬,如上例中的"敬授(受)""敬供"则属于此种情形。

上古即有用例,如《战国策·赵策》:"左师公曰:'老臣贱息舒祺,最少,不肖;而臣衰,窃爱怜之,原令得补黑衣之数,以卫王宫。没死以闻。'太后曰:'敬诺!年几何矣?'"

---

① 初:完全。
② 授:受。
③ 敷:布。

祗(11)

六年三月,有司奏:"今月十六日立夏。案五年六月三十日门下驳,依武皇夏阙读令。今正服渐备,四时读令,是祗述天和隆赫之道。谓今故宜读夏令。"(卷十五·礼志二)

魏高贵乡公甘露二年,大将军参军太原王伦卒,伦兄俊作《表德论》,以述伦遗美,云"祗畏王典,不得为铭,乃撰录行事,就刊于墓之阴云尔"。(卷十五·礼志二)

策曰……其祗服往命,茂对天休,简恤庶邦,敬敷显德,以终我高祖之嘉命。(卷二·武帝纪中)

太祖策命之为婆达国王曰:"惟尔仰化怀诚,驰慕声教,皇风遐暨,荒服来款,是用加兹显策,式甄义顺。尔其祗顺宪典,永终休福,可不慎欤!"(卷九十七·夷蛮列传)

按:祗,敬。用法略同,然使用频率不及"敬"。上古即有用例,如《尚书·大禹谟》:"文命敷于四海,祗承于帝。"

钦(10)

六月辛未,诏曰:"朕以眇身,夙绍洪业,敬御天威,钦对灵命。仰遵凝绪,日鉴前图,实可以拱默守成,诒风长世。"(卷七·前废帝纪)

主人曰:"皇帝嘉命,访婚陋族,备数采择。臣从祖弟故散骑侍郎准之遗女,未闲教训,衣履若而人,钦承旧章,肃奉典制。前太尉参军都乡侯粪土臣何琦稽首再拜承制诏。"(卷十四·礼志一)

乃遣使策命之曰:"惟汝慕义款化,效诚荒遐,恩之所洽,殊远必甄,用敷典章,显兹策授。尔其钦奉凝命,永固厥职,可不慎欤。"(卷九十七·夷蛮列传)

按:钦,敬。谦敬副词的用法略同"敬""祗"。上古即有用例,如《尚书·胤征》:"尔众士同力王室,尚弼予钦承天子威命。"

肃(11)

主人曰:"皇帝嘉命,使某重宣中诏,吉日惟某可迎。臣钦承旧章,肃奉典制。"(卷十四·礼志一)

四年四月辛亥,有司奏曰……伏惟陛下谟详渊载,衍属休章,依征圣灵,

润色声业,诹辰稽古,肃齐①警列,儒僚展采,礼官相仪,悬蕤动音,洪钟竦节,阳路整卫,正途清禁。(卷十六·礼志三)

按:肃,敬。中古新生谦敬副词。用在动词前,表示自己发出该动作时的态度,寓谦逊意。同时期其他用例有如:

主人曰:"皇帝嘉命,使者某重宣中诏,吉日惟某可迎。臣钦承旧章,肃奉典制。"(晋书·卷二十一·礼志下)

天之历数在尔躬,允执其中,天禄永终;君其祗顺大礼,飨兹万国,以肃承天命!(三国志·卷二·魏书二·文帝纪)

虔(7)

伏惟高祖武皇帝诞兹神武,抚运龙兴,仰清天步,则齐德有虞,俯廓九州,则侔功大夏,故虔顺天人,享有万国。(卷六十一·武三王列传)

丙寅,晋设坛场于南郊,柴燎告类,未有祖配。其文曰……天序不可以无统,人神不可以旷主,炎虔奉皇运,畏天之威,敢不钦承休命,敬简元辰,升坛受禅,告类上帝,以永答民望,敷佑万国。惟明德是飨。(卷十六·礼志三)

按:虔,敬。中古新生谦敬副词。同时期其他用例有如:

永昌元年,元帝诏曰……子昱仁明有智度,可以虔奉宗庙,以慰罔极之恩。(晋书·卷九·简文帝纪)

以孙氏在吴,而祖父世为将相,有大勋于江表,深慨孙皓举而弃之,乃论权所以得,皓所以亡,又欲述其祖父功业,遂作辩亡论二篇。其上篇曰……大皇既没,幼主莅朝,奸回肆虐。景皇聿兴,虔修遗宪,政无大阙,守文之良主也②。(晋书·卷五十四·陆机列传)

垂(46)

时民居未一,公表曰……伏惟陛下,垂矜万民,怜其所失,永怀《鸿雁》之诗,思隆中兴之业。(卷二·武帝纪中)

---

① 齐:同"斋"。
② 此例特别,陆机文中言吴主"虔修"先帝"遗宪",是对先帝的恭敬。

太常荀崧上疏曰……愿陛下万机余暇,时垂省览。(卷十四·礼志一)

秦、汉阙采诗之官,哥咏多因前代,与时事既不相应,且无以垂示①后昆。(卷十九·乐志一)

大明四年,太后弟子抚军参军琼之上表曰:"先臣故怀安令道庆赋命乖辰,自违明世。敢缘卫戍请名之典,特乞云雨,微垂洒润。"(卷四十一·后妃列传)

按:垂,本义"低头"引申为"降下","语法化"为谦敬副词,指所恭敬者发出的行为有赐恩之意。中古新生,习用。中古新生谦敬副词。同时期其他用例有如:

帝复上疏曰:"臣推毂阃外,将革寒暑,不获展情埏隧,私心罔极。伏愿天慈,特垂听许,使臣微诚粗申,即路无恨。"(晋书·卷十·恭帝纪)

(石)崇自表曰:"臣兄统以先父之恩,早被优遇,出入清显,历位尽勤。伏度圣心,有以垂察。"(晋书·卷三十三·石苞列传附崇)

然臣等伏惟殿下仁慈过隆,虽存大义,犹垂哀矜,臣等之心实有不忍,以为可加恩以王礼葬之。(三国志·卷四·魏书四·三少帝纪)

仍启曰……谨率愚管,敢以陈闻,乞垂览许。(魏书·卷七十七·辛雄列传)

龚(7)

匡定社稷,龚行天罚。经始大业,造创帝基。畏天之命,于时保之。(卷二十·乐志二)

齐王出顿新亭,驰檄数(沈)攸之罪恶,曰……幕府过荷朝寄,义百常愤,董司元戎,龚行天罚。(卷七十四·沈攸之列传)

世祖入讨,密送檄书与(谢)庄,令加改治宣布。庄遣腹心门生具庆奉启事密诣世祖曰……殿下文明在岳,神武居陕,肃将乾威,龚行天罚,涤社稷之仇,雪华夷之耻,使弛坠之构,更获缔造,垢辱之氓,复得明目。(卷八十五·谢庄列传)

按:龚,与"供"音通义通,本义"供给"。《说文解字·共部》:"龚,给也。"段玉裁注云:"给,相足也。此(龚)与人部'供'音义同。今'供'行而'龚'废矣。"《重修

---

① "垂"为表恭敬的副词,"垂示"系偶见用例,尚未发展成双音词。

玉篇·共部》①:"龚,奉也。给也。今亦作'供居'。"②《汉语大词典》据《汉书·王尊传》"象龚滔天"颜师古注"貌象恭敬,过恶漫天地"及今本《尚书·尧典》"象恭滔天"等认为:"通'恭'。敬。"我们认为,除非有副词"龚"作状语时有异文"恭"的直接证据,一般而言,"龚"的本义"供给"引申之,即有"赐"义、"奉"义,进一步"语法化",意义更抽象,可以表示对方的动作行为是对自己的"恩赐",寓恭敬对方之意。从《宋书》用例看,此期似乎已经发展出成语"恭行天罚"了。但同时期其他用例也可看出"恭"仍有独立的单音副词用法,中古新生谦敬副词。同时期其他用例有如:

(贺兰)祥乃遣其军司檄吐谷浑曰……我皇武以止戈,文以怀远,德覃四海,化溢八荒。以彼恶稔祸盈,故命龚行九伐。(周书·卷二十·贺兰祥列传)

皇帝若曰……暨乎文祖,诞敷文德,龚惟武考,不寘其旧。自时厥后,陵夷之弊,用兴大难于彼东丘,则我黎人,咸坠涂炭。(周书·卷二十三·苏绰列传)

冬十月,天子以诸侯献捷交至,乃申前命曰……公躬擐甲胄,龚行天罚,玄谋庙算,遵养时晦。奇兵震击,而朱异摧破;神变应机,而全琮稽服;取乱攻昧,而高塘不守。(晋书·卷二·文帝纪)

遂为之颂,词曰:紫气干霄,群雄乱夏,王龚徂征,戎车屡驾。(魏书·卷四十八·高允列传)

赞曰:倾天起害,猛兽呈灾。琅邪之子,仁义归来。龚行赵璧③,命棰荆台④。(晋书·卷六·明帝纪)

崇(17)

令下马入车。既入车,因责让之曰……且人身犯罪,理应加罚,卿为朝庭勋臣,宜崇奉法宪,云何放恣,辄欲于都邑杀人?(卷八十八·薛安都列传)

长徒之身,优量降宥。崇改太祖号谥。以大将军江夏王义恭为太尉、录尚书六条事、南徐州刺史。(卷六·孝武帝纪)

---

① 四库本。
② 居:音通"给"。
③ 赵璧:赵氏璧。与完璧归赵典故有关,喻指重任。
④ 此例为使臣语,可疑。

汉武帝虽颇造新哥,然不以光扬祖考、崇述正德为先,但多咏祭祀见事及其祥瑞而已。(卷十九·乐志一)

(杜)慧度布衣蔬食,俭约质素,能弹琴,颇好《庄》《老》。禁断淫祀,崇修学校。岁荒民饥,则以私禄赈给。(卷九十二·良吏列传)

按:崇,高。后接动词。不一定用于人物对话中,所恭敬对象,一般也不是特定的对方。而是根据语境所确定的应当或需要尊敬的客观事物,诸如上列各例中的"法宪""号谥""正德""学校(教化)"等。从语法地位及使用频率看,可以视作中古新生的谦敬副词。同时期其他用例有如:

焉耆国,在车师南……文字与婆罗门同。俗事天神,并崇信佛法。(魏书·卷一百二·西域列传)

四年春,公孙崇复表言……昔晋中书监荀勖前代名贤,受命成均,委以乐务,崇述旧章,仪刑古典,事光前载,岂远乎哉。(魏书·卷一百九·乐志五)

上疏陈儒训之本曰:"夫学者,治乱之轨仪,圣人之大教也。自黄初以来,崇立太学二十余年,而寡有成者,盖由博士选轻,诸生避役,高门子弟,耻非其伦,故无学者。"(三国志·卷十五·魏书十五·刘馥传附靖)

昧死(6)

将行,上书劝伐河北,曰……久欲上陈,惧在触冒,蒙赐恩假,暂违禁省,消渴十年,常虑朝露,抱此愚志,昧死以闻。(卷三十七·谢灵运列传)

世祖大明四年,义康女玉秀等露板辞曰:"父凶灭无状,孤负天明,存荷优养,没蒙加礼,明罚羽山,未足敕法。乌鸟微心,昧死上诉,乞反葬旧茔,糜骨乡壤。"(卷六十八·武二王列传)

按:昧,由本义"不明"引申有"未"义,"未""昧"音同语源义亦通。《尚书·牧誓》"时甲子昧爽"及《荀子·哀公》"君昧爽而栉冠"之"昧爽"即指"天未明"。"昧死"即"无视死亡",冒死。自己冒死为对方发出某动作行为,实际上是抬高别人,表示恭敬。作谦敬副词。上古即有用例,如《韩非子·初见秦》:"臣昧死愿望见大王,言所以破天下之从。"中古习用,同时期其他用例有如:

六月丙寅,司空、并州刺史、广武侯刘琨……等一百八十人上书劝进,曰……是以臣等敢考天地之心,因函夏之趣,昧死上尊号。(晋书·卷六·

元帝纪）

辅国将军清苑侯刘若等百二十人上书曰……臣等昧死以请,辄整顿坛场,至吉日受命,如前奏,分别写令宣下。(三国志·卷二·魏书二·文帝纪裴松之注)

冒昧

（徐）羡之等重奏曰……臣等荷遇二世,休戚以均,情为国至,岂容顺默。重披丹心,冒昧以请。(卷四十三·徐羡之列传)

（孔）宁子先为高祖太尉主簿,陈损益曰……宁子庸微,不识治体,冒昧陈愚,退惧违谬。(卷六十三·王华列传)

按:中古新生谦敬副词。可以视作"冒死、昧死"的复合。后世沿用,不烦引证。同时期其他用例有如:

将以庶人礼葬之,贾后表曰……妾诚闇浅不识礼义,不胜至情,冒昧陈闻。(晋书·卷五十三·愍怀太子列传)

乃上书谏曰……臣年五十,常恐至死无以报国,是以投躯没命,冒昧以闻,惟陛下裁察。(三国志·卷三·魏书三·明帝纪裴松之注)

及亡,临淮臧均表乞收葬恪曰……今臣不敢章宣愚情,以露天恩,谨伏手书,冒昧陈闻,乞圣朝哀察。(三国志·卷六十四·吴书十九·诸葛恪传)

道悦表谏曰……臣禀性愚直,知而无隐,区区丹志,冒昧以闻。(魏书·卷六十二·高道悦列传)

第四章
《宋书》叠字初探

第一节 《宋书》叠字研究意义

　　叠字,亦作"迭字",即单字的重迭。是汉语构词方式之一,也是修辞方式之一。它的产生较早,其结构和意义发展情形非常复杂,从汉语词汇史的角度探讨专书叠字面貌,对汉语词汇史的深入研究具有基础意义。本章从构词法角度讨论《宋书》中的叠字类别、来源、意义发展及使用情形。关于叠字名称,历来众说纷纭,方以智、王念孙、王筠、马建忠、徐复称之为"重言"[1],还有称作"重语""重文""叠字""重言形况字"[2]、"复字"[3]、"双字"[4]、"叠音词"等等的。研究视角和学术时代背景不同,名称就不同。随着研究的开展,学界对于叠字结构与意义关系的认识越来越深入,叠字"名实"讨论不可回避。陈望道先生从修辞研究的角度提出:"紧相连接而意义也相等的,名叫叠字。"[5]王力先生认为:"(叠字)是相同的两个字重叠起来,成为一个单词。"[6]徐复先生说过:"重言词,亦曰叠字,叠二字以为形况也。"[7]我们在本研究中,从名称的字面意义、使用习惯以及概括面广的角度,选择使用"叠字"这一名称。

　　叠字早在上古汉语中就广泛使用。徐复先生认为叠字"其源盖出于《诗》《书》"。

---

[1] 分别见《通雅·释诂》《广雅疏证》《毛诗重言》《马氏文通》《汉语重言词词典·序》。
[2] 见清朱骏声《说文通训定声·凡例》、清沈炳震《九经辨字渎蒙·经典重文》。
[3] 见明杨慎《古音复字》。
[4] 见明章潢《图书编·学诗多识》。
[5] 见陈望道《修辞学发凡》137 页。
[6] 见王力《汉语语法纲要》29 页。
[7] 见《汉语重言词词典·序》。

从叠字数量看,《诗经》中已经出现了 300 多个叠字①,可窥上古文学典籍中叠字使用情况之一斑。叠字的使用有助于调整语言的表现形式②,增强表情达意的准确性和修辞效果③,因而它在历代文学作品中颇受青睐。叠字数量不断增加。我们统计,西汉《尔雅》收释叠字 160 个,魏张揖《广雅》收释叠字 392 个,明方以智《通雅》收释叠字 900 多个,清史梦兰《叠雅》收释叠字 2645 个,而今人汪维懋《汉语重言词词典》收释叠字则多达 7600 多个。呈明显的增多趋势,足见汉语词汇家族中叠字受欢迎的情况。叠字的历时研究、结构和意义关系的深入探究是非常有必要的。

我们选择《宋书》作为专书叠字研究个案,是基于三点考虑:一是梁沈约是著名文史大家,其所撰史书所用述语文采斐然可观;二是《宋书·乐志》及人物传记中所录前代诗文和当代名篇以及人物对话中的叠字使用情况是观察叠字历时传承情况和意义发展的理想语料。这方面的研究尚未展开,本研究有着解剖麻雀式的方法论意义。三是经过前期的语料解读和语词切分,发现《宋书》中的叠字有 124 个,使用 377 次。是专书叠字研究的理想标本。我们在穷尽式挖掘《宋书》中的全部叠字的基础上,从造词法与构词法的角度深入分析全部叠字结构特点以及意义关联、意义发展,分类梳理《宋书》中的全部叠字,既为汉语叠音词的研究提供丰富的基础性材料,又是专书叠音词研究范式的新尝试。

第二节　叠字研究综述

一、关于叠字的定义、结构及性质

叠字定义及结构的研究包括名称与界说、结构与分类。这方面的研究多系

---

① 程湘清《汉语史专书复音词研究》(60 页)认为《诗经》中出现叠字 360 个,使用 368 次。赫琳等《〈诗经〉叠字计量研究》,诗经研究丛刊第二十五辑)对《诗经》语料中的 AA 式词语进行统计分析,共得出叠字 380 个,出现频次共计 706 次。周延云《〈诗经〉叠字运用研究》认为《诗经》中出现叠字 520 个次。又明章潢《图书编·学诗多识》辑"双字"352 个。清沈炳震《九经辨字渎蒙·经典重文》辑《尚书》《诗经》等先秦经典中的"重文"562 个。

② 《诗经》四言句式调整音节的需要。

③ 汉赋渲染铺陈的需要。

一家之言,学界观点尚未取得一致,简要梳理如下:

吕叔湘《中国文法要略》①:"叠字就是前人所谓'重言'。这类复词以形容词为最多,又可分成两类:不叠不能用的是一类,不叠也能用的又是一类。"又出词例,示前一类例词有"洋洋、活活、潋潋、发发、揭揭、孽孽、关关、采采、赳赳、习习、悠悠、夭夭、蓁蓁、喈喈、忡忡、惙惙、弥弥、离离";示第二类例词有"缓缓、密密、暗暗、真真、渐渐"。

赵克勤《古代汉语词汇学》②中把叠音词分为两类:"重言词只是一种笼统的叫法,实际上它由两类组成:一类的意义与单字的意义基本相同;一类的意义与单字的意义毫无关系。"又分析清邵晋涵《尔雅正义》所论说并解释道:"这就是说,一种重言词是由两个形音义完全相同的单音词组成,重言词的意义基本上就是单音词的意义,这实际上是两个相同的单音词的重叠形式,因此,这种重言词又可以称为'叠词'。一种重言词虽然也由两个形音义完全相同的单字组成,但这两个字只不过代表两个音节,它们与重言词的意义毫无关系。这种重言词只是两个单字的重叠,因此,又可以称之为'叠字'";"如果从结构来分析,'叠词'是由词组转化成的合成词,而'叠字'则是与联绵字性质相同的单纯词"。

邵敬敏《现代汉语通论》(上)(第三版)第三章第二节《构词法与造词法》:"叠音词,同一个音节重叠而成的单纯词。如:太太、奶奶、蝈蝈、饽饽、猩猩、狒狒、靡靡、煌煌等。"

黄伯荣、廖序东《现代汉语》(上)在《词的结构类型》一节讲述单纯词和合成词,认为:"由一个语素构成的词,叫作单纯词。由两个或两个以上的语素构成的词,叫作合成词。"把多音节单纯词分成联绵词、叠音词、音译外来词三类,认为:"叠音词,由不成语素的音节重叠构成,重叠后仍只是一个双音语素,是单语素词,不是词的形态变化。"所举例词有:猩猩、姥姥、饽饽、潺潺、皑皑、瑟瑟。又指出合成词有复合式、重叠式、附加式三种构词方式,认为"重叠式,由相同的词根语素重叠构成"。所举例词有:姐姐、哥哥、爹爹、仅仅、刚刚。在"附加式"举到了"红通通""干巴巴""血淋淋""喜洋洋"等叠音后缀组成的三音节合成词。

曹炜《普通语言学教程》:"由一个语素构成的词叫'单纯词'";"由两个或两

---

① 第11—12页。
② 第61—62页。

个以上语素构成的词叫'合成词'";"但单纯词则不限于单音节词,也有一些是多音节词,主要有以下四种词:拟声词……音译外来词……联绵词……叠音词:如'蛐蛐、姥姥、奶奶、饽饽'等";"词汇构词指的是由两个以上的语素组合起来,从而构成一个新词。这是各种语言中最为常见的构词方式。词汇构词又可分为符号构词、附加构词和重叠构词三种";"重叠构词就是由两个相同的词根语素组合在一起构成新词。由此构成的合成词叫'重叠式合成词',也叫'重叠词'。重叠词在汉语中不是很多,而在其他语言中更是不太多见";"汉语中的重叠词主要有以下三种:① 名词性重叠词。如妈妈、哥哥、星星、娃娃。② 副词性重叠词。如仅仅、偏偏、刚刚、常常。③ 多重重叠词。如鬼鬼祟祟、唯唯诺诺、形形色色、婆婆妈妈"。

张斌《新编现代汉语》(第二版)第三章第二节《词的构造》:"叠音词是重叠音节构成的词,叠音词中的音节在现代汉语中都是不能单独表义的,比如孜、脉、岌、猩、惺、蛐、蝈,在现代汉语中都是不能单用的";"构成叠音词的每一个字在词典中一般都没有单独解释的,必须看它的叠音形式才能了解其意"。

朱声琦等《古代汉语实用教程》①"词汇篇"第一章《词的形式和构成》:"单音词向双音词演化的主要形式,一是语音造词,一是语法造词";"由同音或音近的两个单音词或词素组成单纯双音词。重言:关关、悠悠、洋洋、皎皎"。既然定位成单纯词,则其中"单音词或词素"的表述显然是不妥的。

周荐《汉语词汇研究史纲》②在《对词的结构形式的研究再度展开》一节介绍了丁声树等《现代汉语语法讲话》把量词重迭③、形容词重迭④、动词重迭⑤与"爸爸""妈妈""哥哥""妹妹""宝宝""星星""蝈蝈儿""蛐蛐儿"放在一起,认为也属于构词法的问题的观点,并引述宋玉柱《应该把构词法与构形法区别开来》一文对丁著观点的批评:"量词重迭、形容词重迭、动词重迭只是附加了语法意义的变化,并未创造新词,因此与构词法无关。"受此启发,我们认为在叠字讨论问题上,构形法讨论的对象侧重于短语,而构词法的讨论则侧重于双音词。

陈光磊《汉语词法论》在《汉语的构词法》一节认为现代汉语构词法的基本类

---

① 第 277 页。
② 第 131 页。
③ 如"个个""件件""张张""块块"。
④ 如"好好儿(的)""快快儿(的)""热热儿(的)""急急忙忙的""老老实实的""漂漂亮亮的""糊糊涂涂的"。
⑤ 如"听听""谈谈""想想""弄弄""吃吃""写写""安排安排""打扫打扫""研究研究"。

型有三种,即单纯词、派生词、复合词。符合学界的一般认识,不过在单纯词部分陈氏未涉及叠音词的讨论和例词,而在复合词部分"重叠式"的讨论时认为:"叠合式复合词,是由同一语素相重叠组合而成的。如:哥哥、妹妹、爸爸、妈妈、奶奶、爷爷、宝宝、乖乖、猩猩、蝈蝈儿、星星、圈圈、框框、杠杠、意思意思、婆婆妈妈、偷偷摸摸、哭哭啼啼、风风雨雨、拉拉扯扯、花花绿绿、跌跌撞撞等等。"存在的问题是将构形法与构词法混同,将本属于单纯词的叠音词如"猩猩""蝈蝈儿"混入"复合词"①,构词法的分类不符合学界一般观点,易致混乱,合成词说成了复合词。实际上前人所命名的合成词是从语素角度看的,复合词则是从词的组合结构方式角度看的,不可混淆。陈氏还在《汉语的构形法》一节认为现代汉语构形法的两大类型是加缀法与重叠法,指出:"语素或词的重复叠合只有标志着一种语法功能,说明一定的语法性质,才能成为构形的重叠。否则就只是一般语词的连用,或者是修辞上的反复。"还指出现代汉语构形重叠的方式有词素重叠(热热闹闹、黑乎乎)、全词重叠(研究研究、轻松轻松)、嵌缀重叠(俗里俗气、啰里啰嗦、酸不溜溜)三种。并按词类举例归类了名词的重叠(人人、家家、行行、事事、方方面面、子子孙孙、时时刻刻、是是非非)、量词的重叠(个个、张张、一趟趟)、动词的重叠(想想、求求、走走、写一写、考他一考、算了算)、形容词的重叠(红红、高高、干干净净、软绵绵、红通通、笔笔直、雪白雪白、歪歪斜斜、傻里傻气)、副词的重叠(刚刚、常常、稍稍)。遗憾的是陈氏构形法的例词分类并没有就构形法的所谓"语法功能""语法性质"作详细分析比较或说明。而值得注意的是在"名词的重叠"部分举出例词后说"这些名词在构词法上都是联合式的复合词"。此说令人费解:是说名词的重叠属于构词法范畴而量词、动词、形容词、副词的重叠则属于构形法吗?还是名词的重叠既可以从构形法角度分析,又可以从构词法角度分析呢?因缺少分析、比较、论述,不明其深意。再看其后面的《汉语构形法特点的讨论》,原来汉语是否有严格意义上的构形法在学界是存在着较大争议的。

杨合鸣《训诂与语法研究》"叠根词漫谈"说道:"重叠词古人称作'重言词'。重叠词包括叠音词和叠根词两种。叠音词属单纯词,如:关关、坎坎、丁丁、玱玱等,因易于理解,这里略而不论。叠根词属合成词,它由两个相同的词根重叠而成,如:夭夭、灼灼、昭昭、昏昏等";"叠根词属何种词性?对这个问题目前看法尚

---

① 应为合成词。

不一致。窃以为凡叠根词皆属形容词"。①

赫琳等《〈诗经〉叠字计量研究》说道："现代词汇学对叠字的判定,也作出了明确的区分:组成一个叠字的两个单字,如果单独无义可释纯粹记录两个音节或即使单独有义而该义与整个叠字的意义无关,那么这个叠字是叠音词;如果单独有义,无论是本义、引申义还是假借义,只要其意义跟所组成的叠字的意义相互关联,那么这个叠字是重叠式,即本文所说的叠根词。"王欣《现代汉语 AA 式叠字结构的分析》对于叠字的分类就更为具体："现代汉语词汇系统有许多 AA 式叠字结构,虽然它们都由两个相同的汉字重叠而成,但彼此之间存在很大差异,可以分为叠音词、重叠词和词的重叠三类。由于这类结构的外貌过于相似,所以学界对它们的归属争议很大。我们认为,叠音词和重叠词是构词重叠,词的重叠是构形重叠。"与曹炜等观点基本一致。张映《〈诗经〉中"叠字"浅析》对叠字的定义进行了梳理,有一定的参考价值。杨皎《〈诗经〉叠音词及其句法功能研究》涉及《诗经》中的叠音词敖敖、关关、锵锵、将将、玱玱、鸧鸧、柄柄、佽佽、鄰鄰等等;张猛刚《〈诗经〉中叠音词语言现象传承探析》则涉及《诗经》中的叠音词嗺嗺、惴惴、忡忡、陶陶、晏晏、汕汕、爰爰、悠悠、养养、漠漠、慆慆、几几、谯谯、翛翛、翘翘等等。此类成果所举例词可以侧面反映其关于叠字的定义、结构及性质的认识,可以参考。

二、关于叠字的意义

叠字的意义研究包括叠字个案的汇释以及单字与叠字意义关系探究。

明方以智《通雅》从语源的角度,系联了古代汉语中的同源叠字,将原本异形的"不同"的叠字音义串联起来,为叠字意义的阐释和结构的解析指明了门径,这正是《通雅》一书的"音通"要义所在。堪称开创之作,居功至伟。当然个案的论述中还有一定的讨论空间。

曹炜《普通语言学教程》："重叠词不同于叠音式单纯词。后者如'猩猩、蛐蛐'等,是一个语素,拆开来,光是'猩''蛐'没有意义,不是语素;而前者,如'妈

---

① 举王筠《说文释例》"凡重言皆形容之词"以及刘勰《文心雕龙·物色》等非语言学意义的叙述语以证作为语言学意义的属于词性的"形容词",姑不论其结论是否正确、全面,仅看以叠根词的词性的判定代替构词法、造词法角度的叠根词结构和意义的讨论,似乎偏离方向。

妈、刚刚'等是两个语素,拆开来,'妈''刚'也有意义,是语素";"重叠词也不同于语法中词的重叠形式,后者在重叠过程中会增加某些语法意义,如'个'同'个个'语法意义有别,'干净'同'干干净净'语法意义也不同,'个个'含有的'每''逐'的意思,'个'不会有,'干干净净'较之'干净'程度上也有所加强"。作者所讨论基本符合实际,当可信从。

分析前举杨合鸣《训诂与语法研究》通篇论述及所举例词,我们存在如下三点疑惑:一是"叠根词"的提法与学界一般名称和定义脱节,与现代语言学意义上的属于合成词的"重叠词"异名同实,似无必要另立新名。二是大量叠根词的例词当属于叠音词。三是在分析叠根词语素意义时,存在以今(后)释古(前)、单音语素义项分析不全面、未考虑通假所造成的一词多形等问题,因而所析词的结构性质以及意义发生偏差,影响了叠根词与叠音词的甄别。例如,对《诗经·周颂·有客》"有客宿宿,有客信信"中的"宿宿""信信"因毛传"一宿曰宿,再宿曰信"、孔疏"彼因文重而倍之"析字释义,认为"'宿宿'即'住了两夜','信信'即'住了四夜'"。显然不符合《诗经》中叠字的一般语义特点、语词类属、语法功能。李小军《〈诗经〉"有客宿宿,有客信信"辨释》认为:"'宿宿'当为'蹜蹜'"或'缩缩''肃肃';'信信'当为'申申'或'伸伸',都为叠音形容词,在诗中修饰客人的仪表形态。"所说当。再如,所举《魏书·外戚传上》"京师草草"的"骚扰不安貌"释义当是《诗经·小雅·巷伯》"劳人草草"的毛传"劳心也"所释义的引申,"草草"疑为《诗经·小雅·白华》"念子懆懆"之"懆懆"①的借字。如果说"草"的语素义与"草草"的"骚扰②不安""劳心"义无直接关联,那么"草草"当为叠音词,但是如果考虑到"懆"与"懆懆"之间语素义的关联,似乎"懆懆"为重叠词。对此问题,杨氏未作深入辨析。又如,杨著举《说文新附·草部》"芊,草盛也"与《广雅·释训》"芊芊,茂也"直接认为"'芊'的本义为'草木茂盛','芊芊'的意义也为'草木茂盛'"。释"芊"有增"木"字为训的嫌疑,在理解上"草盛也"与"茂也"是不能直接画等号的,前者是个别义,后者释一般义,"从个别到一般、从具体到抽象"是单音词向双音词发展,意义发生变化的基本规律。这一点正可证"草草"(懆懆)为复音词,而不是该语词早期阶段的属于语法修辞层面的短语。至于该叠字形式是叠音词还是重叠词(杨著所名"叠根词")可参看后面的讨论。又如,举了《诗经·

---

① 忧愁不安。
② 慌乱义。

周南·桃夭》"桃之夭夭"与《诗经·邶风·凯风》"棘心夭夭"分别说"叠根词"的意义和词性,显然杨氏是将"夭夭"视作重叠词①了。判断不当。理由是,杨著根据"夭"的毛传释"棘心夭夭"的"盛貌"、《说文解字》释义"屈也"和朱熹《诗集传》释"夭之沃沃"之"夭"的"少好貌"径称"夭"的引申义为"少壮貌",判断欠严密。进而率尔称"夭夭"的意思也是"少壮貌",缺少证明,当来源于毛传"桃,有花之盛者,夭夭,其少壮也"。实际上,"夭夭"在《鲁诗》《韩诗》中分别作"枖枖"和"㚥㚥",《说文解字》对"枖""㚥"的诂释正是拆《鲁诗》《韩诗》中的叠音词分别释作"木少盛貌""巧也。一曰女子笑貌。"②古人无叠音单纯词的概念,释义中随文释义、拆字为释的情况很多。不可仅据古代训诂材料的释义去从现代语言学理论视角判断叠字的单纯叠音词与合成重叠词性质。同时我们注意到,记录作为单纯词性质的叠音词的用字,本身与作为单纯词的联绵词的用字一样,字面本身不表示意义,只有一字叠音后③才具有某种意义,这一意义在某一阶段不一定与所叠字有明显关系,原因是语言的物质形式是语音。既然只要某字能记录某一个叠音词的音就可以,那么汉语中的大量音同音近字的存在就可能造成某个叠音词与联绵词一样可能有多个词形,诸如"慅慅——草草""夭夭——枖枖——㚥㚥""宿宿——蹜蹜——缩缩——肃肃""信信——申申——伸伸""珰珰——铛铛——当当"④等等。这样看来,想通过古人训诂材料中的单字释义⑤去分析其在不同阶段与叠字之间的语义关联,恐怕欠严密。再有,即便我们找到单字与叠字之间的理性意义的一致,但作为叠音词的叠字,其"拟音""状貌"的形象性是加强的,修辞意义和语法功能也会有别。还有少量的叠音词因为语源义、本义、引申义复杂的发展线索和不同时代的文献限制,今天我们确实难以找到单字与叠字的明显联系,这部分叠字,自可视为叠音词,除此而外大量的具有"拟音""状貌"作用的形容词由于叠字与单字之间概括意义和语义程度的不同,即便发展过程中理性意义有一定关联,我们也应当视作叠音词,诸如前人研究中所举到的

---

① 杨氏所谓的"叠根词"。
② 段玉裁注:"木部已称'桃之枖枖'矣,此作'㚥㚥',盖三家诗也。释为'女子笑貌',以明'㚥'之别一义。"
③ 联绵词是二音联绵后。张世禄《古代汉语教程》(第112—115页)把叠音词称为"叠音联绵词",认为"联绵词以其语音形式特点为标准,可分为双声、叠韵、双声叠韵、叠音、既非双声也非叠韵等几类"。还举"萧萧——萧瑟"认为"实在是同一个词";认为"只是由叠音变为双声的联绵词罢了"。所见高明,可以信从。
④ 谢宏娟《〈雍熙乐府〉叠音词研究》第45页。
⑤ 古人有的本来就存在"拆字为训"之讹,这点在联绵词的诂释中也很常见,前人多有论说,这里从略。

"潺潺""郁郁""关关""夭夭""灼灼"等等。但需要注意的是,语词发展过程中的属于短语性质的单字的语法修辞层面的重复,由于往往是孤例,使用频率不高,只能认为尚未发展成复音词。至于名词、动词性单字的叠字形式,大多可视为重叠词,少数单音词与复音词过渡阶段的叠字则只能视作短语。这样看来杨著中大多数的所谓叠根词,其根本性质实为叠音词,此前大量研究成果正是这样认识的,诸如:吕叔湘《中国文法要略》"翩翩、盈盈、巍巍、累累、喋喋、津津、孜孜、喃喃、诺诺、谔谔、熙熙、攘攘、洋洋、活活、濊濊、发发、揭揭、孽孽、关关、采采、赳赳、习习、悠悠、夭夭、蓁蓁、喈喈、忡忡、惄惄、弥弥、离离",张世禄《古代汉语教程》"赳赳、施施、丁丁、夭夭、匈匈、殷殷、拳拳、萧萧、关关、虫虫、灼灼、依依、呆呆、瀔瀔、喈喈、哩哩、坎坎、居居",朱声琦等《古代汉语实用教程》"关关、悠悠、洋洋、皎皎",邵敬敏《现代汉语通论》(上)(第三版)"靡靡、煌煌",黄伯荣、廖序东《现代汉语》(上)"潺潺、皑皑、瑟瑟",张斌《新编现代汉语》(第二版)"孜孜、脉脉、炭炭",金梦蝶《〈九歌〉复音词研究》"冉冉、容容、填填、菲菲、总总、披披、辚辚、青青、鳞鳞、蔓蔓、啾啾、飒飒、萧萧",刘磊《〈搜神记〉形容词考察》"忽忽、哄哄、的的、殷殷、泾泾、汹汹、哑哑",华琼《欧阳修诗词叠音词研究》"嗷嗷、班班、潺潺、㽔㽔、丁丁、呱呱、关关、聒聒、薨薨、嘈嘈、哕哕、唧唧、咬咬、嘹嘹、喈喈、啾啾、猎猎、隆隆、碌碌、锵锵、切切、飒飒、肃肃、珊珊、撒撒、潭潭、哇哇、浙浙、习习、萧萧、呀呀、轧轧、隐隐、嘤嘤、嗈嗈、磙磙"。

张斌《新编现代汉语》(第二版)第三章第二节《词的构造》:"叠音词是重叠音节构成的词,叠音词中的音节在现代汉语中都是不能单独表义的,比如孜、脉、炭、猩、惺、蛐、蜎,在现代汉语中都是不能单用的";"构成叠音词的每一个字在词典中一般都没有单独解释的,必须看它的叠音形式才能了解其意义"。

张其昀《〈诗经〉叠字》提出:"《诗经》叠字多异词同源、异字同词。"有一定的高度,所惜缺少立体性的纵横向比较研究。

这些研究大多是在一定的理论指导下,以叠字意义阐释为主,系统性较强,有参考价值。个别成果中的个案研究还有讨论的余地。

三、关于叠字的运用

叠字的运用研究包括使用情况、语法功能、修辞特点与表达效果等等。

梁刘勰《文心雕龙·物色》说道:"灼灼状桃花之鲜,依依尽杨柳之貌,杲杲为日出之容,漉漉拟雨雪之状,喈喈逐黄鸟之声,嘤嘤学草虫之韵。"这是关于叠字运用的发凡性质的论述。

对叠字的语法功能,学界一般认为叠字多为形容词。清代学者阮元在《揅经室集》①提到"凡叠字皆形容之字"。清郝懿行《晒书堂文集》卷七《古左传考》也提到:"形容之词,多作叠字。"或许这正是叠字多见于文学作品中的原因吧。

吕叔湘《中国文法要略》②认为:"第一类的例子是文言里很多的,当然白话里也沿用了一部分,并且还创造了好些。这一类词以模拟事物的容状声音为主,单字的本身或是无意义,或是另有意义,而用在此却纯是标音的作用。第二类的例子就不同了。单字原来有意义,重叠起来还是这个意义,所以要重叠,为的就是要增加一个音缀,所以多数是白话独有的用法,在文言里只用那些单字。"

陈望道《修辞学发凡》③说道:"叠字未必就是副词、形容词,却是用做副词、形容词的居多。"

郭锡良《先秦汉语构词法的发展》:"《诗经》中的叠音词,全是状态形容词……而且其他先秦典籍中的叠音词也多是拟声绘色的状态形容词。"④

张斌《新编现代汉语》(第二版)第三章第二节《词的构造》:"从句法功能看,叠音词有名词、副词、形容词、动词多种。从表达功能看,大致可分为三类。情状类;指称类;拟音类。"

这些论述高屋建瓴,要言不烦,有指引之功。

邓明以《叠字研究》(1983)、汪维懋《汉语重言词词典》(1999)等成果则是从叠字概念、结构形式、词类、意义、运用、修辞功用等多方面进行的系统性研究,材料丰富,研究的时代局限明显。

较多年轻学者从叠字在文学作品中的运用方面来写叠字的作用。孙冬妮《〈诗经〉叠字分析》指出叠字的鲜明特色是为作品传情达意起到很大作用。段祖青等《魏晋赋中叠字对汉赋的接受探微》提到:"魏晋赋中叠字的使用受汉赋影响颇大,其既有对汉赋新创叠字的接受,也有对汉赋叠字运用技巧的接受。"此类成果不属于汉语史研究的范畴,有一定的参考价值。

---

① 第46页。
② 第11—12页。
③ 第179页。
④ 见《汉语史论集》第141页。

毋清华《〈元刊杂剧三十种〉叠字现象研究》、时宏扬《〈文选〉叠字研究》、刘唤唤《〈叠雅〉叠字研究》、张宏伟《〈通雅〉重言词研究》等成果则属于专书专题研究类型,选题有意义,作为学术"链条"中的一节是值得肯定的,所惜穷尽性要求尚未达到,纵横向比较不够充分。

以上的研究对叠字的定义、结构及性质等进行了可贵的探索,有启发之功。有些成果中叠字的定义不清晰,导致词汇分类主观性相对较强;对于叠字类别的分类不明确导致界限模糊;叠字的专书研究还有待深入。专书叠字研究较之举例式的个案研究,具有立体性和系统性的优点以及汉语词汇史的视角。

基于以上的讨论,我们打算从汉语词汇史的角度观察《宋书》中的叠字,结合单音词的意义发展、复音词的形成、语词意义的发展、词汇与语法修辞关系等因素,跳出前人异名同实、同实异名的局限和淆乱,对《宋书》中的叠字性质和类别进行全面的描写与讨论。综合各家观点,有几点是基本一致的:一是"叠音词"是只有一个语素的单纯词,它与联绵词性质相近。二是分析"叠音词"中的单字语素意义与叠音词的意义关联大多是立足于现代汉语,少数成果讨论单字音义时存在以今释古、以常用义代替本义或语源义的现象。三是关于"叠音词"的词性,都认为大多数"叠音词"为形容词性质。四是"叠音词"是指将形、音、义均相同的同一个汉字重叠使用构成的双音词,不同于单音节词的重叠使用形成的短语,不能拆开来理解。我们认为汉语词义系统异常复杂,单音词一词多义现象很普遍,单音词意义存在时间上的"早期意义""后来意义"以及运用层面的常用义、冷僻义、假借义、讹变义等,"早期意义"又包括语源义、本义,"后来意义"又包括引申义、假借义、上古义、中古义、近代义、现代义等等。讨论中古专书中的叠字的结构与意义关联,应基于上古和中古汉语语义发展实际。有鉴于此,我们在叠字的分类上,主要参考吕叔湘《中国文法要略》、赵克勤《古代汉语词汇学》、张世禄《古代汉语教程》、黄伯荣等《现代汉语》(上)以及曹炜《普通语言学教程》的理论框架,把《宋书》中的124个"叠字"分成叠音词、重叠词、叠音短语三类词汇成分,"叠音词"又分为"叠音词与单字有显性意义关联""叠音词与单字无显性意义关联"(以下略称"有关联叠音词""无关联叠音词")两类。讨论时,涉及"叠字"的结构特点、意义形成与发展、一词多义、语法功能等几个方面。

第三节 《宋书》叠字历时考察

一、《宋书》叠字中的有关联叠音词考察举例

（一）用作副词

皦皦然

　　斯盖好名之士，欲以身为珪璋，皦皦然使尘玷之累，不能加也。（卷六十二·王微列传）

　　若此人者，岂肯洗耳颍滨，皦皦然显出俗之志乎！（卷九十三·隐逸列传）

《说文·白部》："玉石之白也。"清段玉裁注："《王风》'有如皦日'，传曰：'皦，白也。'"《玉篇·白部》："白也。与皎同。"

本义是：玉石洁白的样子。引申义：白。[①]

皦皦，与"皎皎"同义。

上列二例中的"皦皦然"比喻品德高洁。

淡淡然

　　粲作令来，亦不异为仆射。人情向粲，淡淡然亦复不改常。（卷八十五·王景文列传）

《说文·水部》："澹澹，水繇貌也。从水詹声。"清段玉裁注："俗借为淡泊字。繇，当作摇。"《说文·水部》："淡，薄味也。从水炎声。"段注："澹淡，亦作澹淡，水满貌。扬雄赋'柜邕泔淡'应劭曰'泔淡，满也。'按，泔淡训满，谓淡为赡之假借。"

本义是：水波摇动的样子；味道淡。引申义有：淡泊。

上例释作：淡漠的样子。

[①] 本义、引申义，一般并指构成叠字的单字的。后同。少数指的是叠字的。

中古偶用。

孜孜

　　泰博览篇籍，好为文章，爱奖后生，孜孜无倦。（卷六十·范泰列传）

　　（沈）道虔年老，菜食，恒无经日之资，而琴书为乐，孜孜不倦。（卷九十三·隐逸列传）

　　先帝穆于友于，留心亲戚，去昔事平之后，面受诏诲，礼则君臣，乐则兄弟，升级赐赏，动不移年，抚慰孜孜，恒如不足，岂容一旦阋墙，致此祸害，良有由也。（卷七十九·文五王列传）

《说文·攴部》："孜孜，汲汲也。从攴子声。《周书》曰'孜孜无怠'。"清段玉裁注："《广雅》'孜孜、汲汲，剧也。'按，汲汲，与伋伋同，急行也。"《尚书·益稷》："予何言？予思日孜孜。"唐孔颖达疏："孜孜者，勉功不怠之意。"

本义是：勤勉，不懈怠。引申义有：形容情谊殷切，念念不忘。

孜孜，与汲汲、伋伋古音相近，同源。

上列三例分别释作本义、引申义。

该词古今常用①。

桓桓(9)②

　　桓桓猛毅，如罴如虎。（卷二十一·乐志三）

　　临八方以作镇，响文武之桓桓。（卷四十四·谢晦列传）

　　彼为元统，士马桓桓。既不怀奋发，连被意旨，犹复逡巡。（卷六十一·武三王列传）

　　在我中晋，业融长沙。桓桓长沙，伊勋伊德。（卷九十三·隐逸列传）

《说文·木部》："桓，亭邮表也。"清段玉裁注："陈宋之俗言'桓'声如'和'，今犹谓之'和表'。师古曰'即华表也。'《孝文纪》'诽谤之木'……崔浩以为木贯柱四出名桓"；"《释训》曰：'桓桓，威也。'"《汉书·赵充国传》："赳赳桓桓"唐颜师古注："威也。"

本义是：表木。引申义有：威武。

---

① "常用"指上古汉语、中古汉语、近代汉语中有用例或《尔雅》《广雅》《通雅》等辞书收释。下同。

② 括号中的数字，是该叠字在《宋书》中出现的次数，出现次数超过四条的叠字词条，词条下只列四条书证。下同。

上列四例并释作:威武的样子。①

巍巍(11)

今陛下勋高百王,德无与二,茂绩宏规,巍巍之业,固非臣等所能究论。(卷十六·礼志三)

惟圣皇,德巍巍,光四海。(卷二十·乐志二)

巍巍吴圣主,叡德与玄通。(卷二十二·乐志四)

晋禄数终,上帝临宋……其为巍巍荡荡,赫赫明明,历观逖闻,莫或斯等。(卷九十四·恩幸列传)

《说文·嵬部》:"巍,高也。"清段玉裁注:"高者必大,故《论语》注曰:'巍巍,高大之称也。'"

本义是:高。引申义有:大。

上列四例分别释作:伟大;形容道德崇高;高大的样子。

该词中古习用。

秩秩

茂对盛时,绥万屡丰。厌厌归素,秩秩大同。(卷二十九·符瑞志下)

岩穴人情所高,吾得当此,则鸡鹜变作凤皇,何为干饰廉隅,秩秩见于面目,所惜者大耳。(卷六十二·王微列传)

《说文·禾部》:"秩,积皃。"清段玉裁注:"积之必有次叙,成文理,是曰秩。《诗歌·叚乐》传曰'秩秩,有常也。'《斯干》传曰:'秩秩,流行也。'《巧言》传曰:'秩秩,进知也。'《宾之初筵》传曰:'秩秩然肃敬也。'《释训》曰:'条条、秩秩,智也。'又曰:'秩秩,清也。'皆引伸之义也。"《诗经·大雅·假乐》"德音秩秩",东汉郑玄笺:"教令清明也。"《尔雅·释训》:"秩秩,智也。"东晋郭璞注:"智虑深长。"

本义是:堆积的样子。引申义有:有秩序;肃敬;常态;清明。

上列二例分别释作:有顺序的样子;清明的样子。

该词古今常用。

喁喁

今所忌惮,唯在于公,百姓喁喁,无复假息之望,所冀正在公一人而已。

---

① 该词上古、中古习用。

（卷五十七·蔡廓列传附兴宗）

《说文·口部》："喁，鱼口上见。"[①]清段玉裁注："刘逵注《吴都赋》曰'噞喁，鱼在水中群出动口皃。'喁，本状鱼，引伸他用。如……《淮南书》'群生莫不喁喁然仰其德'，《司马相如传》'延颈举踵喁喁然'皆是也。"

本义是：鱼口向上，露出水面。引申义有：众人景仰归向的样子；随声附和。

上例释作：急切企盼的样子。

中古用例有如：东汉李固《对策后复对》："既拔自困殆，龙兴即位，天下喁喁，属望风政。积敝之后，易致中兴，诚当沛然思惟善道，而论者犹云方今之事复同于前。"《三国志·吴书·吴主五子传》："方今大事未定，逋寇未讨，万国喁喁，系命陛下，危者望安，乱者仰治。"三国魏曹植《皇子生颂》："庆由一人，万国作喜。喁喁万国，炎炎群生，禀命我后，绥之则荣。"南朝梁武帝《移檄京邑》："海内沸腾，氓庶板荡，百姓懔懔，如崩厥角，苍生喁喁，投足无地。"

凄凄

洪波迅澓，载逝载停。凄凄商旅之客，怀苦情。（卷二十二·乐志四）

松柏理既迫，霍生命亦殒。凄凄凌霜叶，网网冲风菌。（卷六十七·谢灵运列传）

《说文·心部》："凄，痛也。"
本义是：痛。引申义有：悲伤；凄凉。
上列两例释作：悲伤凄冷的样子。
中古、近代习用。

（二）用作动词

眷眷/睠睠

自非深忠远概，孰能身灭之不恤，独眷眷国家安危哉？（卷七十二·文九王列传）

夫奇士必龙居深藏，与蛙虾为伍，放勋其犹难之，林宗辈不足识也。似

[①] 清任大椿《字林考逸·口部》（江苏书局校刊本）："众口上见。案：众口上见，《说文》作'鱼口上见'。'众'字当为'鱼'字之误。"久富按，任氏误。《字林》释引申义。

不肯睠睠奉笺记,雕琢献文章,居家近市廛,亲戚满城府,吾犹自知袁阳源辈当平此不?(卷六十二·王微列传)

《说文·目部》:"眷,顾也。"清段玉裁注:"《大东》'睠言顾之'毛曰'睠,反顾也。睠同眷'";"凡顾眷并言者,顾者,还视也。眷者,顾之深也。顾,止于侧而已。眷则至于反。故毛云'反顾',许浑言之,故云'顾'。引伸之训为眷属"。《诗经·小雅·小明》"睠睠怀顾",《韩诗》作"眷眷,勤厚之意也"。《楚辞·九叹·逢纷》"魂眷眷而独逝",宋洪兴祖补注:"眷眷,顾貌","眷,一作睠"。

本义是:回过头看。引申义有:怀念;依恋;关注。

眷、睠是异体字。眷眷、睠睠属于异形同词。

上列二例释作:关注;依恋。

源于上古,中古、近代习用。用例有如:汉刘向《九叹·忧苦》:"思念郢路兮,还顾睠睠。涕流交集兮,泣下涟涟。"晋陆云《答张士然诗》:"感念桑梓域,髣髴眼中人。靡靡日夜远。眷眷怀苦辛。"东晋陶渊明《杂诗十二首之二》:"眷眷往昔时,忆此断人肠。"梁沈约《齐司徒安陆昭王碑》:"自此迄今,其任无爽。爰自近侍,式赞权衡,而皇情眷眷,虑深求瘼,姑苏奥壤,任切关河。"唐白居易《以诗代书酬慕巢尚书见寄》:"每愧尚书情眷眷,自怜居士病绵绵。"唐陆贽《奉天论前所答奏未施行状》:"频烦黩冒,岂不惭惶?盖犬马感恩思効之心,睠睠而不能自止者也。"

恨恨

兵荒后,雠法更多,弃市之刑,本斩右趾,汉文一谬,承而弗革,所以前贤恨恨,议之而未辩。(卷五十六·孔琳之列传)

《说文·心部》:"恨,怨也。"又,"怨,恚也。"

本义是:恼恨。引申义有:愤怒;遗憾;仇恨。

上例释作:憾恨。

中古、近代习用。

中古用例有如:佚名《孔雀东南飞》:"生人作死别,恨恨那可论。"晋陆机《谢平原内史表》:"肝血之诚,终不一闻,所以临难慷慨而不能不恨恨者,唯此而已。"晋陆云《与杨彦明书》:"彦先来,相欣喜,便复分别,恨恨不可言,阶涂尚否,通路今塞,令人惘然。"唐魏承班《谒金门》:"恨恨君何太极,记得娇娆无力。独坐思量愁似织,断肠烟水隔。"

愤愤

（刘瑀）遂与偃绝。及为吏部尚书，意弥愤愤。（卷四十二·刘穆之列传）

又常叹宰相顿有数人，是何愤愤。规总威权，不顾国典。（卷四十四·谢晦列传）

（刘湛）以景仁位遇本不踰己，而一旦居前，意甚愤愤。（卷六十三·殷景仁列传）

（谢灵运）自谓才能宜参权要，既不见知，常怀愤愤。（卷六十七·谢灵运列传）

《说文·心部》："愤，懑也。"又"懑，烦也"。

本义是：憋闷。引申义有：闭塞不通；愤怒；怨恨；忧闷。

上列四例并释作：气愤不平。

中古用例有如：《说苑·指武》："如此，则由何愤愤而击，赐又何仙仙而使乎？"

翳翳

景翳翳其将入，抚孤松以盘桓。（卷九十三·隐逸列传）

《方言》："翳，掩也。"东晋郭璞注："谓掩覆也。"《说文·羽部》："翳，华盖也。"清段玉裁注引薛综曰："华盖星覆北斗"；羽盖，以翠羽覆车盖也。"引蔡邕曰："凡乘舆车皆用羽盖金华爪。"段玉裁按："翳，之言蔽也。引申为凡蔽之偁，在上在旁者皆曰翳。"《广雅·释诂》："翳荟，壅蔽，障也。"

本义是：华盖。引申义有：掩盖；隐藏。

上例释作：幽暗不明的样子。

中古习用。中古用例有如：西晋夏侯湛《秋可哀》："秋可哀兮，哀良夜之遥长。月翳翳以隐云，星胧胧而没光。"西晋张协《杂诗其四》："朝霞迎白日，丹气临旸①谷。翳翳结繁云，森森散雨足。"东晋陶渊明《癸卯岁十二月中作与从弟敬远》："凄凄岁暮风，翳翳经日②雪。倾耳无希声，在目皓已洁。"南朝宋颜延之《阳给事诔》："翳翳穷垒，嗷嗷群悲。"南朝齐张融《海赋》："苕苕蒂蒂，宫宦翳翳，晨乌宿于东隅，落河浪其西界。"唐李白《玉真公主别馆苦雨赠卫尉张卿二首》："翳翳

---

① 旸，一作旸。
② 日，《佩文韵府》引作"夕"。

昏垫①苦,沉沉忧恨催。"

(三) 用作形容词

呴呴

  王博闻而容众,与谏而爱士,与人言呴呴若有伤,闻人之善,誉而进之,见人之恶,掩而诲之。(卷七十二·文九王列传)

《说文·欠部》:"欨,吹也。一曰笑意。"《战国策》"呴籍叱咄",南宋鲍彪注:"呴,呵也。"东晋郭璞《江赋》"溢流雷呴而电激"注:"呴,嘷也。"

本义是:吹。引申义有:笑容;口部慢慢呼出气;温和;形容叫声、雷声等;言语和顺;形容鸟鱼等呼应亲近的样子。

《汉书·东方朔传》"愉愉呴呴",唐颜师古注:"呴呴,言语顺也。"

上例释作:温和怜爱的样子。

明方以智《通雅·重言》:"姁姁,即呕呕、呴呴、煦煦。"明胡广等《周易传义大全》:"来者抚之,固不煦煦然。"注:"一作呴呴。"明"呴呴"与"姁姁""呕呕""煦煦"义通。

语出西汉,中古、近代习用。用例有如:《汉书·东方朔传》:"故卑身贱体,说色微辞,愉愉呴呴②,终无益于主上之治。"东汉王逸《九思》:"云蒙蒙兮雷儵烁,孤雌惊兮鸣呴呴。"《南史·宋建平王景素传》:"〔景素〕与人言呴呴,常恐伤其情。"北宋文同《新晴事溪树阴洒然鉴景成韵》:"唧唧动新蜩,呴呴啼乳鸠。"明钟惺《夏商野史·第十一回》:"刘累口吹大角而声呴呴若龙吟,以迎二龙。"清钱谦益《书郑仰田事》:"至郑州,风霾大作,脱鞋袜系之两臂,赤脚走百里,上程氏东壁楼,日未下春,神色闲暇,鼻息呴呴然。"

涓涓

  木欣欣以向荣,泉涓涓而始流。(卷九十三·隐逸列传)

  洪流壅于涓涓,合拱挫于纤蘖,介焉是式,色斯而举,悟高鸟以风逝,鉴醴酒而投绂。(卷四十三·傅亮列传)

《说文·水部》:"涓,小流也。从水肙声。"清段玉裁注:"凡言涓涓者,皆谓细

---

① 昏垫:陷溺。指困于水灾。亦指水患、灾害。
② 颜师古注:"呴呴,言语顺也。"

小之流";"亦大水溢出别为小水之名也。"

本义是:细小的水流。引申义有:比喻细小。

上列两例分别释作:细水缓流的样子;细小的水流。

中古用例有如:《孔子家语·观周》:"涓涓不壅,终为江河。"《魏书·阳尼列传附固》:"伊五岳之堆堆兮,何四海之涓涓?"

遑遑

阖朝业业,人不自保,百姓遑遑,手足靡厝。(卷七·前废帝纪)

公威名素著,天下所服,今举朝遑遑,人人危怖,指麾之日,谁不景从,如其不断,旦暮祸及。(卷五十七·蔡廓列传附兴宗)

奚不委心任去留,胡为遑遑欲何之。(卷九十三·隐逸列传)

《说文·辵部》[①]:"遑,急也。"《说文·心部》:"惶,恐也。"

本义是:急迫。引申义有:匆忙。假借义有:恐惧。

上列前两例释作:恐惧不安的样子。后一例释作:匆忙不安的样子。

《文选》引上例,注称:"亦作'皇皇''惶惶'"。遑遑、皇皇、惶惶,属于音同假借的异形同词情形。

漠漠

纷纭战国,漠漠衰周。(卷九十三·隐逸列传)

《说文·水部》:"漠,北方流沙也。一曰清也。"清段玉裁注:"《毛诗》传曰:'莫莫,言清静。'"《尔雅·释言》:"漠,清也。"

本义是:北方流沙。引申义有:空旷;寂静无声;清静。

上例释作:凄凉的样子。

中古用例有如:南朝齐谢朓《游东田》:"远树暧阡阡,生烟纷漠漠。"南朝梁丘迟《芳树诗》:"芳叶已漠漠,嘉实复离离。"南朝梁沈约《拟青青河畔草》:"漠漠床上尘,心中忆故人。故人不可忆,中夜长叹息。"

欣欣

祇之至,举欣欣。舞象德,歌成文。(卷二十·乐志二)

(宗)越受旨行诛,躬临其事,莫不先加捶挞,或有鞭其面者,欣欣然若有

[①] 陈昌治刻本。简称陈刻本。余同。

所得,所杀凡数千人。(卷八十三·宗越列传)

木欣欣以向荣,泉涓涓而始流。(卷九十三·隐逸列传)

《说文·欠部》:"欣,笑喜也。从欠斤声。"清段玉裁注:"言部䜣下曰'喜也'。义略同。按,《万石君传》'僮仆䜣䜣如也'。晋灼云:'许慎曰古欣字。'晋所据《说文》似与今本不同。"

本义是:喜笑。引申义有:喜悦;爱戴;草木繁盛。

上列前两例释作:喜悦的样子。后一例释作:草木繁盛的样子。

该词古今常用。

琐琐

崦嵫将迫,前途几何,实远想尚子五岳之举,近谢居室琐琐之勤。(卷九十三·隐逸列传)

《说文·玉部》:"琐,玉声。"清段玉裁注:"谓玉之小声也。《周易》'旅琐琐',郑君、陆绩皆曰'琐琐,小也。'"《诗经·小雅·节南山》"琐琐姻娅",毛传:"琐琐,小貌。"《尔雅·释言》:"琐琐,小也。"东晋郭璞注:"才器细陋。"《广雅·释诂下》:"琐,连也。"

本义是:玉碰击的声音。引申义有:细碎;卑微;连环。

当与璅璅、锁锁通用。

上例释作:形容细碎繁杂。

古今常用。中古用例有如:《晋书·杨骏列传》:"乞丐承绪,凶家乱政。琐琐文长①,遂居栋梁。据非其位,乃底灭亡。"《魏书·崔浩列传》:"浩对曰:'天时形势,必克无疑。但恐诸将琐琐,前后顾虑,不能乘胜深入,使不全举耳。'"

恢恢

慧文曰:"既陷逆节,手害忠义,天网虽复恢恢,何面目以见天下之士。"(卷八十四·邓琬列传)

《说文·心部》:"恢,大也。从心,灰声。"

本义是:大。引申义有:宽广;扩大。

上例释作:广大的样子。

古今常用。中古用例有如:束皙《补亡诗六首之五》:"恢恢大圜,茫茫九壤。"

---

① 文长:杨骏的字。

《汉魏南北朝墓志汇编·北魏·魏故汝南太守寇府君铭文》:"恢恢雅亮,叡远神融,方嵩等谓,比景齐躬。"柳宗元《答韦中立论师道书》:"吾子行厚而辞深,凡所作皆恢恢然有古人形貌。"

赫赫(10)

> 惟天之命,符运有归。赫赫大晋,三后重晖。(卷二十·乐志二)
>
> 方复有尹京赫赫之授,恐悉心奉国之人,于此而息……(卷五十三·庾登之列传附炳之)
>
> 朔北响应,海表景附。武功赫赫,德云布。(卷二十二·乐志四)
>
> 夏、殷以前,功业尚矣,周、秦以来,赫赫堂堂,垂耀先代。(卷九十五·索虏列传)

《说文·赤部》:"大赤皃。从二赤。"清段玉裁注:"《邶风》'赫如渥赭'传曰:'赫,赤皃。'此赫之本义也。若《生民》传曰'赫,显也',《出车》传'赫赫,盛皃',《常武》两云'赫赫然,盛也',《节南山》传'赫赫,显盛也',《淇奥》传'赫,有明德赫赫然',以及《云汉》传'赫赫,旱气也',《桑柔》传'赫,炙也',皆引申之义也。"陈刻本《说文解字》作"火赤皃。"《诗经·邶风·简兮》"赫如渥赭",毛传:"赫,赤貌。"《广雅·释器》:"赤也。"

本义是:非常红的样子。引申义有:光明;明显;泛指红色。

上列第一例释作:高大显赫的样子。第二例释作:光彩荣耀。后二例释作:光明盛大的样子。

该词古今常用。

明明(7)

> 明明日月光,何所不光昭。(卷二十一·乐志三)
>
> 明明上天,烂然星陈。(卷二十七·符瑞志上)
>
> 其为巍巍荡荡,赫赫明明,历观逖闻,莫或斯等。(卷九十四·恩幸列传)
>
> 明明天子,临下有赫。(卷二十·乐志二)

《说文·明部》:"明,照也。"清段玉裁注:"小徐本作昭。"《诗经·小雅·信南山》"祀事孔明",东汉郑玄笺:"明,犹备也。"《诗经·大雅·大明》"明明在下",毛传:"明明,察也。"《礼记·乐记》:"作者之谓圣,述者之谓明。"唐孔颖达等疏:"明者,辨说是非也。"

本义是：明亮。引申义有：完备；辨明。

上列前两例释作：光明的样子。后两例释作：光明正大的样子。

上古、中古习用。中古用例有如：三国魏曹操《短歌行》："明明如月，何时可掇！"三国魏曹植《皇子生颂》："仁圣奕代，永载明明。"

烈烈

烈烈景皇，克明克聪。静封略，定勋功。（卷二十·乐志二）

势谢归涂单，于焉见幽囚。烈烈制邑守，舍命蹈前修。（卷九十五·索虏列传）

北风行萧萧，烈烈入吾耳。（卷二十一·乐志三）

《说文·火部》："烈，火猛也。"清段玉裁注："《商颂》曰'如火烈烈'。引申为光也，业也。又《方言》曰'余也'。烈训余者，盛则必尽，尽则必有所余也。"《诗经·小雅·宾之初筵》"烝衎烈祖"，东汉郑玄笺："烈，美也。"《尔雅·释诂》："烈，业也。"《玉篇·火部》："热也。"

本义是：火势猛。引申义有：威猛；光明；功业；风声；美好。

上列第一例释作：光明正大的样子。第二例释作：威武的样子。第三例释作：风声。

该词古今常用。中古用例有如：晋刘琨《扶风歌》："烈烈悲风起，泠泠涧水流。"《水经注·洹水》："峨峨南岳，烈烈离明。实敷俊义，君子以生。"《世说新语·术解》："北阜烈烈，巨海混混。垒垒三坟，唯母与昆。"

肃肃(8)

乃立清庙，清庙肃肃。（卷二十·乐志二）

骈骈翼翼，泛修风而浮庆烟，肃肃雍雍，引八神而诏九仙。（卷八十五·谢庄列传）

陛下长生老寿，四面肃肃稽首，天神拥护左右，陛下长与天相保守。（卷二十一·乐志三）

妃呼狶！秋风肃肃晨风飔，东方须臾高知之。（卷二十二·乐志四）

《说文·聿部》："肃，持事振敬①也。从聿在𣶒上。"《尚书·太甲》："社稷宗

---

① 振敬：恭敬。

庙,罔不祗肃。"西汉孔安国传:"肃,严也。言能严敬鬼神而远之。"《诗经·豳风·七月》"九月肃霜",毛传:"肃,缩也,霜降而收缩万物。"《尔雅·释言》:"肃、雍,声也。又缩也。"

本义是:恭敬。引申义有:严正;收缩;雍渠鸟的叫声。

《诗经·周南·兔罝》"肃肃兔罝"南宋朱熹注:"肃肃,整饬貌。"《诗经·小雅·黍苗》"肃肃谢功"东汉郑玄笺:"肃肃,严正之貌。"《诗经·召南·小星》"肃肃宵征"毛传:"肃肃,疾貌。"《诗经·唐风·鸨羽》"肃肃鸨羽"毛传:"肃肃,鸨羽声。"《尔雅·释训》:"肃肃,敬也。"

上列前三例释作:庄严的样子。后一例释作:形容风吹的声音。

该词古今常用。

雍雍(雝雝)(9)

宾僚赞列,肃肃雍雍。(卷二十·乐志二)

其乐也,徘徘徊徊,雍雍喈喈。(卷二十八·符瑞志中)

(神鸟)虽赤色而备五采,鸡身,鸣中五音,肃肃雍雍。喜则鸣舞,乐处幽隐。风俗从则至。(卷二十八·符瑞志中)

(王)昙首有识局智度,喜愠不见于色,闺门之内,雍雍如也。(卷六十三·王昙首列传)

《说文·隹部》:"雝,雝渠也。从隹邕声。"清段玉裁注:"经典多用为雝和、辟雝。隶作雍。"西汉扬雄《甘泉赋》"雍神休"注引晋灼曰:"雍,佑也。"唐颜师古曰:"雍,聚也。"

本义是:雍渠鸟。引申义有:和谐;佑护;聚集。

上列四例并释作:和谐的样子。

中古、近代习用。

绵绵(緜緜)(6)

泛舟黄河,随波潺湲。通渠回越,行路绵绵。(卷二十一·乐志三)

芃芃荆棘,葛生绵绵。(卷二十一·乐志三)

司马琅邪,保守扬、越。绵绵连连,绵历年纪。(卷九十五·索虏列传)

曰:"将军气息绵绵,而外论互有同异。今军师屡败,妖寇未殄,若一旦不虞,则危祸立至。"(卷四十五·刘粹列传附道济)

《说文·糸部》:"绵,联微也。"段注:"联者,连也。微者,眇也。其相连者甚微眇是曰绵。引申为凡联属之称。《大雅》'绵绵瓜瓞'传曰'绵绵,不绝皃。又引申为丝絮之称。'"

本义是:连接细丝。引申义有:细小;微弱;延续不断;丝絮。

上列前三例释作:连绵不绝。后一例释作:气息微弱。

绵、緜异体字。绵绵、緜緜异形同词。

中古、近代习用。

连连

神灵倏忽,弃我遐迁。靡瞻靡恃,泣涕连连。(卷二十一·乐志三)

司马琅邪,保守扬、越,绵绵连连,绵历年纪。(卷九十五·索虏列传)

《说文·辵部》:"连,负车也。"清段玉裁注:"连,即古文辇也";"负车者,人挽车而行,车在后如负也";"人与车相属不绝,故引申为连属字。耳部曰'联,连也'";"连、辇为古今字,假连为联";"云'连,负车也'者,古义也"。《易·蹇卦》"往蹇来连"三国魏王弼注:"连,亦难也。又迟久之意。"《重修玉篇·辵部》:"合也,及也。"

本义是:挽车前进。引申义有:连接;连续;结合;流连。

《诗经·大雅·皇矣》"执讯连连"南宋朱熹传:"属续狀。"

上列第一例释作:泪流不停的样子。第二例释作:连绵不断。

中古用例有如:三国魏陈琳《饮马长城窟行》:"长城何连连,连连三千里。"

嗷嗷

霜夜流唱,晓月升魄。八神警引,五辂迁迹。嗷嗷储嗣,哀哀列辟。(卷四十一·后妃列传)

《说文·口部》:"嗷,口也。一曰'嗷,呼也。'"清段玉裁注:"此别一义。呼,当作'謼',字之误也。謼,号也。《曲礼》'毋嗷应'郑曰'嗷,号呼之声也。'"《礼记·曲礼》"毋嗷应"东汉郑玄笺:"嗷,号呼之声也。"唐孔颖达疏:"嗷,谓声响高急,如叫之号呼也。"《公羊传·昭公二十五年》:"昭公于是嗷然而哭"汉何休:"嗷然,哭声貌。"

本义是:嘴。引申义有:呼号;鸣叫;啼哭声。

上例释作:啼哭的声音。

中古习用。中古用例有如：三国魏曹植《杂诗之三》："飞鸟绕树翔，嗷嗷鸣索群。"魏阮籍《咏怀诗之十五》："千秋万岁后，荣名安所之。乃悟羡门子，嗷嗷令自嗤。"晋潘岳《杨仲武诔》："哀哀慈母，痛心疾首。嗷嗷同生①，凄凄诸舅。"沈约《石塘濑听猿诗》："嗷嗷夜猿鸣，溶溶晨雾合。"唐陈子昂《晚次乐乡县》："如何此时恨，嗷嗷夜猿鸣。"

澄澄

　　风萧瑟以陵幌，霜澄澄而被墉。怜鸣蜩之应节，惜落景之怀东。（卷四十三·傅亮列传）

《说文·水部》："皑，霜雪之白也。"清段玉裁注："辞赋家多用'皑皑'字。"《广雅·释训》："灌澄，霜雪也。"《楚辞·九思》："霜雪兮灌澄。"《韵会》："澄，或作皑、溰。"

本义是：霜雪的白色。引申义有：洁白。

澄，同"皑"。澄澄、皑皑系异形同词。

上例释作：霜雪白色的样子。

该词古今皆用。中古偶用，用例又如：晋傅咸《神泉赋》："逮至旻秋既逝，司寒骋节……太阴凝结，彼澄澄而含冻，此灼灼而含热，绿竹猗猗，荇藻青青，是托斯茂，是殖斯荣。"

习习

　　习习飞蚋，飘飘纤蝇。缘幌求隙，望爝思陵。（卷四十三·傅亮列传）

《说文·习部》："习，数飞也。"清段玉裁注："引申之义为习孰。"《易经·坎卦》"习坎"唐陆德明《经典释文》："习，重也。"《尚书·大禹谟》"士不习吉"西汉孔安国传："习，因也。"

本义是：鸟多次练习飞行。引申义有：练习；重复；熟习；习惯。

《诗经·邶风·谷风》"习习谷风"毛传："习习，和舒貌。"

上例释作：飞行的样子。

该词中古习用。用例有如：东汉张衡《东京赋》："肃肃习习，隐隐辚辚。"西晋左思《魏都赋》："习习冠盖，莘莘蒸徒。"晋陆机《燕歌行》："四时代序逝②不追，寒

---

① 唐刘良注："嗷嗷，哭声。"
② 一作远。

风习习落叶飞。蟋蟀在堂露盈墀,念君远①游恒苦悲。"西晋左思《咏史八首之八》:"习习②笼中鸟,举翮触四隅。落落穷巷士,抱影守空庐。"南朝宋谢灵运《缓歌行》:"习习和风起,采采彤云浮。"北魏阳固《刺谗诗》:"巧佞巧佞,谗言兴兮,营营习习,似青蝇兮,以白为黑,在汝口兮,汝非蝮虺,毒何厚兮。"

岌岌

逮营阳失德,自绝宗庙,朝野岌岌,忧及祸难,忠谋协契,徇国忘己……(卷四十四·谢晦列传)

《说文·山部》③:"岌,山高貌。"《尔雅·释山》:"小山岌大山,峘。"东晋郭璞注:"岌,谓高过。"北宋邢昺疏:"言小山与大山相并,而小山高过于大山者名峘。非谓小山名岌,大山名峘也。"

本义是:山高大的样子。引申义有:高于;高耸。

西汉韦孟《讽谏诗》:"弥弥其逸,岌岌其国。"唐李善注:"应劭曰……岌岌,欲毁之意。"西晋潘岳《笙赋》:"泛淫汜艳,霅晔岌岌。"唐李善注:"岌岌,急疾貌。"

上例释作:危险的样子。

中古、近代习用。中古用例有如:三国魏嵇康《琴赋》:"粲奕奕而高逝,驰岌岌以相属。"南朝梁刘勰《文心雕龙·夸饰》:"光采炜炜而欲然,声貌岌岌其将动矣。"唐孙颀《春傩赋》:"时令既毕,嘉觊是寻。黄龙白凤,大辂南金。聚高冠之岌岌,会长剑之森森。"

辚辚

浮舳舻之弈弈,陈车骑之辚辚。(卷四十四·谢晦列传)

《说文·车部》④:"辚,车声。"《淮南子·说林训》"亡马不发户辚"东汉许慎注:"楚人谓户限曰辚。"

本义是:象声词。车行走的声音;门槛。引申义有:车轮。

上例释作:车行走的声音。

该词中古、近代习用。中古用例有如:东汉张衡《东京赋》:"清道案列,天行

---

① 远,一作客。
② 唐李善注:"习习,屡飞。"
③ 陈刻本。
④ 陈刻本。

星陈。肃肃习习,隐隐辚辚。殿未出乎城阙,斾已反乎郊畛。"唐王起《蒲轮赋》:"蒲也采陂泽之丛,有车之用。轮也斫阴阳之木,如日之圜。轋轋兮出中朝之礼盛,辚辚兮入外野而光宣。"

芃芃

芃芃荆棘,葛生绵绵。感彼风人,惆怅自怜。(卷二十一·乐志三)

而君擢士先疹废,芃芃棫朴,似不如此。(卷六十二·王微列传)

《说文·艸部》:"芃,草盛皃。从艸凡声。诗曰'芃芃黍苗。'"清段玉裁注:"《曹风》传曰'美皃'。《小雅》传曰'长大貌'。"《诗经·小雅·何草不黄》"有芃者狐"毛传:"芃,小兽貌。"宋朱熹集传:"芃,尾长貌。"

本义是:草长得茂盛的样子。引申义有:兽小的样子;尾巴长的样子。

《诗经·鄘风·载驰》"芃芃其麦"毛传:"麦芃芃然方盛长。"

上列二例并释作:草木茂盛的样子。

该词出《诗经》,属于古语词。一直沿用至近代汉语。

忽忽

其举可陋,其事不经,非独搢绅者不道,仆妾皆将笑之。忽忽不乐,自知寿不得长,且使千载知弟不诈谖耳。(卷六十二·王微列传)

弟怀随和之宝,未及光诸文章,欲收作一集,不知忽忽当办此不?(卷六十二·王微列传)

《说文·心部》:"忽,忘也。"《诗经·大雅·皇矣》"是绝是忽"毛传:"忽,灭也。"《尔雅·释诂》:"尽也。"东晋郭璞注:"忽然,尽貌。"

本义是:忘记。引申义有:迅速;疏忽;匆忙。

宋玉《高唐赋》"悠悠忽忽"唐李善注:"忽忽,迷貌。"

上列第一例释作:恍惚的样子。后例释作:匆匆忙忙。

中古、近代习用。

彰彰

臣所闻既非一旦,又往往眼见,事如丘山,彰彰若此,遂纵而不纠,不知复何以为治。(卷五十三·庾登之列传附炳之)

《说文·彡部》:"彰,岙彰也。"清段玉裁注:"今人作'文章',非古也。《尚书》

某氏传、《吕览》注、《淮南》注、《广雅》皆曰'彰,明也。'"

本义是:明显。引申义有:表明;显扬。

上例释作:明明白白的样子。

中古、近代习用。中古用例有如:《吴越春秋·越王无余外传》"其德彰彰若斯,岂可忘乎?"南朝梁陶弘景《吴太极左仙公葛公碑》:"昔在中叶,甘左见骇于魏王,象奉擅奇于吴主,至如葛仙公之才英俊迈,盖见尤彰彰者矣。"唐王起《庭燎赋》:"腾辉于鸳鹭之行,若离若合;委照于熊罴之旅,或友或群。昭昭彰彰,紫气红光。声明煜炜,百物荧煌。睹炎上之有赫,知临下之无荒。"

峨峨

> 元正大飨,坛彼西南。旗幕峨峨,檐宇弘深。(卷十四·礼志一)
> 皇皇群贤,峨峨英俊。(卷二十·乐志二)
> 峨峨仲连,齐之高士。北辞千金,东蹈沧海。(卷二十一·乐志三)
> 峨峨佐命,济济群英。(卷二十二·乐志四)

《说文·山部》:"峨,嵯峨也。"

本义是:山高峻的样子。引申义有:高;高明;美好的样子。

《诗经·大雅·棫朴》"奉璋峨峨"东汉郑玄笺:"奉璋之仪峨峨然。"《广雅·释训》:"峨峨,高也。"

上列第一例释作:高高的样子。后三例释作:形容德能超群。语出上古,例如:宋玉《神女赋》:"其状峨峨,何可极言。"中古习用,例如:《周书·虞国公仲列传附洛》:"蔡文公之纯孝,而饰之以俭约;峨峨焉,足以轥轹于前载矣。"《水经注·河水》:"恂恂南秦,敛敛推亡。峨峨广德,奕奕焜煌。"

回回

> 我集无高,曳水何梁。汤汤回回,临水远望。(卷二十二·乐志四)

《说文·口部》:"回,转也。"清段玉裁注:"渊,回水也","毛诗传曰:'回,邪也。'";"又曰'回,违也。'亦谓假借也"。《汉书·赵充国传》"回远千里",唐颜师古注:"回,谓路迂曲也。"《汉书·王温舒传》"即有避回"唐颜师古注:"谓不尽意捕击也。"

本义是:旋涡。引申义有:邪僻;违逆;迂回;回避;水流回旋;盘曲;昏乱。

上例释作:水流回旋的样子。

中古习用。用例有如：三国魏刘桢《杂诗》："职事相填委，文墨纷消散。驰翰未暇食，日昃不知晏。沉迷簿领间，回回自昏乱。"《后汉书·张衡列传》："纷翼翼以徐戾兮，焱回回其扬灵。"三国魏曹植《文帝诔》："灵芝冒沼，朱华荫渚。回回凯风，祁祁甘雨，稼穑丰登，我稷我黍。"西晋傅玄《杂诗》："习习谷风①兴，回回景云飞。青天敷翠采，朝日含丹辉。"南朝梁刘峻《与举法师书》："意眷眷于菁华，肠回回于九逝。"

仪仪

　　傍能行仪仪，莫能缕自知。众口铄黄金，使君生别离。（卷二十一·乐志三）

《尔雅·释诂》："匹也。"西汉扬雄《方言》："来也。陈颍之间曰仪。"《说文·人部》："度也。"清段玉裁注："度，法制也。毛传曰'仪，善也。'又曰'仪，宜也。'又曰'仪，匹也。'其义相引伸"；"按，如《文王传》曰'义，善也。'此与《释诂》及《我将》传'仪，善也'正同。谓此义为仪之假借字也。"东汉刘熙《释名·释言语》："宜也。得事宜也。"《汉书·外戚传》："皆心仪霍将军女"《别雅》引服虔曰："心仪即心拟也。"

本义是：法度。引申义有：仪态；匹配；合适；效法；来。假借义有：良好。

《广雅·释训》："仪仪，容也。"汪荣宝《法言义疏》："麟之仪仪，凤之师师"引司马光《集注》云："仪仪、师师，皆和整尚德之貌，以喻德服四夷。"

上例释作：仪容美好的样子。

西汉始用，中古偶用，近代习用。

曼曼

　　易千里之曼曼，泝江流之汤汤。（卷六十七·谢灵运列传）

《说文·又部》："曼，引也。"清段玉裁注："《鲁颂》毛传曰：'曼，长也。'"《重修玉篇·又部》："长也。"《诗经·鲁颂·閟宫》"孔曼且硕"毛传："曼，长也。"东汉郑玄笺："修也；广也。"《楚辞·天问》"平胁曼肤"东汉王逸注："曼，轻细也。"《汉书·司马迁传》"曼辞以自解"唐颜师古注："如淳曰：'曼，美也。'"扬雄《法言》："周之人多行，秦之人多病。行有之也，病曼之也。"汪荣宝《法言义疏》称《音义》：

---

① 《北堂书钞·卷第一百四十九》作"雨"。

"曼之……无也。"

本义是:拉。引申义有:长;宽;轻细;美好;无。

《楚辞·离骚》:"路曼曼其修远兮"东汉王逸注:"曼,或作漫。"南宋洪兴祖《补注》曰:"《释文》曼作漫。五臣云:漫漫,远貌。"《文选详注》①"漫与曼古字通""袁本、茶陵本'曼曼'作'漫漫'"《楚辞·哀郢》"曼余目以流观兮",南宋洪兴祖《补注》曰:"曼,犹'曼曼',远貌。"《楚辞·九叹·忧苦》:"山修远其辽辽兮,涂漫漫其无时。"南宋洪兴祖《补注》曰:"一作曼曼。"《楚辞·九章·悲回风》"终长夜之曼曼兮"南宋洪兴祖《补注》曰:"曼曼,长貌。"

《广雅·释训》:"绵绵、曼曼、延延、迟迟,长也";"坦坦、漫漫、荡荡,平也"。《通雅·释诂》:"㵘㵘、缦缦、漫漫、曼曼……《楚辞》'长夜之曼曼'亦漫漫也。"

漫漫、曼曼异形同词。上例释作:路途遥远的样子。

语本《楚辞》,中古偶用,近代习用。例如:唐韩愈《秋怀诗》:"彼时何卒卒,我志何曼曼。犀首空好饮,廉颇尚能饭?"宋晁公遡《暑赋》:"齐鲁之交,平原广野,黍稷盈畴,百里一舍。修途曼曼,日赫如赭。车殆人罢,汗浃牛马。举首而望,不见尺瓦。"宋方岳《答叶秘书札》:"仁贤襟度,固自超出流俗曼曼,而某为何如人也!"明祝允明《思儿子歌》:"路曼曼兮望吾儿,吾儿吾儿兮慰吾思。"

小小(7)

后亡后,常有小小灵应。(卷四十一·后妃列传)

主上绍临,四海清谧,即位正是举止违衷,小小得失耳,亦谓春秋尚富,进德可期。(卷五十七·蔡廓列传附兴宗)

吾书虽小小有意,笔势不快,余竟不成就,每愧此名。(卷六十九·范晔列传)

索惠子罪不甚江悆,既已被恩,得免宪辟,小小忤意,辄加刑斩。(卷八十三·吴喜列传)

《说文·小部》:"小,物之微也。"《诗经·邶风·柏舟》:"愠于群小。"东汉郑玄笺:"小,众小人在君侧者。"《重修玉篇·小部》:"物之微也。细也。"

本义是:很小,最小。引申义有:稍微,略微;东西小;一点点;细小。

上列四例释作:一点点的。

---

① 宋代淳熙年间尤袤所刻之李善注本,以清代胡克家之《文选考异》加注释。

中古、近代习用。

冥冥(5)

表独立,山之上,云何容容而在下。杳冥冥,羌昼晦,东风飘飘神灵雨。(卷二十一·乐志三)

水深激激,蒲苇冥冥。(卷二十二·乐志四)

崇岩冠灵,林冥冥。山禽夜响,晨猿相和鸣。(卷二十二·乐志四)

忆往年散发,极目流涕,吾不舍日夜,又恒虑吾羸病,岂图奄忽,先归冥冥。(卷六十二·王微列传)

《尔雅·释言》:"冥,幼也。"东晋郭璞注:"幼稚者冥昧。"《说文·冥部》:"窈也。"清段玉裁注:"穴部曰:'窈,深远也。'窈与杳音义同。故杳之训曰冥也";"引申为凡暗昧之称。"《汉书·五行志》"其庙独冥"唐颜师古注:"暗也。"《重修玉篇·冥部》:"窈也,夜也,草深也。"

本义是:幽深。引申义有:幽暗;深奥;愚昧。

《诗经·小雅·无将大车》:"无将大车,维尘冥冥。无思百忧,不出于颎。"南宋朱熹注:"冥冥,昏晦也。"

上列前三例释作:幽深的样子。后例释作:指阴间。

古今沿用。中古用例有如:江淹《潘黄门述哀》:"梦寐复冥冥,何由觌尔形。"《南齐书·卷十一·乐志》:"有渀兴,肤寸积。雨冥冥,又终夕。"

邑邑

废帝既诛群公,弥纵狂悖,常语左右曰:"我即大位来,遂未尝戒严,使人邑邑。"(卷七十二·文九王列传)

《说文·邑部》:"邑,国也。"东汉刘熙《释名·释州国》:"邑,人聚会之称也。"《史记·五帝纪》:"一年而所居成聚,二年成邑。"《周礼·地官·小司徒》:"四井为邑,四邑为丘。"《汉书·成帝赞》:"言之可为于邑。"唐颜师古注:"于邑,短气貌。"

又,《说文·心部》:"悒,不安也。"清段玉裁注:"《大戴礼》曰'君子终身守此悒悒',卢注'忧念也'。《苍颉篇》曰:'悒悒不畅之皃。'其字古通作邑,俗作唈。《尔雅》云:'僾,唈也。'谓忧而不得息也。"明方以智《通雅·释诂·重言》:"邑邑、刺刺、抑抑,戚戚也。"

本义是:城邑。引申义有:表示地域大小的单位。假借义:忧愁。

上例释作：忧愁不乐的样子。

两者意义有明显关联。中古习用。例如：三国魏应璩《与满公琰书》："不获待坐，良增邑邑。"东晋王羲之《杂帖（四）》："七月六日羲之白：多日不知问，邑邑。得二日书，知足下昨问，耿耿。今已佳也。"

又，邑、悒，古今字。邑邑、悒悒当为异形同词。例如：东汉《太平经·卷之六十七》："君王旦夕念之，悒悒自愁苦，使天地失其正，灾变怪不绝，为帝王留负，吾尚未能悉言。"东晋葛洪《抱朴子·任命》："夫汲汲于见知，悒悒于否滞者，裳民之情也。"宋秦观《叹二鹤赋》："广陵郡宅之圃有二鹤焉，昂然如人。处乎幽间，翅翮摧伤，弗能飞翻，虽雌雄之相从，常悒悒其鲜欢。时引吭而哀唳，若对客而永叹。"明朱橚《普济方·针灸·大敦二穴》："腹脐中痛，悒悒不乐。"

激激

水深激激，蒲苇冥冥。（卷二十二·乐志四）

《说文·水部》："激，水碍袤疾波也。""一曰半遮也。"清段玉裁注："水流不碍则不袤行，不袤行则不疾急。"《汉书·沟洫志》："河从河内北至黎阳为石堤，激使东抵东郡平刚。"唐颜师古注："激者，聚石于堤旁冲要之处，所以激去其水也。"

本义是：水受阻遏而涌流或飞溅。引申义有：遮挡；急剧、强烈；冲动。

上例释作：象声词。水流冲击的声音。

中古以后习用。例如：唐韩愈《山石》："当流赤足踏涧石，水声激激风吹衣。"宋石延年《送人游杭》："激激霜风吹黑貂，男儿醉别气飘飘。"宋陆游《题北窗》："流泉激激人声远，修竹萧萧暑令寒。"明钱仲益《题秋日林亭画》："雨洗烟岚夕气凉，冷风激激树苍苍。"也象笑声。《聊斋俚曲集·第一回·孝子出妻》："这媳妇泪双双，那婆婆还激激笑。"

巍巍/巍巍乎

赫赫大晋，于穆文皇。荡荡巍巍，道迈陶唐。（卷二十二·乐志四）

晋禄数终，上帝临宋……其为巍巍荡荡，赫赫明明，历观邈闻，莫或斯等。（卷九十四·恩幸列传）

业底于告成，道臻乎报谒，巍巍乎，荡荡乎，民无得而称焉。（卷八十五·谢庄列传）

《说文·嵬部》："巍，高也。从嵬委声。"《庄子·天下》"魏然而已"西晋郭象

注:"独立貌。"

本义是:高。引申义有:高大。

上例"巍巍""巍巍乎"并释:道德、功业等高大壮观的样子。

单字"巍"与叠音词"巍巍""巍巍乎"语素义一致。叠音词的语义程度更深。

"巍巍乎"属于典出《论语》的雅言词,见《论语·泰伯》:"巍巍乎！舜、禹之有天下也,而不与焉。"《论语》中属于叠音词加句末表示感叹的语气词"乎","乎"相当于"啊"。到了中古"乎"与"巍巍"之间的结构关系更加紧密了,已经构成了三音节词,"乎"也发展成词尾了,相当于"然"。这是中古汉语词复音化的大趋势。

该词中古习用,例如:东汉蔡邕《陈太丘庙碑》:"神化著于民物,形表图于丹青。巍巍焉其不可尚也,洋洋乎其不可测也。"《魏书·李彪列传》:"垂至德以畅幽显,则祯瑞效质矣！生生得所,事事惟新,巍巍乎犹造物之曲成也。"唐达奚珣《华山赋并序》:"巍巍乎掩夏云之奇峯,苍苍然合秋天之正色。"唐李濯《广达楼赋》:"巍巍乎应天地之变通,荡荡乎作皇王之轨度。"

戚戚

> 歌以言志,戚戚欲何念?(卷二十一·乐志三)
> 万国纷骚扰,戚戚天下惧不宁。(卷二十二·乐志四)
> 心常叹怨,戚戚多悲。(卷二十二·乐志四)
> 昔为乌衣游,戚戚皆亲侄①。(卷五十八·谢弘微列传)

《诗经·大雅·公刘》"干戈戚扬"毛传:"戚,斧也。"《说文·戊部》:"戚,戊也。"清段玉裁注:"戚之引申之义为促迫,而古书用戚者,俗多改为蹙。试思亲戚,亦取切近为言,非有异义也。《大雅》'戚戚兄弟'传曰:'戚戚,内相亲也',《小雅》'戚戚靡所逞'笺云'戚戚,缩小之貌'。其义本相通";"戚训促迫,故又引伸训忧……度古只有戚,后乃别制慽字。"《释名·释兵》:"戚,蹙也。斧以斩断,见者蹙惧也。"《礼记·檀弓》"愠斯戚"东汉郑玄注:"戚,愤恚。"

本义是:斧头。引申义有:迫近;亲近;亲戚;忧愁;愤怒。

《诗经·大雅·行苇》"戚戚兄弟",毛传:"戚戚,内相亲也。"唐孔颖达正义曰:"戚戚,犹亲亲然。"《论语·述而》"小人长戚戚",东汉郑玄注:"长戚戚,多忧惧。"

上列前三例释作:忧愁的样子。后例释作:亲近的样子。

---

① 侄,《南史》作"姓"。

《释名》多挖掘语源义。单字与叠字之间意义有联系。

又有怏怏、滔滔、苾苾、萋萋、弥弥、泓泓、飘飘、哀哀等,从略。

二、《宋书》叠字中的无关联叠音词考察举例

(一) 用作名词

佛佛(19)

　　义真既还,为佛佛虏所追,大败,仅以身免。(卷二·武帝纪中)

　　及置东秦州,父老知无复经略陇右、固关中之意,咸共叹息。而佛佛虏寇逼交至。(卷六十一·武三王列传)

　　元嘉二年,佛佛死,昌立,至是为焘所兼。(卷九十五·索虏列传)

　　(沈)田子与(傅)弘之谋,矫高祖令诛之,并力破佛佛,安关中,然后南还谢罪。(卷一百·自序)

《说文·人部》:"佛,仿佛也。"段注:"按,髟部有髴,解云'若似也'。即佛之或字。"

本义是:好像。假借义有:同"拂",违反;梵语"佛陀",是对佛教创始人释迦牟尼的简称,亦是佛教徒对修行圆满的人的称呼。

上列各例并释作:南北朝时,夏主赫连勃勃,南朝称其为佛佛。

实际上,"佛佛"系"勃勃"的音译。这类叠音词,叠音词与单字无显性意义关联,组成叠音词的单字仍然只有同一个语素,从词汇性质来看属于与联绵词性质相同的单纯词。单字的本身无单用的语素义,只记录音节;单字的本身有单用的语素义,但其语素义与叠音词语素义无明显关联或不完全关联[①],单字用在此叠音词中只起标音的作用。这类叠音词大多为拟音、模态性质的形容词,也有不明语源的少数名词。下举各词同。

骨骨

　　虏以橦攻城,(竺)夔募人力,于城上系大磨石堆之,又出于子埝中,用大麻緪张骨骨,攻车近城,从地道中多人力挽令折。(卷九十五·索虏列传)

[①] 指有些义项有关联,有些义项无关联。

《说文·骨部》:"骨,肉之核也。"清段玉裁注:"在肉中为骨。"

本义是:肉的内核,即骨头。引申义有:像骨的东西。

古代文献中,"骨骨"多释作:骨头;拟声词:自言自语的声音、水声、车声等。例如:清集云堂《宗鉴法林·杭州径山国一道钦禅师》:"自惑惑人非草草,不失时节通一好。蹋着草索骨骨惊,只为当初被蛇咬。"清《根本说一切有部毗奈耶杂事》:"屋上雨下作索索声,瓶中饮水作骨骨声。"清鹭林斗山学者《跨天虹》:"小姐跳入中堂,众人躲避不及,骨骨碌碌滚做一堆。"《东周列国志·第六十三回·老祁奚力救羊舌,小范鞅智劫魏舒》:"只听得车声骨骨碌碌,火炬烛天而至。"《醒世姻缘传·第十四回·囹圄中起盖福堂,死囚牢大开寿宴》:"众人无言而退,都背地骨骨农农的道。"

上例系孤证,细揣文意,似可释作:守城的器械。显然,单字与叠字之间意义无显性联系。

比比

> 此非唯伤事业,亦自损性命,世中比比,皆汝所谙。近长沙兄弟,皆缘此致故。(卷六十一·武三王列传)

《说文·比部》:"比,密也。二人为从,反从为比。"清段玉裁注:"其本义谓相亲密也。余义'俌也''及也''次也''校也''例也''类也''频也''择善而从也''阿党也'皆其所引伸。"《礼记·王制》:"必察小大之比以成之"。东汉郑玄注:"已行故事曰比。"《易·比卦·象辞》:"比,辅也,下顺从也。"《诗经·小雅·六月》"比物四骊"朱熹集传:"比物,齐其力也。"

本义是:二人并列。引申义有:匹配;赶上;其次;比较;类别;经常;顺从;勾结;亲近;例子;并排。

上例释作:许许多多的事。单字与叠字之间意义似无明显联系。

中古还可以释作:到处;常常。用例分别有如:《汉书·哀帝纪》:"间者日月亡光,五星失行,郡国比比地动。"《新唐书·李栖筠列传》:"帝比比欲召相,惮(元)载辄止,然有进用,皆密访焉,多所补助。"

(二)用作副词

隐隐

> 青龙二年十一月,京都地震,从东来,隐隐有声,屋瓦摇。(卷三十四·

五行志五）

　　十道并进,连营五千,步骑百万,隐隐桓桓。以此屠城,何城不溃,以此奋击,何坚不摧!（卷九十五·索虏列传）

《左传·襄公二十三年》"踰隐而待之",西晋杜预注:"隐,短墙也。"《尔雅·释诂》:"隐,微也。"东晋郭璞注:"微,谓逃藏也。"《尔雅·释言》:"隐,占也。"东晋郭璞注:"隐度。"北宋邢昺疏:"占者,视兆以知吉凶,必先隐度。"《说文·𨸏部》:"隐,蔽也。"清段玉裁注:"艹部曰'蔽茀,小儿也。'小则不可见,故隐之训蔽。"《诗经·邶风·柏舟》"如有隐忧",毛传:"痛也。"《重修玉篇·𨸏部》:"匿也。"《论语·述而》"吾无隐乎尔",宋邢昺疏:"孔子教人无所隐惜也。"《礼记·檀弓》:"既葬而封,广轮揜坎,其高可隐也。"东汉郑玄注:"隐,据也。封可手据,谓高四尺所。"《孟子·公孙丑下》"隐几而卧"东汉赵岐注:"隐倚其几而卧也。"

本义是:藏匿。引申义有:短墙;怜悯;伤痛;隐瞒;卜问;倚着。

司马相如《上林赋》"沉沉隐隐"唐李善注:"隐隐,盛貌也。"张衡《西京赋》"隐隐展展"三国吴薛综注:"隐隐、展展,重车声。"《荀子·儒效》"隐隐兮其恐人之不当也"唐杨倞注:"隐隐,忧戚貌。"

上列第一例释作:地动的声音。第二例释作:车马的声音。

单字与叠字之间意义似无明显联系。

乾乾(5)

　　忠臣遇明君,乾乾惟日新。（卷二十二·乐志四）
　　圣皇迈乾乾,天下兴颂声,穆穆且明明。（卷二十·乐志二）
　　天佑圣皇,万邦来贺。虽安勿安,乾乾匪暇。（卷二十·乐志二）
　　夙夜乾乾,万机是经。（卷二十二·乐志四）

《说文·乙部》:"乾,上出也。"清段玉裁注:"此乾字之本义也。自有文字以后,乃用为卦名,而孔子释之曰'健也。''健'之义生于'上出'。上出为'乾',下注则为'湿'。此'乾'与'湿'相对。俗别其音,古无是也。"《释名·释天》:"乾,健也。健,行不息也。"

本义是:向上长。引申义有:健;干燥。假借义有:八卦之一,代表天。

东汉张衡《东都赋》:"勤屡省,懋乾乾"三国吴薛综注:"乾乾,敬也。"

上列四例并释作:敬慎不懈的样子。

语本《易经·乾卦》:"君子终日乾乾,夕惕若,厉,无咎。"中古、近代习用。

单字与叠字之间意义似无明显联系。

厌厌

　　茂对盛时，绥万屡丰。厌厌归素，秩秩大同。（卷二十九·符瑞志下）

　　《说文·厂部》："厌，笮也。从厂猒声。一曰合也。"清段玉裁注："竹部曰：'笮者，迫也。'此义今人字作'压'。乃古今字之殊也"；"按，'厌'之本义'笮'也、'合'也，与'压'义尚近，于'厌饱'义则远，而各书皆叚'厌'为厌足、厌憎字，厌足、厌憎失其正字，而'厌'之本义罕知之矣"；"《字苑》云：'厌，眠内不祥也。'《山海经》'服之使人不厌'郭云：'不厌，不厌梦也。'"；"此'厌'字之最古者也"。《汉书·王莽传》"克厌上帝之心"唐颜师古注："厌，满也。"

　　本义是：压；合。假借义有：吃饱。引申义有：满足；厌恶；睡眠不安稳。

　　《诗经·小雅·湛露》"厌厌夜饮"毛传："安也。"《诗经·秦风·小戎》"厌厌良人"，毛传："安静也。"

　　上例释作：安静的样子。单字与叠字之间意义似无明显联系。

　　该词属于雅言词。中古用例还有如：西晋潘岳《世祖武皇帝诔》："动不踰矩，性与道奥。厌厌酣饮，乐不辨颜。桓桓振旅，田无游盘。"东晋葛洪《抱朴子·酒诫》："其初筵也，抑抑济济，言希容整，咏湛露之厌厌，歌在镐之恺乐，举刀寿之觥，诵温克之义。"南朝梁何逊《拟轻薄篇》："酌羽方厌厌，此时欢未极。"

（三）用作动词

迟迟

　　今贾充勋烈，晋之重臣，虽事业不胜，不闻有大罪，诸臣进说便远出之。陛下圣叡，反更迟迟于此。（卷五十三·庾登之列传附炳之）

　　陛下迟迟旧恩，未忍穷法，为弘之大，莫复过此。（卷五十三·庾登之列传附炳之）

　　《说文·辵部》："迟，徐行也。《诗》曰'行道迟迟'。"清段玉裁注："今人谓稽延为迟，平声。谓待之为迟，去声"；"毛曰：'迟迟，舒行皃。'"《汉书·高帝纪》："迟明，围宛城三匝。"东汉文颖注："迟，未也。天未明之顷已围其城矣。"《史记·卫将军骠骑列传》"迟明，行二百余里"，司马贞《索隐》："待也。待天欲明也。"

　　本义是：缓慢。引申义有：未；等待；晚。

《礼记·孔子闲居》:"威仪迟迟"元陈澔《集说》引方氏曰:"始之以'威仪迟迟'者,言缓而不迫也。"

上二例并释作:依恋的样子。单字与叠字之间意义似无明显联系。

颙颙(5)

陛下圣德绍兴,负荷洪业,亿兆颙颙,思陶盛化。(卷四十三·徐羡之列传)

上考前代兴亡之由,中存武皇缔构之业,下顾苍生颙颙之望,时开曲宥,反王都邑。(卷六十一·武三王列传)

江南颙颙,倾注舆驾,忽闻远伐,不测师之深浅,必以殿下大申威灵,未还,人情恐惧,事又可推。(卷六十四·郑鲜之列传)

胡兰洛生等部曲数千,拟击伪镇,阖境颙颙,仰望皇泽。(卷九十五·索虏列传)

《说文·页部》:"颙,大头也。"清段玉裁注:"引伸之,凡大皆有是称。《小雅·六月》'其大有颙'传曰'颙,大皃'。《大雅·卷阿》传曰'颙颙,温皃'。《释训》曰'颙颙、卬卬,君之德也'。又其引伸之义也。"

本义是:大头。引申义有:大;温和的样子。

上列四例并释作:急切期盼的样子。单字与叠字之间意义似无明显联系。

中古用例还有如:西晋潘岳《上客舍议》:"使客舍洒扫以待,征旅择家而息,岂非众庶颙颙之望。"《南齐书·萧赤斧列传附颖胄》:"亿兆颙颙,咸思戴奉。"

喋喋

是以小心翼翼,可祗事于上帝,嗇夫喋喋,终不离于虎圈。(卷五十三·张茂度等传论)

既而虏纵归师,歼累邦邑,剪我淮州,俘我江县,喋喋黔首,踢高天,蹐厚地,而无所控告。(卷九十五·索虏列传)

《说文·言部》:"谍,军中反间也。"清段玉裁注:"《释言》'间,倪也。'郭云'《左传》谓之谍,今之细作也。'"《汉书·文帝纪》"喋血"唐颜师古注:"喋,本字当作蹀。蹀谓履涉之耳。"

本义是:间谍。假借义有:喋血。

上列第一例释作:健谈的样子。第二例释作:受难的样子。单字与叠字第一义之间意义似无明显联系。

喋喋、谍谍为异形同词。

（四）用作形容词

采采

> 阿多标独解，弱冠纂华胤。质胜诚无文，其尚又能峻。通远怀清悟，采采摽兰讯。直縡鲜不踬，抑用解偏吝。（卷五十八·谢弘微列传）

《说文·爪部》："采，捋取也。"清段玉裁注："《诗》又多言'采采'。《卷耳》传曰'采采，事采之也。'此谓上'采'训'事'，下'采'训'取'。《芣苢》传曰'采采，非一辞也。'《曹风》'采采衣服'传曰：'采采，众多也。'《秦风》'蒹葭采采'传曰：'采采，犹萋萋也。'此三传义略同，皆谓可采者众也。凡文采之义本此。俗字手采作採，五采作彩，皆非古也。《释诂》曰'采，事也。'此言假借"；"此与采同意。采之训曰禾成秀，人所收也。则采亦可云木成文，人所取也。此采为五采字而《毛诗》屡言采采。"《尚书·尧典》"畴咨若予采"，西汉孔安国传："采，事也。"《汉书·严助传》："乐失而淫，礼失而采。"唐颜师古注："如淳曰：'采，饰也。'师古曰：采者，文过其实也。"

本义是：摘取。引申义有：选取，搜集；古代指官；修饰。

《诗经·秦风·蒹葭》"蒹葭采采"毛传："采采，犹萋萋，盛也。"《诗经·周南·卷耳》"采采卷耳"南宋朱熹注："采采，非一采也。"《诗经·曹风·蜉蝣》："蜉蝣之翼，采采衣服。"毛传："采采，众多也。"南宋朱熹注："采采，华饰也。"

上例释作：茂盛的样子。单字与叠字之间意义似无明显联系。

中古偶用，近代习用。

丸丸

> 固此苦节，易彼岁寒。霜雪虽厚，松柏丸丸。（卷九十一·孝义列传）

《说文·丸部》："丸，圜也。倾侧而转者。从反仄。"清段玉裁注："叠韵为训也。今丸药，其一耑也。《商颂》'松柏丸丸'传曰'丸丸，易直也。'按，谓其滑易而调直也。'丸'义之引伸也。"

本义是：圆转。引申义有：丸药；平直；小而圆的东西。

上例释作：高大挺直的样子。单字与叠字之间意义无明显联系。

中古偶用，例如：左九嫔《松柏赋》："临绿水之素波，擢修木之丸丸。萃绿叶之芬葩，敷纤茎之茏苁。"唐柳宗元《唐故安州刺史兼侍御史贬柳州司马孟公墓志铭》："代山丸丸，植柏与松。其名维何，忠孝孟公。"①

近代常用，意义有发展。

温温

诗云"温温恭人，惟德之基"。信矣！（卷五十三·张茂度等传论）

《说文·水部》："温，温水。出犍为符。南入黔水。从水昷声。"清段玉裁注："《水经注》延江篇曰：'温水，一曰煓水，出犍为符县而南入黚水'"；"犍为符县，今四川泸州合江县其地也"；"今以为温煓字。许意当用昷为温煓"。

本义是：河流名，指温水。假借义有：温暖。

《尔雅·释训》："温温，柔也。"

上例释作：温和、柔顺的样子。单字与叠字之间意义似无明显联系。

该词承自《诗经》，为雅言词。中古习用，例如：汉冯衍集《刀阴铭》："温温穆穆，配天之威。苗裔无疆，福禄来绥。"三国魏曹植《夏禹赞》："亶亶其德，温温其人。尼称无间，何德之纯。"三国魏阙名《刘镇南碑》："猗欤将军，膺期挺生。桓桓其武，温温其人。"南朝宋颜延年《皇太子释奠会作》："禀道毓德讲艺立言。"唐李善注引王粲《赠文叔良诗》："温温恭人，禀道之极。"《华阳国志·巴志》："汉末政衰，牧守自擅，民人思治，作诗曰：'混混浊沼鱼，习习激清流。温温乱国民，业业仰前修。'"唐杜甫《赠郑十八贲》："温温士君子，令我怀抱尽。灵芝冠众芳，安得阙亲近。"

济济(8)

近亲策试，睹济济之美，缅想洙、泗，永怀在昔。（卷五·文帝纪）

宾之初筵，蔼蔼济济。既朝乃宴，以洽百礼。（卷二十·乐志二）

仁配春日，威踰秋霜。济济多士，同兹兰芳。（卷二十二·乐志四）

迄于元嘉，甫获克就，雅风盛烈，未及曩时，而济济焉，颇有前王之遗典。（卷二十二·乐志四）

《书·禹贡》："导沇水，东流为济"孔安国传："泉源为沇，流去为济。"《扬子·方言》："过渡谓之涉济""济，忧也。陈楚或曰湿，或曰济""又读作挤，灭也。"《尔

---

① 《五百家注柳先生集》注："孙曰：《诗》'松柏丸丸'丸丸，松柏高直之貌。它本作'代山兀兀'恐非。"

雅·释天》："济,谓之霁。"北宋邢昺疏："济,止也。今南阳人呼雨止为霁。"《说文·水部》："济,泲水。出常山房子赞皇山。东入泜。"清段玉裁注："今字以为济渡字。"《释名·释水》："济,济也,源出河北济河而南也。"《风俗通·山泽篇》："济者,齐。齐其度量也。"

本义是:河流名。济水。引申义有:消灭;忧愁;雨停。假借义有:渡河。

上列四例并释作:形容人的风姿美好、道德高尚。

单字与叠字之间意义似无明显联系。古今常用。

藉藉

(庾)炳之身上之衅,既自藉藉,交结朋党,构扇是非,实足乱俗伤风。(卷五十三·庾登之列传附炳之)

历观古今,未有众过藉藉,受货数百万,更得高官厚禄如今者也。(卷五十三·庾登之列传附炳之)

自九江告变,皆谓邓氏狂惑,比日国言藉藉,颇尘吾子。(卷八十四·袁颛列传)

《说文·艸部》："藉,祭藉也。一曰草不编。狼藉。"《易·大过卦》："藉用白茅。"唐孔颖达疏："荐藉于物。"《礼记·曲礼》："执玉,其有藉者则裼,无藉者则袭。"东汉郑玄注："藉,藻也。"唐孔颖达疏："凡执玉必有其藻,以承于玉。"《孟子·滕文公上》："助者,藉也。"东汉赵岐："犹人相借力助之也。"《汉书·薛广德传》："广德为人温雅有酝藉。"唐颜师古注："有所荐藉也。"《释名·释饮食》："咀,藉也,以藉齿牙也。"《谷梁传·哀公十三年》："其藉于成周,以尊天王。"东晋范甯注："藉谓贡献。"《庄子·应帝王》："猿狙之,便执斄之狗来藉。"唐成玄英疏："藉,绳也。"《史记·魏其武安侯列传》："今我在也,而人皆藉吾弟。"唐司马贞《索隐》："晋灼云:'藉,蹈也。'"

本义是:祭祀时用于垫放祭品的草垫;草垫编得不整齐。引申义有:凭借;宽松;踩踏;混乱;帮助。

上列三例并释作:议论纷纷的样子。细揣文意,或可释作:清清楚楚的样子。单字与叠字之间意义似无明显联系。

中古习用。又例如:《南齐书·乐颐传》："外传藉藉,似有伊周之事,君蒙武帝殊常之恩,荷托付之重,恐不得同人此举。"《南史·陈宗室诸王列传》："道路藉藉,皆言其有非常志。"

区区(9)

邵陵、践土,区区齐、晋,尚能克胜强楚,以致一匡,况大魏以沙漠之突骑,兼咸、夏之劲卒哉!(卷九十五·索虏列传)

自兹至于孝建,兵连不息,以区区之江东,地方不至数千里,户不盈百万,荐之以师旅,因之以凶荒,宋氏之盛,自此衰矣。(卷九十二·良吏列传)

然区区丹抱,不负夙心,贪及视息,少得申畅。(卷六十九·范晔列传)

区区所怀,不愿望风容贷。(卷八十五·王景文列传)

《左传·昭公七年》"文王作仆区之法"唐陆德明《音义》引汉服虔:"仆,隐也。区,匿也。"《说文·匸部》:"区,踦区,臧隐也。从品在匸中。品,众也。"清段玉裁注:"踦区,犹危部、阜部之陭隁。彼言倾侧不安也,此言委曲包蔽也。区之义,内藏多品,故引申为区域,为区别。古或假丘字为之,如区盖,亦作丘盖;区宇,亦作丘宇是也。"《荀子·大略》:"言之信者,在乎区盖之闲。"唐杨倞注:"区,藏物处。"《尔雅·释器》:"玉十谓之区。"《论语·子张》"区以别矣",南宋朱熹注:"区,犹类也。"

本义是:隐藏。引申义有:区域;区别;藏东西的地方;类别。假借义有:区域;区宇。《汉书·楚元王传》"岂为区区之礼哉"唐颜师古注:"区区,谓小也。"

上列前二例释作:形容地方小。后二例释作:形容人的心。引申指真诚的心意。

单字与叠字之间意义似无明显联系。古今常用。中古用例又如:三国魏繁钦《定情诗》:"何以致区区?耳中明月珠。"《南史·郭祖深列传》:"所以不惮鼎镬区区必闻者,正以社稷计重而蝼蚁命轻。"

娓娓(6)

娓娓文皇,迈德流仁。(卷二十·乐志二)

翼翼厥犹,娓娓其仁。(卷二十·乐志二)

娓娓心化,日用不言。(卷二十·乐志二)

"金刀既以刻,娓娓金城中"此诗云襄阳道人竺昙林所作……孟颉释之曰:"……金刀,刘也。倡义诸公,皆多姓刘。娓娓,美盛貌也。"(卷三十一·五行志二)

《说文·女部》:"娓,顺也。从女尾声,读若媚。"清段玉裁注:"按,此篆不见于经传。《诗》《易》用亹亹字,学者每不解其何以会意形声,徐铉等乃妄云当作娓,而近者惠定宇氏从之";"然则亹为斖之讹体,斖为勉之假借"。

本义是:顺从。

上列四例并释作:形容仁德美盛。单字与叠字之间意义无明显联系。

网网/罔罔

> 嵇公理既迫,霍生命亦殒。凄凄凌霜叶,网网冲风菌。(卷六十七·谢灵运列传)

> 但恨邻靡二仲,室无莱妇,抱兹苦心,良独罔罔。(卷九十三·隐逸列传)

> 上不许,曰:"其愿还经年,方复作此流迁,必当大罔罔也。"(卷一百·自序)

> 除南平王左常侍,太祖引见,谓曰:"……王家之事,一以相委,勿以国官乖清涂为罔罔也。"(卷一百·自序)

《尔雅·释言》:"罔,无也。"《说文·网部》:"网,庖牺氏所结绳以田以渔也。从冂,下象网交文。罔,网或加亡。"清段玉裁注:"亡声也。"《诗经·大雅·瞻卬》"天之降罔",东汉郑玄笺:"天下罗罔,以取有罪。"《论语·雍也》:"罔之生也,幸而免。"三国魏何晏注:"诬罔。"南宋朱熹注:"不直也。"

罔、网是古今字,惘,又系网、罔之今字。

本义是:用作捕鸟打鱼的网。引申义有:法网;诬陷;蒙蔽;没有;失意;不直;冤枉。

上列第一例中,"风菌"对"霜叶",指被风吹动即死的松菌,比喻生命的脆弱。网网、罔罔异形同词,释作:怅惘的样子。其余三例释义相同。

二者在"失意"义素上似有深层关联。

中古习用。

拳拳

> 然至于尽心奉上,诚贯幽显,拳拳谨慎,惟恐不及,乃可恃宠骄盈,实不敢故为欺罔也。(卷六十九·范晔列传)

《说文·手部》:"拳,手也。"清段玉裁注:"合掌指而为手……卷之为拳。"《重修玉篇·手部》:"屈手也。"又,《说文·卩部》:"卷,厀曲也。"

本义是:手。引申义有:拳头。假借义是:肢体弯曲。

《广雅·释训》:"拳拳、区区、款款,爱也。"《重修广韵·先韵》:"拳,屈手也。"

《广雅·释训》云'拳拳,忧也。'又,拳拳,奉持之貌。"明方以智《通雅·释诂》:"惓惓,通作卷卷、拳拳、卷卷。卷卷,犹拳拳也。"《汉书·贡禹传》:"不胜拳拳,不敢不尽愚心。"唐颜师古注:"忠谨之意。亦作惓惓。"《后汉书·显宗孝明帝纪》唐李贤注:"拳拳,犹勤勤也。"清吴玉搢《别雅》:"卷握,拳握也。卷卷,拳拳也。"

拳、卷通假。卷卷、拳拳、区区、款款、惓惓异形同词或音同通用。

上例释作:恳切忠诚的样子。单字与叠字之间意义无明显联系。承自上古,中古偶见,近代习用。意义有发展。

例如:《汉书·贾捐之传》:"捐之对曰:臣幸得遭明盛之朝,蒙危言之策,无忌讳之患,敢昧死竭卷卷。"《汉书·翼奉传》:"臣(翼)奉乃深知道之可信也,不胜拳拳,愿复赐间,卒其终始。"东汉刘珍等《东观汉记·明德马皇后》:"今遭变异,谷价数倍,忧惶昼夜,不安坐卧,而欲封爵,违逆慈母之拳拳。"唐柳宗元《故秘书郎姜君①墓志》:"若君者,银朱于始生,钟鼎以及壮……与夫拳拳恐悸、蒙诟负义、得之拘拘、荣不盖愧、以终其身而不能止者,不犹优乎?"唐于邵《与萧相公书》:"拳拳之心,皎如白日,良友虽殁,情岂忘乎?"宋王安石《上富相公书》:"卷卷之情,何可以胜……实冀宽大仁明有以容而察之而已。"宋钱时《融堂书解·大禹谟》:"既让于稷契皋陶矣,至今禅让帝位,其他皆不及,又独拳拳乎皋陶一人,虽不知稷契在与不在,然禹之所尊敬而推让之者,举一世莫有过于斯人者矣。"元王充耘《书义矜式·尧典》:"圣人于即政之初,而拳拳以正天时为先务者,何也?盖见乎治天即所以治人也。"明张岳《安南来降谢钦赏疏》:"臣材非果毅,事因人成……苟职业之所存,匪险阻之敢避。庶以仰答恩光,冀成后效。不任拳拳感激之至。"清李冠仙《仿寓意草·刘眉士治效》:"先任奉贤,予曾一过访,嗣改调溧水,今已四载,音问未通,似乎于情较薄,不似宫保之卷卷不忘也。"

穆穆(9)

皇帝穆穆,思弘衮职。(卷十四·礼志一)

穆穆天子,光临万国。(卷二十·乐志二)

宣明体远识,颖达且沈隽。若能去方执,穆穆三才顺。(卷五十八·谢弘微列传)

穆穆司徒,厥族以昌。(卷九十三·隐逸列传)

---

① 姜君,即姜䓕。

《说文·禾部》:"穋,禾也。"清段玉裁注:"盖禾有名穋者也。凡经传所用穆字,皆叚穆为彡。彡者,细文也";"凡言穆穆、于穆、昭穆,皆取幽微之义。《释训》曰'穆穆,敬也'《大雅·文王》传曰:'穆穆,美也。'"《诗经·大雅·烝民》"穆如清风",东汉郑玄笺:"和也。"

本义是:禾名。假借义有:温和;恭敬;沉默。

《尔雅·释诂》:"穆穆,美也。"北宋邢昺疏:"语言容止之美盛。"《礼记·曲礼》"天子穆穆"唐孔颖达疏:"穆穆,威仪多貌也。"

上列四例释作:端庄盛美的样子。

单字与叠字之间意义无明显联系。

雅言词,古今通用。

浑浑/浑浑然

浑浑长源,蔚蔚洪柯。(卷九十三·隐逸列传)

天包地外,犹壳之裹黄也。周旋无端,其形浑浑然,故曰浑天也。(卷二十三·天文志一)

《尔雅·释诂》:"浑,坠也。"东晋郭璞注:"水落貌。"《扬子·方言》:"浑,盛也。"东晋郭璞注:"们浑,肥满也。"《说文·水部》:"浑,涽流声也。"清段玉裁注:"涽作混者误。涽,乱也。郦善长谓二水合流为浑涛。今人谓水浊为浑。"

本义是:水乱流的声音。引申义有:水势大;混淆;下降;浑厚。

枚乘《七发》"沌沌浑浑"唐李善注:"浑浑,波相随之貌也。"

上列第一例释作:水流奔的样子。第二例释作:天地合成一个整体的样子。浑浑然,系叠字附加词尾"然",词形与语义略同。增加了修饰的意味[①]。

单字与叠字之间意义无明显联系。

中古、近代习用。中古用例还有如:《水经注·河水》:"东望渤泽,河水之所潜也。其源浑浑泡泡者也。"《晋书·天文志中》:"凡伏兵有黑气,浑浑员长,赤气在其中;或白气粉沸,起如楼状;或如幢节状,在乌云中;或如赤杵在乌云中,或如乌人在赤云中。"

悾悾

臣每惧异闻,皆略而不答,惟心无邪悖,故不稍以自嫌。悾悾丹实,具如

---

① 此类情形,不再一一说明。

此启。(卷七十一·徐湛之列传)

《广韵》:"悦也。又偻偻,恭谨貌。"

本义是:喜悦。

上例释作:诚恳的样子。单字与叠字之间意义似无明显联系。

始出后汉书。中古习用。例如:东汉袁术《又答〈袁绍〉书》:"此卓所为,岂国家哉?君命,天也。天不可雠,况非君命乎?偻偻赤心,志在灭卓,不识其他。"三国魏曹植《求通亲亲表》:"是臣偻偻之诚,窃所独守,实怀鹤立企伫之心。敢复陈闻者,冀陛下倘发天聪而垂神听也。"《魏书·礼志三》:"高闾对曰:'伏愿陛下抑至慕之情,俯就典礼之重,诚是臣等偻偻之愿。'"三国吴华覈《荐薛莹修史疏》:"今者,见吏虽多经学,记述之才如莹者少。是以偻偻为国惜之,实欲使卒垂成之功,编于前史之末。"三国吴陆逊《为荆州士人上疏》:"今荆州始定,人物未达。臣愚偻偻,乞普加覆载抽拔之恩,令并获自进,然后四海延颈,思归大化。"三国吴韦曜《狱中上书》:"孤辱恩宠,自陷极罪,念当灰灭,长弃黄泉,愚情偻偻,窃有所怀,贪令上闻。"三国蜀孟达《荐王雄》:"臣受恩深厚,无以报国,不胜偻偻浅见之情,谨冒陈闻。"《梁书·元帝纪》:"不任偻偻之至,谨重奉表以闻。"

逼逼

愿垂援拯,以慰虔望。老弱百口,先遣归庇。逼逼丹心,仰希怀远。(卷七十四·鲁爽列传)

《说文·辵部》①:"逼,近也。"《广韵》:"迫也。"

本义是:切近。引申义有:强迫;狭窄。

上例释作:感情真挚的样子。单字与叠字之间意义无明显联系。

《宋书》此例系首见用例。近代习用,意义有发展。例如:宋辛弃疾《周氏敬荣堂诗》:"逼逼守遗戒,岂不在子孙。"元王恽《祭诸葛丞相乞灵文》:"夫年与时驰,意从岁易,悲叹穷庐,遂成枯萎,逼逼之怀,竟无及于追悔也。"明张元凯《春游篇寄晋陵吴生》:"穷愁逼逼空叹息,远游冠在犹堪拭。"《醒世姻缘传·善女人死后登仙,纯孝子病中得药》:"那上司们因连岁饥荒,富家宦室拥了钱谷,把两扇牢门实逼逼的关紧,不要说眼看那百姓们饿死,就是平日莫逆的朋友,也没有肯周济分文。"

---

① 陈刻本。

离离

蒲生我池中,其叶何离离。(卷二十一·乐志三)

《礼记·曲礼》"离坐离立"东汉郑玄注:"离,两也。"《礼记·学记》"一年视离经辨志"东汉郑玄注:"离经,断句绝也。"《仪礼·大射礼》"中离维纲"东汉郑玄注:"离,犹过也,猎也。"《左传·昭公元年》"设服离卫"西晋杜预注:"离,陈也。"《尔雅·释诂》"覭髳茀离也"东晋郭璞注:"谓草木之丛茸翳荟也。茀离即弥离,弥离犹蒙茏。"《尔雅·释乐》"大琴谓之离"北宋邢昺疏:"音多变,声流离也。"《说文·隹部》:"离,离黄,仓庚也。鸣则蚕生。"清段玉裁注:"《月令》注云:'仓庚,骊黄也'";"今用鹂为鹂黄,借离为离别也"。《易·离卦》:"彖曰:离,丽也。"《重修玉篇·隹部》:"亦作鹂""离,明也""散也""遇也""两也""判也"。《论衡·案书篇》"扬子云反《离骚》之经",刘盼遂《校释》引班孟坚曰:"离犹遭也。"

本义是:鸟名,离黄。假借义:离别。引申义有:两;遭受;经历;超过;狩猎;明亮;离散;分开;大琴;陈设。

《荀子·非相》"离离然",唐杨倞注:"离离,不亲事之貌。"

上例释作:草木枝叶茂盛、果实多而下垂的样子。

单字与叠字之间意义无明显联系。

中古习用。

鞾鞾(虬虬)

皆木之类,选其美者载之。山脊曰冈。冈上洞下,长谷积石,各随其方。《离骚》云:"青春受谢,白日昭只。"诗云"萼不鞾鞾①"也。(卷六十七·谢灵运列传)

《说文·虫部》:"虬,龙无角者。"

鞾,是"革"的异体字。《说文解字》《字林》等字书并未收,《五音篇海》:"音革"。虬,为"虯"的异体字。不识中古鞾、虬何以音通,或许与见母分合有关。

本义是:无角的龙。引申义有:盘曲。

上例中,不,同"柎"。萼不,指花萼和花托。鞾鞾,释作:花朵盛开的样子。

单字与叠字之间意义无明显联系。

---

① 又本作"虬虬"。毛诗作"鞾鞾",三家诗作"煒煒"。

中古用例又如：晋傅玄《笔铭》："韡韡彤管，冉冉轻翰。正色玄墨，铭心寫言。"这里当释作：纹饰鲜明的样子。

田田

　　江南可采莲，莲叶何田田。（卷二十一·乐志三）

《说文·田部》："田，陳也。"清段玉裁注："各本作陈。今正。陳者，列也。田与陳古皆音陈。故以叠韵为训。取其陳列之整齐谓之田。凡言田田者，即陈陈相因也。"《易·恒卦》"田无禽"唐孔颖达疏："田者，田猎也。"《诗经·郑风·叔于田》毛传："田，取禽也。"《诗经·周颂·有瞽》"应田县鼓"毛传："田，大鼓也。"《国语·鲁语》"季康子欲以田赋"三国吴韦昭注："田，一井也。"《释名·释地》："填也。五稼填满其中也。"《重修玉篇·田部》："土也，地也。"

本义是：陈列。引申义有：田地；狩猎；大鼓；計量单位，一井。

田、陈音同通用，古今字或异体字关系。田田、陈陈异形同词。

上例释作：叶子茂密相连的样子。

单字与叠字之间意义无明显联系。中古、近代习用。

中古用例如：南朝齐谢朓《江上曲》："易阳春草出，踟蹰日已暮。莲叶尚田田，淇水不可渡。"南朝齐谢朓《思归赋》："睇微英之霍霍，望水叶之田田。"南朝齐陆厥《奉答内兄希叔诗》："虽无田田叶，及尔泛涟漪。"南朝梁王筠《早出巡行瞩望山海诗》："莲叶蔓田田，菱花动摇漾。"

这种类型的叠字，还有騑騑、翼翼、业业、堂堂、蔚蔚、碌碌、依依、瑟瑟、搜搜等。

三、《宋书》叠字中的重叠词及短语考察举例

（一）用作名词

舸舸

　　若步战，恒在数万人中，水战在一舸之上，舸舸各进，不复相关，正在三十人中取，此非万全之计，吾不为也。（卷八十四·邓琬列传）

《扬子·方言》:"南楚江湘凡船大者谓之舸。"《说文·舟部》①:"舟也。"左思《蜀都赋》"弘舸连舳",唐李善注:"大船曰舸。"

本义是:船。无引申义。

上例释作:所有的船;许多船。

单音语素"舸"的重叠,表示事物的全部。除此例外,尚有一例如:顾炎武《秋山》:"北去三百舸,舸舸好红颜。"

叠音短语是指少数孤证或书证较少的叠字形式,当属于汉语词双音化过程中的过渡形态。结合该语词意义及使用频度,我们将此叠字看作因修辞需要而重叠的短语,尚未成词。

耶耶

> 外祖何尚之戏之曰:"耶耶乎文哉。"绚即答曰:"草翁风必偃。"(卷八十五·王景文列传)

《说文·邑部》:"邪,琅邪郡也。"清段玉裁注:"又用为辞助。"《重修玉篇·耳部》:"俗'邪'字。"南宋毛晃《增修互注礼部韵略》:"俗谓父曰耶。"

本义是:指琅邪郡。引申义有:疑问语气助词。

上例释作:同"爷爷",指父亲。

此例中系玩笑语。请看,《颜氏家训·文章》:"梁世费旭诗云:'不知是耶非。'殷沄诗云:'飘扬云母舟。'简文曰:'旭既不识其父,沄又飘扬其母。'"清卢文弨曰:"以耶为父,盖俗称也。古《木兰诗》:'卷卷有耶名。'"清刘盼遂曰:"按,南朝通俗称父为耶。《南史·王彧传》:'长子绚,年五六岁,读《论语》至"周监于二代",外祖何尚之戏之曰:"可改'耶耶乎文哉'?"绚即答曰:"尊者之名安可戏?宁可道'草翁之风必舅'?"'缘《论语》此句为'彧彧乎文哉',彧是绚父之名,故何戏改为'耶'②,知南朝通称父为耶矣。"

耶耶,作为父亲的称呼,近代习用。《宋书》例作为首出用例,尚未成词,当视作短语。

元元

> 及至,屡表谏净,又流涕请缓刑去杀,以安元元。少帝大怒。(卷七十

---

① 陈刻本。
② "耶""郁"形近。

六·王玄谟列传）

或以糊口之功,私力窃盗,或不识王命,藏窜山薮,或为囚徒,先被执系,元元之命,甚可哀愍。（卷九十五·索虏列传）

《易·乾卦》:"元者,善之长也。"《尔雅·释诂》:"元,始也。"《说文·一部》:"元,始也。"清段玉裁注:"《九家易》曰:'元者,气之始也。'"《汉书·叙传》:"上正元服",唐颜师古注:"元,首也。故谓冠为元服。"

本义是:开始。引申义有:第一;首;大;善人。

《史记·文帝本纪》"以全天下元元之民",唐司马贞《索隐》:"古者谓人云善人,因善为元,故云黎元。其言元元者,非一人也。"

上列二例释作:百姓。

这类重叠词,从词汇性质看,属于复合式的合成词。重叠词的意义基本上就是单音词的意义,这实际上是同一个单音词的重叠形式,所以要重叠,为的就是要增加一个音节,是造词的需要,也是修辞的需要。重叠词与单音词之间在语义轻重和色彩方面是有区别的。

"元"为善人,重叠成重叠词。上古、中古习用。

事事

勤躬约己,欲令事事当宜。（卷十五·礼志二）

妄生嫌贰,事事如是。（卷七十二·文九王列传）

吾知汝意谓休若处奉因事事何如,心迹既不复可测……（卷七十二·文九王列传）

《释名·释言语》:"事,倳也。倳,立也。凡所立之功也。"《说文·史部》:"事,职也。"清段玉裁注:"《郑风》曰'子不我思,岂无他事'毛曰'事,士也。'"

本义是:做事。引申义有:事情;功劳;奉事;处理。

上列三例并释作:所有的事情。

重叠单音语素"事"成重叠词,习用。

亲亲

镇恶军人与(刘)毅东来将士,或有是父兄子弟中表亲亲者,镇恶令且斗且共语,众并知高祖自来,人情离懈。（卷四十五·王镇恶列传）

(蒋)恭列(吴)晞张妻息是妇之亲,亲今有罪,①恭身甘分,求遣兄协。(卷九十一·孝义列传)

《说文·见部》:"亲,至也。"清段玉裁注:"至部曰'到者,至也。'到其地曰至。情意恳到曰至。父母者,情之最至者也,故谓之亲。"《荀子·不苟》"交亲而不比"唐杨倞注:"亲谓仁恩。"《国语·周语》:"慈保庶民,亲也。"《礼记·文王世子》"世子亲齐玄而养"东汉郑玄注:"亲,犹自也。"《礼记·大传》:"亲者,属也。"唐孔颖达疏:"谓有亲者,各以属而为之服。"《左传·昭公十四年》"禄勋合亲"西晋杜预注:"亲,九族。"

本义是:到。引申义有:到达;恳切;亲近;父母;亲戚;亲自;仁爱。

上列二例并释作:亲戚。

叠词意义与单字无差别,是合成词性质的重叠词。中古、近代习用。

已已(6)

汝神意爽悟,有日新之美,而进德修业,未有可称,吾所以恨之而不能已已者也。(卷六十一·武三王列传)

民望国器,遇之为难,愧叹之深,不能已已。(卷六十三·殷景仁列传)

及什仁之殒,悲恸特深,千念不能已已,举言伤心。(卷七十二·文九王列传)

尹冲诚节志概,继踪古烈,以为伤悢,不能已已。(卷九十五·索虏列传)

《说文·已部》:"已也。四月易气已出,阴气已藏,万物见,成彣彰。故巳为它,象形。"清段玉裁注:"律书曰:'已者,言万物之已尽也。'";"已不可像也,故以蛇象之,蛇长而宛曲垂尾。其字像蛇,则象阳已出,阴已藏矣"。《重修玉篇·已部》:"止也,毕也,讫也。"

本义是:蛇。引申义有:已经;停止;结束。

上列三例并释作:停止,作罢。

单字"停止"义重叠构成重叠词,意义无别。有加深程度的意味。古人"巳""已"多混淆,二字有古今字、异体字关系。

中古习用。又例如:《世说新语·伤逝》:"庾文康亡,何扬州临葬云:'埋玉树著土中,使人情何能已已。'"《南史·张弘策列传附缵》:"见余则申旦达夕,不能

---

① 亲亲,是否点断,可商。

已已。怀夫人之德,何日忘之。"

(二)用作副词

朝朝

  其母曰:"雠贼诸将已屠脍之,汝年小,何烦朝朝自苦如此。"(卷九十六·鲜卑吐谷浑列传)

《说文·倝部》:"朝,旦也。"清段玉裁注:"其实朝之义主谓日出地时也。"《尔雅·释诂》:"朝,早也。"《诗经·鄘风·蝃蝀》"崇朝其雨",毛传:"崇,终也。从旦至食时为终朝。"

本义是:早晨。引申义有:天;向着;朝代;朝廷。

上例释作:每天。时间副词。

单字常用义"天"的重叠构成重叠词,核心语素义一致。增强了"逐个"的意味。

中古习用,例如:东晋《法显传》:"从东门入西门出。王朝朝如是供养礼拜";"精舍门前朝朝恒有卖华香人"。南朝陈陆琼《长相思》:"容貌朝朝改,书字看看灭。"《水经注·江水》:"宋玉所谓天帝之季女,名曰瑶姬,未行而亡,封于巫山之阳。精魂为草,实为灵芝,所谓'巫山之女,高唐之阻,旦为行云,暮为行雨,朝朝暮暮,阳台之下。'"

稍稍

  伴旅单,稍稍日零落,惆怅窃自怜,相痛惜。(卷二十一·乐志三)

  每出市卖物,人问几钱,裁言其半,如此积时,邑人皆共识悉,辄加本价与之,彼此相让,欲买者稍稍减价,要使微贱,然后取直。(卷九十一·孝义列传)

《说文·禾部》:"稍,出物有渐也。"清段玉裁注:"稍之言小也、少也。凡古言稍稍,皆渐进之谓。"

本义是:逐渐生长。引申义有:小;稍微;渐渐。

上列二例并释作:渐渐。情态副词。

单字的引申义与重叠词一致。中古、近代习用。

往往(27)

  颇识古事,自造《世祖诔》及杂篇章,往往有辞采。(卷七·前废帝纪)

其间名儒通学，诸所论叙，往往新出，非可悉载。（卷十四·礼志一）

刘穆之遣使陈事，晦往往措异同，穆之怒曰……（卷四十四·谢晦列传）

时荆州、湘、江、豫犹多桓氏余烬，往往屯结。（卷五十一·宗室列传）

《说文·彳部》："往，之也。"清段玉裁注："《甘泉赋》曰'趡趡离宫，般以相烛。'"《重修玉篇·辵部》："行也，去也""古往也。"

本义是：前往。引申义有：到达；离开；过去。

上列前三例释作：常常，总是。后一例释作：到处。

单字语素义"过去"重叠构成重叠词表前三例义，单字语素义"到达"重叠构成重叠词表后例义。中古习用。

处处（11）

十二月，甘露频降，状如细雪，京都及郡国处处皆然，不可称纪。（卷二十八·符瑞志中）

（赵）广等屯据广汉，分守郫川，连营百数，处处屯结。（卷四十五·刘粹列传）

此中多诸浦涧，傍依茂林，迷不知所通，嶔崎深沈，处处皆然，不但一处。（卷六十七·谢灵运列传）

此郡虽弊，犹有富室，承陂之家，处处而是，并皆保熟，所失盖微。（卷九十一·孝义列传）

《说文·几部》："处，止也。从夂几，夂得几而止也。处，或从虍声。"《重修玉篇·几部》："居也。"

本义是：停止。引申义有：居住；地方；处理。

上列四例并释作：到处。

单字语素义与重叠词核心语素义一致，增加"每一"的意味。

中古习用。

（三）用作形容词

青青

青青子衿，悠悠我心。但为君故，沈吟至今。（卷二十一·乐志三）

青青御路杨，白马紫游缰。（卷三十一·五行志二）

臣闻原火不扑,蔓草难除,青青不伐,终致寻斧,况忧深患著,社稷虑切。(卷六十一·武三王列传)

以韵语序义庆州府僚佐云:"陆展染鬓发,欲以媚侧室。青青不解久,星星行复出。"如此者五六句,而轻薄少年遂演而广之。(卷六十七·谢灵运列传)

《说文·丹部》:"青,东方色也。木生火,从生丹。"清段玉裁注:"《考工记》曰:'东方谓之青'";"丹,赤石也。赤,南方之色也"。《释名·释采帛》:"青,生也。象物之生时色也。"《后汉书·吴佑传》"杀青简以写经书"唐李贤等注:"以火炙简令汗,取其青易书,复不蠹,谓之杀青。"

本义是:东方的色彩。引申义有:竹皮;鸟名;木名;深绿色;浅蓝色;黑色;比喻年轻。

上列第一、二例释作:形容青色。第三例释作:形容草木嫩脆。后一例释作:指年轻人。

单字的比喻引申义重叠构成重叠词,加强修饰的意味。

古今常用。

此类重叠词《宋书》中还有声声、日日、年年、人人等。

四、《宋书》叠字历时考察个案研究

吸吸/翕翕

利患数年,遂成痼疾,吸吸惙惙,常如行尸。(卷八十五·谢庄列传)

时长王并见诛锄,公卿如蹈虎尾,众人翕翕,莫不注仰于王。(卷七十二·文九王列传)

《楚辞·九叹·思古》:"风骚屑以摇木兮,云吸吸以湫戾。"东汉王逸《章句》:"吸吸,云动貌也。言己心既忧悲,又见疾风动摇草木,其声骚屑。浮云吸吸,卷戾而相随,重愁思也。"

吸吸,指浮云飘动的样子。

那么,《宋书》中的孤例"吸吸"该如何理解呢?

首先看看单音词"吸"是什么意思,《说文·口部》:"吸,内息也。"清段玉裁注:"纳其息也。"《广雅·释诂》《重修玉篇·口部》并释作:"吸,引也。"明张自烈

《正字通》:"气出为吹,气入为息。"西汉司马相如《上林赋》"浏、�、翕、吸"唐李善注:"皆林木鼓动之声。"南宋戴侗《六书故》:"俗谓饮曰吸。"《钦定音韵述微》:"吸,纳息也。又引也。又翕吸,林木鼓动之声,又吸吸,云貌。又俗谓饮曰吸。"①

我们还注意到,《重修玉篇·口部》引《诗经·小雅·大东》:"维南有箕,载吸其舌。"朱熹《诗集传》、程俊英《诗经译注》并作"翕"。东汉郑玄笺:"犹引也。"南宋朱熹注:"翕,引也。"清马瑞辰《通释》:"翕、吸音同通用,故《笺》训为'引'。"程俊英注:"翕,向内收敛的意思。"并把诗句译成"南方箕星闪闪亮,缩着舌头把嘴张"。其实,这里的"舌"是箕下二星的比喻。翕,当指二星闪烁移动。不一定指吸气或收敛。可参考李映忠《〈汉语大字典〉"翕"等字条释义辨正》《〈汉语大字典〉"翕"字条辨正》《论"翕"》等。

关于"翕",前人论述有如:《尔雅·释诂》:"合也。"《说文·羽部》:"起也。"清段玉裁注:"《释诂》、毛传皆云'翕,合也。'许云'起也'者,但言合则不见起。言起而合在其中矣。翕从合者,鸟将起必敛翼也。"《易·系辞》:"夫坤,其静也翕。"三国魏王弼注:"敛也。"《诗经·小雅·常棣》:"兄弟既翕,和乐且湛。"毛传:"合也。"我们还据《说文·弓部》:"引,开弓也。"认为,"引"的引申义当有"拉""并合"等。

这样来看,"吸"与"翕"音通假借并同源,其本义是"吸气",多见于上古。其引申义有"开合""饮""吸气声"等等。而"翕"的本义则是"合;起","吸""翕"在"开合"一义上同源通用。

单字"吸"叠用构成叠音词"吸吸"以及单字"翕"叠用构成叠音词"翕翕"的意义关系如何呢?二词使用情况如下:

佚名《太上三洞神咒·咒枣治病咒》:"吸吸日月,太阳食血。阴阳劈破,天地崩裂。急急如律令。"唐孙思邈《孙真人备急千金要方·大肠腑方·咳嗽第五论证方灸法》:"有人风虚中冷,胸中满,上气,喉中如吹管声,吸吸气上欲咳,服此方得瘥。"宋梅尧臣《江上遇雷雨》:"雷从燕尾来,雨到江心急。挂帆中路时,望浦前舟入……稍闻人好语,出顾岸已及。芦州有同行,言喑气吸吸。"《西游记·护法设庄留大圣,须弥灵吉定风魔》:"行者吸吸的笑道:'呆子,不要乱嚷,你看那树上是……'"《西游记·盘丝洞七情迷本,濯垢泉八戒忘形》:"须臾间,只听得呼呼吸

---

① 或作噏,木华《海赋》"嘘噏百川"。

吸之声，犹如蚕食叶，却似海生潮。"《九尾龟·巧机关深谋排陷》："侯爷看了沈二宝这般模样，觉得一个心吸吸的动个不住，连要问沈二宝的名字都忘。"清邹澍《本经疏证·王瓜》："《千金》所谓：'日就羸瘦，咽哽唇口焦燥，吸吸少气，不得多语，心烦热，两脚酸。'"清佚名《野叟曝言·男道学遍看花蕊，女状元独占鳌头》："七姨上床仰跪而卧，点点香脐吸吸的动跳不住。须臾绕脐跳动。又须臾满腹跳动，一会肚皮挺高，如一只箸儿在内蠢起，至高尺余，将脐心翻了转来，红润如脂，湿津津的，只待要穿。"《西游记·牛魔王罢战赴华筵，孙行者二调芭蕉扇》："却说那女子跑得粉汗淋淋，嗐得兰心吸吸，径入书房里面。"清郑燮《郑板桥集杂著·城隍庙碑记》："每至殿庭之后、寝宫之前，其窗阴阴，其风吸吸，吾亦毛发竖栗，状如有鬼者，乃知古帝王神道设教不虚也。"

推敲归纳用例，"吸吸"可以释作：一、形容移动、晃动或鼓动的样子。二、形容呼吸急促，上气不接下气的样子。三、象声词。风声、笑声等。

东汉张仲景《伤寒论》："太阳中风，阳浮而阴弱。阳浮者，热自发；阴弱者，汗自出。啬啬恶寒，淅淅恶风，翕翕发热，鼻鸣干呕者，桂枝汤主之。"三国魏繁钦《暑赋》："暑景方徂，时惟六月……大火飙光，炎气酷烈……翕翕盛热，蒸我层轩……庶望秋节，慰我愁叹。"唐孙思邈《孙真人备急千金要方·治诸风方》："凡风，服汤药多患虚热翕翕然，宜除热方：防风、人参。"北宋李昉《文苑英华·唐诗类选后序》："若元相国、白尚书擅名一时，天下称为'元白'，学者翕翕，号'元和诗'。"明张岳《小山类稿·惠州府通判黄公墓志铭》："实得之天性。而学能成之，不为矫矫异俗，亦不能翕翕趋时，其持己莅政必尽所当为与所得为，不因以炫名射利人所歆艳者，独隤然自远，若将浼焉。"清李光地《榕村集·族子世宽寿序》："昔吾先君不为崖岸之操，亦不为翕翕同行，不轨于正，所与处者，非其类，盖未尝以颜色假也。"清尤怡《金匮要略心典·五脏风寒积聚病脉证并治第十一》："心中风者，翕翕发热，不能起。"

《广雅·释训》："翕翕，炽也。"《南齐书·王融列传》校勘记云："'文武翕习辐凑'之'翕习'南监本作'翕翕'。"欧阳修《孙子集注》"谆谆翕翕"引曹操曰："翕翕，失志貌。"引李筌曰："谆谆、翕翕，窃语貌。"引杜牧曰："翕翕者，颠倒失次貌。"引贾林曰："翕翕，不安貌。"引梅尧臣曰："翕翕，旷职事也。"引王皙曰："翕翕者，患其上也。"引张预曰："翕翕，聚也。"清吴谦《伤寒心法要诀·表热里热阴热阳热》："发热无时热翕翕，炊笼腾越热蒸蒸。"注："翕翕、蒸蒸，发热，俱有汗。二证相类，若以翕翕之表热，误为蒸蒸之里热，下之则逆；若以蒸蒸里热，误为翕翕表热，汗之转伤。"

参考古代诂释材料,推敲归纳用例,"翕翕"可以释作:一、形容天热或发烧时的感觉。二、象声词。窃窃私语的样子。三、不安的样子。四、趋附。

上列第二例中"翕翕"释作"趋附"自然于义无碍。"吸吸"的解释还要结合"惄惄"的解释。

《说文》忧也。从心叕声。《尔雅·释训》:"殷殷、惃惃、忉忉、慱慱、钦钦、京京、忡忡、惄惄、慅慅、弈弈,忧也。"《说文·心部》:"惄,忧也。从心叕声。"《广韵》:"疲也。"《诗经·召南·草虫》"忧心惄惄"毛传:"惄惄,忧也。"《吴越春秋·勾践入臣外传》:"心惄惄兮若割,泪泫泫兮双悬。"《晏子春秋·外篇》:"岁已寒矣,而役不罢,惄惄矣如之何!"《吴越春秋·勾践入臣外传》:"心惄惄兮若割,泪泫泫兮双悬。"《晋书·谢安列传附谢玄》:"而所患沈顿,有增无损。今者惄惄,救命朝夕。"唐慧琳《一切经音义》"危惄"释曰:"《声类》'掇,短气貌也',惄惄,亦忧貌也。"《梦溪笔谈·技艺》:"方欲入对,而其子疾亟,瞑而不食,惄惄欲逾宿矣。"宋李之仪《姑溪居士前集·手简四》:"五月中,感寒疾。已在必死之际,偶尔就安然汗雨,复作淹回防五十日矣。今又惄惄,气仅相属。书问不时,端系于此,亦必有以见谅。"

显然,"惄惄"有两个常用义,即:忧虑;气息急促的样子。

如果把"吸吸"释作"形容呼吸急促,上气不接下气的样子"则与"惄惄"语义一致了。汉语中这类四音节语词不在少数,诸如:停停歇歇、遥遥迢迢、恩恩爱爱、缠缠绵绵、悲悲戚戚,等等。

当然,"呼吸急促,上气不接下气的样子"可以指人的胸脯鼓动、口腔的开合,而"趋附"则可知"人心的波动、行动的变化"。从这个语素义来看,我们把"吸吸""翕翕"释作同源叠音词。

汤汤(5)荡荡(6)/荡荡然/荡荡乎

汤汤川流,中有行舟。随波转薄,有似客游。(卷二十一·乐志三)

我集无高,曳水何梁。汤汤回回,临水远望。(卷二十二·乐志四)

易千里之曼曼,泝江流之汤汤。(卷六十七·谢灵运列传)

于岁春秋,在月朔望。汤汤惊波,滔滔骇浪。电激雷崩,飞流洒漾。(卷六十七·谢灵运列传)

于胥乐,乐圣主。化荡荡,清风泄。(卷二十·乐志二)

赫赫大晋,于穆文皇。荡荡巍巍,道迈陶唐。(卷二十二·乐志四)

后尝梦登梯,以手扪天,天体荡荡正青而滑,有若钟乳者,后仰吮之。(卷二十七·符瑞志上)

于是竞收罕至之珍,远蓄未名之货,明珠翠羽,无足而驰,丝屬文犀,飞不待翼,天下荡荡,咸以弃本为事。(卷五十六·孔琳之列传)

由是祸基东妖,难结天下,荡荡然王道不绝者若绠。(卷四十二·王弘列传)

业底于告成,道臻乎报谒,巍巍乎,荡荡乎,民无得而称焉。(卷八十五·谢庄列传)

《说文·水部》:"汤,热水也。"清段玉裁注:"又始阳切,汤汤,水声。"《诗经·陈风·宛丘》"子之汤兮"毛传:"汤,荡也。"东汉郑玄笺:"……游荡无不为。"东汉应劭《风俗通·皇霸篇》:"汤者,攘也;昌也。言其攘除不轨……天下炽盛。"《山海经·西山经》:"上申之山……汤水出焉。"

《说文·水部》:"荡,荡水。出河内荡阴,东入黄泽。从水,昜声。"清段玉裁注:"荡音汤。古音也。后人省艹";"《水经》曰'荡水,出河内荡阴县西山东,东北至内黄县,入于黄泽'";"按,古音吐郎切。假借为浩荡字。古音亦同"。《释名·释言语》:"荡,排荡去秽垢也。"《尚书·毕命》"以荡陵德"西汉孔安国传:"放荡也。"《尚书·盘庚》"荡析离居"西汉孔安国传:"播荡也。"《周礼·地官·稻人》"以沟荡水"东汉郑玄注:"谓以沟行水也。"

《说文·皿部》:"盪,涤器也。从皿,汤声。"清段玉裁注:"水部曰'涤,洒也。洒,涤也'。……凡贮水于器中,摇荡之去滓,或以硗垢瓦石和水吮漜之,皆曰盪。……盪者,涤之甚者也。……荡者,盪之假借。"

明方以智《通雅·释诂·重言》把"考世言之变,通古今之诂"作为目标,以"音通"为原则,收释了 200 多组明代以前同源或假借通用的叠字。方氏认为:"荡荡、汤汤、盪盪、惕惕:《四书考异》:'《鲁论》作"君子坦汤汤"凡夫据《说文》作"荡荡"。古汤、荡、盪通。'"

本义是:热水。引申义有:游荡;攘除;旺盛;尽。

《诗经·大雅·荡》"荡荡上帝"毛传:"荡荡,法度废坏貌。"

从词源角度观察，汤汤、荡荡、盪盪以及惕惕①同源，具有共同的语源义"大水荡除"。但在不同时期，各自的具体使用义微异。至于荡荡、荡荡然、荡荡乎，则只是是否有词尾以及具体词尾用字的差别，不妨把它们看作一组"套词"②。

上列各例可以释作：一、水流很大的样子。二、波浪腾涌的样子。三、空无所有的样子。四、坦坦荡荡。五、没有约束的样子。

荡荡、汤汤，古今常用，兹不引证。"荡荡然"用例有如：《列子·周穆王》："华子曰：'曩吾忘也，荡荡然不觉天地之有无。今顿识既往，数十年来存亡、得失、哀乐、好恶，扰扰万绪起矣。'"《荀子·非十二子》："士君子之容：其冠进，其衣逢，其容良；俨然，壮然，祺然，蕼然，恢恢然，广广然，昭昭然，荡荡然，是父兄之容也。"东汉马援《击寻阳山贼上书》："除其竹木，譬如婴儿头多虮虱，而剃之荡荡然，虮虱无所复依。"《毛诗·大雅·荡》唐孔颖达《正义》曰："以厉王无人君之道，行其恶政，反乱先王之政，致使天下荡荡然，法度废灭，无复有纲纪文章，是周之王室大坏败也，故穆公作是《荡》诗以伤之。"清连横《雅堂文集·郭寿青传》："忽而炮声隆隆然，旗声瑟瑟然，刀声锵锵然，橹声悠悠然，风声、水声荡荡然，两军激战之声轰轰烈烈，若周郎之火赤壁，岳侯之破洞庭，而足以振人尚武也。"

"荡荡乎"语本《论语》，中古成词。"乎"词尾化。中古、近代习用。例如：《汉书·司马相如传》："荡荡乎八川分流，相背异态。"唐王勃《王子安集·九成宫颂并序》："荡荡乎发育万物而显诸仁，洋洋乎包举六气而藏诸用。"宋沈辽《云巢编·谢诸先辈》："敦我一家之说，以是齐道德，辨贤能，在公卿者皆同门之人，提衡鉴者亦受业之士。苟用一律，足显众人。荡荡乎莫之或非，郁郁乎于斯为盛。"清李光地《榕村语录·卷三》："无能名者……谓其不可以一善言，不可以一端举。荡荡乎无所不包，如天之广大无不涵覆，形容不足尽其蕴，悉数不能终其物耳。"

勤勤/恳恳/勤勤恳恳

> 诏曰："患情不能企及耳，衣服何在。诸君勤勤之至，岂苟相违。"（卷十五·礼志二）

> 武帝以期除之月，欲反重服拜陵，频诏勤勤，思申棘心。（卷十五·礼志二）
> （孔）璪之固陈，琳之谓曰："我触忤宰相，正当罪止一身尔，汝必不应从

---

① 形容行路身正而步快。
② 比喻成俄罗斯的"套娃"。

坐,何须勤勤邪!"(卷五十六·孔琳之列传)

今蒙恩荣者不少,臣何为独恳恳于斯,实是尊主乐治之意。(卷五十三·谢方明列传)

臣以顽昧,独献微管,所以勤勤恳恳,必诉丹诚者,实恐……(卷六十八·武二王列传)

《说文·力部》:"勤,劳也。"清段玉裁注:"慰其勤亦曰勤。"又"劳,勮也。"清段玉裁注:"用力甚也。后因以为凡甚之词。"《尔雅·释诂》宋邢昺疏:"勤者,劳力也。"《诗经·豳风·鸱鸮》"恩斯勤斯"宋朱熹《集传》:"勤,笃厚也。"扬雄《法言》"民有三勤"汪荣宝《法言义疏》:"勤,苦。"《汉书·扬雄传》"其廑至矣"唐颜师古注:"古勤字。"

"勤"的本义是:劳苦。引申义有:慰劳;劳累;敦厚;殷勤;怜悯;做事尽力,不偷懒。

单字"勤"重叠构成意义有关联的叠音词,共同语素义是:诚恳,殷勤。上列第一例释作:诚恳殷勤的样子。第二例释作:殷勤。第三例释作:频频的样子。

中古常用。

《说文·心部》:"悃也。"又,"悃,悃愊,至诚也。"《广韵·很韵》:"恳恻,至诚也。又信也。又或作豤。"《汉书·楚元王传》"豤豤数奸死亡之诛"[1]唐颜师古注:"款诚之意。"《礼记·檀弓》"顡乎其至也"[2]唐陆德明《音义》:"顡音恳,恻隐之貌。"

"恳"的本义是:真诚。引申义有:请求;恳切。

单字"恳"重叠构成有意义关联的叠音词,共同语素义是"诚恳"。有加深程度的意味。上列第四例释作:诚恳殷勤的样子。

中古以后常用。例如:《三国志·魏书·武帝纪》裴松之注:"诗称'听用我谋,庶无大悔',斯实君臣恳恳之求也。"唐柳宗元《寄许京兆孟容书》:"书辞繁委无以自道,然即文以求其志,君子固得其肺肝焉,无任恳恋[3]之至!不宣,宗元再拜!"元陈栎《书集传纂疏》:"此盖治乱存亡之机,故周公恳恳言之。"明杨士奇《历

---

[1] 豤、恳同。
[2] 顡,同恳。
[3] 恳恋,一本作"恳恳。"

代名臣奏议·陆贽奏文》:"人之欲善,谁不如臣? 自然圣德益彰,群心尽达,愚衷恳恳,实在于斯。"清鸳湖烟水散人《美人书·陈霞如》:"霞如曰:彼时君固索吟,妾以羞涩不果……而是晚蕙香复出,投我以芳翰,要我以四诗,情词娓娓,订谕恳恳,亦有之乎?"

"恳恳"还具有极强的构词能力,它与"勤勤"构成同义词关系,构成"勤勤恳恳"一词,作为成语一直沿用至今。但要注意其意义与现代有别,上列第五例释作:诚恳殷勤的样子。而不是今义"形容勤劳踏实"。例如:《汉书·司马迁传》:"迁报之曰:'少卿足下[①],曩者辱赐书,教以慎于接物,推贤进士为务,意气勤勤恳恳[②],若望仆不相师,用而流俗人之言。仆非敢如是也。'"魏曹操《辞邑土令》:"顾我万年之后,汝曹皆当出嫁,欲令传道我心,使他人皆知之。孤此言皆肝鬲之要也,所以勤勤恳恳叙心腹者,见周公有金縢之书以自明……实不可也。"刘宋扶令育《讼彭城王义康表》:"臣以顽昧,独献微管,所以勤勤恳恳必诉丹诚者,寔恐义康年穷命尽,奄忽于南,遂令陛下有弃弟之责,臣虽微贱,窃为陛下羞之。"唐李吉甫《睿圣文武皇帝册文》:"王者因人心,稽天意,天下俱应而徽号加焉。至公之道,不可辞也。臣等所以勤勤恳恳,至于再,至于三,愿奉鸿徽以彰休德。"宋王安石《与刘元忠待制书》:"某启:久阻阔,岂胜向往。继奉手诲,勤勤恳恳,尤荷眷念。"明王守仁《寄邹谦之》:"(邹)正之归,备谈政教之善,勤勤恳恳,开诱来学,毅然以斯道为己任,其为喜幸,如何可言!"

"恳恳"构成的四音节叠音词较多,仅《五音集韵·很韵》收"恳恳"构成的四音节叠音语词就多达 20 个,诸如:"恳恳款款、恳恳切切、恳恳勤勤、恳恳祷祷、恳恳殷殷、殷殷恳恳、温温恳恳、谆谆恳恳、拳拳恳恳、惓惓恳恳、恳恳惓惓、恳恳拳拳、切切恳恳、恳恳循循、诚诚恳恳、恳恳衮衮、恳恳灌灌、恳恳恻恻、恳恳截截、恳恳悃悃"。

奕奕/弈弈

奕奕寝庙,奉璋在庭。(卷二十·乐志二)

奕奕万嗣,明明显融。(卷二十·乐志二)

奕奕閟幄,娓娓严闱。(卷二十·乐志二)

冉冉六辔柔,奕奕金华晖。(卷二十二·乐志四)

[①] 三国魏如淳曰:"少卿,任安字。"
[②] 唐颜师古注:"恳恳,至诚也。"

浮舳舻之弈弈,陈车骑之辚辚。(卷四十四·谢晦列传)

《说文·大部》:"奕,大也。"《说文·廾部》:"弈,围棋也。"《尔雅·释训》:"殷殷、惸惸、忉忉、慱慱、钦钦、京京、忡忡、惙惙、恟恟、弈弈,忧也。"《重修广韵·绎》:"弈,美皃。又,博弈。"

"奕"的本义是:大。引申义有:光明;盛大。"弈"的本义是:围棋。弈、奕音同义别,廾、大,写法易混,弈、奕古书多混用。例如,《慈湖诗传》引班固《奕旨》称"北方之人谓棋为奕"。

《诗经·小雅·巧言》"奕奕寝庙",毛传:"奕奕,大貌。"《诗经·鲁颂·閟宫》"新庙奕奕"东汉郑玄笺:"奕奕,姣美也。"西汉扬雄《方言》:"奕,傑容也。自关而西凡美容谓之奕,或谓之傑。宋卫曰傑,陈楚汝颍之间谓之奕。"《尔雅·释训》:"奕奕,忧也。"《文心雕龙》"奕奕清畅"范文澜注本作"弈弈"。范文澜称引《斠诠》云:"奕奕,闲雅姣美之貌。"

《诗经·小雅·頍弁》:"未见君子,忧心弈弈。"毛传:"弈弈然无所薄也。"唐孔颖达疏:"弈弈,忧之状。忧则心游不定,故为无所薄也。"东汉张衡《东京赋》:"六玄虬之弈弈,齐腾骧而沛艾。"三国吴薛综注:"弈弈,光明。"唐李善注:"《甘泉赋》曰'六玄虬';毛诗曰'四牡弈弈'。"晋左思《吴都赋》:"缔交翩翩,傧从弈弈。"刘渊林注:"弈弈,轻靡之貌。"

明方以智《通雅·释诂·重言》:"傑傑即僷僷。升庵引《尔雅》'奕奕、傑傑,美名也',今《尔雅》无此文,乃《方言》有之:'奕、傑,容也。自关以西,美容谓之奕,或谓之傑。'其字作'傑',而非'僷'字……又与涉切,傑傑,轻薄美好貌。后人亦有用弈弈、僷僷者,谓出《尔雅》,则误矣";"绎绎,一作圛圛,通作驿驿、弈弈"。

综上所引,弈弈、奕奕异形同词,又当与僷僷、驿驿、圛圛、绎绎同源。

上列前三例释作:高大美盛的样子。第四例释作:光彩美好的样子。后例释作:光彩闪耀的样子。

古今常用。用例分别有如:

西晋潘岳《内顾诗二首其一》:"静居怀所欢,登城望四泽。春草郁青青,桑柘何奕奕。"齐梁刘勰《文心雕龙·才略》:"张华短章,奕奕清畅,其鹪鹩寓意,即韩非之《说难》也。"唐杨炯《和辅先入昊天观星瞻》:"天门开奕奕,佳气郁葱葱。"唐沈佺期《从幸香山寺》:"南山奕奕通丹禁,北阙峨峨连翠云。"宋楼钥《赵司户挽词》:"奕奕佳公子,词场早策勋。愿为新进士,终屈病参军。"金侯善渊《上清太玄集·七言绝句》：“金明奕奕瑞云浮，莹净琅然点垢无。”明胡应麟《詹山人伯虎以玉印赠余乞诗》：“奕奕昆吾诧有神，双鱼遥忆附书晨。千秋玉玺传丞相，十袭瑶华赠美人。”明杨士奇《李处士墓碣铭》：“奕奕吾先，匪德曷嗣。绵绵吾后，匪德曷遗。”

魏王粲《羽猎赋》：“山川于是摇荡，草木为之摧拨，禽兽振骇……陷心裂胃，溃脑破颡，鹰犬竞逐，弈弈霏霏，下韝穷继，扔肉噬肌，坠者若抵，清野涤原，莫不歼夷。”晋傅玄《答程晓》曰：“弈弈两仪，昭昭太阳。四气代升，三朝受祥。济济群后，瓘瓘圣皇。元服肇御，配天垂光。”《世说新语·品藻》：“刘丹阳、王长史在瓦官寺集……共商略西朝及江左人物……答曰：'弘治肤清，卫虎弈弈神令。'王、刘善其言。”《世说新语·捷悟》：“王东亭作宣武主簿，尝春月与石头兄弟乘马出郊……唯东亭弈弈在前，其悟捷如此。”北魏《章武墓志》：“赞命之门，曰伊斯族，弈弈载徽，彪然世禄。”唐李纲《大法颂》：“湛湛弈弈，鳞鳞弈弈。出乎大通之门。”唐《祖环墓志》：“隐隐轰轰，骛美于斗鸡之道；喧喧弈弈，宛转金埒之常。”唐李舒《迎俎》：“清庙弈弈，和乐雍雍。器尊牺象，礼属宗公。”宋邵雍《观棋大吟》：“井田方弈弈，兵甲正累累。”明王廷相《商河闻雁》：“旦举阴霞低，宵浮明河临。嗷嗷思南洲，弈弈度杨林。适志洞庭浦，刷羽衡阳岑。”清王夫之《王江刘氏族谱序》：“勤于王家，升于司马，荐于乡，造于太学，教于庠序，弈弈列焉，起功者也。”

葱葱/匆匆

王莽时，善望气者苏伯阿望光武所居县舂陵城郭，唶曰："气佳哉！郁郁葱葱然。"（卷二十七·符瑞志上）

汝嫔侍左右，已有数人，既始至西，未可匆匆①复有所纳。（卷六十一·武三王列传）

《说文·艹部》："葱，菜也。"《说文·囪部》："怱，多遽怱怱也。"清段玉裁注："从囪从心者，谓孔隙既多而心乱也。"

"葱"的本义是：菜；"怱（匆）"的本义是：心乱。引申义有：匆忙。

因书写混淆，同音借用，形体近似，造成古代文献中匆（匆）、葱、勿、忽、匆、怱（忩）多混用。明方以智所说甚详，《通雅·释诂·重言》："悤悤，讹为忩忩、忽忽、匆匆。因有勿勿之说。勿勿，犹忽忽也。《说文》作悤，本囪，即窻也。或作囱，借

---

① 四库本作"匆匆"。

为'囪霝''囪遽'。晋《王彪之传》'无故恩恩';《魏志·华佗传》'李成见佗被收,恩恩不忍从求';《吴志·孙和传》'无事念念';《吕览》曰'恩恩乎其心之坚固也'注:'明貌。'则与'聪明'同。此古用'恩恩'之始。非'囪遽'之义也。颜之推曰:'《说文》"勿勿,州里所建之旗也,所以趣民事。"故"恩遽"称为"勿勿"。'智按,此乃附会穿凿,艸书常有'匆','匆'乃'恩'字,讹为'恩'。而行艸省作'匆'耳。何必强定'勿勿'乎? 勿勿,盖'恩恩'之残缺。《记》曰'忽忽乎,其欲飨之也'注:'犹勉勉也。'按,义亦非'勉',盖'恍惚'也。关喜《一字篇》曰:'勿勿乎? 似而非也。'此明证矣。朱郁仪曰:《檀弓》'丧事欲其总总尔'当是'勿勿尔',讹为'总'。姚秦时有天水太守王松忽,不知取名何义";"從從,从从也。稷稷,总总也。因'恩恩'而转也"。

很显然,单字语素义与叠字意义之间语义关联不明显,叠音词的借音记词的单纯词特点很明显。有鉴于此,我们认为忽忽、葱葱为典型的异形同词类型。

具体意义的解释,不妨先看如下用例:《吕氏春秋·下贤》:"循乎其与阴阳化也,忽忽乎其心之坚固也"东汉高诱注:"忽忽,明貌。"《资治通鉴·隐皇帝下》:"闻变惊愕,私谓人曰'事太忽忽'。"元胡三省注:"忽忽,急遽不审谛之意。"《集韵》:"恩恩,急遽也。"《钦定音韵述微·六月》:"忽,呼骨切。倏然貌。忽忽,不省事貌。又灭也。"《玉历宝钞·鬼卒改方勾魂,阳寿未尽复还阳》:"清同治八年,简主政宗杰先生重病,服药发了汗后立即身亡。死后,攸攸忽忽地见二个鬼卒,持着票文来押解,就衣冠整齐地坐车前往。"

上列《宋书》第一例可以释作:草木葱绿茂盛的样子。第二例释作:匆忙的样子。

葱葱,中古偶尔借用。

忽忽,近代常用。例如:北宋欧阳修《浪淘沙》:"聚散苦忽忽,此恨无穷。今年花胜去年红,可惜明年花更好,知与谁同。"北宋苏东坡《哭王子立次儿子迨韵三首》:"龙困尝鱼服,羊儇或虎防。忽忽成鬼录,愦愦到天公。偶落藩墙上,同游羿縠中。回看十年事,黄叶卷秋风。"北宋黄庭坚《寺斋睡起》:"桃李无言一再风,黄鹂唯见绿忽忽。"南宋吕本中《访张鉴秀才兄弟》:"眼防霍霍万钱食,便就忽忽五鼎烹。何似张侯五兄弟,闭门相对饱芹羹。"又《寒食二绝》:"今年春物更忽忽,野杏山桃取次红。"又《饮酒》:"病起槐阴鹦已老,今日相逢还草草。忽忽数日是行人,且向尊前一倾倒。"南宋陈杰《富州花朝用诸老韵》:"乡饮干戈后,花朝雨雪中。明当移棹去,啼鸟绿忽忽。"元萨都剌《入闽过松陵和王伯循所题》:"广陵城里别忽忽,一去三山隔万重。"元许有壬《晓发渔阳》:"和梦起忽忽,醒心听远钟。风清天欲曙,月淡露方浓。"

悠悠(12)

律文虽不显民杀官长之旨,若值赦但止徙送,便与悠悠①杀人曾无一异。(卷八十一·刘秀之列传)

悠悠上天,此何人哉。(卷一百·自序)

悲彼东山诗,悠悠使我哀。(卷二十一·乐志三)

金雌诗云:"大火有心水抱之,悠悠百年是其时。"(卷二十七·符瑞志上)

悠悠我祖,爰自陶唐。(卷九十三·隐逸列传)

悠悠好诈贵人及在事者,属卿偶不悉耳,多是其周旋门生辈,作其属托,贵人及在事者,永无由知。(卷八十五·王景文列传)

兴宗谓羡曰:"公闭门绝客,以避悠悠请托耳,身非有求,何为见拒。"(卷五十七·蔡廓列传附兴宗)

(诸葛)长民果有异谋,而犹豫不能发,乃屏人谓穆之曰:"悠悠之言,皆云太尉与我不平,何以至此?"(卷四十二·刘穆之列传)

尔时吾既甚恶,意不欲见外人,悠悠所传,互言差剧。(卷七十二·文九王列传)

况身被矢石,否泰难虞,悠悠之人,尚有信分。(卷七十九·文五王列传)

悠悠,是中古习用词,《宋书》中出现的频次很高。使用情况也最复杂。《说文·心部》:"悠,忧也。从心攸声。"清段玉裁注:"《释训》曰'悠悠、洋洋,

---

① 悠悠:指"随意"。

思也。'《小雅》'悠悠我里'传曰'悠悠,忧也。'按,此传乃'悠'之本义。《渭阳》'悠悠我思'无传,盖同《释训》。"《诗经·周颂·访落》"于乎悠哉",毛传:"悠,犹远。"

本义是:忧心。引申义有:长远;闲适。

单字"悠"的语素义"忧愁"与叠字"悠悠"的个别义项有明显关联,诸如:《诗经·小雅·十月之交》"悠悠我里",毛传:"悠悠,忧也。"

叠字"悠悠"的"忧愁的样子"义项以外的意义有的与"悠"的引申义意义有关联,有的意义则无关联。可能跟"悠悠"的一词多形有关。请看,《诗经·周南·关雎》"悠哉悠哉"东汉郑玄笺:"思之哉思之哉。"《诗经·鄘风·载驰》"驱马悠悠"毛传:"悠悠,远貌。"明方以智《通雅·释诂》:"悠悠,通作遥遥、攸攸、繇繇、懰懰、浟浟、忥忥。"

推敲归纳上列《宋书》用例,"悠悠"的释义可以分成如下6个:第一例释作:率意的样子。用作副词。第二例作:广阔无边的样子。用作形容词。第三例释作:忧愁的样子。是该词的早期意义,用作副词。第四、五例释作:形容时间长久、久远。用作形容词。第六例释作:游荡、懒散的样子。用作形容词。第七例释作:众多的样子。用作副词。第八至第十例并释作:形容荒唐的谣言或荒谬的言论。用作形容词。

此词古今常用,中古用例又如:《晋书·王导传》:"悠悠之谈,宜绝智者之口。"这里的"悠悠"释作"形容荒谬"。

生生

> 既而爱惜前好,犹复沈吟,多杀生生,在之一亡十,仁者之所不为。(卷九十五·索虏列传)

《说文·生部》:"生,进也。象草木生出土上。"《庄子·外物》"趻则众害生"西晋郭象注:"生,起也。"《易·观卦》:"上九观其生,君子无咎。"三国魏王弼注:"生,犹动出也。"《周礼·天官·大宰》:"五曰生以驭其福",东汉郑玄注:"生,犹养也。贤臣之老者,王有以养之。"《公羊传·桓公八年》:"遂者何,生事也。"东汉何休注:"生,犹造也。"《尚书·君陈》:"惟民生厚,因物有迁。"西汉孔安国传:"言人自然之性敦厚,因所见所习之物,有迁变之道。"《诗经·卫风·谷风》:"既生既育,比予于毒。"东汉郑玄笺:"生,谓财业也。"《国语·楚语》:"滞久而不震,生乃不殖。"三国吴韦昭注:"生,生物也。"《汉书·昭帝纪》"斩虏获生有功"唐颜师古注:"获生口也。"《玉篇·生部》:"起也","产也"。

本义是：生长。引申义有：生命；造；活的；产生；养育；天性；产业；俘虏。

现代汉语中，"生生"有"硬是""世世；一代又一代"等意思。中古汉语中意思大不相同。

晋葛洪《抱朴子·知止》："常足者，福之所赴也；无足者，祸之所钟也。生生之厚，杀哉生矣。"《旧五代史·晋书·郑受益列传》："受益既经废弃，薄于仕宦，遂阿法射利，冀为生生之资。"元脱脱《辽史·营卫志中》："边防纠户，生生之资，仰给畜牧，绩毛饮湩，以为衣食。"《夷坚丁志·洞庭走沙》："少顷，一巨鼋升舟，其身长阔丈余，以首并足，尽力压舟顶，重载者皆平沉入水，独所乘轻者无恙，其生生之具并衾裯裘褐尽没。"

这里的"生生"是"生活"的意思。

唐元稹《对养鸡猪判》："甲位列凭熊，政同佩犊，将除饥馁之患，用先蕃息之资，俾尔生生，非予扰扰。"明邱濬《大学衍义补·戒滥用之失》引胡寅曰："且残无罪之人，息生生之道，耗蠹财用，崇长祸阶，一举而六失并焉，有天下国家者可不深思而痛革之哉？"明孙承恩《诅倭词》："百凡生生，罔不我谋。宅我庐舍，给我廪庾。"清恭亲王《五言长律四十韵》："赏延于世世，德洽遂生生。"

这里的"生生"是"犹众生；百姓"的意思。

唐玄奘译《显无边佛土功德经》："于生生中，常忆宿命。修菩萨行，速得圆满。"

这里是"生命"的意思。

《古戍寒笳记·露消息奇方参谜语，叩山村避地识佳人》："前儿他在林子里拾枯枝儿，你说唤去问一句话就得还来的，那知生生的被你骗入牢里去了。"

这里是"硬是"的意思，用作副词。

《古谣谚·瑶台群仙大会吟·真诰》："失道从死津，三魂迷生道。生生日已远，死死日已早。悲哉苦痛容，根华已颠倒。起就零落生，焉知反枯老。"

这里的"生生"是动词的重叠，"形容活着的状态"的意思。

《永庆升平后传·顾焕章误入于家务，谭逢春巧得美多姣》："今见邓芸娘让他喝酒，他是心满意足，在灯光之下偷瞧邓芸娘，真是千姣百媚，果然万种风流，黑的头发，白生生的脸膛，发亮如镜，貌可充饥。"《双凤奇缘·芙蓉岭王龙和新诗，太行山土地逐大虫》："汉王过了一会，方才叹口气道：'心爱的美人，活生生割断也！'"

这里用作词尾，增强修饰的意味。词尾"生生"语素义与"白""活"有内在关联。

《医灯续焰》跋："凡所以能生生者，惟有脉之纡回营运而已。"《清实录·嘉庆朝实录》："天以元德资始，万物生生之本。"

这里的"生生"属于短语,是"让有生命的人或物过下去"的意思。前"生"是使动用法,即"让……生"。

前五个意思属于重叠词性质的用法,后两个用法属于语法层面的连用。

对照这些用法,我们认为上列《宋书》一例当释作:犹众生;百姓。

该词中古以后习用,现代汉语中用法相当丰富。

云云(9)

> 右外上事,内处报,下令书仪。某曹关某事云云。令如是,请为令书如右。谨关。(卷十五·礼志二)

> 右关署如前式。令司徒。某事云云。(卷十五·礼志二)

> 右令书板文准于诏事板文。尚书下云云,奏行如故事。(卷十五·礼志二)

> 制曰右除粪土臣及稽首云云。(卷十五·礼志二)

> 陶朱、范蠡,临去之际,亦语文种云云。(卷六十七·谢灵运列传)

《说文·雨部》:"雲,山川气也。从雨。云象回转之形";"云,古文省雨"。清段玉裁注:"古多叚云为曰,如'诗云'即'诗曰'是也。"《管子·戒》:"天不动,四时云下,而万物化。"唐房玄龄注:"云,运动貌。"《诗经·小雅·正月》"昏姻孔云"南宋朱熹注"云,旋也。"《左传·襄公二十九年》:"晋不邻矣,其谁云之。"西晋杜预注:"云,犹旋。旋归之也。"

云,是"雲"的古字。本义是:山川上的云气。引申义有:云彩。假借义有:说;助词,可用于句首、句中、句末。

《释名·释天》:"雲,犹云云,众盛意也。又言运也,运行也。"《汉书·汲黯传》:"上曰:吾欲云云。"唐颜师古注:"云云,犹言如此如此也。"

《宋书》用例大致可以分为两类,前五例可以释作:犹言如此,表示省略,相当于现代汉语中的"等等"。中古习用,例如:《孔丛子·公孙龙》:"(孔)穿之所说于公孙子,高其智,悦其行也,去白马之说,智行固存,是则穿未失其所师者也。称此云云,没其理矣。"《史记·汲郑列传》:"天子方招文学儒者,上曰吾欲云云,(汲)黯对曰:'陛下内多欲而外施仁义,奈何欲效唐虞之治乎!'上默然,怒,变色而罢朝。公卿皆为黯惧。"《三国志·魏书·王基传》:"诸葛诞反,(王)基以本官行镇东将军……寿春既拔,文王与基书曰:'初议者云云,求移者甚众,时未临履,亦谓宜然。'"东汉仲长统《昌言·损益篇》:"或曰:善为政者,欲除烦去苛,并官省职,为之以无为,事之以无事,何子之言云云也。"刘向《说苑·谈丛》:"慎之于身,无曰云云,狂夫之言,圣人择焉。"

后四例释作:复音助词。用于句末,无实义,一般表示引用或陈述一段话的结束。古今偶用,又如:《两晋秘史·第二十六回》:"及到末世,则有玉杯、象盏、熊蹯、豹胎云云。"《四库全书提要·剑南诗稿》:"名曰《剑南诗稿》云云,则此本犹子虡之所编。"

第四节 《宋书》叠字研究与叠音词的再认识

综观辞书、学术专著、教材、学术论文中的各类相关成果,综合大多数学者的观点,叠字的研究和认识有如下几个特点与共识:一是关于名称,人自为称,不一而足,然大多顾名思义,言之成俗。根据使用频次,以重言、叠字、重文、复字、叠音词为常。二是关于前人研究,古代学者没有现代语言学理论背景,大多是从形式上去辑录或类编的。释义时常常有叠加语义的释义方法[1],修饰词往往被看成叙述语。三是关于叠字的性质,学界大多等同于重言或叠音词,多认为属于单纯词,只有一个语素。也有从单字与叠字语义关联的角度提出的属于合成词或所谓"叠根词"的。四是结构语义考察过程中,大多以现代汉语中的视角去分析,不符合汉语词汇史发展实际。

到底该怎样认识叠字呢?我们带着这样的疑问,对中古时期的文史大家沈约《宋书》中的叠字进行了穷尽性的描写和部分叠字的个案研究,从历时和共时角度立体性地探讨了汉语中叠字的结构与意义构成,以及使用情形、语义发展轨迹,希望从中取得有探索意义的认识,为学界尽绵薄之力。

据我们调查,《宋书》全书使用叠字124个,凡377次。其中单字语素义与叠字意义有明显关联的叠音词[2]有63个,诸如孜孜、恨恨、愦愦、赫赫、凄凄、肃肃、

---

[1] 例如,《苤苢》"采采苤苢"传曰:"采采,非一辞也。"《曹风》'采采衣服'传曰:"采采,众多也。"《诗经·周南·卷耳》"采采卷耳"朱熹注:"采采,非一采也。"《诗经·周南·关雎》"悠哉悠哉"东汉郑玄笺:"思之哉,思之哉。"其实,"悠哉悠哉"当为"悠悠哉"为适应四音节而调整的句式,解释是不一样的。

[2] 单纯词性质,即先秦时期或中古时期即为单纯词。

恢恢、绵绵、连连等等；单字语素义与叠字意义无关联或无明显关联的叠音词[①]有 42 个,诸如佛佛、厌厌、隐隐、济济、乾乾、迟迟、业业、卷卷、碌碌、藉藉、堂堂、依依等等；重叠词[②]和短语有 17 个,诸如人人、元元、稍稍、往往、朝朝、年年、日日、处处等。叠字中属于中古新生词、习用词或具有新生义的叠字占全部叠字的 47%,诸如勤勤、逼逼、悠悠、隐隐、藉藉、偻偻、瀰瀰、激激、喁喁、采采、滔滔、迟迟、騑騑、苾苾、仪仪、生生、云云、弈弈、响响、舸舸、嗷嗷等等。从来源看,《宋书》中的叠字见于《诗经》《周易》《礼记》《楚辞》《尚书》《论语》《老子》等上古文献的多达约 56 个,占《宋书》全部叠字的 49%,其中仅来自《诗经》的就多达 34 个,占了 30%。有的词来源于上古多部经典,如"琐琐"同见于《诗经》《周易》,"明明"同见于《诗经》《礼记》；有的词则在《诗经》中多次出现,如采采、奕奕、肃肃、赫赫、厌厌、騑騑、戚戚、翼翼等。

通过以上的调查分析,我们从汉语词汇史的角度对叠字有了比较全面的认识,可以总结为以下五个方面。

一、关于叠字的名称与类别

顾名思义,叠字,又称"迭字",就是单字的重叠。首见宋严羽《沧浪诗话·诗评·十九首》"一连六句,皆用叠字,今人必以为句法重复之甚。古诗正不当以此论之也"。仇兆鳌注杜甫诗以及陈望道《修辞学发凡》、王力《汉语语法纲要》、徐复《汉语重言词词典·序》等也沿用。夏丏尊、叶圣陶《文心·二一》则称"迭字"。这是从文字角度对"叠字"这类语词形式的直观性命名。重言,古人称"一字"为"一言",故"叠字"又称"重言",与本文内涵一致的名称首见于明方以智《通雅·释诂》[③],王念孙、王筠、马建忠、徐复等也沿用之。至于"重言形况字"[④],与此略同。至于复语、重语、复字、重文之类,"复""重""叠"系同义词,"文""字""言"又同义,有的侧重于书面上的文字形式,有的侧重于语言表达上面的语音形式,只是表达习惯不同而已。至于"叠音词""重叠词"则属于现代语言学理论背景下的构词法角度的语词性质的划分。至于古人所谓"叠字"具体所包

[①] 亦单纯词性质。
[②] 合成词性质,属于语义的简单复叠。
[③] 宋洪迈《容斋随笔·元二之灾》用法尚属个例。
[④] 见清朱骏声《说文通训定声·凡例》。

含的语词类别，我们认为肯定包括了现代语言学话语体系中的叠音词、重叠词以及少数短语。

二、关于叠字的产生与使用

叠字的产生跟修辞有密切关联，陈望道《修辞学发凡》之第六篇《积极修辞三·词语上的辞格》所讲的"复叠"就包含了"叠音"。《文心雕龙·物色》："是以诗人感物，联类不穷。流连万象之际，沉吟视听之区。写气图貌，既随物以宛转；属采附声，亦与心而徘徊"；"及《离骚》代兴，触类而长，物貌难尽，故重沓舒状，于是'嵯峨'之类聚，葳蕤之群积矣。及长卿之徒，诡势瑰声，模山范水，字必鱼贯，所谓诗人丽则而约言，辞人丽淫而繁句也"。这里举出了《诗经》《楚辞》、汉赋使用叠字和联绵词进行修辞的情况。我们认为叠字的产生，与文学作品中的修辞有直接关联，《诗经》《楚辞》作为先秦民歌拟音摹态的需要以及四言诗句式的形式要求，单字复叠成为最直接的手段，叠字大量出现；汉赋出于铺陈渲染的修辞要求，叠字备受青睐，汉魏晋南北朝民歌反复吟咏的影响和奏疏中的雅言词的使用需要使得叠字得到了广为传承和创新[①]。西汉以后，随着上古儒家经典的影响力的不断加大，科举考试的推动与文人作品的自觉模仿，中古汉语中的叠音词有一半是沿用自《诗经》《易经》《礼记》《尚书》等经典中的叠字的。还有随着单音词意义的发展以及语音的发展所引起的叠字新义的产生和新词的形成，并出现了大量叠字之间的音通借用情形。中古以后叠字的使用，则大量出现在唐诗、宋词、元曲、明清小说等文人诗词作品中，数量递增，意义孳乳，构词功能增强[②]。

三、关于叠字的结构与意义

分析叠字的结构和意义，首先要确立如下共识：语言的物质外壳是语音；语言是社会性的；先有语言现象，后有语言理论。说到叠字的结构，表面上看是"AA 式"。实际上还要看"A""A"之间语义的结合关系，而要弄清两者的语义结

---

① 出现在《宋书》"八志"特别是《乐志》等所收录诗歌、谣谚中的叠音词，占到了《宋书》全部叠字的 47%。

② 叠字虚化，可以作语义有关联的单字副词或形容词的词尾，构成三音节词；也可以与近义叠音词"联袂"构成复叠性质的四音节语词。

合关系则要有历时的观念、发展的观念。汉语史上第一例"叠字"出现时,严格地说,它还不属于构词法层面的双音词,它只是单字的偶尔连用,属于语法修辞层面的语言现象,单字与单字之间是并列关系,就像人和人的并行前进,此时叠字的结构,不妨用"A｜A"来表示。后来随着叠字形式的使用频繁,人们逐渐认识到,"A"与"A｜A"语义轻重或范围大小是不一样的,为了强化程度或形式表现的需要,人们直观简单地理解为叠字是单字之间的语义相加,并有意识地广为使用这类叠字,这时的叠字结构可以用"A＋A"表示。除了先秦经典中一词多义并广泛使用的叠字外,上古汉语中的大量叠字就属于此种类型。当叠字发展到一定阶段,即:一词多义出现;叠字多为形容词、副词,并起拟音摹态作用;叠字之间出现假借现象,形成音通异形词;叠字与联绵词之间出现衍生现象①。此时单字之间的语义关系是"融合",叠字的修辞效果更强,拟音摹态更为形象生动,单字与单字之间不是简单的语义相加,而是"形而上"层面的语音联绵。这是叠字发展的成熟阶段。此时,叠字的结构应该用"A×A",最切合实际。乘法永远大于加法,此时的叠字,语义上出了程度加深,还增强了修辞效果,使用上更为灵活,可以通用、借用,形成叠字"同族"②。

四、关于叠字的性质

正如绪论部分所说,现代语言学著作大多把叠音词释作单纯词,还有的学者把叠音词看成与联绵词同质的单纯词,而重叠词则为合成词性质的双音词。这样的认识是可以信从的。不过,我们从汉语词汇史角度去分析,用单字意义与叠字意义是否一致或部分义项一致去判断,往往会遇到麻烦。因为汉语史上词的语义系统异常复杂,现代汉语中,单字与叠音词意义无关联的,在上古汉语,乃至于远古汉语时期,或者可能是有关联的,这就成了同一个叠字在现代汉语中是单纯词,但,在上古汉语中或许是重叠词。这要取决于汉语词汇语义研究的深度。早期是重叠词的,后来发展成叠音词了。这个问题恐怕也正是前面所述"叠根词"提出的初衷吧? 在这个问题上,我们不能简单地用"是"抑或"不是"来回答。因此本研究中,分成二三两节加以区别,对应部分专著和教材的例子,统一用"叠

---

① 例如:萧瑟/瑟瑟,萧、瑟音通。
② 例如:瑟瑟/飒飒/飕飕/槭槭/飔飔/索索/悚悚等。

音词"指称。当然,所谓"叠字"的性质,应该是包含有联系叠音词、无联系叠音词、重叠词、短语四种语词类别的。

五、关于专书中的叠字

专书中的叠字面貌,与专书的时代、类别、语言的风格、内容类别、专书的传承有密切的关系。就《宋书》而言,它处于汉语词复音化发展的"井喷"期,沈约又是南朝颇具影响的文学巨匠,在汉语史上,南北朝时期是承前启后的中间节点,其语料价值自然是非常高的。不过,我们研究中发现,《宋书》中的叠字,有33%的语料出自"八志"部分,而这部分语料又有相当大的部分是传抄自魏晋时期,因而其时代属性需要更深层面的甄别。至于其他67%的语料虽说见于纪传部分,但属于史家述语、人物对话还是奏疏文字抑或是文学作品,也需要区分。只有这样,叠字的时代属性的判断才更加准确。还有,对于中古汉语中的单字的语义探讨,我们主要依据的是《说文解字》《尔雅》《释名》《广雅》《玉篇》《广韵》《通雅》等辞书释义以及上古经典的历代故训材料,未能就某些释义的是非作深入的考证或语源学视角的推论。在系联异形同词的叠字"家族"时,也未能去提供更为深入的语音线索。由于学养有限,这些工作我们暂尚未进行。

第五章
《宋书》副词专题讨论

第一节 关于中古汉语副词研究

中古汉语副词的研究,早期见于元卢以纬《助语辞》、清袁仁林《虚字说》、清刘淇《助字辨略》、清王引之《经传释词》等虚词研究专著。多是从传统训诂学角度,对中古汉语中的若干副词进行训释。近人杨树达《词诠》将现代语法学与传统训诂学相结合,既有对副词意义的训释,又揭示其语法功能。近年来,中古汉语副词在个案研究、专书专题词汇研究及语法理论研究等方面成果迭出。柳士镇《魏晋南北朝历史语法》(1992)通过对这一时期"新兴单音节副词""组合使用的双音节副词""结合成词的双音节副词"的研究,指出了副词发展到魏晋南北朝时期三个显著的变化:一是呈简化规范的趋势;二是出现了一批新兴的副词以及副词后缀"自""复";三是与此期双音节词汇的增多相适应,新旧副词常常以双音节的形式组合使用。董志翘等《中古虚词语法例释》(1994)通过对虚词词义和用法的考释,对一大部分新生副词的产生、发展及演变进行了溯源和分析。一些断代词汇研究专著和专书词汇研究专著对副词研究也多有所涉及,诸如江蓝生《魏晋南北朝小说词语汇释》(1988)、蔡镜浩《魏晋南北朝词语例释》(1990)、王云路等《中古汉语语词例释》(1992)、方一新《东汉魏晋南北朝史书词语笺释》(1997)、张振德、宋子然《〈世说新语〉语言研究》(1995)、汪维辉《〈齐民要术〉词汇语法研究》(2007)等对中古汉语部分副词尤其是常用副词语法意义与功能进行了举例性讨论,颇多创新。遗憾的是尚缺乏中古汉语副词系统性的研究。中古汉语副词的个案研究还收录在一些期刊论文中,如蔡镜浩《魏晋南北朝副词琐议》(1987)、陈宝勤《魏晋南北朝的副词"都"》《副词"都"的产生与发展》(1995/1998)、李宗江《"即、便、就"的历时关系》(1997)、常志伟《中古汉语副词"相将"的词化机制探究》(2016)、王毅力《中古汉语副词"催"的形成与发展》(2016)等,对部分常用副词和特色副词的来源、虚化轨迹进行了较深入的挖掘与讨论。

高育花《中古汉语副词研究》(2007)、葛佳才《东汉副词系统研究》(2005)是中古汉语副词系统性研究的专著,前者对中古汉语副词进行了详细的分类和描写,并对此期常用的部分多义项单音节副词和部分双音节副词的来源及历史演变进行了深入探究,是第一部中古汉语副词研究专著。后者以"词汇是一个系统"为指导思想,以《论衡》《风俗通义》和汉译佛经为基本语料,系统地描述了东汉副词发展的基本情况。栗学英《中古汉语副词研究》(2011)、李素英《中古汉语语气副词研究》(2010)两篇博士论文也就中古汉语部分副词进行了共时与历时的考察。前者选取中古时期的八部代表性文献,对其中的程度副词、范围副词、语气副词进行了细致的研究,从共时层面描写副词在八部文献中的使用情形,分类考察了核心副词的演变;揭示各小类副词在语义来源方面的共性和规律。后者选取中古时期的笔记小说、史书、汉译佛经等不同语料对中古汉语中的语气副词进行了较全面的探究,并对其中的新兴语气副词和特殊语气副词进行了历时考察,共时研究与历时考察相结合,揭示了中古汉语语气副词的面貌及其时代特色。这些成果在副词的系统性研究方面有了很大的进展,但就整体来看,中古汉语副词数量繁多、系统复杂,对副词系统的演变研究还需进一步深入。此外,专书副词研究也有进展,诸如张艳《〈梁书〉副词研究》(2004)、梅光泽《〈世说新语〉副词研究》(2005)、鲍金华《〈高僧传〉副词研究》(2005)、童健《〈洛阳伽蓝记〉副词研究》(2008)等,多是将共时研究与历时研究相结合,对专书副词进行了系统考察。这种封闭性的副词研究,能更全面地揭示专书副词使用发展的全貌,对于更客观地反映中古汉语时期副词发展的基本面貌和阶段性特征具有重要意义,但研究的广度和深度还需进一步拓展。特别是专书的语料类型及代表性问题,不同专书副词研究的技术路径统一问题等,都还有待形成共识。

《宋书》的副词研究散见于中古汉语词汇和语法研究论著中,诸如柳士镇《魏晋南北朝历史语法》(1992)、董志翘等《中古虚词语法例释》(1994)、蔡镜浩《魏晋南北朝词语例释》(1990)、王云路等《中古汉语语词例释》(1992)、王云路《六朝诗歌语词研究》(1999)等等。万久富《〈宋书〉复音词研究》(2006)对《宋书》"正当""既自""何尝""至乃""并皆""诚实"等不同结构的复音副词进行了探讨,总结了《宋书》复音副词结构的特点。还有一些期刊论文对《宋书》中的一些特殊副词、词尾等作语法视角探索。例如陈虎《〈战国策〉与〈宋书〉副词使用比较》(2010)、任湛明《〈宋书〉中的词尾"家"和"者"》(2011)等等。

陈虎《〈宋书〉副词研究》(2008)和李淑贤《〈宋书〉双音节副词研究》(2010)两篇硕士论文对《宋书》副词进行了专题研究。前者在论文主体部分对《宋书》的副词使用概貌进行了详细的描写,并就其中的新兴单音节副词和双音节副词进行了深入的分析,通过与上古文献《战国策》副词使用情况的对比,揭示了这一时期副词发展的过渡性特点。对"次第""曾经""过于"三个副词的虚化过程进行了探讨。该文也存在一些不足之处:对于副词出现的时代只进行简单的推定,未出书证;相对于双音节副词的研究,新生单音节副词的研究还不够深入,只是列举出新的意义和用法,对其来源及演变未深入;未讨论实词"语法化"成副词的轨迹。后者通过对《宋书》双音节副词的全面描写以及结构类型的分析,揭示了《宋书》副词复音化过程中在结构、词义和用法等方面呈现的不稳定性。不足是,未对《宋书》双音节副词进行细致的历时考察。我们认为《宋书》副词研究需共时和历时研究相结合,对同类副词的发展演变作规律性的考察,以点带面揭示《宋书》副词系统在汉语词汇发展史上的影响。

汉语没有严格意义上的形态变化,语法关系和语法意义的实现主要借助语序和虚词。汉语这一根本特点给汉语词类的明确划分带来了障碍。副词作为汉语词汇系统重要组成部分,其数量大、使用频繁,大部分副词是由实词逐步虚化而来,是汉语词汇史研究的应有之义。但副词研究的基本方面历来争议颇多,主要涉及性质、定义、分类等方面。

关于副词的虚实及其归属问题有三个主要观点:副词是实词(马建忠,黄伯荣、廖序东等);副词是虚词(吕叔湘、朱德熙等);副词是半实半虚的词(王力、郭锡良等)。王力先生《中国现代语法》(1985)指出"副词是介乎虚实之间的一种词。它们不算纯虚,因为它们还能表示程度、范围、时间等;然而它们也不算纯实,因为它们不能单独地表示一种实物,一种实情,或一种实事"[①]。我们比较倾向于此观点。我们认为,从词义引申和词类发展的角度看,汉语不同词性之间存在相对的"虚""实"。在实词中,相对于表示具体事物的名词,表事物动作状态的动词是相对"虚"的,修饰描写事物的形容词也是相对"虚"的,表事物、动作数量的数词、量词,也是相对"虚"的。自然,修饰、说明、辅助动作的副词一定是相对"虚"的,但相对于助词和连词似乎具有更多的实的语法意义以及更"实"的功能,

---

① 见《中国现代语法》第13页。

我们可以视作相对的"实"。因而判断副词的虚实，主要看跟什么词类进行比较。由于通常意义上的虚词很多是由实词虚化而来，相对于名词，副词已是虚化后的结果，我们只要认清这一点，便可以对副词本身进行语法探讨，而不必过度在意它是"实"是"虚"，或者是"半实半虚"。

关于副词的定义。马建忠《马氏文通》(2010)将副词名为"状字"，认为"凡实字以貌动静之容者，曰状字[①]。"即马氏认为凡是描绘动词性状的成分称为"状字"。陈承泽《国文法草创》(1982)将副词名为"副字"，认为："副字乃限制或修饰动字、象字或其他副字之字也。"[②]"副字"即"副词"。认为副词可修饰动词、形容词或其他副词。黎锦熙《新著国语文法》(2007)首次提出了"副词"这一名称，他将副词归入"区别词"一类，并定义为"副词是就事物的动作、形态、性质等，再加以区别或限制的"[③]。是说副词区别或限制事物的动作、形态、性质等，也就是说副词修饰动词、形容词或副词。王力《中国现代语法》(1985)认为"凡词，仅能表示程度、范围、时间、可能性、否定作用等，不能单独指称实物、实情或实事者，叫做副词"[④]。这是从语法意义类别来剖析副词的。吕叔湘《现代汉语八百词》(2017)认为"副词的主要用途是做状语，修饰动词、形容词或者修饰整个句子"[⑤]。这是从语法功能角度对副词可作的句子成分进行分析，即副词做状语，修饰动词、形容词或整个句子。张谊生《现代汉语副词研究》(2000)将现代汉语副词的定义明确为"副词是主要充当状语，一部分可以充当句首修饰语或补语，在特定条件下一部分还可以充当高层谓语或准定语的具有限制、描摹、评注、连接等功能的半开放类词"[⑥]。主要是着眼于副词的语法功能，认为副词可以作状语、补语。

汉语教材对于副词的定义也不尽相同：郭锡良《古代汉语》(2014)认为"副词是一种半实半虚的词，它们能表示行为、动作、性质、状态的程度、范围、时间、可能性、情态和否定作用等"[⑦]。黄伯荣、廖序东《现代汉语》(下册)(2013)："副词限制、修饰动词、形容词性词语，表示程度、范围、时间等意义。"[⑧]胡裕树《现代汉

---

① 见《马氏文通》第 15 页。
② 见《国文法草创》第 43 页。
③ 见《新著国语文法》第 23 页。
④ 见《中国现代语法》第 18 页。
⑤ 见《现代汉语八百词》第 18 页。
⑥ 见《现代汉语副词研究》第 10 页。
⑦ 见《古代汉语》第 306 页。
⑧ 见《现代汉语》(下册)第 18 页。

语》(1984)给副词的定义则为"副词的主要语法功能是修饰动词或形容词,但不能修饰名词"①。《现代汉语词典》对副词的定义为"修饰或限制动词和形容词,表示范围、程度等,而一般不能修饰限制名词的词,如'都、只、再三、屡次、很、更、越、也、还、不、竟然、居然'等"②。

综合各家观点,我们认为给副词下定义应着眼副词的语法意义和语法功能,语法意义涉及副词的分类,而语法功能则是指在句子中担当的成分,即所起的作用。从汉语史的角度探讨,副词的语法意义和语法功能呈现动态发展的特点。副词可以定义为：表示程度、范围、时间、情态等意义,语法意义相对虚的一类词,主要充当状语(含句首修饰语)和补语。

关于副词的分类,由于副词的性质和定义众说纷纭,所以副词的分类也是言人人殊、莫衷一是。马建忠《马氏文通》(2010)将"状字"分为六类:以指事物之成处者、以计事成之时者、以言事之如何成者、以度事成之有如许者、以决事之然与不然者、以传疑难不定之状者。③ 陈承泽《国文法草创》(1982)分为限止副字、修饰副字、疑问副字等三类。黎锦熙《新著国语文法》(2007)分为时间副词、地位副词④、性态副词、数量副词、否定副词、疑问副词等六类。杨树达《高等国文法》(2007)分为表态副词、表数副词、表时副词、表地副词⑤、否定副词、询问副词、传疑副词、应对副词、命令副词、敬让副词等十类。王力《中国语法理论》(2015)分为程度副词、范围副词、时间副词、方式副词、可能性和必要性副词、否定副词、语气副词、关系副词等八类。吕叔湘《中国文法要略》(2014)将副词等同于限制词,分为方所副词、时间副词、动态动相副词、程度副词、判断副词、否定副词、一般副词等七类,其《现代汉语八百词》(2017)则分为范围副词、语气副词、否定副词、时间副词、情态副词、程度副词、处所副词、疑问副词等八类。郭锡良《古代汉语》(2014)分为程度副词、范围副词、时间副词、情态副词、否定副词、表敬副词等六类。黄伯荣、廖序东《现代汉语》(2013)分为表示程度,表示范围,表示时间、频率,表示处所,表示肯定、否定,表示情态、方式,表示语气等七类。杨伯峻等《古汉语语法及其发展》(2016)分为时间副词、程度副词、状态副词、范围副词、否定

---

① 见《现代汉语》第 301 页。
② 第 7 版。
③ 见《马氏文通》第 234—247 页。
④ 我们认为此中所说的"地位副词"属于名词作状语的词类活用情形。
⑤ "表地副词"也属于名词作状语的词类活用情形。

副词、疑问副词、推度副词、判断副词、连接副词、劝令副词、谦敬副词等十一类。朱德熙《语法讲义》(2016)分为重叠式副词、范围副词、程度副词、时间副词、否定副词等五类。显然,这里的"重叠式副词"分类是欠妥的,"重叠式"是从结构上的分类,而"范围、程度、时间"等是从语法意义的角度进行的分类,且重叠式副词中的词可以分到其他各个类别之中。胡裕树《现代汉语》(1984)分为程度副词、情状副词、时间和频度副词、范围副词、否定副词、语气副词等六类。张斌《现代汉语》(2002)分为程度副词、范围副词、时间副词、情态副词、否定副词、语气副词等六类。邢福义《现代汉语》(2011)分为程度副词、范围副词、时间副词、频率副词、否定副词、语气副词、关联副词等七类。邵敬敏《现代汉语通论》(2007)分为程度副词、范围副词、时间副词、否定副词、语气副词等五类。

综合各家观点,对照中古副词实际,我们将《宋书》副词分为范围副词、程度副词、时间副词、情态副词、语气副词、否定副词、谦敬副词等七类。[①]

第二节 《宋书》中的范围副词

据我们调查,《宋书》共有副词448个,其中单音节副词217个,双音节副词231个。限于篇幅下面仅对《宋书》范围副词的整体面貌进行全面系统的描写和讨论。

范围副词是对谓语动作行为所表示的范围进行修饰或限制的一类词,一般作状语。《宋书》共有范围副词73个,其中单音节范围副词44个,双音节范围副词29个。根据意义,可细分表总括、表统计、表限止、表普遍、表协同等五类。

一、表总括

这类范围副词通常是对语义涉及对象的范围的大或数量的多进行修饰,表示"全部、都"的意义,共有33个。单音节的有:率、咸、悉、佥、皆、并₁[②]、一、普₁、

[①] 谦敬副词讨论见"《宋书》的谦敬语词"一章。否定副词"不办"讨论见"《宋书》中的时代特色语词"一章。

[②] 下标数字用以区分同一个词属于不同副词类别的情形,余同。

毕、具/俱₁、全₁、遍、备、尽、总、都₁、略，共 18 个；双音节的有：普皆/并皆、咸皆、悉皆/皆悉、悉自/皆自、皆复、皆共、率皆、一皆、略皆、并悉、咸悉、咸共，共 15 个。单音节的除"总、都₁、略"外，均已见于上古汉语；双音节的均属中古新生副词。

（一）单音节

率(shuài)①

臣识愧前良，理谢先哲，率举所知，仰酬采访，退惧瞽言，无足甄奖。（卷六十一·武三王列传）

无礼义忠信，焉虑率用赏庆、刑罚、埶诈，除厄其下，获其功用而已矣。（荀子·议兵）

咸

高祖乃选敢死之士数百人，咸脱甲胄，执短兵，并鼓噪而出。（卷一·武帝纪上）

首出庶物，万国咸宁。（周易·乾卦）

悉

设伏兵于南岸，使羸老悉乘舟舰向白石。（卷一·武帝纪上）

王曰："格尔众庶，悉听朕言。"（尚书·汤誓）

佥(qiān)

是年春，虏攻悬瓠②，太祖将大举北讨，朝士佥同，莫或异议。（卷七十八·萧思话列传）

帝曰："畴若予上下草木鸟兽？"佥曰："益哉！"（尚书·舜典）

皆

户竞战心，人含锐志，皆欲赢粮请奋③，释纬乘城。（卷七十·袁淑列传）

---

① 上古已出现的，则第二例出上古书证；上古未出现的，出两例《宋书》书证。余同。
② 悬瓠：古城名。在今河南汝南。东晋南北朝时兵争要地。
③ 赢粮请奋：赢粮，携带粮食。请奋，奋勇争先。

天地解而雷雨作,雷雨作而百果草木皆甲坼①。(周易·解卦)

并②

尉自送钱与之,家人并不在,唯太妃在家,时年十二三。(卷四十一·后妃列传)

王明,并③受其福。(周易·井卦)

一

后世若有幼主,朝事一委宰相,母后不烦临朝。(卷三·武帝纪下)
王事适我,政事一埤益我。(诗经·邶风·北门)

普₁④

八月辛未,武皇帝旧役军身,尝在斋内,人身犹存者,普赐解户。(卷六·孝武帝纪)
普施明法。(史记·秦始皇本纪)

毕

尤为高祖所狎,上尝于内殿宴饮,朝贵毕至,唯不召(郑)鲜之。(卷六十四·郑鲜之列传)
若有疾,惟民其毕弃咎。(尚书·康诰)

具/俱⑤

其输违旧令,役非公限者,并即蠲改,具条⑥以闻。(卷九·后废帝纪)
岂伊异人,兄弟具来。(诗经·小雅·頍弁)

(郭)原平曰:"普天大旱,百姓俱困,岂可⑦减溉田之水,以通运瓜之

---

① 甲坼(chè):草木发芽时种子外皮裂开。
② "并"兼有"共同"义和"同时"义,分属范围副词和时间副词。
③ 王引之《经义述闻·周易上》:"并之言普也,遍也。谓天下普受其福也。"
④ "普"兼有"普遍"义,表数量多,属范围副词。
⑤ "具"与"俱"属古今字问题。"俱"兼有"共同"义,属范围副词。
⑥ 条:作动词,分列条目。
⑦ 岂可:是否可以。

船。"（卷九十一·孝义列传）

羿善射，奡①荡舟，俱不得其死然。（论语·宪问）

全②

神道芒昧，乃不可全信，然前后相准，略亦不无仿佛。（卷七十二·文九王列传）

诊病决死生，能全③无失乎？（史记·扁鹊仓公列传）

遍

使四海之内，遍知至德之盛而光辉日新者，礼乐之谓也。（卷十九·乐志一）

三者之属，一足以削，遍而有者，亡矣。（管子·中匡）

备

片文只事，鸿纤备举。（卷十一·律历志上）

险阻艰难，备尝之矣。（左传·僖公二十八年）

尽

吾今所遣斗兵，尽非我国人，城东北是丁零与胡，南是三秦氏、羌。（卷七十四·臧质列传）

重我民，无尽刘④。（尚书·盘庚上）

总

凡兵事，总谓之戎。（卷十八·礼志五）

祖宗庙乐，总以德为名。（卷十九·乐志一）

---

① 奡（ào）：传说是夏代寒浞的儿子。
② "全"兼有"极"义，属程度副词。
③ 此句中的"全"或可译为"保全"，是说："（你）给人看病决断生死，能够保全病人没有失误吗？"我们认为此处的"全"可理解为由表"保全"义向表"完全、都"义引申过程中的过渡阶段。可以肯定的是，南北朝时期已出现"全"作范围副词的用法。《汉语大词典》首出用例为唐和凝《望梅花》词："春草全无消息，腊雪犹馀踪迹。"书证迟后。
④ 《尔雅·释诂》："刘，杀也。"

都①

臣比陈愚见,便是都无可采,徒烦天听,愧怍反侧。(卷六十·范泰列传)

持盈畏满,自是家门旧风,何为一旦落漠至此,当局苦迷,将不然邪! 讵容都不先闻,或可不知耳。(卷六十二·王微列传)

略

众散略尽,乃携其弟遯、兄子世基等七骑北走。(卷四十四·谢晦列传)

臣览历书,古今略备,至如此说,所未前闻,远乖旧准,近背天数,求之愚情,窃所深惑。(卷十三·律历志下)

(二) 双音节

普皆/并皆②

宋武帝永初二年,普禁淫祀。由是蒋子文祠以下,普皆毁绝。(卷十七·礼志四)

世祖旧臣故佐,普皆升显,(沈)伯玉自守私门,朔望未尝问讯。(卷一百·自序)

今《志》自郊庙以下,凡诸乐章,非淫哇之辞③,并皆详载。(卷十一·律历志上)

(江)秉之少孤,弟妹七人,并皆幼稚,抚育姻娶,罄其心力。(卷九十二·良吏列传)

咸皆

吾徒咸皆富贵,则檀不应独殊。(卷一·武帝纪上)

关中诸义徒并处处锋起,四山羌、胡咸皆请奋。(卷七十七·柳元景列传)

---

① 《汉语大词典》首出书证为《列子·周穆王》:"莫知其所施为也,而积年之疾一朝都除。"由于《列子》成书年代存在争议,因此我们将"都"认定为中古新生范围副词。"都"兼有"竟然"义,属语气副词。

② "普""并"双声同源。

③ 淫哇之辞:即"淫邪之词"。

悉皆/皆悉

原除①江州逋债,其有课非常调、役为民蠹者,悉皆蠲停。(卷九·后废帝纪)

凡诸逃亡,在今昧爽②以前,悉皆原赦;已滞囹圄者,释还本役;其逋负在大明三年以前,一赐原停。(卷六·孝武帝纪)

凡诸求利,皆悉如此,百姓嗷然,不复堪命。(卷七十二·文九王列传)

城内东兵不过二千,凡蜀人惠开疑之,皆悉遣出。(卷八十七·萧惠开列传)

悉自/皆自/皆复

爽唯第三弟在北,余家属悉自随,率部曲及愿从合千余家奔汝南。(卷七十四·鲁爽列传)

惟愿大王圣体和善,群臣百官,悉自安隐。(卷九十七·夷蛮列传)

自淮、泗遂及京都,数日之间,百姓惊扰,人人皆自云已得虫病。(卷三十一·五行志二)

陛下昧旦丕显③,求民之瘼……百姓禽然,皆自以为遇其时也。(卷六十·范泰列传)

又戍淹徭久,妻老嗣绝,及淫奔所孕,皆复不收。(卷八十二·周朗列传)

皆共

每出市卖物,人问几钱,裁言其半,如此积时,邑人皆共识悉,辄加本价与之。(卷九十一·孝义列传)

---

① 原除:赦免、免除。
② 昧爽:古语词。即"黎明"。《说文解字注》除释"昧"常用义"一曰暗也",只以"昧爽"组词代替释义。我们认为"昧"直接解释为"没",意义豁朗。
③ 昧旦丕显:昧旦,天色未亮时。丕显,显扬,光大。天不亮就起床,思考如何光大自己的德业。形容为政勤劳辛苦。

既至牙下,据鞍顾望,太尉江夏王义恭与诸王皆共临视之。(卷九十九·二凶列传)

率皆

校之何承天等六家之历,虽六元不同,分章或异,至今所差,或三日,或二日数时,考其远近,率皆六国及秦时有人所造。(卷十二·律历志中)

国王相承,未尝断绝,国中人民,率皆修善,诸国来集,共遵道法,诸寺舍子,皆七宝形像,众妙供具,如先王法。(卷九十七·夷蛮列传)

一皆

其夜,上出华林园延贤堂召景仁,犹称脚疾,小床舆以就坐,诛讨处分,一皆委之。(卷六十三·殷景仁列传)

僚佐文学,足充话言,游梁之徒①,一皆勿许。(卷六十一·武三王列传)

略皆

少知书,领军将军沈演之使写"起居注",所写既毕,暗诵略②皆上口。(卷八十三·吴喜列传)

并悉

三月乙丑,淮南太守诸葛阐求减俸禄同内百官,于是州及郡县丞尉并悉同减。(卷五·文帝纪)

诏慕璝南国将士昔没在佛佛③者,并悉致。(卷九十六·鲜卑吐谷浑列传)

咸悉

辛巳,车驾幸廷尉寺,凡囚系咸悉原遣。(卷六·孝武帝纪)

---

① 游梁之徒:游手好闲之徒。
② 略,具"全"义。同义复合。
③ 佛佛:南北朝时,夏主赫连勃勃,南朝称其为"佛佛"。

咸共

及置东秦州,父老知无复经略①陇右、固关中之意,咸共叹息。而佛佛虏寇逼交至。(卷六十一·武三王列传)

母亡,负土成坟,亲戚咸共赒助,微有所受。(卷九十一·孝义列传)

二、表共计

这类范围副词通常是对范围内数量的总和的概括,表示"总共"的意思。有两个单音节副词:凡、合,其中"凡"已见于上古汉语,"合"属中古新生副词。

凡

八月辛卯,太尉齐王表断奇饰丽服,凡十有四条。(卷十·顺帝纪)

乃命卜筮:曰雨,曰霁,曰蒙,曰驿,曰克,曰贞,曰悔,凡七。(尚书·洪范)

合

(桓)玄闻(皇甫)敷等并没,愈惧,使桓谦屯东陵口,卞范之屯覆舟山西,众合二万。(卷一·武帝纪上)

臣又以为二万人岁食米四十八万斛,五年合须米二百四十万斛,既理不容有,恐事难称言。(卷八十六·刘勔列传)

三、表限止

这类范围副词通常是对语义涉及对象的范围或数量进行限制,言其小或少,表示"仅、只;唯独"的意思,共有 18 个。单音节的有:但、唯/惟/维、独、裁、止/只、直/特、徒、正/政,共 13 个;双音节的有:唯独、但止、正当/政当/唯当,共 5 个。"正/政""但止""正当/政当/唯当"为中古新生副词。

---

① 经略:有"策划、处理"义,这里可译为"治理、控制"。

(一) 单音节

但

> 而今长史、掾属,但著朱服而已,此则公违明文,积习成谬。(卷十八·礼志五)
> 天子所以贵者,但以闻声,群臣莫得见其面,故号曰"朕"。(史记·李斯列传)

唯/惟/维

> 兄弟分财,昙首唯取图书而已。(卷六十三·王昙首列传)
> 知进退存亡而不失其正者,其唯圣人乎?(周易·乾卦)

> 既扬部分析,境极江南,考之汉域,惟丹阳、会稽而已。(卷五十四·沈昙庆列传)
> 子谓颜渊曰:"用之则行,舍之则藏,惟我与尔有是夫!"(论语·述而)

> 维天之命,于穆不已。(卷二十·乐志二)
> 昔者江出于岷山,其始出也,其源可以滥觞,及其至江之津也,不放舟,不避风,则不可涉也,非维下流水多邪?(荀子·子道)

独

> 江东无我,卿当独秀。我若无卿,亦一时之杰也。(卷八十五·谢庄列传)
> 大夫不均,我从事独贤。(诗经·小雅·北山)

裁

> 二日一夜,裁行十许里。(卷九十五·索虏列传)
> 寡人蛮夷辟处,虽大男子,裁如婴儿,言不足以求正,谋不足以决事。(战国策·燕策)

止/只

> 诸子旦问起居,入阁脱公服,止著裙帽,如家人之礼。(卷三·武帝纪下)

止可以一宿,而不可久处。(庄子·天运)

所以枕戈泣血,只以兄弟之仇尔。(卷七十九·文五王列传)
如此臣者,唯圣王智主能禁之,若夫昏乱之君,能见之乎?(韩非子·说疑)

直①/特②

臣虽得免墙面,书不入于学伍,行无悠戾,自无近于才能,直以荫托门世,夙列荣齿。(卷七十五·王僧达列传)
直不百步耳,是亦走也。(孟子·梁惠王上)

考太祖武皇帝特一庙百世不毁,然则所祠止于亲庙四室也。(卷十六·礼志三)
故先王之制礼乐也,非特以欢耳目极口腹之欲也。(吕氏春秋·适音)

徒③

此诸将并起自竖夫,出于皂隶刍牧之下,徒以心一乎主,故能奋其鳞翼。(卷四十九·虞丘进列传)
王如用予,则岂徒齐民安,天下之民举安。(孟子·公孙丑下)

正④/政

裕今此举,非有怨憎,正以臣王室之干,位居藩岳,时贤既尽,唯臣独存,规以翦灭,成其篡杀。(卷二·武帝纪中)
昔事故之前,军器正用铠而已,至于袍袄裲裆,必俟战阵,实在库藏,永无损毁。(卷五十六·孔琳之列传)

观头使人言语,不敢便望仇池公,所希政在西秦州假节而已。(卷九十八·氐胡列传)
常谓子弟曰:"吾处世无才能,政图作大老子耳。"(卷五十四·沈昙庆列传)

---

① "直"兼有"直接"义,属情态副词。
② "特"兼有"非常"义,属程度副词。
③ "徒"兼有"徒然"义,属情态副词。
④ "正"兼有"正好"义,属情态副词。

（二）双音节

唯独

至于陛下受命践阼，弘建大业，群生仰流，唯独江湖沅湘之表，凶桀负固，历代不宾。（卷十六·礼志三）

齐城之不下者，唯独莒、即墨。（战国策·燕策）

但止

律文虽不显民杀官长之旨，若值赦，但止徙送，便与悠悠①杀人曾无一异。（卷八十一·刘秀之列传）

正当/政当/唯当②

（孔）琳之谓曰："我触忤宰相，正当罪止一身尔，汝必不应从坐，何须勤勤邪！"（卷五十六·孔琳之列传）

虑不复自保，但尽忠奉国，始终以之，正当委天任命耳。（卷五十七·蔡廓列传附兴宗）

政当岸上作军，未办便下船也。（卷四十五·王镇恶列传）

政当云与殷景仁不失其旧，与刘湛亦复不疏。（卷五十三·庚登之列传附炳之）

有疾还江陵，叹曰："老疾俱至，名山恐难遍睹，唯当澄怀观道，卧以游之。"（卷九十三·隐逸列传）

君既是国家罪人，强雠又在乡里，唯当见随还京，可得无恙。（卷一百·自序）

四、表普遍

这类范围副词通常也是对语义涉及对象的范围或数量进行修饰，表示涉

---

① 悠悠：指"随意"。
② 并为附加式合成词，"当"是此期新生词尾。

及的方面广、范围大、普遍,共有 10 个。单音节的有 4 个:普、广、博、泛,意义为"全面地、普遍地、广泛地";双音节的有 6 个:大抵、大体、大率、大都、大较、大举,均可释为"大体上;大部分;大规模地"。其中"大都、大较、大举"属中古新生副词。

(一)单音节

普₂

  请兴复国学,以训胄子;班下州郡,普修乡校。(卷十四·礼志一)
  见龙在田,德施普也。(周易·乾卦)

广

  巡方问俗,弘政所先,可分遣大使,广求民瘼,考守宰之良,采衡间之善。(卷八·明帝纪)
  夫彻于一事,察于一辞,审于一技,可以曲说,而未可广应也。(淮南子·泰族训)

博

  刘向《鸿范》,始自《春秋》;刘歆《七略》,儒墨异部,朱赣博采风谣,尤为详洽。(卷十一·志序)
  博学之,审问之。(礼记·中庸)

泛

  (羊)欣少靖默,无竞于人,美言笑,善容止。泛览经籍,尤长隶书。(卷六十二·羊欣列传)
  疑狱,泛与众共之。众疑,赦之。(礼记·王制)

(二)双音节

大抵

  爰自汉元,迄乎有晋,虽时或更制,大抵相因,为不袭名号而已。(卷十九·乐志一)

《诗》三百篇,大抵贤圣发愤之所为作也。(史记·太史公自序)

大体

参议,(虞)龢议大体与爰不异,宜以爰议为允。(卷十七·礼志四)

山东食海盐,山西食盐卤,领南、沙北固往往出盐,大体如此矣。(史记·货殖列传)

大率

凡五星行天,迟疾留逆,虽大率有常,至犯守逆顺,难以术推。(卷十二·律历志中)

于是商贾中家以上大率破。(史记·平准书)

大都

大都为人好率怀①行事,有诸纭纭,不悉可晓。(卷五十三·庾登之列传附炳之)

(殷)恒妻虽是传闻之僻,大都非可骇异。(卷八十五·王景文列传)

大较②

今志大较以大明八年为正,其后分派,随事记列。(卷三十五·州郡志一)

文患其事尽于形,情急于藻,义牵其旨,韵移其意。虽时有能者,大较多不免此累,政可类工巧图缋,竟无得也。(卷六十九·范晔列传)

大举

太祖欲大举北伐,康祖以岁月已晚,请待明年。(卷五十·刘康祖列传)

及大举北征,以(王)玄谟为宁朔将军,前锋入河,受辅国将军萧斌节度。(卷七十六·王玄谟列传)

---

① 率怀:任意、随性。
② "大较"兼有"大概"义,属语气副词,表"揣度"。

五、表偕同

这类范围副词通常是对动作行为发生的主体进行限制,强调动作由多个主体共同发出,表示"一起、共同"的意思,共有 9 个。单音节的有:并、共、俱、偕、齐,共 5 个;双音节的有 4 个:相与、同共、并同、通共。"齐""同共""并同""通共"属中古新生副词。

(一)单音节

并

中书舍人狄当、周赳并管要务,以(张)敷同省名家,欲诣之。(卷四十六·张邵列传)

贤者与民并耕而食。(孟子·滕文公上)

共

逆旅姬曰:"刘郎在室内,可入共饮酒。"(卷二十七·符瑞志上)

少事长,贱事贵,共帅时①。(礼记·内则)

俱

义康出藩,湛伏诛,以炳之为尚书吏部郎,与右卫将军沈演之俱参机密。(卷五十三·庾登之列传附炳之)

虽与之俱学,弗若之矣。(孟子·告子上)

偕

卢植、郑玄偕学马融,人各名象。(卷五十五·傅隆列传)

亢龙有悔,与时偕极②。(周易·乾卦)

齐

(王)元德、(童)厚之谋于京邑,聚众攻(桓)玄,并克期齐发。(卷一·武

---

① 帅,遵循。时,同"是",此。
② 西晋王弼注:"与时运俱终极。"

帝纪上）

伏愿陛下留须臾之鉴,垂永代之计,发不世之诏,施必行之典,则氓隶齐欢,高卑同泰。(卷九·后废帝纪)

(二) 双音节

相与①

明旦便当行大事,望相与戮力。(卷七十·袁淑列传)

咸池、九韶之乐,张之洞庭之野,鸟闻之而飞,兽闻之而走,鱼闻之而下入,人卒闻之,相与还而观之。(庄子·至乐)

同共

褚湛之携二子与檀和之同共归顺。(卷九十九·二凶列传)

(卢)循党徐道覆还保始兴,(沈)田子复与右将军刘藩同共攻讨。(卷一百·自序)

并同

于是与弟(刘)道规……并同义谋。(卷一·武帝纪上)

南中郎亲率义师,剪讨元恶,司徒、臧冠军并同大举,舳舻千里,购赏之利备之。(卷七十七·柳元景列传)

通共

戊申,诏曰:"自顷军役殷兴,国用增广,资储不给,百度尚繁。宜存简约,以应事实。内外可通共详思,务令节俭。"(卷五·文帝纪)

通过对《宋书》范围副词的分类描写及其汉语词汇史角度的词形、词义探讨,我们的初步认识如下:

关于《宋书》范围副词发展的时代性。《宋书》范围副词发展具有过渡特征,呈现出明显的继承性和发展性。新生副词中以双音节副词为主,部分双音节副词具有临时组合的短语特征,出现了同素异序现象,如"悉皆/皆悉"等。同素异

---

① "相与"兼有"相互"义,属情态副词。

序词的存在,跟短语向复音词的发展有很大的关系,是由不定型的词组向定型的复音词发展过程中的必经阶段。王云路《六朝诗歌语词研究》(1999)早已指出"同素异序复音词可以反映联合式复合词形成早期阶段内部结构的不稳固性"①。这也正说明了这一时期复音词发展的过渡性。数量众多、形式多样的双音节范围副词的广泛使用,表现出中古汉语中期词汇复音化的特点。受到语言使用经济性原则的制约以及词汇内部的优胜劣汰,多数词未沿用至现代汉语。

《宋书》范围副词发展的系统性和偶然性并存。《宋书》范围副词发展表现出显著的系统性,如由常用单音节词组合而成的范围副词有"普皆/并皆、咸皆、悉皆/皆悉、皆共、率皆、一皆/壹皆、并悉、咸悉、咸共、略皆"等,聚合特点明显。单音词作为语素的组合能力极强。再有,"略皆、咸悉"在《宋书》中只各出现1例。而同期其他文献则不乏其例,诸如:《南史·梁宗室列传上》:"聚书至三万卷,披翫不倦,尤好《东观汉记》,略皆诵忆。"《梁书·儒林列传》:"(何)佟之少好《三礼》,师心独学,强力专精,手不辍卷,读《礼》论三百篇,略皆上口。"《南史·宋宗室及诸王列传下》:"诏称其自杀,宥其二子,并全封爵。"《魏书·郭祚列传》:"或人用小劣,处官济事,并全无负殿之徒为依何第?"《周书·韩褒列传》:"旬日之间,诸盗咸悉首尽。"《南史·循吏列传》:"东昏时杂调咸悉除省,于是四海之内始得息肩。"

《宋书》范围副词的兼类。《宋书》中的范围副词往往又兼其他类副词或其他义范围副词,诸如:表"偕同"义的"大较"兼作语气副词;表"偕同"义的"相与"兼作情态副词;表"限止"义的"直"兼作情态副词;表"限止"义的"特"兼作程度副词;表"总括"义的"普₁"兼作范围副词;表"限止"义的"徒"兼作情态副词;表"限止"义的"正"兼作情态副词,等等。兼类的副词又反映了副词的一词多义特点,诸如"全"兼表"都"和"最"、"都"兼表"全部"和"竟然"、"正"兼表"仅、只"和"恰逢"、"徒"兼表"仅、只"和"徒然"、"大较"兼表"大部分"和"大概"、"并""俱"均兼表"都""一起"和"同时"等等。这一特点或许正反映了副词发展阶段语法意义和语法功能的不确定性以及副词修饰功能的强大。②

《宋书》新生双音节范围副词的组合特征。《宋书》新生双音节副词的结构形式有联合式、附加式、偏正式、主谓式等,其中以"联合式"和"附加式"为主。从单个双音节范围副词的内部看,联合式结构中多以上古汉语常用单音节副词作为

---

① 见王云路《六朝诗歌语词研究》18 页。
② 副,具"辅助"义,见《广韵·四十九宥》:"貳也,佐也。"

构词语素，它们的构词能力强且比较灵活，单音节范围副词使用频次越高，它的构词能力就越强。如"皆"是《宋书》中使用频率最高的单音节范围副词，约 1115 例，由它作为构词语素构成的双音节范围副词就有普皆/並皆、咸皆、悉皆、皆悉、皆共、率皆、一皆、壹皆、皆复、皆自、略皆等。而范围副词"普"在《宋书》中约 40 例，其作为语素构成的词则只有"普皆"一例。

《宋书》范围副词复音化发展与文学思潮和文学样式发展的关系。魏晋南北朝时期，古代文学进入自觉阶段，文学创作注重个人的情感表达，体现出自觉的审美个性追求，语言的使用也是不守成规，面貌一新。一方面，文学创作呈现出明显的尊古倾向，用典成为普遍使用的修辞方式，反映在语言上则是大量承古词、雅言词的使用，而《诗经》衬字的使用对此期"词尾"的产生和使用也具有一定影响。另一方面，汉赋辞藻华美的审美追求，修辞上需要铺陈、堆砌同义词，使得同义连用成为最经济且最常见的构词方式。

第三节 《宋书》副词的新词新义举例

一、《宋书》副词的新义举例

总

祖宗庙乐，总以德为名。（卷十九·乐志一）
凡兵事，总谓之戎。（卷十八·礼志五）

总，表示"都"，范围副词。《说文·糸部》："总，聚束也，从糸悤声。"清段玉裁注："谓聚而缚之也。悤有散意，糸以束之。《礼经》之总，束发也；《禹贡》之总，禾束也。引申之，为凡兼综之称。""总"本义为"聚合"，是动词，如《尚书·盘庚》："今我既羞告尔于朕志，若否，罔有弗钦。无总于货宝，生生自庸。"此期"总"表"都"是由"聚合"义引申而来。清刘淇《助字辨略》即指出："《唐韵》云：'合也，皆也。'愚案：统也，都、凡之辞也。"据刘淇按语，唐时"总"已是成熟的范围副词。"都"义在中古中期是新生义。同时期其他用例有如：

寻下之奉上，可以尽礼，上之接下，慈而非敬。今总同敬名，将不为昧？

(南齐书·卷二十一·文惠太子列传)

依春秋成风,定姒之义,宜崇典礼,不得总称妾名,於是称成侯命妇。(三国志·卷二十八·魏书二十八·钟会传裴松之注)

两例中新生义,尚处于动词向副词发展的过渡状态,释作"合起来"或"全都"似乎都可以。

劣

(刘)德愿善御车,尝立两柱,使其中劣通车轴,乃于百余步上振辔长驱,未至数尺,打牛奔从柱间直过,其精如此。(卷四十五·刘怀慎列传)

朕当时惶骇,五内崩坠,于其语次,劣得小止。(卷七十九·文五王列传)

劣。表示"仅、只",范围副词。清刘淇《助字辨略》:"《广韵》云:'少也。'愚案:仅也。"杨树达《词诠》:"表态副词,仅也。"《说文·力部》:"劣,弱也。从力少声。"清段玉裁注:"弱者,桡也。从力少,会意。""劣"本义为"弱、小",西汉扬雄《法言》:"曰:知圣而不能用也,可得闻乎?曰:用之则宜从之,从之则弃其所习,逆其所顺,强其所劣,捐其所能,冲冲如也。""劣"由本义引申出"不好,差",此义为"劣"的上古汉语常用义,也是保留在现代汉语中的常用义。表限止的"劣"当得义于"少",进一步引申为"仅"义。这种用法始见于中古早期[①],如东汉王充《论衡·量知》:"贫人与富人,俱赍钱百,并为赙礼死哀之家。知之者知贫人劣能共百,以为富人饶羡有奇余也;不知之者,见钱俱百,以为财货贫富皆若一也。"此期普遍使用,其他用例有如:

致之有由,从身上来也。汝今壮年,自勤数倍许胜,劣及吾耳。(南齐书·卷三十三·王僧虔列传附寂)

中以木为偏桥,劣得通行,亦言故有偏桥之名矣。(水经注·卷十·浊漳水)

释鞍就穴直上,可百余仞,石路逶迤,劣通单步,僵尸倚窟,枯骨尚全,唯无肤发而已。(水经注·卷十七·渭水)

而师鲍昭终不及"日中市朝满",学谢朓劣得"黄鸟度青枝"。(梁书·卷四十九·文学列传上)

[①] 本节所指新词新义,一般指中古时期出现的新义或新词,不局限于中古中期。

雅

德灵雅有姿色,为义宗所爱宠,本会稽郡吏。(卷五十一·宗室列传)

(蔡)景玄雅有父风,为中书郎,晋陵太守,太尉从事中郎。(卷五十七·蔡廓列传附兴宗)

雅,表示"很,非常",程度副词。清刘淇《助字辨略》:"《世说》:'刘尹先推谢镇西。谢后雅重刘。'此雅字,犹云极也。"杨树达《词诠》:"表态副词,颇也,甚也。"《说文·隹部》:"雅,楚乌也。一名鸒,一名卑居。秦谓之雅。从隹牙声。""雅"本义为乌鸦,上古常用义为"正",如《诗序》:"言天下之事,形四方之风,谓之雅。雅者,正也。"由"正"再引申为"高雅",如《楚辞·大招》:"容则秀雅,稚朱颜只。"据《说文解字·隹部》清段玉裁注:"雅之训,亦云素也,正也,皆属假借。""雅"表"素"①、"正"属假借义,则表程度的"甚、很"义自然也与本义无关。新生义,此期其他用例有如:

(纪)僧真容貌言吐,雅有士风。(南齐书·卷五十六·幸臣列传)

(任)昉雅善属文,尤长载笔,才思无穷,当世王公表奏,莫不请焉。(梁书·卷十四·任昉列传)

少俊爽,能属文,举止风流,雅有巧思,妙达音乐,兼善丹青。(梁书·卷四十四·太宗十一王列传)

时晋公护执政,雅相亲委,赏罚之际,皆得预焉。(周书·卷十二·齐炀王宪列传)

粗(觕)

臣兄子谯王文思,虽年少常人,粗免咎悔,性好交游,未知防远,群丑交构,为其风声。(卷二·武帝纪中)

昔贾逵略见其差,刘洪觕著其术,至于疏密之数,莫究其极。(卷十三·律历志下)

粗(觕),表示"稍微、略微",程度副词。《说文·米部》:"粗,疏也。"清段玉裁注:"《大雅》:'彼疏斯粺。'笺云:'疏,麤也。谓粝米也。'麤,即粗。""按,引申叚借之,凡物不精者,皆谓之粗。""粗"本义为"粗粮",引申出"不精、粗略"义,如《荀子·

---

① "向来"义。

正名》:"故愚者之言,芴然而粗。"唐杨倞注:"粗,疏略也。"此形容词义进而引申出"大略"义,副词"粗"表"略微"义当为"大略"义的再引申。中古其他用例有如:

宏尤精信,粗涉义理,宫殿内立浮图。(南齐书・卷五十七・魏虏列传)
微时不学,既贵,粗读书,自谓少文,常慕周勃之器重。(梁书・卷十八・冯道根列传)
今略缉综川流沿注之绪,虽今古异容,本其流俗,粗陈所由。(水经注・卷三十六・桓水)
吾本欲露形入阬,以身亲土,或恐人情染俗来久,顿革理难,今故觕为之制。(晋书・卷五十一・皇甫谧列传)

顿

虽兹法久废,不可顿施,要宜而近,粗相放拟。(卷六十六・何尚之列传)
又常叹宰相顿有数人,是何愤愤,规总威权,不顾国典。(卷四十四・谢晦列传)

顿,表示"一下子、突然",情态副词。清刘淇《助字辨略》:"遽然也。"杨树达《词诠》:"表态副词,遽也,急也。"《说文・页部》:"下首也。"清段玉裁注:"按当作顿首也。""顿首尚急遽""顿"本义为"叩首",引申出"急、遽"义,由动词"语法化"为副词。始见于中古早期,例如张华《博物志》卷十:"人以冷水自渍至膝,可顿啖数十枚瓜。"中古中期其他用例有如:

虽因习未久,事难顿改,而大典之要,深宜损益。(南齐书・卷九・礼志上)
君既不能东封函谷,南向称孤,受制于人,威名顿尽。(梁书・卷五十六・侯景列传)
颇喜游宴、雕绮之事,言常恨之,未能顿遣。(南史・卷四・齐本纪上)
帝曰:"吾不可顿无二人,(沈)林子行则(谢)晦不宜出。"(南史・卷五十七・沈约列传)

寻

时太宗已即位,名长者曰思远,小者曰怀远,寻并卒。(卷七十二・文九

王列传)

寻值丧乱,遗声旧制,莫有记者。(卷十九·乐志一)

寻,表示"不久",时间副词。清刘淇《助字辨略》:"旋也。随也。凡相因而及曰寻,犹今云随即如何也。"杨树达《词诠》:"时间副词,旋也,继起之事与前事相距之时间不甚久时用之。""寻""旋"双声,"寻"表示"不久"得义于"旋",此用法始见于东汉,如《后汉书·邳彤列传》:"彤寻与世祖会信都。"中古习用,其他用例有如:

建武四年,王晏子德元所居帷屏,无故有血洒之,少日而散。晏寻被诛。(南齐书·卷十九·五行志)

南城郡省,度属平昌,寻又省。(南齐书·卷十四·州郡志上)

大统中,乃命苏绰、卢辩依周制改创其事,寻亦置六卿官,然为撰次未成,众务犹归台阁。(周书·卷二·文帝纪下)

毚诛温,即追尉迟氏入宫,初为妃,寻立为皇后。(周书·卷七·宣帝纪)

累

(刘)宋当权,(刘)道景求为伯,(刘)秉曰:"戏此,用汝作州,子外望不足。"(卷五十一·宗室列传)

(刘)穆之中子式之字延叔,通《易》好士。累迁相国中兵参军,太子中舍人,黄门侍郎,宁朔将军,宣城、淮南二郡太守。(卷四十二·刘穆之列传)

累,表示"屡次",时间副词。杨树达《词诠》:"表数副词,屡也。""累"古字为"厽",《说文·厽部》:"絫坯土为墙壁。"清段玉裁注:"絫者,今之累字。土部曰:'一臿土谓之坄。'臿者,今之锹。以锹取田间土块,令方整不散。今里俗云坯头是也,亦谓之版光。累之为墙壁。野外军壁多如是,民家亦如是矣,军壁则谓之垒。象形,像坯土积叠之形。""累"本义为"堆积",引申出"重叠"义,如《楚辞·招魂》:"层台累榭,临高山些。"东汉王逸注:"层、累,皆重也。"又由"重叠"虚化为副词表示"屡次"。中古新生,其他用例有如:

宋世左丞荀伯子弹彭城令张道欣等,坐界劫累发不禽,免道欣等官。(南齐书·卷三十九·陆澄列传)

以无功,累表请解,高祖弗许。(梁书·卷十七·王国珍列传)

永元中,萧遥光、崔慧景乱,累有战功,以勋至前将军。(梁书·卷十七·马仙琕列传)

自神鼎南底,累纪于兹,虔贡虽违,边燧静息,凭心象魏,潜款弥纯。(魏书·卷九·肃宗纪)

复

(孙)皓闻之,意益张,曰:"从大皇帝至朕四世,太平之主,非朕复谁?"(卷三十一·五行志二)

先民谁不死,知命复何忧!(卷二十一·乐志三)

复,表示反诘语气,可译作"还有""又",语气副词。《说文·彳部》:"復,往来也。"上古汉语中"复"的副词义"再",当引申自"往来","复"作语气副词表示反诘语气,可表"还有""又"义,但语义更虚,当是副词"再"义的进一步虚化。中古副词新生义。其他用例有如:

(孙)皓大喜曰:"吴当为九州作都、渚乎!从大皇帝逮孤四世矣,太平之主,非孤复谁?"(三国志·卷四十八·吴书三·三嗣主传裴松之注)

想汝悲思之怀,复何可处。(周书·卷十一·晋荡公护列传)

吾有何罪,与汝分离,今复何福,还望见汝。(周书·卷十一·晋荡公护列传)

王晏既贵,雅步从容,又问曰:"王散骑复何故尔。"(南史·卷二十五·到彦之列传附撝)

可

故嘉禾六年、赤乌二年,地连震动,臣下专政之应也。冀所以警悟人主,可不深思其意哉!(卷三十四·五行志五)

而公功高勋重,不可直置,疑畏交加,异端互起,将来之危难,可不熟念。(卷四十二·刘穆之列传)

可,表示反问语气,可译作"能",语气副词。清刘淇《助字辨略》:"方雄飞诗'栖身可在深。'此可字,何辞也。"《说文·可部》:"可,肎[1]也。从口丂,丂,亦

---

[1] "肎"即"肯"。

聲。"清段玉裁注:"肎者,骨間肉。肎肎,箸也。凡中其肎綮,曰肎。""可"本義為"肯",含有"許可"義,進而引申出"能夠"義,上古常用,《周易·乾卦》:"亢龍有悔,盈不可久也;用九,天德不可為首也。"等。中古時期由"能夠"義發展為表反詰語氣的副詞,"能夠"的語法意義更虛,僅表反詰的語氣,可以直接譯作"能""難道",在句中獨立承擔表示反問語氣的功能。中古其他用例有如:

> 如以上世人民,佝長佼好,堅強老壽,下世反此;則天地初立,始為人時,長可如防風之君、色如宋朝、壽如彭祖乎?(論衡·齊世)
> 凡百君子,可不勉歟?(周書·卷一·文帝紀上)
> 公其享茲大命,保有萬國,可不慎歟?(周書·卷三·孝閔帝紀)
> 遵大雅君子之跡,可不務乎?(晉書·卷四十四·鄭袤列傳)

容

> 且(吳)晞張封筒遠行,他界為劫,造衅自外,賍不還家,所寓村伍,容有不知,不合加罪。(卷九十一·孝義列傳)
> (王)睦父子之至,容可悉共逃亡,而割其天屬,還相縛送,螫毒在手,解腕求全,于情可愍,理亦宜宥。(卷六十六·何尚之列傳)

容,表示不確定語氣,可譯作"或許",語氣副詞。《說文·宀部》:"盛也。從宀、谷。"清段玉裁注:"鉉本作從宀谷。云屋與谷皆所以盛受也。""容"本義為"容納",後引申出動詞"允許、可以"義,如《左傳·昭公元年》:"先王之樂,所以節百事也,故有五節,遲速本末以相及,中聲以降。五降之後,不容彈矣。"基於"允許、可以"義,"容"的語法功能發生改變,修飾動詞,逐漸虛化為副詞,表示"或許"。清劉淇《助字辨略》:"容,或也。"楊樹達《詞詮》:"助動詞,或也。與今言'許'同。"據董志翹等《中古漢語虛詞例釋》(1994)研究,"容"表示或許、也許等推測語氣,是從助動詞可以、能夠、可能之義虛化而來[①]。中古其他用例有如:

> 雖千古茫昧,理世玄遠,遺文逸句,容或可尋,沿途隱顯,方土可驗。(水經注·卷五·河水)
> 若專以共室為疑,容可更議遷毀。(魏書·卷十八·太武五王列傳)
> 即官(闕)永,容可為愆。玄象一差,未成巨戾。(魏書·卷四十三·房

[①] 參董志翹等《中古虛詞語法例釋》第444—447頁。

法寿列传附景先)

七庙上灵,容或未许。(魏书·卷六十七·崔光列传)

忽/奄

将拔之夜,佐史并集,忽有鸟大如鹅,苍黑色,飞入高祖帐里,众皆骇愕,以为不祥。(卷五十·胡藩列传)

六月,恩乘胜浮海,奄至丹徒,战士十余万。(卷一·武帝纪上)

忽、奄,都表示"一下子、迅速地"的意思,情态副词。《说文·心部》:"忽,忘也。""忽"本义为"忽视、不重视",如《尚书·周官》:"蓄疑败谋,怠忽荒政。""忽"有常用义"疾",如《左传·庄公十一年》:"桀纣罪人,其亡也忽焉。"杜预注:"忽,速貌。"清刘淇《助字辨略》:"倏也。"杨树达《词诠》:"表态副词,倏也。""忽"作情态副词表示"一下子",由"迅速"义形容词发展而来。《广韵·琰》:"奄,忽也,遽也。""奄""忽"义同。中古其他用例有如:

泰始中,成都市桥忽生小洲,始康人邵硕有术数,见之曰:"洲生近市,当有贵王临境。"(南齐书·卷十五·州郡志下)

(苻)宏引军向城南寺前顿止,从东南角沟桥上过,伯玉先遣勇士数人著斑衣虎头帽,从伏窦下忽出。(南齐书·卷五十七·魏虏列传)

先王起自布衣,躬亲行阵,勤劳王业,三十余年。寇贼未平,奄弃万国。寡人地则犹子,亲受顾命。(周书·卷十一·晋荡公护列传)

元帅忠公尽节,暴于朝野,勋业未就,奄罹凶酷。(周书·卷一·文帝纪上)

坐

陛下岂可坐损皇家之重,迷一凡人。(卷五十三·庾登之列传附炳之)

虽制令亟下,终莫惩劝,而坐望滋殖,庸可致乎!(卷十四·礼志一)

坐,表示"无故地""白白地""空",情态副词。《说文·土部》:"坐,止也。从留省从土。土所止也。此与留同意。""坐"本义为"停留",后多用来表示"跪坐",如《礼记·曲礼上》:"先生书策,琴瑟在前,坐而迁之,戒勿越。""坐"在上古有常用义"犯罪、判罪",如《晏子春秋》:"王曰:'缚者曷为者也?'对曰:'齐人也,坐盗。'""坐"作副词表示"无故地"当由动词"犯……罪"义引申而来。"坐"由"犯……罪"反训为"无故",进而"语法化"为副词,可译作"无故地",又进一步发

展出"白白地""空"义。中古新生义,其他用例有如:

空怀疑惧,坐构嫌猜。(南齐书·卷四十二·萧谌列传)

岂若窘迫凶威,坐见夷灭!(周书·卷二十五·李贤列传)

嗣主高祖之孙,元皇之子,竟有何辜,坐致废黜?(南史·卷九·陈本纪上)

且祁山知大军以在近,人情自固,可止屯於此,分为奇兵,示出其後,不宜进前而不敢偪,坐失民望也。(三国志·卷三十五·蜀书五·诸葛亮传裴松之注)

横

(陈)咏之既闻此语,又不见其事,恐一旦事发,横罹其罪,密以告建康右尉黄宣达,并有启闻,希以自免。(卷七十九·文五王列传)

其三,次改方移,臣无此法,求术意误,横生嫌贬。(卷十三·律历志下)

横,表示"平白无故地",情态副词。《说文·木部》:"横,阑木也。"清段玉裁注:"阑,门遮也。引伸为凡遮之称。凡以木阑之,皆谓之横也。""横"本义为"门前木栅栏",不常用。"横"又有引申义"纵横错杂",如《孟子·滕文公上》:"洪水横流,泛滥于天下。"又引申出"横出"义,情态副词"横"表示"无故地",当由此义引申而来,意思是"随意,无来由"。中古新生义。其他用例有如:

无罪无辜,横受大刑,是以使民踢天蹐地,谁不战栗?(三国志·卷五十二·吴书七·步骘传)

昔胤年少,初无功劳,横受精兵,爵以侯将,盖念公瑾以及于胤也。(三国志·卷五十四·吴书九·周瑜传)

今皇太后见废北宫,太傅清河王横受屠酷,主上幼年,独在前殿。(魏书·卷十九·景穆十二王列传下)

至如邓艾怀忠,矫命宁国,赤心皎然,幽显同见,而横受屠戮,良可悲哀。(魏书·卷五十·慕容白曜列传)

苦

寿阳平,(袁)真已死,(朱)绰辄发棺戮尸;(桓)温怒,将斩之,温弟冲苦请得免。(卷四十八·朱龄石列传)

徐遗宝是垣护之妇弟，前因护之归于吾，苦求北出，不乐远西。（卷六十八·武二王列传）

苦，表示"竭力地"，情态副词。《说文·艸部》："苦，大苦，苓也。"清段玉裁注："《说文》苓篆下必当云苓耳、卷耳也。今本必浅人删其苓耳字。卷耳自名苓耳，非名苓。凡合二字为名者，不可删其一字以同于他物。如单云兰非芄兰，单云葵非凫葵是也。此大苦断非苓耳。而苦篆、苓篆不类厕，又其证也。然则大苦何物？曰沈括《笔谈》云：《尔雅》'蘦，大苦'注云：'蔓延生，叶似荷，青，茎赤，此乃黄药也。其味极苦，谓之大苦。'郭云甘草。非也。"据段注"大苦"味"极苦"。"苦"因此引申出抽象的"极"义。情态副词"苦"表"竭力、尽力"当由此义的语法功能拓展进一步引申而来，表情态的"竭力"。中古新生义，其他用例有如：

王大将军始下，杨朗苦谏不从。（世说新语·识鉴）

近塞外微尘，苦求将领，遂招纳不逞，扇诱荒伧。（南齐书·卷四十七·王融列传）

与弟观少长共居，不忍离别，苦求同行，乃以观为征北行参军，兼记室。（梁书·卷三十六·江革列传）

永洛欲起，其妻苦留之，称坠马腰折，不堪动。（北史·卷八十九·张子信列传）

密

既知（刘）毅不能居下，终为异端，密图之。（卷二·武帝纪中）

太祖闻之，密遣使诘让（刘）义恭，并使深加谐缉。（卷六十九·刘湛列传）

密，表示"暗地里"，情态副词。《说文·山部》："密，山如堂者。"清段玉裁注："土部曰：'堂，殿也。'《释山》①曰：'山如堂者，密。'郭引《尸子》：'松栢之鼠不知堂密之有美枞。'按：密，主谓山，假为精密字，而本义废矣。"据段注，"密"本义为像堂屋的山，后假借为"精密"的"密"，表"细致"义。"密"作副词与本义无关，当与"秘"音近义通有关。"秘"古字为"祕"，《说文·示部》："祕，神也。"清段玉裁注："《鲁颂》'閟宫有侐'笺曰：'閟，神也。'此谓假借閟为祕也。""秘"由"神"义引

---

① 《尔雅·释山》。

申出"不公开、秘密地"的意思,为形容词义,进一步虚化,语法功能拓展,作副词用。中古新生,其他用例有如:

及苍梧王立,更有窥窬之望,密与左右阉人于后堂习驰马,招聚士众。(南齐书·卷一·高帝纪上)

可潜遣间介,密宣此旨,忠勇齐奋,遄加荡扑,放斥昏凶,卫送外第。(南齐书·卷七·东昏侯纪)

太祖令泰山太守应劭送家诣兖州,劭兵未至,陶谦密遣数千骑掩捕。(三国志·卷一·魏书一·武帝纪裴松之注)

尝行经华阴,见杨素冢上有白气属天,密言于帝。(北史·卷八十九·艺术列传上)

初

从休祐死后,吾再幸休仁第,饮啖极日,排阁入内,初无猜防,(刘)休仁坐生嫌畏。(卷七十二·文九王列传)

元嘉三年,为尚书仆射。关署文案,初不省读。尝豫听讼,上问以疑狱,敬弘不对。(卷六十六·王敬弘列传)

初,表示"丝毫、完全""一点也"的意思,情态副词。清刘淇《助字辨略》:"《后汉书·独行列传》:'受教三日,初不奉行。废命不忠,岂非过邪?'初不奉行,犹云全不奉行,言自初及终不奉行。"杨树达《词诠》亦举"受教三日,初不奉行"一例,将其"初无"释作"本无",并指出"此恒与否定词无字或不字连用"。我们认为"初"无论表示"完全"还是"本来"都表示一种情态,强调的是从始至终丝毫没有的意思,刘淇认为是表"初始"义的"初"意义的进一步引申。我们认为亦可理解为引申自本义"裁衣"义,"裁衣"将布匹有"完全剪开""全部裁完"的意思,取其"完全"语素义,用作副词。中古新生。其他用例有如:

一人逃亡,阖宗捕逮。皇朝赦令,初不遵奉,旷荡之泽,长隔彼州,人怀怨望,十室而九。(南齐书·卷二十四·柳世隆列传)

时邓飏与(何)晏共坐,飏言:"君见谓善《易》,而语初不及《易》中辞义,何故也?"(三国志·卷二十九·魏书二十九·方技传裴松之注)

(骆)俊疾恶(袁)术,初不应答。术怒,密使人杀俊。(三国志·卷五十七·吴书十二·骆统传裴松之注)

我父小来断绝淫欲,初无染污。(百喻经·卷第一·叹父德行喻)

二、《宋书》副词的新词举例

普皆

世祖旧臣故佐,普皆升显,伯玉自守私门,朔望未尝问讯。(卷一百·自序)

宋武帝永初二年,普禁淫祀。由是蒋子文祠以下,普皆毁绝。(卷十七·礼志四)

"普"和"皆"都是表示"全、都"的意思,同义复合成表总括的复音词"普皆",表"全、都"义,中古新生范围副词。这句话是说"世祖的老臣全部都升了职,而沈伯玉自己守着家门,每月的初一和十五都没有人来看望他"。中古新生同义复合副词。其他用例有如:

(孙)策到横江、当利,破张英、于麋等,转下秣陵、湖孰、句容、曲阿,普皆有功,增兵二千,骑五十匹。(三国志·卷五十五·吴书十·程普传)

封隆之言,侍中斛斯椿、贺拔胜、贾显智等往事尔朱,普皆反噬。(北史·卷六·齐本纪上)

先是,以兵乱之后,务存慰悦,远方秀孝到,不策试,普皆除署。(晋书·卷七十八·孔愉列传附坦)

遂渡渭北,降步兵万余,收其辎重。其有土民,普皆劳遣。(魏书·卷八十·贺拔胜列传附岳)

"並皆、咸皆、悉皆/皆悉、皆共、率皆、一皆/壹皆、並悉、咸共、略皆"与"普皆"结构特点与词性并同,其中"略皆、咸悉"在《宋书》中仅出现1例。

"略皆"中古新生,习用,其他用例有如:

(司马)褧少传家业,强力专精,手不释卷,其礼文所涉书,略皆遍睹。(梁书·卷四十·司马褧列传)

(何)佟之少好《三礼》,师心独学,强力专精,手不辍卷,读《礼》论三百余篇,略皆上口。(梁书·卷四十八·儒林列传)

(臧)严于学多所谙记，尤精《汉书》，讽诵略皆上口。(梁书•卷五十•文学列传下)

凡自权统事，诸文诰策命，邻国书符，略皆综之所造也。(三国志•卷六十二•吴书十七•胡综传)

"咸悉"中古新生，习用，后世沿用。中古其他用例有如：

知民疾苦，及梁台建，仍下宽大之书，昏时杂调，咸悉除省，于是四海之内，始得息肩。(梁书•卷五十三•良吏列传)

臣御下素严，无所侵物，关市征税，咸悉停原，寿阳之民，颇怀优复。(梁书•卷五十六•侯景列传)

音旨未交，忽而竦身飞空而去。亲表宾僚，见者甚众。咸悉欣跃，倍增信悟。(南朝齐王琰•冥祥记)

后有盗发之处，令桃弓追捕，咸悉禽获，于是州境清肃。(北史•卷二十六•刁雍列传附双)

"咸悉"亦多出现在《华严经》《众许摩诃帝经》《佛说大乘菩萨藏正法经》《佛说如来不思议秘密大乘经》等佛经译注中，不少于270例。

过甚

初，高祖微时，贫约过甚。(卷四十一•后妃列传)

晋安帝元兴二年十二月，酷寒过甚。(卷三十三•五行志四)

"过甚"表示"很、非常"，中古新生程度副词。"过甚"似亦可理解为"很严重"。结合中古副词多作补语来看，过、甚亦同，视作同义复合副词更合理。上例可译成"以前高祖没有显达的时候，贫穷得很"。中古新生词，其他用例有如：

徐羡之等嫌(刘)义真与(谢)灵运、(颜)延之昵狎过甚，使故吏范晏戒之。(南史•卷十三•宋宗室及诸王列传上)

恐仆役营疾懈倦，躬自执劳，母为疾畏惊，而微贱过甚，一家尊卑感曙至性，咸纳屦行、屏气语，如此者十余年。(南史•卷十九•谢晦列传附曙)

而避讳过甚，父名怿，母名恭心，并不得犯焉，时咸谓矫枉过正。(南史•卷二十三•王华列传附琨)

人有饷彦回鲻鱼三十枚，彦回时虽贵，而贫薄过甚，门生有献计卖之，云

可得十万钱。(南史·卷二十八·褚裕之列传附彦回)

"益甚"同"过甚"。"益"有"更加"义,"益""甚"同义复合,仍然表"更加",一般作补语。可译作"很"。

倍深

  眷惟既往,倍深感叹。(卷五·文帝本纪)

"倍"有"很"义,"深"作程度副词也表示"很"。同义复合。"倍深感叹"即"十分感叹"。"倍深"为《宋书》孤例,此期新生词,后世沿用。频繁见于清代笔记小说中。

中古其他用例还有如:

  诏曰:"康昔预南勋,义兼常怀,倍深恻怆。凶事所须,厚加料理。"(南齐书·卷三十·桓康列传)

  职忝胄教,参掌经训,不能缮修颓坠,兴复生业,倍深惭耻。(魏书·卷六十七·崔光列传)

  桓山之悲,倍深常恋。(北史·卷六十四·韦孝宽列传)

俄顷

  (王)道隆便率所领急攻之,俄顷城陷,斩(程)捍宗首。(卷八十四·孔觊列传)

  (刘)毅既不去,悦甚不欢,俄顷亦退。(卷五十二·庾悦列传)

"俄"和"顷"都是上古汉语中常用的单音节时间副词,表示"不久、一会儿","俄顷"复合语词此期出现,可作时间名词,例如《宋书·傅亮列传》:"祸福之具,内充外斥,陵九折于邛僰,泛冲波于吕梁,倾侧成于俄顷,性命哀而莫救。"进而语法功能拓展,发展为新生时间副词。《说文解字》清段玉裁注:"《广韵》云:'俄顷,速也。'此今义也。寻今义之所由,以俄、顷皆偏侧之意,小有偏侧,为时几何,故因谓倏忽为俄顷。"认为俄、顷同义,皆引申自"偏侧"。此期其他用例有如:

  泉源沸涌,浩气云浮,以腥物投之,俄顷即热。(水经注·卷三十八·溱水)

  时汉中成固县汉水崖际有异声如雷,俄顷岸崩,有铜锺十二,出自潜壤。(南史·卷一·宋本纪上)

及至，欣然便共饮酌，俄顷(王)弘至，亦无忤也。(南史·卷七十五·隐逸列传上)

没后余中央，曲如车轮，俄顷化为白云，久乃灭。(南齐书·卷十二·天文志下)

积久

人稍怪之，积久方知是朱隐士所卖，须者随其所堪多少，留钱取樵箸而去。(卷九十三·隐逸列传)

时经略淮、泗，军旅不息，荒弊积久，府藏空竭。(卷八·明帝纪)

"积"有"长久"的意思，如《汉书·严助传》："且越人愚戆轻薄，负约反覆，其不可用天子之法度，非一日之积也。"唐颜师古注："积，久也。""积久"同义复合，表示"很久"，新生时间副词，多作补语。中古其他用例有如：

帝微行，夜辄在幼文门墙间听其弦管，积久转不能平，于是自率宿卫兵诛幼文、勃、超之等。(南史·卷七十·循吏列传)

故当各自爱而自亲，学道积久，成神真也，与众绝殊，是其言也。(太平经钞·乙部·卷之二)

属父疾积久，为有司所奏。(南史·卷二十七·殷景仁列传)

(朱)百年少有高情……辄为行人所取，明旦已复如此，人稍怪之，积久方知是朱隐士所卖，须者随其所堪多少，留钱取樵箸而去。(南史·卷七十五·隐逸列传上)

诚实

今遣二人，是臣同心，有所宣启，诚实可信。(卷九十七·夷蛮列传)

故侍中、司徒南昌侯刘穆之，深谋远猷，肇基王迹，勋造大业，诚实匪躬。(卷四十二·刘穆之列传)

"诚""实"皆为上古常用语气副词，二者复合成新生副词表"确实"义，不同于现代汉语中的"诚实"。此例中"诚实可信"是说"确实可信"。中古其他用例有如：

昔每闻东主杀生赏罚，不任下人，又今以垂没之命，卒召太傅，属以后事，诚实可虑。(三国志·卷四十三·蜀书十三·张嶷传)

而犹乾乾夕惕,思广兹道,诚实圣怀殷勤之至。(晋书·卷八十三·江逌列传)

何况储宫者,六合人神所系望也,不可轻以废易。陛下诚实尔者,臣等有死而已,未敢奉诏。(晋书·卷一百三·刘曜载记)

更互

使虏但发轻骑三千,更互出入,春来犯麦,秋至侵禾,水陆漕输,居然复绝。(卷八十二·周朗列传)

上古汉语中,"更"有"轮流"义,如《史记·李斯列传》:"周德未衰,故五伯迭兴,更尊周室。""互"有"交互"义,如《周礼·天官·司会》:"以参互考日成。""更互"系同义复合成新生副词,表示"轮流、交替"义。中古用例有如:

前后中间,甲申之岁,是小甲申,兵病及火,更互为灾,未大水也。(太平经钞·甲部·卷之一)

自有中丞、司隶以来,更互奏内外众官,惟所纠得无内外之限也。(晋书·卷四十七·傅玄列传附咸)

时信都令家妇女惊恐,更互疾病,使辂筮之。(三国志·卷二十九·魏书二十九·方技传)

正当

(孔)琳之谓曰:"我触忤宰相,正当罪止一身尔,汝必不应从坐,何须勤勤邪!"(卷五十六·孔琳之列传)

(翟)灵宝见要,正当欲与其姊集聚耳,我不能为桓氏赘婿。(卷六十六·王敬弘列传)

中古汉语复音词发展的一种常见形式,就是附加式复音词。这类词多由"词根＋词尾"和"词头＋词根"构成,前者更多见,相较于联合式结构,此类结构复音化程度更高。《宋书》副词常见词尾主要有"自、复、当、来、者、然、尔、而"等①。这类词中,"词根＋词尾"表示的意义即词根本身所表示的意义。"自""复""当"作为中古新生常用词尾,构词能力颇强,由它们构成的附加式合成词中,一部分

---

① 这些中古常见词缀,已论于其他章节或多见于其他著作。这里不再赘说。

使用频率较高,广泛使用在同时期其他文献中,但仍有一部分只见于少数文献。考虑到此期词的复音化的发展规律以及词汇的系统性,我们一律认定为附加式合成复音附词。下举各词多这种类型,不再一一论说。

"正当"即"正",表示"只"。这句话的意思是:孔琳之说:"我触犯宰相,只我一个人有罪,你一定不会被连累,何必这么不安呢?"中古其他用例有如:

> 郗公曰:"汝正当欲得吾钱耳!"(世说新语·俭啬)
> 妻曰:"君才致殊不如,正当以识度相友耳。"(世说新语·贤媛)
> 吾国之台铉,位任特隆,既不能诛剪逆贼,正当同死朝廷,安能投身异类,欲保余生。(梁书·卷二十三·长沙嗣王业列传附藻)
> 吾内外百口,何处逃窜?正当坐任运耳。(魏书·卷五十八·杨播列传附椿)

"政"同"正","政当""唯当""政自"同"正当"。

弥自

> 高祖受命,征拜太常,虽外戚贵显,而弥自冲约,茅屋蔬餐,不改其旧。(宋书卷五十·臧寿列传)

"弥自"等同于"弥",表示"更加"义。"弥自冲约"是说"(臧焘)虽处外戚显贵之位,更加淡泊节俭"。中古新生程度副词。

"益"也有"更加"义,"益自"同"弥自"。"弥自""益自"皆为《宋书》孤证词,然中古习用,后世沿用。

"弥自"中古用例有如:

> 恩遇日甚,弥自骄恣,意色严厉,未尝与人相承接。(北史·卷九十二·恩幸列传)
> 及世祖崩后,弥自放恣。(北齐书·卷五十·和士开列传)
> 昂素勤慎,奉敕之后,弥自警勖,部分科条,校正今古,所增损十有七八。(北齐书·卷三十·崔昂列传)
> 晋王广知之,弥自矫饰,姬妾恒备员数,唯与萧妃居处。(北史·卷七十一·隋宗室诸王列传)

"益自"中古用例有如:

恩益自谦损,与人语常呼官位,自称鄙人,抚士卒甚有恩纪。(南史·卷十七·蒯恩列传)

及授箕州,益自喜,以为太师之职,位极人臣,非佐命无以致之。(旧唐书·卷五十七·刘世龙列传)

会(王)澄遇害,(王)机惧祸及,又属杜弢所在发冢,而独为机守冢,机益自疑。(晋书·卷一百·王机列传)

(宁)勉悟,巨人乃金刚也,益自奇之。(唐张读·宣室志·卷七·宁勉)

甫尔

襄事①甫尔,丧礼顿释,昏酣长夜,庶事倾遗。(卷七·前废帝纪)

而于时大事甫尔,异同纷结,匡国之勋实著,莫大之罪未彰。(卷四十三·徐羡之列传)

"甫"表示过去,义为"刚刚"。"甫尔"也表过去时间,可译为"刚不久"。多作补语。其中"尔"为词尾,无义。中古新生时间副词,用例有如:

其有贪残非道、侵削黎庶者,虽在官甫尔,必加黜罚。(魏书·卷七·高祖纪上)

脱或必然,迁京甫尔,北人恋旧,南北纷扰,朕洛阳不立也。(魏书·卷十九中·景穆十二王列传中)

(拓跋)嵩不能克己复礼,企心典宪,大司马薨殂甫尔,便以鹰鹞自娱。(魏书·卷十九中·景穆十二王列传中)

四海未定,大业甫尔,愿陛下以上成先帝鸿基为志,且塞耳勿听此狂简之言也。(晋书·卷一百一·刘元海载记)

寻而

晋惠帝世,梁国女子许嫁,已受礼娉,寻而其夫戍长安,经年不归。(卷三十四·五行志五)

"寻"表示"不久","寻而"等同"寻","而"为词尾,无义。新生附加式时间副词。《宋书》孤证词。中古其他用例有如:

---

① 襄事:共同谋事。

须臾,候骑还报虏援已至,寻而(桓)天生率马步万余人迎战,虎奋击大败之,获二千余人。(南齐书·卷三十·曹虎列传)

(褚)僧简在都,闻病驰归,未至而褚已卒,将殡,举尸不起,寻而僧简至焉。(南齐书·卷五十五·孝义列传)

江陵陷,为西魏所虏,寻而逃还,敬帝承制,授御史中丞。(陈书·卷十八·沈众列传)

故当

常谓情志所托,故当以意为主,以文传意。(卷六十九·范晔列传)

卿二贤明美朗识,会悟多通,然弘懿之望,故当共推羊也。(卷五十四·羊玄保列传)

"故当"等同"故","当"为词尾。中古新生。表示推断、揣度的语气,可译作"必定""自然"。这句话的意思是说"常说的托情言志,自然是以情感为主,用文章来表达情感"。中古常用语气副词,其他用例有如:

十八岁当一小发,服此散,亦行复差。若不得此药,故当死。(三国志·卷二十九·魏书二十九·方技传)

今凶桀未殄,疆埸犹警,虽蚩尤、鬼方之乱,故当以缓急差之,未宜以(公孙)渊为先。(三国志·卷五十七·吴书十二·陆瑁传)

王丞相辟王蓝田为掾,庾公问丞相:"蓝田何似?"王曰:"真独简贵,不减父祖,然旷澹处故当不如尔。"(世说新语·品藻)

人生故当死,岂不一日为帝乎!(北史·卷七十九·宇文述列传附化及)

"故自""固当"同"故当"。

空自

王母谓之曰:"汝当忍死强视,何为空自殄绝。"(卷一百·自序)

围溃之众,匪寇倾沦,攻制之师,空自班散,济西劲骑,急战蹴旅,淮上训卒,简备麾旗。(卷七十·袁淑列传)

"空自"义同"空",表示"白白地"之意。"自"为词尾附加式合成复音副词,中古新生情态副词。这句话是说"你应该忍耐坚强地活着,为何白白地折磨自己"。中古其他用例有如:

达人所以不愁死者,非不欲求,亦固不知所以免死之术,而空自焦愁,无益于事。(东晋葛洪·抱朴子·勤求)

今若取富贵之道,幸有易于学者,而复素无自然之好,岂肯复空自勤苦,执洒埽为诸生,远行寻师问道者乎?(东晋葛洪·抱朴子·审举)

又尝劝帝取乐,五日一视事,无得效高祖空自劬劳。(北史·卷七十四·郭衍列传)

锦衾无独暖,罗衣空自香。(玉台新咏·卷五·沈约古意)

(靳)详以(郝)昭语告(诸葛)亮,亮又使详重说昭,言人兵不敌,无为空自破灭。(三国志·卷三·魏书三·明帝纪裴松之注)

一时

(刘)义宣举兵反,(刘)恢与兄弟姊妹一时逃亡。(卷六十八·武二王列传)

往日嫌怨,一时豁然,然后吾当谢罪北阙,就戮有司。(卷六十九·范晔列传)

上例中"一时"为"同时"义;下例中"一时"为"一时间、不久"义。并为新生副词。中古用例分别有:

欲伐谦而畏其强,乃表令州郡一时罢兵。(三国志·卷八·魏书八·陶谦传裴松之注)

乃策杖将一小儿,始入门,诸客望其神姿,一时退匿。(世说新语·容止)

其舟船器械,水步军资,一时略尽,尸骸漂流,塞江而下。(三国志·卷五十八·吴书十三·陆逊传)

桓怅然失望,向之虚伫,一时都尽。(世说新语·假谲)

弥日

休祐死后,吾将其内外左右,问以情状,方知言语漏泄并具之由,弥日懊悢,心神萎熟。(卷七十二·文九王列传)

丁亥,诏曰:"霖雨弥日,水潦为患,百姓积俭,易致乏匮。二县官长及营署部司,各随统检实,给其柴米,必使周悉。"(卷五·文帝纪)

作为时间副词有二义。"弥"有"满"义，上例中"弥日"表示时间长，义为"整日"；下例中义为"多日、连日"，是"整日"的引申。中古新生时间副词，用例分别有：

(刘)真长延之上坐,清言弥日,因留宿至晓。(世说新语·文学)
又言谈赏笑,弥日亘时,未尝倦苦。(南史·卷十五·刘穆之列传)

是以对鹬而辞,作《暑赋》弥日而不献,见西施之容,归憎其貌者也。(三国志·卷十九·魏书十九·陈思王植传裴松之注)
近日言语虽弥日,有所不尽,更来一决耳。(三国志·卷四十五·蜀书十五·杨戏传附李孙德赞裴松之注)

另有"弥年"，表示"连年"。如《宋书·礼志五》："索虏拓跋焘使工人郭善明造指南车,弥年不就。"

殊死

(庞)季明、赵难并率义徒相继而进,冲车四临,数道俱攻,士皆殊死战,莫不奋勇争先。(卷七十七·柳元景列传)

高祖躬先士卒以奔之,将士皆殊死战,无不一当百,呼声动天地。(卷一·武帝纪上)

"殊死"义为"竭力、拼死"。中古新生复音副词，表情态。中古用例有如：

军主王天生殊死拒战,故得相持。(南史·卷四十六·戴僧静列传)
贤复率乡人殊死拒战,(万俟)道洛乃退走。(周书·卷二十五·李贤列传)
俄而(段)孝先率诸军尽锐围之,(杨)敷殊死战,矢尽,为孝先所擒。(周书·卷三十四·杨敷列传)
(刘)裕与毅等分为数队,进突谦阵,皆殊死战,无不一当百。(晋书·卷八十五·刘毅列传)

小小

吾书虽小小有意,笔势不快,余竟不成就,每愧此名。(卷六十九·范晔列传)

后亡后,常有小小灵应。(卷四十一·后妃列传)

"小小"义"小",表示"稍稍、稍微"的意思。重叠式复合语词。叠字的意义与单字意义略同。中古用例有如:

北第旧邸,本自甚华,臣改修正而已,小小制置,已自仰简。(南齐书·卷二十二·豫章文献王列传)

若於小小宜適,私行不足,皆宜阔略,不足缕责。(三国志·卷六十四·吴书十九·诸葛恪传)

王小小失利,已全军还京口,城中但坚守,援军寻至。(梁书·卷五十六·侯景列传)

(常)英为长兄,门户主也,家内小小不顺,何足追计。(魏书·卷八十三上·外戚列传上)

二三

又(倪)宗为篡夺之主,纵不纠问,二三亏违,宜有裁贬。(卷五十六·孔琳之列传)

且分撤见力,二三非要。(卷一·武帝纪上)

"二三"为语气副词,表示肯定、确定,可译为"实在""确实"。中古新生情态副词,习用。中古用例有如:

今明堂祀五精,更阙五神之位;北郊祭地祇,而设重黎之坐。二三乖舛,惧亏盛则。(南齐书·卷九·礼志上)

臣复量比,因见其异。二三浮滥,难可据准。(魏书·卷十九上·景穆十二王列传上)

今玄冬务隙,野罄人闲,迁易郊坛,二三为便。(魏书·卷五十五·刘芳列传)

且始事而诛大将,人情必动,二三不可。(晋书·卷六十四·简文三子列传)

何当

其年十二月,中书侍郎蔡兴宗问建平王宏曰:"岁无复几,征北何当至?"(卷九十九·二凶列传)

皇太子妃薨,至尊、皇后并服大功九月,皇太后小功五月,未详二御何当得作鼓吹及乐?(卷十五·礼志二)

"何当"表示"何时"[①]。"当"中古词尾。附加式合成疑问副词,中古新生。中古用例又有如:

后帝思(柳)裘定策功,欲加荣秩,将征之,顾朝臣曰:"曹州刺史何当入朝?"(北史·卷七十四·柳裘列传)

不杀此奴,沮乱朕心,朕殿何当得成邪!(晋书·卷一百二·刘聪载记)

未知先生早晚已届江外,所营栋宇,何当就功?(旧唐书·卷一百九十二·隐逸列传)

譬之于水,其流已浊,若不澄本,何当复清。(旧唐书·卷一百一十九·杨绾列传)

第四节 《宋书》副词的历时考察举例

酷

何无忌,刘牢之甥,酷似其舅。(卷一·武帝纪上)

上例中,"酷"为程度副词,表示"很,非常",《宋书》为孤例。然"酷"作程度副词始见于此期,习用,例如:

韩康伯年数岁,家酷贫,至大寒,止得襦,母殷夫人自成之,令康伯捉熨斗。(世说新语·夙慧)

陶公少有大志,家酷贫,与母湛氏同居。(世说新语·贤媛)

于是邻女慕之,因伪疾伏于路间,形状既丑,加之酷臭,行人皆憎其貌而恶其气。(东晋葛洪·抱朴子·刺骄)

贾公闾后妻郭氏酷妒。有男儿名黎民,生载周,(贾)充自外还,乳母抱儿在中庭,儿见充喜踊,充就乳母手中鸣之。(世说新语·惑溺)

[①] 参万久富《〈宋书〉复音词研究》第254—256页。

后酷妒忌,及终,化为龙入于后宫井,通梦于帝。(南史·卷十二·后妃列传下)

昔魏朝酷重张郃,谓不可一日无之。及郃死,何关兴废?(南史·卷十九·谢灵运列传附孟𫖯)

《说文·酉部》:"酷,酒厚味也。从酉告声。"清段玉裁注:"酒味厚也。引申为'已甚'之义。""酷"本义为酒味儿浓烈,从个别向一般引申,表香味等浓烈,形容词。诸如:

甘而不哝,酸而不酷。(吕氏春秋·本味)
芬香沤郁,酷烈淑郁。(西汉司马相如·上林赋)
飘风回而起闺兮,举帷幄之襜襜。桂树交而相纷兮,芳酷烈之闿闿。(西汉司马相如·长门赋)

"酷"作形容词,又引申出抽象的"残忍、残暴"义,为"酷"的古今常用义。上古汉语用例如:

秦人其生民狭阨,其使民也酷烈,劫之以埶,隐之以阨,忸之以庆赏,鰌之以刑罚,使天下之民所以要利于上者,非斗无由也。(荀子·议兵)
于是孝公违龙挚之善谋,遂从卫鞅之过言,法严而酷刑深,而必守之以公,当时取强,遂封鞅为商君。(西汉刘向·新序)
刑罚暴酷,轻绝人命。(西汉晁错·举贤良对策)

"酷"表示程度之甚的"很、非常"义当由本义"酒味儿浓"的核心义"深"引申而来。"酷"的实词义是其虚化为副词的基础。"酷"的"语法化"是受到其组合形式和所处句法位置的影响,在"酷"表示"残酷"义的几个例句中,我们发现,"酷"表"残酷"通常和与其意义相同或相近的词组合,如"酷烈""暴酷""酷暴""酷虐""酷恶""酷急""酷忍"等,这些形容词组合使用,构成连谓结构在句中长期处于谓语的位置。由于副词的主要语法功能是修饰形容词或动词,并和形容词或动词构成状中结构充当整个句子的谓语,所以在"形容词+形容词"的结构组合中,前一个形容词很容易发展为副词。

中古汉语时期,"酷"除了和同义词进行组合外,还常跟"贫"组合使用,"酷贫"表示"很贫困",除此之外,"酷"还出现了和动词的组合,如上举"酷似""酷妒""酷妒忌""酷重"。与动词组合时,"酷"就完全虚化为程度副词了。后世沿用。

如明末凌濛初《初刻拍案惊奇》："却有一件癖性,酷信丹术";"世人酷信巫师的,当熟看此段话文"。明顾起纶《国雅品》："熊侍御士选才华惊拔,一句一字,酷尚初唐。"等。现代汉语中的"酷爱""酷似"等词可以视作中古汉语程度副词"酷"的余痕。

《汉语大词典》首出用例为清纳兰性德《临江仙》词："百花冷暖避东风,酷怜娇易散,燕子学偎红。"书证显然迟后。

转

> 季末浇伪,法网弥密,利巧之怀日滋,耻畏之情转寡,终身剧役,不足止其奸,况乎黥剠,岂能反其善!(卷五十七·蔡廓列传)

> 比年以来,意态转见,倾动险忌,富贵情深,自谓任遇未高,遂生怨望。(卷六十九·范晔列传)

> 今(刘)诞粮糗垂竭,背逆者多;(沈)庆之等转悟迟重之非,渐见乘机之利。(卷七十九·文五王列传)

> 臣国先时人众殷盛,不为诸国所见陵迫,今转衰弱,邻国竞侵。(卷九十七·夷蛮列传)

> 孝建以来,又立钱署铸钱,百姓因此盗铸,钱转伪小,商货不行。(卷七·前废帝纪)

> 成帝初,苏峻、祖约为乱于江淮,胡寇又大至,民南度江者转多,乃于江南侨立淮南郡及诸县。(卷三十五·州郡志一)

> 但馑罄来久,困殆者众,米谷转贵,籴索无所。(卷九十一·孝义列传)

上举《宋书》各例中的"转"为情态副词,表示"逐渐""越来越"。清刘淇《助字辨略》："转,犹浸也。"明张自烈《正字通》:"《庄子》'大浸稽天',又渐进。""浸"即"渐渐"的意思。"转"用作副词始见于此期,《宋书》中共有 26 例,其他中古用例如:

> 如是数数往来磨刀,後转劳苦,惮不能数上,悬驼上楼,就石磨刀。(南朝齐求那毗地译·百喻经·卷一·就楼磨刀喻)

> 谓(成公)英曰:"今亲戚离叛,人众转少,当从羌中西南诣蜀耳。"(三国志·卷十五·魏书十五·张既传裴松之注)

> 至正始中,立三字石经,转失淳法。(三国志·卷二十一·魏书二十一·刘劭传附苏林等裴松之注)

脚疾转剧,久阙朝觐,固陈求解,诏乃赉假,须疾差还省。(梁书·卷二十五·徐勉列传)

《说文·车部》:"转,运也。从车专声。""转"本义为"移动",引申出"转移""转变"等义,均为动词。

"转"表示"逐渐"是由"移动""转变",再进一步引申而来,"转变"有"变化"的意思,而"变化"是渐进的,因此"转"也就具"逐渐"义。又,动词"转"时常和动词连用,如上举例子中的"转见""转悟""转失""转衰弱"等,这种连动结构中,后面的动词都有"渐动"的语义特点,这就势必使得人们把"转"视作后面动词的修饰成分,以"渐渐"义去相补充。"转"常和形容词组合,如"转伪小""转寡""转贵"等,从表面上看,"转"看作动词"变得……"似乎也能解释通,但结合"转"亦可修饰动词这个语法功能分析,加之出现了"转悟迟重之非,渐见乘机之利"这样的"转"与"渐"的对举,我们认为这些"转"意义当已虚化,修饰作用更为明显。情态副词"转"在近代汉语中仍偶尔使用,如明汤显祖《牡丹亭》:"为什么人到幽期话转多?"现代汉语则仅保留了"转"的动词义"转变""转换"等。

了

(祖)冲之曰:《元和》日度,法兴所是,唯征古历在建星,以今考之,臣法冬至亦在此宿,斗二十二了无显证,而虚贬臣历乖差半次,此愚情之所骇也。(卷十三·律历志下)

共相押领,有违纠列,了无等衰①,非许士人闾里之外也。(卷四十二·王弘列传)

炳之呼二令史出宿,令史咨都令史骆宰,宰云不通,吏部曹亦咸知不可,令史具向炳之说不得停之意,炳之了不听纳。(卷五十三·庾登之列传附炳之)

州陵此举,为无所因,反覆思之,了不能解。(卷六十二·王微列传)

文思事源,远近所知,去秋遣康之送还司马君者,推至公之极也。而了不逊愧,又无表疏,文思经正不反,此是天地之不容。(卷二·武帝纪中)

太常臣敬叔位居宗伯,问礼所司,腾述往反,了无研却②,混同兹失,亦

---

① "等衰"表示"等差"的意思。
② "研却"表示"研究、商讨"的意思。

宜及咎。(卷十五·礼志二)

兴宗时亲奉玺绶,嗣主容色自若,了无哀貌。(卷五十七·蔡廓列传附兴宗)

上举前3例中的"了"为范围副词,表示"都、全部"义,后4例中的"了"为情态副词,表示"丝毫、完全、一点点(也)"义,二者都常和否定词"不、无"搭配使用。从语法功能看,二者在句中都充当状语;从语法意义上看,二者都有"完全"的意思,但范围副词"了"所修饰的动词"无"后所接成分一般表具体的人或事物的名词,作为副词"了"应当是表示相对明确的全部范围;情态副词"了"所接的否定副词"不"或"无"则是与"了"一起修饰后面的动词如"听纳""逊愧""解""研却"等所表的动作。"了无哀貌"一例中较特别,动词"无"后的"哀貌"是名词性短语,似乎"了"应视作范围副词,然翻译时,语义就不够顺畅。这是因为名词性短语"哀貌"中含有动词"哀"①的影响。我们不妨这样理解,"了"所表示的所谓"范围"是指"嗣主"所有"容色"都无"哀貌",亦可理解为"嗣主""一点点(也)"没有悲哀的表情。此例属于两可的情形,这里姑且归入情态副词。

《说文·了部》:"了,尥也。从子,无臂,象形。"清段玉裁注:"尥、行胫相交也。牛行脚相交为尥。凡物二股或一股结纠紾缚不直伸者曰了戾。"可知"了"本义应为"走路时脚相交",此义不常用。"了"作动词,有"结束、完结"的意思,始见于西汉,如西汉王褒《僮约》:"晨起早扫,食了洗涤,居当穿臼缚帚,截竿凿斗,浚渠缚落,锄园斫陌,杜埤地,刻大枷,屈竹作杷,削治鹿卢。"范围副词"了"当由此义引申而来,最早见于六朝时期,其他用例有如:

属音赋韵,命笔为诗,被造次即成,了非向韵。(北齐颜之推·颜氏家训·名实)

遂隐门侧,至晓,得食便退,了无怍容。(世说新语·任诞)

谢客吐言天拔,出于自然,时有不拘,是其糟粕;裴氏乃是良史之才,了无篇什之美。(梁书·卷四十九·文学列传上)

吾常据鞍对敌,矢刃交下,而意气安缓,了无怖心。(梁书·卷五十六·侯景列传)

情态副词"了"为范围副词"了"的进一步引申和虚化,二者在意义上也存在

---

① "悲哀"义。

较为密切的联系,但还可以根据二者不同的语境进行区分,情态副词"了"多用于修饰人的面容或心理的语境中。如:

举家共视,了不见狗,见一死人头在地,头犹有血,两眼尚动,甚可憎恶。(晋陶潜·搜神后记·卷八·死人头)

太祖顿新亭垒,以惠基为军副,惠基弟惠朗亲为休范攻战,惠基在城内了不自疑。(南齐书·卷四十六·萧惠基列传)

至孝灵之际……东北丧朋,颠倒反逆,了不可知。(三国志·卷五十七·吴书十二·虞翻传裴松之注)

余非谓人物了不可知,知人挺无形理也。(东晋葛洪·抱朴子·清鉴)

范围副词"了"只存在于中古汉语中,近代汉语和现代汉语未见。情态副词"了"在近代汉语中沿用。

甚至

上痛悼甚至,每朔望辄出临灵,自为墓志铭并序。(卷七十二·文九王列传)

上与(刘)休仁素厚,至于相害,虑在后嗣不安。休仁既死,痛悼甚至。(卷七十二·文九王列传)

(鲁)爽与(刘)义宣及(臧)质相结已久,义宣亦欲资其勇力,情契甚至。(卷七十四·鲁爽列传)

上举三例中"甚至"为同义复合的程度副词,表程度之甚,是"很、非常"的意思。《宋书》中仅此3例。北魏乐府诗常见"幸甚至哉",如曹操《龟虽寿》:"幸甚至哉,歌以咏志。"我们尝试对这里的"幸甚至哉"作两种解释:一是断作"幸甚/至哉",将"至"理解为"极点","幸甚至哉"即为"幸运到了极点啊";二是断作"幸/甚至/哉",将"甚至"看作同义复合词,理解为"幸运得很啊"。我们认为无论基于哪种解释,这里的"甚至"从结构或者意义而言,都可视作后来的表程度的复音副词的雏形。《说文·至部》:"至,鸟飞从高下至地也。"清段玉裁注:"反云来至者,皆于此义引申假借。""到"为"至"的上古常用义,由此义引申出"极"义,表示程度,与"甚"同义,如《荀子·正论》:"罪至重而罚至轻,庸人不知恶矣。"南北朝时期,程度副词"甚至"普遍使用,大多数在句中充当补语。例如:

(徐)勉第二子悱卒,痛悼甚至,不欲久废王务,乃为《答客喻》。(梁书·

卷二十五·徐勉列传）

上惜之甚至，追赠辅国将军，梁、南秦二州刺史，谥质侯。（南齐书·卷二十八·苏侃列传）

太祖体有龙鳞，斑驳成文，始谓是黑历，治之甚至而文愈明。（南齐书·卷十八·祥瑞志）

抚恤故旧，振赡衰宗，行义甚至。（三国志·卷四十一·蜀书十一·张裔传）

近代汉语中，程度副词"甚至"仍普遍使用。元明时期，"甚至"已出现新的连词用法，如明凌濛初《初刻拍案惊奇》："卫朝奉只是着人上门坐守，甚至以浊语相加，陈秀才忍气吞声。"又《二刻拍案惊奇》："东家取了一条梁，西家就想一根柱，甚至猪棚屋也取些椽子板障来拉一拉，多是零碎取了的。"此连词用法可视为程度副词进一步虚化的结果，现代汉语中仅有连词用法保留了下来。

来久

吾本诸生家，传礼来久，何心一旦便易此情于所天。（卷十五·礼志二）

四牲不改，在鸡偏异，相承来久，义或有由，诚非末学所能详究。（卷十七·礼志四）

且据今用钱之处不为贫，用谷之处不为富。又民习来久，革之必惑。（卷五十六·孔琳之列传）

氓黎饥馁，采掇存命，圣上哀矜，已垂存拯。但谨罄来久，困殆者众，米谷转贵，籴索无所。（卷九十一·孝义列传）

上举各例中"来久"为时间副词，表示"很久"。"来久"最早见于汉代，如《汉书·刑法志》："收之之道，所由来久矣。"《汉书·匈奴传》："臣闻匈奴为害，所从来久矣，未闻上世有必征之者也。"《汉书·薛宣传》："盖礼贵和，人道尚通。日至，吏以令休，所繇来久[①]。"这三例中"来"分别接"由""从""繇"，"所从来"构成"所"字结构，在句子中作主语，表示"产生的原因"的意思。其中"由来""从来""繇来"为动词，表示"产生"的意思，而后世表示"原因"的"由来"已是这些结构词汇化后的意义。这里的"来久"无组合关系。"久"则显然与"矣"组合成"久矣"，是"时间长了"的意思。

[①] 唐颜师古注："繇读与由同。由，从也。"

"来"由"由"义引申出"发生、产生"义,"来久"从内部结构来说可看作偏正(中补)结构,"来久"即"产生很久"。由于《宋书》各例中"来久"语法意义完整,均用来补充说明动作发生的时间已经很久了;句法位置也比较固定,无一例外地充当补语。加之此期"其来久"已常用,结合其使用频次,我们姑且将副词"来久"释作短语"其来久矣"或"从来久矣""由来久矣"的割裂成词,可以视作新生复音时间副词。"来久"仅活跃于中古汉语中,近代汉语和现代汉语未见。同时期其他用例有如:

通人扬子云亦以为肉刑宜复也,但废之来久矣,坐而论道者,未以为急耳。(晋葛洪·抱朴子·用刑)

绍曰:"汉家君天下四百许年,恩泽深渥,兆民戴之来久。"(三国志·卷六·魏书六·袁绍传裴松之注)

颍川、汝阳,荒残来久……空受名领,终无实益。(南齐书·卷十四·州郡志上)

诘问良久,乃云:"小人母年垂百岁,抱疾来久,若蒙官一脉,便有活理。讫就屠戮无恨。"(世说新语·术解)

第六章
《宋书》中的同素异序语词探析

第一节 同素异序语词略说

《宋书》多音节语词中,存在一种特殊的词汇现象:一类语词,内部"语素相同,排序不同",这类语词往往意义相同或相近。学界对此说法不一,有学者将其称为"字序可以颠倒的词"(隋树华等,1956)、"颠倒词"(张德鑫,1995)等,目前较为统一的说法是"同素异序"。"同素异序"语词是词汇复音化过程中出现的一种特殊现象,词组化的结构不稳定,其构成成分的结合较复合词更松散。从词汇史角度对《宋书》中的同素异序语词进行全面系统的构词法解构,有助于描述考察中古时期同素异序语词在专书中的使用情况和语词特征,进一步系统地梳理中古汉语词汇的发展脉络,深入探究汉语词复音化背后的动因以及语词消亡的原因,也有助于考察"准复合词"发展到"复合词"的进一步凝固(词化)的过程。同素异序现象反映短语到词之间的过渡形态,揭示了短语内部语素之间组合机制与造词理据,对研究复音词的形成与发展、规范与使用具有现实意义。

最早关注同素异序现象的当属宋代学者孙奕,他在《示儿编·总说·倒文》[①]中提到《诗经》中存在"倒文"现象:"六经或倒其文,如《易》之'西南得朋''吉凶者失得之象',类皆有之,唯《诗》为多。"随着研究的深入,这种语素相同而次序不同的语词现象的研究从传统语文学视野过渡到词汇学范畴。岑时甫《"缓和"呢还是"和缓"》(1956)从个案角度探究同素异序现象。嗣后,隋树华等《词素相同、次序不同的合成词》(1956)、丁勉哉《同素词的结构形式和意义关系》(1957)开始关注同素异序这一特殊词汇现象,主要对语词进行内部结构与语义

---

① 四库本。

分析,未能深入探讨同素异序现象的词汇学意义,未能对同素异序语词的定义达成共识,统计语词也有遗漏。整体看,范围较窄,角度较为单一,尚处于初步认识阶段。80年代之后,学界正式提出"同素异序词"的说法,研究同素异序现象的成果不断增多,诸如周荐《同义词语的研究》(1991)、程湘清《先秦汉语研究》(1992)、佟慧君《常用同素反序词辨析》(1993)、周荐《词语的意义和结构》(1994)、蒋绍愚《汉语词汇语法史论文集》(2000)、王云路等《中古汉语研究》(2000)、杨英耀《同素异序词应用词典》(2003)、万久富《〈宋书〉复音词研究》(2006)、陈明娥《敦煌变文词汇计量研究》(2006)等。出现了词汇学视角的探索,研究的深度和广度不断突破。下面择其要者略作介绍。郑奠《古汉语中字序对换的双音词》(1964)选取了古汉语中64对字序对换的双音词进行分类分析,最早对上古汉语中的同素异序语词进行了研究。程湘清《先秦汉语研究》(1992)指出同素异序语词的定性及使用问题,认为"由于上古词组向词演变并非齐头并进,对一些正处于凝固过程中的双音组合……同义或近义联合式双音词其所以会出现字序可以互相颠倒的现象,可能因为这类双音词的产生一般不需要经过一个词组的凝固的阶段,可以径直在交际中应用"[①]。张博《先秦并列式连用词序的制约机制》(1996)选取《尚书》《左传》《论语》《孟子》《荀子》中1819个同义连用、类义连用、反义连用的双音节词,对比数量,探讨了词类、语义、语音等干扰用词依调序排列的因素,认为调序的制约力度最强,对研究同素异序语词的产生及消亡具有启发意义。伍宗文《先秦汉语中字序对换的双音词》(2000)列举了300余组同素异序双音语词,按照义位之间的关系分为两两全同、两两迥异、一个义位被另一个包容者、交叉和相因等,又按照结构分为并列式284对和非并列式16对,得出此类语词中异序同构而义同义近为多数的结论。车淑娅《〈韩非子〉词汇研究》(2004)对《韩非子》中的69组同素异序语词的语法分布、意义分布进行分析,并且从意义和语用角度同现代汉语进行对比。朱成华《〈史记〉同素并列逆序双音动词与辞书编纂》(2013)以"畏惮,惮畏""督责,责督""诛杀,杀诛"等词为例,将《史记》中的同素并列异序双音动词与《大词典》收释情况进行对比研究,从新词新义、词条失收、书证滞后等方面对《大词典》作补充。万久富《〈宋书〉复音词研究》(2006)选取《宋书》中30对联合式同素异序语词进行历时考察,又比对同组异序复音词的出现时间、义位、语用及词频,对联合式同素异序语词的淘

[①] 程湘清《先秦汉语研究》第81页。

汰生成、词汇意义作规律性探讨与总结。曾昭聪《中古佛经中的字序对换双音词举例》(2005)主要是从中古佛经中选取语料,以"顿止,止顿""垢秽,秽垢""欺侵,侵欺""学计,计学"等词为例,从词义、出现年代和使用频率等方面举例分析,对中古同素异序现象的研究具有补充作用。张巍《中古汉语同素逆序词演变研究》(2005)穷尽梳理《庄子》《韩非子》《吕氏春秋》《史记》等十余部代表性专书中所见的 1464 对同素异序语词,首次描绘出先秦到中古时期汉语同素异序语词的分布、时代层次、同素异序语词与同期复音词的比例以及发展概貌,并且还与"汉字文化圈"中日语的同素异序语词作对比,是较为详尽的中古同素异序现象的研究成果。陈绪霞《〈型世言〉同素逆序词研究》(2013)统计《型世言》中 87 组"AB—BA"式同素异序语词及 63 个"BA"式同素异序语词,指出这两大类同素异序语词都是双音节形式,都以动、名词为主,并且大多是并列式结构。曹廷玉《近代汉语同素逆序同义词探析》(2000)收集 61 组同素异序语词讨论词义演变及历史存留关系。

综观前人的研究,不足是:很少结合同素异序现象在汉语发展不同阶段的出现、稳定、发展及消亡的完整脉络进行考察,并上升到规律性认识的理论高度;大多成果未注意到语素次序的变化在一定程度上会对语词的语法结构和词性造成影响。问题是,同素异序语词产生、发展和消亡的原因是否与中古词汇发展的阶段性特征存在着一定关系呢? 中古专书同素异序现象的研究还有拓展空间。

本章研究中,有几点需要首先弄清楚。关于同素异序语词的概念,争议点主要在于三个方面:一是对"同素"的理解不同。吴倩楠《现代汉语同素异序词研究》(2005)认为语素相同即构成词的所有语素相同。项梦冰《试论汉语方言复合词的异序现象》(1988)认为语素同一,分为两种情况考虑,即一种同源,一种不存在同源关系。周荐《同义词语的研究》(1991)指出:"语言的词语单位彼此间有意义上的等通关系,不能用逻辑的概念代替语言的意义。"[①] 梁荫众《略论同素词的修辞作用及其规范化问题》(1982)指出:"成对的同义同素词之间,有的意义有交叉现象,有的意义有包含现象。"高惠敏《关于同素异序词研究的几点思考》(1998)认为:"同素"应该是语素所代表的意义相同,由一个词的本义所生发出来的引申义、比喻义、相关义及假借义一般不应视为同义,自然也就谈不上"同素"。张博《先秦并列式连用词序的制约机制》(1996)则将义有微殊的近义连用也包含

[①] 周荐《同义词语的研究》第 49 页。

在同义连用中。这会导致选入研究范围的同素异序语词遗漏或冗余,对研究结论造成影响。我们认为,"同素语词"是语词内部构词成分在字形、语音上完全相同、意义[①]相同或相近的一对语词。二是对"异序"的理解不同。"异序"前人多有"逆序""反序""次序对换""次序颠倒"等说法,"逆序"主要是指"两个语素"之间的"顺逆"现象,这就将同素异序的三音节语词和四音节语词排除在外;"反序"则相对"正序"而言,"正序"形式的判断是以语词的诞生顺序为标准还是以现代汉语的存留现状为参照,存在争议;"反序"和"逆序"二说都具有一定的局限,难以反映同素异序这一特殊现象的历史全貌;"次序对换"和"次序颠倒"则属于话语性表述,不能代替科学术语。我们认为"异序"较为科学,主要指语词内部构词成分位序的不一致性。三是对"同素异序"是否属于词的意义范畴理解不同。同素异序组合形式是否能界定为"词",主要须考虑两个方面:首先,是同素异序属于构词手段还是构词特点。构词特点和构词手段的区别在于前者是认为它已经具备有"词"的性质,而后者则是认为它是发展成为"词"的一种过渡形态。沈士英《字序对换的双音词新探》(1979)认为"字序对换"既是构词特点,也是构词方法。张德鑫(1995)认为"汉语中对换字序的双音颠倒词极其丰富,是汉语构词的一大特色"。高惠敏(1998)以"平和"与"和平"为例,指出语素次序相逆只是构词特点,并非构词的手段。其次,同素异序的组合形式界定不同,有的学者更偏向于将其界定为"现象",如沈士英(1979)认为,在古汉语中较早出现的那些联合式的合成词,结构还是松散的,可合可离。李运熹《同素异序词刍议》(1984)指出:"同义同素词的形成主要是在汉语构词过程中由于语素次序不固定而产生的并行现象。"马显彬(2003)认为"同素逆序词的结合起初是不太紧密的,其中有些词经过一段时间的结合后又游离开来,再次成为两个单音词,如'观览'"。那么同素异序显然不能够进入"词"的范畴,还有一些学者将同素异序组合形式界定为"词",张德鑫(1995)认为并非凡由两个同义或近义词素构成的双音词都能颠倒,而这类词已具有"词"的特性。程湘清《先秦汉语研究》(1992)认为区别先秦双音词和短语主要从语法结构是否稳定、词汇意义上是否表示共同概念、修辞特点及词频高否来判定。显然,上述标准也很难判断同素异序组合究竟属于短语还是词。我们更加倾向于将同素异序语词视为"短语——词"发展过程中的一种过渡

[①] 这里指语素的本义,不包含引申义、比喻义、相关义与假借义等。两个语素构成的语词意义不在定义范围内。

形态。为何不称"组合形式"而称"语词"呢?"组合形式"更偏向于现代汉语的范畴,注重语素之间的灵活性,而"语词"的概念界定则更为宽泛,既可以运用于古代汉语中,又可以应用于现代汉语中,同时又反映了一种短语到词这一词汇化过程中的过渡形态。在汉语词汇由单音词向复音词发展的过程中,短语是一种未成型的、不稳固的语素组合形式,而词则经历生成、淘汰以及词形、结构相对稳定的发展过程,两者之间并非"非黑即白"的关系,而同素异序现象正是两者转换的"中间形态",包含短语与词两种形式,故称为"同素异序语词"。

关于同素异序语词的分类,尚未形成共识。千里《古代汉语同素逆序词历时演革浅探》(1992)按古今沿革情形,分为两类:1. 古代"AB""BA"都常见的同素逆序词的沿革及古代"AB"常见;2. "BA"少见或罕见的同素逆序词。而在这两大类中又按照词义的分化情况及在近、现代的词频情况加以细分。洪帅《〈孟子〉赵注中的同素异序词》(2009)按古今沿革情形,分为两类:1. 两种顺序(AB 和 BA)都存在的。2. 与现代汉语相比,只有"BA"式的,又根据词性加以细分。李运熹《同素异序词刍议》(1984)按语素在词内的语法地位,归为三类:1. 两个词的组合关系相同,语素位置的变化并没有改变其语法地位的同素异序词。2. 两个词的组合关系相同,次序的变化造成了语素语法地位变化的同素异序词。3. 两个词的组合关系不同,其语素的语法地位也发生变化的同素异序词。马显彬《古代汉语同素异序词综论》(2003)从词义、词性、结构等方面对同素异序语词进行分类:1. 按照词义,分为词义完全相同、部分词义相同、词义不同三类。2. 按照词性,分为词性相同、词性相异两类。3. 按照结构,分为结构相同、结构相异两类。沈士英《字序对换的双音节新探》(1979)按照意义和用法,分为五类:1. A 和 B 意义和用法基本相同。2. A 和 B 的意义和用法部分相同。3. A 和 B 字面上有联系,但各有含义,有的各有用法。4. A 和 B 词性不同、词素有别。5. A 和 B 相互间没有关系的。项梦冰《试论汉语方言复合词的异序现象》(1988)按照内部构造,分为四类:1. 并列式异序词。2. 偏正式异序词。3. 主谓式异序词。4. 述宾式异序词。丁勉哉《同素词的结构形式和意义的关系》(1957)按照语义、用法分为三类:1. 意义完全不同的同素词。2. 同一组同素词意义相近而词性和用法不相同,或者意义大体相近而仍有一点细微的差别。3. 同素词除了意义完全不同和意义相近而用法不同的那两类以外,意义和用法都相同的一类。张德鑫《谈颠倒词》(1995)按照词义和留存情况分为四类:1. AB 词义相同,在古、近、现代汉语中都用。2. AB 在古、近代汉语中基本相同,但在现代汉语中有了变化,两者不尽相同。3. AB 在古、近代汉语中都常见,但现代只用 A,罕用或不用 B。4. 古、近代汉语中的 AB 两式在现代都已消失,或极罕见。伍宗文《先秦汉语中字序对换的双音词》(2000)按照义位分为五类:1. 两两相同。2. 两两迥异。3. 彼此包容。4. 彼此交叉。5. 彼此相因。

我们以汉语词汇史为坐标轴,以《宋书》为原点,将《宋书》中的同素异序语词分为共时异序①、历时异序②两类,在此基础上,对语词的结构、意义、形式、词频进行共时与历时考察。

第二节 《宋书》同素异序语词概貌

一、《宋书》同素异序语词统计

我们调查统计,《宋书》同素异序双音节语词共计 1157 个,其中,两序并存的同素异序语词③ 483 对,仅存一序的同素异序语词④ 191 个,约占《宋书》复音词的 5.92%。⑤ 我们将《宋书》中全部同素异序语词词频统计如下:

(一)《宋书》中两序并存的同素异序语词词频统计

《宋书》中两序并存的同素异序语词⑥有 483 对,占《宋书》同素异序语词总数的 83.5%:

号谥/谥号(4/2)咏歌/歌咏(2/8)集聚/聚集(5/1)兴复/复兴(20/5)同异/异同(22/21)闻见/见闻(6/1)短长/长短(6/13)皆悉/悉皆(10/18)思寻/寻思(1/1)始终/终始(11/9)涕泣/泣涕(3/7)举弹⑦/弹举(1/1)友朋/朋友

---

① 在《宋书》及同时期的文献中均有出现的一对同素异序语词。
② 仅一序在《宋书》及同时期的文献中出现的一对同素异序语词。
③ 即两种语素序均出现在《宋书》中的语词。
④ 即一种语素序出现在《宋书》中,另一种语素序出现在同时期其他文献中。
⑤ 万久富《〈宋书〉复音词研究》(58 页)统计出《宋书》纪传部分(约占全书的 60%)复音词约 11739 条。
⑥ 即两种语素序均出现在《宋书》中的语词。
⑦ 即"检举弹劾"。《汉语大词典》《现代汉语词典》等未收录。

(2/1)驰驱/驱驰(2/9)外内/内外(11/109)士人/人士(20/20)任总/总任(6/2)腹心/心腹(49/7)纳受/受纳(4/1)小大/大小(16/41)清荡/荡清(8/2)逆顺/顺逆(18/1)人神/神人①(26/4)情事/事情(17/1)山河/河山(8/5)革变/变革(1/1)丘山/山丘(2/1)在所②/所在(22/54)散溃/溃散(8/6)贼盗/盗贼(2/14)炬火/火炬(2/2)接引/引接(3/5)来往/往来(6/30)文檄/檄文(4/6)间里/里间(11/2)乱扰/扰乱(3/9)生平/平生(5/16)兄弟/弟兄(100/1)威灵/灵威(12/7)浅深/深浅(2/1)根本/本根(19/4)纪纲/纲纪(5/11)费损/损费(1/1)并兼/兼并(4/3)论议/议论(6/2)废兴/兴废(6/9)小细/细小(1/1)笑戏/戏笑(1/2)诉告③/告诉④(1/2)括囊/囊括(3/1)质文/文质(14/4)近远/远近(6/45)少多/多少(7/16)复修/修复(5/16)民人/人民(18/14)五三/三五(1/16)基根/根基(1/1)昵亲/亲昵(1/2)爱宠/宠爱(2/3)割裁/裁割(1/1)怠懈/懈怠(1/2)敬恭/恭敬(6/4)应接/接应(5/1)弦管/管弦(5/6)利便/便利(3/1)人工⑤/工人(1/9)荐举/举荐(3/1)易难/难易(1/2)易简/简易(3/6)背违/违背(2/2)衰盛/盛衰(1/8)严威/威严(2/1)游遨/遨游(6/5)纵放/放纵(2/4)朝市/市朝(3/5)平齐/齐平(4/1)池城/城池(1/8)貌状/状貌(2/1)苦辛/辛苦(3/2)没存/存没(1/5)情性/性情(5/6)猎涉/涉猎(2/10)溉灌/灌溉(1/1)拓开/开拓(1/2)强富/富强(3/2)一统/统一(4/1)失得/得失(1/26)眉须/须眉(1/2)年少/少年(22/16)后先/先后(2/4)诱引/引诱(1/2)民庶/庶民(10/11)家国/国家(26/44)党结/结党(1/5)献奉/奉献(1/7)背向/向背(1/2)待接/接待(1/4)晦明/明晦(2/2)和中⑥/中和(1/3)接应/应接(1/5)气志/志气(2/6)剑刀/刀剑(1/1)牙爪/爪牙(2/12)托寄/寄托(1/1)众徒/徒众(1/3)弃背/背弃(1/1)断决/决断(2/3)通变/变通(2/5)驰奔/奔驰(1/2)小陋/陋小(1/2)园田/田园(3/3)经涂/涂经(2/1)藏埋/埋藏(1/1)狂凶/凶狂(4/4)舒卷/卷舒(1/3)益增/增益(3/2)乔松⑦/松乔⑧(2/3)行履/

---

① 即人和神。
② 在、所均表示"处所"的意思。
③ 同"告诉",向人诉说(苦难)。
④ 《宋书》中表示"倾诉、告知"的意思。
⑤ 《宋书》中表示"佣工、民工、劳工"的意思。
⑥ 即"中庸之道",《汉语大词典》《现代汉语词典》等未收录。
⑦ 神话传说中仙人赤松子与王子乔的并称。
⑧ 泛指隐士或仙人。

第六章 《宋书》中的同素异序语词探析 | 309

履行(1/9)帛布/布帛(1/2)俭节/节俭(1/9)家长/长家(2/1)人天/天人(2/38)侯王/王侯(14/10)戏调/调戏(1/1)弃离/离弃(2/1)施行/行施(42/1)圣明/明圣(39/2)悼痛/痛悼(2/7)洒扫/扫洒(5/2)敬爱/爱敬(2/5)赏爱/爱赏(2/2)爱友①/友爱(1/1)败伤/伤败(1/1)班赏/赏班②(1/1)邦家/家邦(4/2)傍依/依傍(1/1)报告/告报(2/5)报叙/叙报(1/1)暴苛/苛暴(1/4)暴掠/掠暴(1/1)暴刻/刻暴(1/2)奏劾/劾奏(4/1)卑高/高卑(2/5)备守/守备(1/6)备悉/悉备(1/1)奔北/北奔(2/7)奔叛/叛奔(4/1)奔流/流奔(1/3)奔亡/亡奔(6/1)奔走/走奔(39/4)逼切/切逼③(2/1)逼畏/畏逼(2/3)鄙近/近鄙(2/1)贬降/降贬(2/1)辨核④/核辨(3/1)表奏/奏表(2/1)戈兵/兵戈(1/2)兵甲/甲兵(5/4)省并/并省⑤(13/8)播迁/迁播(4/2)捕采/采捕(1/1)裁贬/贬裁(1/1)裁割/割裁(1/1)参预/预参(2/3)参豫⑥/豫参(1/2)察听/听察(1/2)长久/久长(9/2)唱首⑦/首唱(1/3)抄掠⑧/掠抄(4/2)沉浮/浮沉(2/1)沈深/深沈(2/1)称号/号称(3/1)诚恳/恳诚(1/2)诚款/款诚(3/8)诚亮/亮诚(2/2)诚勤/勤诚(2/1)城郭/郭城(13/2)城邑/邑城(5/1)惩劝/劝惩(1/1)澄清/清澄(2/1)弛废/废弛(1/1)弛纵⑨/纵弛(2/1)池沼/沼池(1/1)宠爵⑩/爵宠(2/2)斥黜/黜斥(1/1)畴咨/咨畴⑪(2/1)踌躇/躇踌(3/1)丑逆/逆丑⑫(2/1)除荡/荡除⑬(2/2)除省/省除⑭(1/1)除蔚/蔚除(1/1)黜废/废黜(1/4)捶殴/殴捶(1/2)赐给/给赐(5/4)挫伤/伤挫(2/1)贷给/给贷(5/1)帝皇/皇帝(3/42)营阵/阵营(3/1)奠祭/祭奠(2/2)调役/役调(5/1)定平/平定(1/41)定制/制定(10/1)斗争/争斗(1/2)督统/统督(3/1)断遏/遏断(4/1)断据/据

---

① 即"兄弟友爱"。
② 即"赏赐",《汉语大词典》《现代汉语词典》等未收录。
③ 即"逼迫",《汉语大词典》《现代汉语词典》等未收录。
④ 即"辨明核实",《汉语大词典》《现代汉语词典》等未收录。
⑤ 即"合并官署,裁减官吏",义同"省并",《汉语大词典》《现代汉语词典》等未收录。
⑥ 豫,义通"与"。"参与"的意思。义同"豫参"。
⑦ 即"创始;领头",义同"首唱"。
⑧ 即"抢劫、掠夺",义同"掠抄"。
⑨ 即"弛纵、松弛;松散;放任"。
⑩ 即"尊荣的爵位",义同"爵宠",《汉语大词典》《现代汉语词典》等未收录。
⑪ 即"访问、征询"。
⑫ 即"丑恶悖逆",义同"丑逆",《汉语大词典》《现代汉语词典》等未收录。
⑬ 即"清除",义同"除荡"。
⑭ 即"废除、减省",义同"除省",《汉语大词典》《现代汉语词典》等未收录。

断(3/1)遁逃/逃遁(1/1)遏防/防遏(1/4)乏匮/匮乏(3/3)法令/令法(10/1)法律/律法(6/2)法文/文法(1/1)藩戚/戚藩①(1/1)烦苛/苛烦(3/1)犯违/违犯(1/3)犯忤/忤犯(2/1)芳兰/兰芳(1/2)防守/守防(6/1)访求/求访(3/1)访讯/讯访(1/1)纷纠/纠纷(1/7)愤慨/慨愤(1/1)愤叹/叹愤(6/1)愤怨/怨愤(1/6)奉归②/归奉(1/2)封闭/闭封(3/1)封爵/爵封(14/4)奉遵/遵奉(3/5)俸禄/禄俸(4/2)服从/从服(2/3)福禄/禄福(3/2)斧斤/斤斧(2/1)辅佐/佐辅(1/1)复修/修复(5/16)赋役/役赋(2/2)改移/移改(1/2)干局/局干(1/1)戈矛/矛戈(2/2)歌颂/颂歌(1/1)公清/清公③(1/1)攻战/战攻(10/1)恭肃/肃恭(1/1)构造/造构(5/1)孤幼/幼孤(2/5)故事/事故(39/8)故旧/旧故(4/1)关豫④/豫关(1/1)光晖/晖光(1/2)光明/明光(6/1)归旋/旋归(1/1)轨宪⑤/宪轨(1/1)贵踊⑥/踊贵(1/2)郭邑/邑郭(3/1)和辑⑦/辑和(1/1)和平/平和(1/1)弘深/深弘(3/2)怀抱/抱怀(3/1)还回/回还(1/8)荒莱/莱荒(1/1)荒遐⑧/遐荒(3/5)恚怠/怠恚(1/1)贿货/货贿(3/7)昏狂/狂昏(2/1)货殖⑨/殖货(3/1)饥凶/凶饥(1/2)机要/要机(1/1)子孙/孙子(33/4)缉谐⑩/谐缉(1/3)疾苦/苦疾(9/1)棘榛/榛棘(1/1)寄托/托寄(1/1)祭禬/禬祭(1/1)集征/征集(1/1)继绍/绍继(2/1)艰险/险艰(1/1)减降/降减(3/1)监以/以监(1/1)疆界/界疆(1/1)戒慑/慑戒(6/1)犬豹/豹犬(2/1)阶庭/庭阶(3/1)嗟叹/叹嗟(4/1)结聚/聚结(1/1)结连/连结(1/9)介鳞/鳞介⑪(2/2)戒训/训戒(1/1)近亲/亲近(2/7)禁省/省禁(2/1)荆蛮/蛮荆(1/3)旌旗/旗旌(14/2)敬礼/礼敬(3/9)境土/土境(4/1)久淹/淹久(4/1)酒醴/醴酒(2/1)沮丧/丧沮(2/1)眷望/望眷⑫(1/1)军戎/戎军(2/2)君人/人君(4/34)郡邑/邑郡(3/2)考详/详考(4/6)恪勤/勤恪(2/2)寇虏/虏寇(3/10)厘总/总厘

---

① 即"近亲藩王"。
② 即"侍奉",义同"归奉",《汉语大词典》《现代汉语词典》等未收录。
③ 即"清廉公正",义同"公清"。
④ 即"关心过问"。
⑤ 即"法度",义同"宪轨",《汉语大词典》《现代汉语词典》等未收录。
⑥ 即"物价上涨",义同"踊贵"。
⑦ 即"团结和睦",义同"辑和"。
⑧ 即"边远之地",义同"遐荒",《汉语大词典》《现代汉语词典》等未收录。
⑨ 即"经商盈利"。
⑩ 即"和睦"。此外,"缉谐"在《宋书》中还有"协调一致"的意思,义同"谐缉"。
⑪ 泛指有鳞和介甲的水生动物。
⑫ 即"关注、垂爱",义同"眷望",《汉语大词典》《现代汉语词典》等未收录。

第六章 《宋书》中的同素异序语词探析 | 311

(1/1)枯荣/荣枯(1/3)哭临/临哭(2/9)黎民/民黎(6/4)礼秩/秩礼(6/1)里伍/伍里(1/1)吏民/民吏(23/2)吏佐/佐吏(3/13)栗悚/悚栗(1/1)廉清/清廉(2/5)粮食/食粮(3/1)量议/议量(1/1)令美/美令①(1/1)流迁/迁流(3/3)流水/水流(3/7)禄田/田禄(1/1)禄秩/秩禄(3/2)乱逆/逆乱(4/6)沦倾/倾沦(1/1)寐瘝/瘝寐(1/7)氓黎/黎氓(1/1)盟誓/誓盟(2/2)迷愚/愚迷(1/3)湎荒/荒湎(1/1)蔑弃/弃蔑(1/1)名声/声名(3/1)明昏/昏明(1/16)逆谋/谋逆(6/6)昵狎/狎昵(1/1)宁泰/泰宁(1/4)讴谣/谣讴(2/1)佞巧/巧佞(1/1)农商/商农(1/1)殴伤/伤殴(2/2)配飨/飨配②(7/1)乞求/求乞(3/1)启闻/闻启(18/3)亲附/附亲(1/1)禽获/获禽(8/1)寝园/园寝(1/2)倾危/危倾(3/1)清忠/忠清(1/1)丘坟/坟丘(4/2)趋走/走趋(2/1)泉货/货泉(2/2)泉水/水泉(1/5)劝诱/诱劝(3/1)月日/日月(2/83)日时/时日(2/5)人吏/吏人(2/3)戎寇/寇戎(2/1)荣宠/宠荣(5/1)荣禄/禄荣(3/1)容纵/纵容(1/1)弱累/累弱(1/1)弱小/小弱(2/1)散败/败散(2/3)散亡/亡散(5/1)扫除/除扫(2/1)扫清/清扫(2/1)杀伤/伤杀(20/2)伤损/损伤(2/1)商贾/贾商(2/1)赏赐/赐赏(10/1)奢淫/淫奢(1/1)社庙/庙社(2/8)

摄督③/督摄(1/2)生杀/杀生(2/1)圣仁/仁圣(1/2)圣上/上圣(12/4)圣贤/贤圣(13/5)时岁/岁时(8/15)士庶/庶士(40/4)适宜/宜适(2/2)守宰/宰守④(16/3)寿夭/夭寿(1/1)慧敏/敏慧(1/1)书檄/檄书(4/6)署置⑤/置署(3/1)术数/数术(4/5)装束/束装(4/2)水雨/雨水(2/20)水灾/灾水(3/1)顺从/从顺(7/1)顺悌/悌顺(1/1)说诱/诱说(2/2)司牧/牧司(7/2)肆逆/逆肆(8/1)诵习/习诵(2/1)送迎/迎送(5/9)损抑/抑损(1/1)损益/益损(33/1)损约/约损(1/3)泰平/平泰(4/1)逃叛/叛逃(2/1)腾踊/踊腾(1/1)听闻/闻听(1/1)同合/合同(1/3)恸哭/哭恸(5/1)退挹⑥/挹退(1/1)痛酷/酷痛(2/1)土地/地土(10/1)托付/付托(7/1)玩习/习玩(1/1)亡叛/叛亡(5/2)网罗/罗网(4/1)危险/险危(1/1)微密/密微(1/1)微隐/隐微(1/1)委信/信委(3/2)卫奉/奉卫(2/1)畏恐/恐畏(1/1)文策/策文(1/3)文典/典文(1/8)闻知/知

---

① 即"美好",义同"令美",《汉语大词典》《现代汉语词典》等未收录。
② 即"合祭;袷祀",《汉语大词典》《现代汉语词典》等未收录。
③ 即"摄理监督",义同"督摄",《汉语大词典》《现代汉语词典》等未收录。
④ 指地方长官,义同"守宰"。
⑤ "选用官吏"的意思,义同"置署",《汉语大词典》《现代汉语词典》等未收录。
⑥ 即"谦抑、退让",义同"挹退",《汉语大词典》《现代汉语词典》等未收录。

闻(16/1)喜说/说喜(3/1)喜愠/愠喜(3/1)系囚/囚系①(6/4)系絷/絷系②(1/1)飨宴/宴飨(3/3)孝慈/慈孝(2/1)协赞/赞协③(6/1)心痛/痛心(1/5)信诚/诚信(2/1)刑政/政刑(7/15)行游/游行(2/4)宣昭/昭宣(3/4)夷灭/灭夷(19/1)仪容/容仪(1/3)摇动/动摇(3/1)仰瞻/瞻仰(7/2)遗隐/隐遗④(1/1)义节/节义(1/3)义理/理义(1/1)役使/使役(5/2)意志/志意(4/3)翼赞/赞翼(4/1)音声/声音(5/1)淫凶/凶淫(1/1)引导/导引(1/1)饮宴/宴饮(2/3)饮酗/酗饮(1/1)盈虚/虚盈(9/1)营垒/垒营(3/1)勇壮/壮勇(3/2)忧惧/惧忧(21/1)游惰/惰游⑤(2/1)游宴/宴游(1/2)羽毛/毛羽(3/7)狱系/系狱(1/4)渊源/源渊(1/1)原赦/赦原(5/3)怨咨/咨怨(1/1)怨怒/怒怨(2/1)怨恣/恣怨(2/3)援接/接援(2/1)原隰/隰原(1/1)云烟/烟云(1/1)造创/创造(3/1)造制/制造(1/2)瞻奉/奉瞻(1/1)章服/服章(2/5)珍宝/宝珍(4/1)真伪/伪真(2/1)疹疾/疾疹(2/1)震惊/惊震(2/1)政德/德政(3/3)止顿/顿止(1/1)芷兰/兰芷(1/1)职僚/僚职(5/1)治装/装治(1/4)诛讨/讨诛(4/2)著明/明著(9/2)咨嗟/嗟咨(4/1)今古/古今(6/51)复反/反复(2/1)害杀/杀害(1/9)即便/便即(18/3)自手/手自(1/9)机先/先机(1/1)复还/还复(26/14)

(二)《宋书》中仅存一序的同素异序语词词频统计

《宋书》中仅存一序的同素异序语词⑥的有191个,占《宋书》同素异序语词总数的16.5%：

蒂芥(1)漏泄(6)犯触(2)缚束(1)答对(2)对校(1)谤毁(1)求索(1)园陵(8)显彰(1)女伎(2)筑构(2)绵联(1)情交(1)泉源(1)静寂(1)渴饥(1)酬报(1)深沉(2)地属(1)密亲(1)情爱(3)画策(1)言谑(2)酬应(3)叫呼(2)量度(1)胸心(2)合契(2)厚薄(5)会聚(1)机心(2)浆酒(1)交接(2)均平(3)林树(1)流漂(3)绵联(1)陪奉(1)齐整(2)气力(7)窃盗(3)师祖(2)施设(2)士女

---

① 即"囚犯",义同"系囚"。
② 即"囚禁",义同"系絷",《汉语大词典》《现代汉语词典》等未收录。
③ 即"辅佐协助",义同"协赞"。
④ 即"遗漏隐藏",义同"遗隐",《汉语大词典》《现代汉语词典》等未收录。
⑤ 即"游手好闲",义同"游惰"。
⑥ 即一种语素序出现在《宋书》中,另一种语素序出现在同时期其他文献中。

(7)室家(3)殊特(1)述叙(1)同共(3)离隔(1)顽凶(1)藏掩(1)运命(2)留滞(2)迫胁(1)饕餮(3)贵盛(5)应答(4)讼诉(2)断截(3)法宪(4)识知(2)还反(4)弱子(2)心服(1)宽厚(5)识智(1)卖买(1)劳效(1)贷借(2)逡巡(6)要当(2)络绎(2)童儿(2)轻佻(2)男丁(5)酬应(3)船舰(9)通连(1)要重(7)飞散(1)引召(1)交结(3)巢窟(7)威权(9)备防(3)追随(4)抚待(1)危惧(8)功烈(4)兆庆(1)恚恨(3)形貌(3)举止(9)坟茔(6)色貌(1)隐蔽(2)允协(4)宁晏(4)习练(1)逃去(1)书契(6)修整(3)施为(5)忧惶(4)防闲(4)妒忌(3)空虚(8)动静(6)残余(1)运漕(2)反逆(6)卫护(1)显明(3)笑调(1)行旅(2)朽老(1)长守(2)优倡(1)遁逃(4)菜蔬(1)次等(2)故典(3)风云(8)才能(1)诘辩(1)残凶(1)并合(8)平安(5)羽翼(3)葱青(1)断割(2)法宪(4)犯罪(5)耕农(1)贵显(3)聚蓄(1)促急(1)第宅(4)虚实(9)血心(1)意旨(4)隐退(2)咒诅(7)壮健(1)鸩毒(9)忧患(6)图希①(1)常日②(8)奏弹③(4)术学④(5)奇英⑤(1)通便⑥(2)庶萌⑦(1)披猖⑧(2)颉颃⑨(1)殃咎⑩(1)丹实⑪(2)问讯⑫(14)邪正(10)存亡(19)倾覆(14)官长(25)上下(33)幽显(22)攻围(21)去来(12)众寡(10)子侄(10)颠沛(10)慷慨(17)从容(18)将帅(47)将佐(23)狼狈(10)殷勤(13)士卒(35)幽明(15)过甚(10)恭谨(12)文德(10)言语(10)是非(23)居守(12)饮食(16)宾客(24)疾患(14)互相(12)兵士(11)由来(33)富贵(31)

---

① 《汉语方言大词典》:"图希,为了、希望。"其他词典未录入。《宋书》中"图希"作名词,表示"意图"的意思。
② 即"平日、往日"。
③ 义同"奏劾",《宋书》作"启奏弹劾"解。
④ 即"道术学识"。
⑤ 即"优秀的人才",《汉语大词典》《现代汉语词典》等未收录。
⑥ 即"交通便利;交往方便"。
⑦ 即"庶民"。萌,通"氓"。
⑧ 亦作"披昌","猖獗、猖狂"的意思。
⑨ 颉颃,犹"颉颃",即"鸟飞上下貌"。
⑩ 即"咎殃、灾祸"。
⑪ 即"赤诚的心"。
⑫ "问候"的意思。

二、《宋书》同素异序语词举例

(一)《宋书》中共时异序的同素异序语词举例

1. AB、BA 两序并见于《宋书》

号谥/谥号(4/2)

宋初追崇号谥,陵曰兴宁。(卷四十一·后妃列传)

立德济世,挥扬仁风,以登封泰山者七十有四家,其谥号可知者,十有四焉。(卷十六·礼志三)

号谥,西汉刘向《列女传》:"是故必十五而笄,二十而嫁,早成其号谥,所以就之也。"谥号,始出三国魏孙钦《追崇始祖议》:"今迎神主,宜乘己车,又宜先遣使者上谥号为大王。""号谥"先于"谥号"产生,在《宋书》中使用词频较低,两者语义并没有区别。我们认为,"谥号"在《宋书》中尚未完全成词,当处于短语的阶段。"号谥"在现代汉语中不再使用。

咏歌/歌咏(1/8)

故冈宫既构,咏歌先妣;园陵崇卫,聿追来孝。(卷四十一·后妃列传)

至于都合乐时,但识其尺寸之名,则丝竹歌咏,皆得均合。(卷十一·律历志上)

咏歌,始出《国语·鲁语下》:"今伶箫咏歌及《鹿鸣》之三,君之所以赠使臣,臣敢不拜贶。"歌咏,始出《礼记·乐记》:"诗言其志也,歌咏其声也,舞动其容也。"

闻见/见闻(6/1)

皆是朝士共所闻见,莫不伤怀愤叹,口不敢言。(卷二·武帝纪中)

子勋戎服出听事,集僚佐,使潘欣之口宣旨曰:"少主昏狂悖戾,并是诸君所见闻。"(卷八十四·邓琬列传)

闻见,始出《墨子·尚同中》:"凡闻见善者,必以告其上。"见闻,始出东晋葛洪《抱朴子·论仙》:"非得道者,安能见闻,而儒墨之家,知其不可以训,故终不言其有焉。"

涕泣/泣涕(3/7)

寝苫草,荫松柏,涕泣雨面沾枕席。(卷二十一·乐志三)

叶延少而勇果,年十岁,缚草为人,号曰姜聪,每旦辄射之,射中则喜,不中则号叫泣涕。(卷九十六·鲜卑吐谷浑列传)

涕泣,始出《礼记·杂记下》:"唯父母之丧,不辟涕泣而见人。"泣涕,始出《诗经·邶风·燕燕》:"瞻望弗及,泣涕如雨。"

2. 仅 AB 一序见于《宋书》

问讯/讯问(14)

丙辰,停台省众官朔望问讯。(卷六·孝武帝纪)

即遣委曲讯问,乃是袁自咏其所作咏史诗。(世说新语·文学)

问讯,始出西汉刘向《说苑·谈丛》:"君子不羞学,不羞问。问讯者,知之本,念虑者,知之道也。"讯问,始出西汉刘向《说苑·建本》:"故曰,讯问者,智之本;思虑者,智之道也。""问讯"与"讯问"同为语出《说苑》的一对上古同素异序语词,《宋书》同时期用例中,"问讯"使用的词频高于"讯问"。

同时期词频统计表 1[①]

	北齐书	南齐书	陈书	梁书	世说新语	颜氏家训	齐民要术
问讯	0	8	2	9	3	0	0
讯问	0	0	0	0	1	0	0

交结/结交(3)

炳之身上之衅,既自藉藉,交结朋党,构扇是非,实足乱俗伤风。(卷五十三·庾登之列传附炳之)

敬成幼聪慧,好读书,少机警,善占对,结交文义之士,以识鉴知名。(陈书·卷十二·徐度列传附敬成)

"交结"始出《汉书·终军传》:"至府受遣,太守闻其有异材,召见军。甚奇之,与交结。""结交"始出《管子·小匡》:"公子举为人博闻而知礼,好学而辞逊,

---

[①] 因篇幅原因,同时期的语例仅统计词频,部分语词将在个案研究部分详细论述。

请使游于鲁,以结交焉。""结交"先于"交结"产生,魏晋南北朝时期,"交结"使用词频远高于"结交"。

同时期词频统计表 2

	北齐书	南齐书	陈书	梁书	世说新语	颜氏家训	齐民要术
交结	5	3	2	1	0	2	0
结交	1	0	1	0	0	0	0

讼诉/诉讼(2)

复出为山阴令,民户三万,政事烦扰,讼诉殷积,阶庭常数百人,秉之御繁以简,常得无事。(卷九十二·良吏列传)

许群臣之得失,讼诉之类也。(颜氏家训·省事)

"讼诉"始出《三国志·魏书·孙礼传》:"假虚讼诉,疑误台阁。""诉讼"始出《魏书·皇后列传》:"诸人诉讼,咸见忿责。"

同时期词频统计表 3

	北齐书	南齐书	陈书	梁书	世说新语	颜氏家训	齐民要术
讼诉	0	0	0	0	0	1	0
诉讼	2	0	0	0	0	0	0

断截/截断(5)

泰始、泰豫之际,更忍虐好杀,左右失旨忤意,往往有斩刳断截者。(卷八·明帝本纪)

郭曰:"命驾西出数里,得一柏树,截断如公长,置床上常寝处,灾可消矣。"(世说新语·术解)

断截,始出东汉班固《汉书·谷永传》:"发人冢墓,断截骸骨,暴扬尸柩。"截断,始出南朝宋刘义庆《世说新语·术解》。"断截"早于"截断"产生,词频高于"截断"。

同时期词频统计表 4

	北齐书	南齐书	陈书	梁书	世说新语	颜氏家训	齐民要术
断截	0	0	0	0	0	0	0
截断	0	0	1	0	1	0	0

齐整/整齐(2)

军令严肃,行伍齐整。(卷一·武帝纪上)

吾今所以复为此者,非敢轨物范世也,业以整齐门内,提撕子孙。(颜氏家训·序致)

齐整,始出西晋陈寿《三国志·魏书·郑浑传》:"入魏郡界,村落齐整如一。""齐整"与"整齐"在意义及用法上没有明显区别,词频也相当。

同时期用例统计表 5

	北齐书	南齐书	陈书	梁书	世说新语	颜氏家训	齐民要术
齐整	2	0	0	0	0	0	0
整齐	1	0	0	0	0	3	0

(二)《宋书》中历时异序的同素异序语词举例

1. BA 出现在上古

术学/学术(5)

窀穸之事,俭而当礼,性无术学,因心自然。(卷九十一·孝义列传)

申不害者,京人也,故郑之贱臣。学术以干韩昭侯。(史记·卷六十三·老子韩非列传)

术学,始出《史记·张丞相列传》:"申屠嘉,可谓刚毅守节矣,然无术学,殆与萧、曹、陈平异矣。""术学"与"学术"均出自《史记》,是上古时期的一对同素异序语词,在语词流传和使用过程中,具有强大的生命力,现代汉语中仍使用,但"术学"在现代汉语中的词频仅 4000 多例①,"学术"则有 24000 多例,反映了两个语词词汇发展过程中此消彼长的情形。

倾覆/覆倾(14)

乃者社稷倾覆,王拯而存之;中原芜梗,又济而复之。(卷二·武帝纪中)

古之王者废五事之中,失夫妇之纪,妻妾得意,谒行于内,势行于外,至覆倾国家,或乱阴阳。(汉书·谷永传)

---

① 据北大现代汉语语料库。余同。

倾覆,始出《左传·成公十三年》:"散离我兄弟,挠乱我同盟,倾覆我国家。"可见,"倾覆"与"覆倾"同为上古时期的一对同素异序语词。"覆倾"多出现于两汉时期,中古及以后文献中未见用例。如:西汉刘安《淮南子·说山训》:"以清入浊,必困辱;以浊入清,必覆倾。"可见,"覆倾"在语词发展过程中被淘汰,"倾覆"在《宋书》中的语序结构已趋稳定,基本成词。

识知①/知识(2)

> 凡鄙无识知,每为始兴王濬兄弟所戏弄。(卷五十一·宗室列传)
> 耳目心智,其所以知识甚阙,其所以闻见甚浅。(吕氏春秋·任数)

识知,始出东汉班固《汉书·晁错传》:"臣错草茅臣,亡识知,昧死上愚对曰:'诏策曰"明于国家大体",愚臣窃以古之五帝明之。'"识知,这一语素组合最早出现在《庄子·缮性》:"心与心识知,而不足以定天下,然后附之以文,益之以博。"意为"知道、了解"。知识,也有"知道、了解"义,语出西汉刘向《列女传》:"其妾笑曰:'人已语君矣,君不知识邪?'"

施设/设施(2)

> 中书舍人刘休尝诣之,值佃夫出行,中路相逢,要休同反;就席,便命施设,一时珍羞,莫不毕备。(卷九十四·恩幸列传)
> 昼则多旌,夜则多火,瞑冥多鼓,此善为设施者也。(淮南子·卷十五·兵略训)

施设,始出《史记·吴起列传》:"世俗所称师旅,皆道《孙子》十三篇,吴起《兵法》。世多有,故弗论,论其行事所施设者。"《史记》中的"施设"与《宋书》中"施设"意义略有不同,前者多表达"施行、实行"之意,而后者则表达"安排、布置"之意。而"施设"最早出现"安排、布置"义则在《汉书·尹翁归传》:"延年亲临见,令有文者东,有武者西。阅数十人,次到翁归,独伏不肯起,对曰:'翁归文武兼备,唯所施设。'"我们推测,"施设"产生时,偏重"施"的语素义,意为"施行、实行",与"设施"语义略有不同,因二者语素相同,在语词使用过程中,语义彼此沾染,"施设"开始偏重"设"的语素义,意为"安排、布置"。魏晋南北朝时期多用"施设"。

---

① 知,"智"的古字。《集韵》:"知义切,去置知。"

2. BA 出现在中古①

众寡/寡众(10)

虽连战克胜,然众寡不敌,高祖独深虑之。(卷一·武帝纪上)

隆以偏师寡众,奋不顾难,冒险能济。(晋书·卷五十七·马隆列传)

众寡,始出《论语·尧曰》:"君子无众寡,无小大,无敢慢。"

犯触/触犯(2)

内外常虑犯触,人不自保。(卷八·明帝纪)

岂独抱器载物,去宅徙居触犯之者而乃责之哉!(东汉王充·论衡·卷二十四·难岁)

犯触,始出东汉王充《论衡·讥日》:"举事若病、死、灾、患,大则谓之犯触岁月,小则谓之不避日禁。"两者同出自《论衡》,前者在现代汉语中已不常使用。

均平/平均(3)

陛下六宫万数,而妾唯驸马一人。事不均平,一何至此!(卷七·前废帝纪)

分肉甚平均,父老善之。(东汉荀悦·前汉纪·卷二·高祖皇帝纪)

均平,始出《周礼·地官·贾师》:"贾师各掌其次之货贿之治,辨其物而均平之。"平均,在《宋书》中表"公平;公允"义。

3. BA 在近代汉语、现代汉语中才出现

叫呼/呼叫(2)

(刘)瑀疾已笃,闻(何)偃亡,欢跃叫呼,于是亦卒。(卷四十二·刘穆之列传)

张旭,吴人,嗜酒,每大醉,呼叫狂走,乃下笔。(新唐书·卷二百二十·文艺列传中)

叫呼,始出西汉刘安《淮南子·兵略训》:"喜怒而合四时,叫呼而比雷霆。""叫呼"先于"呼叫"产生,现代汉语中罕见。

巢窟/窟巢(7)

卿今时当至广州,倾其巢窟,令贼奔走之日,无所归投。(卷一·武帝纪上)

---

① 这里的"中古"不包括"中古中期"。

且近遣属夷却其营帐,远交瓦剌扰其窟巢,使彼内顾而返,则肃州孤城岂复能保?(明史·卷二百四·陈九畴列传)

巢窟,始出《宋书》。"巢窟"先于"窟巢"产生,且频次明显高于"窟巢"。"窟巢"仅2例,均在清代的文献中出现,除《明史》用例外,又如:清章学诚《文史通义·言公下》:"窟巢托足,遂启璇雕;毛叶御寒,终开组纂。"与"巢窟"义同,应视作特定时期的一种语素组合形式,使用不普遍,也未能传承到现代汉语中。

羽翼/翼羽(3)

　　识者尤之曰:"夫羽扇,翼之名也。创为长柄者,执其柄制羽翼也。"(卷三十·五行志一)

　　愿同翼羽兮,化为鸳鸯。(东周列国志·第二十二回·公子友两定鲁君,齐皇子独对委蛇)

羽翼,始出《管子·霸形》:"寡人之有仲父也,犹飞鸿之有羽翼也。""翼羽"产生时间较短,在明清小说中有少量用例,如:清徐哲身《汉代宫廷艳史·无可奈何撩愁借楚舞,似曾相识被诱说胡廷》:"今来辅佐太子,翼羽已成,势难再废矣。"清褚人获《隋唐演义·丹霄宫嫔妃交谮,玄武门兄弟相残》:"这几个人都是殿下股肱翼羽,至死不易,倘有不测,其何以堪?"意思已由"鸟的翅膀"引申为"手下、辅佐",现代汉语不用。

第三节　《宋书》同素异序语词结构及意义考察举例

一、《宋书》同素异序语词内部结构考察举例

(一) 联合式—联合式

1. 名+名

友朋/朋友(2/1)

　　微躬所惜,一朝亦尽,非唯仰尘国纪,实亦俯畏友朋。(卷四十二·王弘

列传)

顷年乘事回薄,遂果饕非次,既足贻诮明时,又亦取愧朋友。(卷八十五·谢庄列传)

友,《说文·又部》:"友,同志为友。"即"志向相同的人"。朋,《广雅·释诂》:"朋,比也;朋,类也。"朋,本义是"一种货币单位",《广雅·释诂》解释的是"朋"的引申义,有"结伴、同类"的意思。均为名词性语素,在语义结构上,语素义共同起作用,属于联合式中的近义联合,表示"志同道合的人",为名词性质的语词。

丘山/山丘(2/1)

罪有逾于丘山,虽万死其何雪。(卷四十四·谢晦列传)
生存华屋处,零落归山丘。(卷二十一·乐志三)

丘,《广雅·释丘》:"小陵曰丘。"山,《说文·山部》:"山,土有石而高。"均为名词性语素,在语义结构上,语素义共同起作用,属于联合式中的类义联合,表示"山丘",为名词性质的语词。

炬火/火炬(2/2)

城中大恐。(刘)道济夜列炬火,(裴)方明自出,众见之乃安。(卷四十五·刘粹列传)
治礼举手曰:"可燎。"三人持火炬上。(卷十四·礼志一)

炬,《说文·艸部》:"苣,束苇烧。从艸,巨声。俗字作炬。"本义为"燃烧的火把"。火,《说文·火部》:"火,南方之行也。炎而上。"本义为"事物燃烧产生的物理现象"。均为名词性语素,在语义结构上,"炬"的语素义起主要作用,语素地位略不平等,属于联合式中的偏义联合①,为名词性质的语词。

闾里₁②/里闾(10/2)

少好游侠,结客于闾里₁。(卷四十七·孟怀玉列传附龙符)
(萧)思话以去州无复事力,倩府军身九人,太祖戏之曰:"丈人终不为田父于里闾,何应无人使邪?"(卷七十八·萧思话列传)

---

① 即两个语素只有一个语素意义在起作用,另一个语素意义或者完全消失,或者只起附加、衬托作用。此例中"火炬"义偏"矩"。
② 词后有下标阿拉伯数字的,表示该词是多义语词。余同。

驺①骑忽扣荜门,闾里₂咸以为祥怪,君多识前世之载,天植何其易倾。(卷六十二·王微列传)

闾,《说文·门部》:"闾,里门也。从门吕声。"里,《说文·里部》:"里,居也。从田从土。凡里之属皆从里。""闾里"在《宋书》中是一个多义语词,"闾里₁"与"里闾"互为一对同素异序语词,表"里巷,平民居住的地方"义,均为名词性语素,在语义结构上地位相等,属于联合式里的类义联合。"闾里₂"表"平民"义,其意义范围大于语词内部语素义的简单相加,为引申义。

兵甲/甲兵(4/5)

声如此,怒象也。将有急怒之谋,以生兵甲₁之祸。(卷三十三·五行志四)

鼍有鳞介,甲兵₁之象。(卷三十一·五行志二)

荆州居上流之重,地广兵强,资实兵甲₂,居朝廷之半,故高祖使诸子居之。(卷五十一·宗室列传)

占曰:"有谋伐甲兵₂在宗庙中,天子不可出宫下堂,必暴亡。"(卷二十六·天文志四)

甲,《说文·甲部》:"甲,东方之孟,阳气萌动。从木,戴孚甲之象。"《礼记·曲礼上》:"献车马者执策绥,献甲者执冑,献杖者执末。""甲"有盔甲、铠甲的意思。上古用例有:《左传·闵公二年》:"将战,国人受甲者皆曰:'使鹤,鹤实有禄位,余焉能战!'"《史记·礼书》:"楚人鲛革犀兕,所以为甲,坚如金石。"兵,《说文·収部》:"兵,械也。从廾持斤,并力之貌。""兵"本义为兵械、武器装备。二者皆为名词性语素,语素地位平等,基本义为"盔甲及兵器",引申为"战争",借指义"军队"。《宋书》中"甲兵"和"兵甲"均为多义语词,"兵甲"有两个义项:战争。见第一例。《五行志四》:"按《春秋》晋文公柩有声如牛,刘向以为鼓妖。其说曰:'声如此,怒象也。将有急怒之谋,以生兵甲之祸。'"兵器与盔甲。见第三例,《宋书》中还有《宗室列传》:"荆州居上流之重,地广兵强,资实兵甲。"《顾琛列传》:"元嘉七年,太祖遣到彦之经略河南,大败,悉委弃兵甲,武库为之空虚。"《殷孝祖

---

① 驺:古代给贵族驾车马的人。这里指侍从。

列传》:"孝祖具问朝廷消息,僧韶随方酬譬,并陈兵甲精强,主上欲委以前驱之任。""甲兵"亦有两个义项:披甲的士兵。见第四例。《天文志四》:"占曰:'有谋伏甲兵在宗庙中,天子不可出宫下堂,多暴事。'"《武三王列传》:"若谓事理政应如此者,进大镇,聚甲兵,徒为烦耳。"战争。见第二例。《五行志二》:"鼍有鳞介,甲兵之象。"又,《五行志一》:"一说以木冰为甲兵之象。""兵甲₁"与"甲兵₁"是一对同素异序语词,属于联合式中的类义联合,语词表达意义并非语素的简单相加,而是进一步抽象化、凝固化,表示"战争"的意思。而"兵甲₂"与"甲兵₂"则关系更为复杂,"兵甲₂"为联合式结构,"甲兵₂"则为偏正式结构,反映了语词内部意义发展的方向不同。

2. 形＋形

顺逆/逆顺(18/1)

资生禀运,参差万殊,逆顺吉凶,理数不一。(卷八十一·顾觊之列传)
审邪正顺逆之数,达昏明益损之宜。(卷七十·袁淑列传)

顺,《释名》:"顺,循也。"《广韵》:"顺,从也。"由动词"沿着"引申为形容词"顺从"义。逆,《说文·辵部》:"逆,迎也。关东曰逆,关西曰迎。"由动词"迎接"引申为形容词"违逆"义。均为形容词性语素,在语义结构上,语素义共同起作用,属于联合式中的反义联合,表示"好或不好的形势或事情"。

浅深/深浅(2/1)

问者盖浑仪之疏密,非问浑仪之浅深也。(卷二十三·天文志一)
江南颙颙,倾注舆驾,忽闻远伐,不测师之深浅,必以殿下大申威灵,未还,人情恐惧,事又可推。(卷六十四·郑鲜之列传)

浅,《说文·水部》:"浅,不深也。从水戔声。"深,《说文·水部》:"深,出桂阳南平,西入营道。从水罙声。""浅"和"深"同属水部,语素义相反,均为形容词性语素,在语义结构上,语素义共同起作用,属于联合式中的反义联合,表示"深浅程度"。

衰盛/盛衰(1/8)

登高塸以详览,知吴澧之衰盛。(卷六十七·谢灵运列传)
虽则功高靡尚,理至难文,而崇庸命德,哲王攸先者,将以弘道制治,深关盛衰。(卷一·武帝纪上)

衰，《说文·衣部》："衰，艸雨衣。秦谓之萆。从衣，象形。"本义为"草制的雨衣"。"衰"最早用作形容词，表"衰落、没落"，见《黄帝内经·素问》："今五脏皆衰，筋骨解堕，天癸尽矣。"盛，《说文·皿部》："盛，黍稷在器中以祀者也。从皿成声。"本义为"放在祭器里的谷物"，"盛"最早用作形容词，见《论语·泰伯》："孔子曰：'才难，不其然乎？唐虞之际，于斯为盛。'"上古用例有：《易·杂卦》："损益，盛衰之始也。"《黄帝内经·素问》："故气主有所制，岁立有所生，地气制己胜，天气制胜己，天制色，地制形，五类衰盛，各随其气之所宜也。""衰"和"盛"语素义相反，均为形容词性语素，在语义结构上，语素义共同起作用，属于联合式里的反义联合，表示"兴盛与衰败"。

易难/难易（1/2）

  于是抑怀荡虑，扬搉易难。（卷六十七·谢灵运列传）
  山川之形，抑非曩日，攻守难易，居然百倍。（卷五十二·袁湛列传）

易，《说文·易部》："易，蜥易。蝘蜓。守宫也。"可见"易"字本义是"蜥蜴"。"易"较早意义有"变易""简易""不易"，见《诗经·大雅·文王之什》："宜鉴于殷，骏命不易！命之不易，无遏尔躬。"难，最早用作形容词，表"困难"，见《尚书·说命中》："黩于祭祀，时谓弗钦。礼烦则乱，事神则难。""易"和"难"语素义相反，均为形容词性语素，在语义结构上，语素义共同起作用，属于联合式里的反义联合，表示"容易和困难的事情"。

晦明/明晦（2/2）

  夫晦明₁递运，崇替相沿，帝宋之基，懋业维永，圣祖重光，氤氲上业。（卷八十四·邓琬列传）
  昔我祖宗钦明，辰居其极，而明晦₁代序，盈亏有期。（卷二·武帝纪中）

  率下多方，见情为上；立长多术，晦明₂为懿。（卷七十三·颜延之列传）
  虽及仆妾，情见则事通；虽在畎亩，明晦₂则功博。（卷七十三·颜延之列传）

晦，《说文·日部》："晦，月尽也。从日每声。""晦"有"昏暗"的意思，最早见于《诗经·郑风·风雨》："风雨如晦，鸡鸣不已。"明，《说文·明部》："明，照也。从月从囧。""明"有"明亮"的意思，最早见于《左传·昭公二十八年》："照临四方曰明。""晦明"与"明晦"在《宋书》中是一对多义的同素异序语词："晦明₁"与"明晦₁同义,表示"明暗"的意思,"晦"和"明"语素义相反,均为形容词性语素,在语义结构上,语素义共同起作用,属于联合式中的反义联合;"晦明₂"与"明晦₂"同义,"晦"的语素义则不再是"昏暗",而是"隐藏","晦明₂"与"明晦₂"之间的关系更为复杂,前者为动宾式结构,后者为补充式结构,语素义为"隐藏光亮",引申为"韬光养晦,低调行事"。

暴苛/苛暴(1/4)

  自以酬赏既极,便情在无上;刑戮逆滥,政用暴苛。(卷二·武帝纪中)
  去年,王敦并领荆州,苛暴之衅,自此兴矣。(卷三十三·五行志四)

  暴,《广韵》:"暴,日干也。"本义为"晒",引申表示"残暴"的意思,作形容词。如《左传·哀公二十四年》:"莱章曰:'君卑政暴,往岁克敌,今又胜都。'"苛,《说文·艸部》:"苛,小艸也。从艸可声。"苛,本义为小草,引申表示"烦苛、暴虐"的意思,作形容词。如《韩非子·内储说上》:"关市苛难之。""暴"和"苛"语素义相近,均为形容词性语素,在语义结构上,语素义共同起作用,属于联合式里的近义联合,表示"残暴苛刻"的意思。

乱扰/扰乱(3/9)

  方今国家乱扰,四海鼎沸,天下之重,在大人与玄。(卷四十七·刘敬宣列传)
  会羌主姚兴死,子泓立,兄弟相杀,关中扰乱,公乃戒严北讨。(卷二·武帝纪中)

  乱,《说文·乙部》:"不治也。从乙,矞。乙,治之也。"本义为"理清纷繁的乱丝,使它有条理"。引申表示"混乱"的意思,作形容词。最早见于《左传·隐公五年》:"乱政亟行,所以败也。"扰,《说文·手部》:"烦也。"本义为"扰乱"。引申表"混乱",作形容词。最早见于《孙子·行军》:"夜呼者,恐也;军扰者,将不重也。"二者皆为形容词性的语素,表示"混乱",属于联合式中的同义联合。

3. 动+动

驰驱/驱驰(2/9)

  所以俛僶从事,循墙驰驱[①],志在宣力,虑不及远。(卷四十二·王弘

[①] 顺着墙策马奔驰,在该句语境中可解释为:小心谨慎地行事。

列传)

善哉照观日月,日月驰驱$_2$。(卷二十一·乐志三)

其有停者,左右驱驰$_1$,动止所须,出门甚寡,典计者在家十无其一。(卷四十二·王弘列传)

且臣本在驱驰$_2$,非希崇显,轻智小号,足以自安。(卷七十五·王僧达列传)

黄回出自厮伍,本无信行,仰值泰始,谬被驱驰$_3$,阶藉风云,累叨显伍。(卷八十三·黄回列传)

驱,《说文·马部》:"驱,马驰也。"《广雅·释室》:"驱,奔也。"驰,《说文·马部》:"驰,大驱也。"均为动词性语素。在语义结构上,"驰""驱"语素义相近,属于联合式里的近义联合。"驰驱""驱驰"在《宋书》中是一对多义同素异序语词,本义为"策马奔驰",可引申为"快速、飞速"的意思,比喻义为"奔走效力"。"驰驱"在《宋书》中有两个义项:策马疾驰。见第一例。引申为"快速"的意思。见第二例。"驱驰"有三个义项:策马疾驰。见第三例,《宋书》共有6例。喻奔走效力。见第四例,又见《张茂度列传附永》:"永少便驱驰,志在宣力。"引申为"任用"的意思。见第五例。"驱驰"的语义结构相对于"驰驱"更为严密,意义进一步发展,也更为抽象。"驰驱$_1$"与"驱驰$_1$"为一对同义的联合式同素异序词。在语词意义发展的方向上,"驱驰"更偏重"驱"的语素义,而"驰驱"则更偏重"驰"的语素义。

接引/引接(3/5)

以为世子中军参军,数见接引。(卷四十六·张邵列传)

(刘)湛初入朝,委任甚重,日夕引接,恩礼绸缪。(卷六十九·刘湛列传)

接,《说文·手部》:"接,交也。从手妾声。"《广雅》:"接,合也。"本义为"手相接"。最早与"遇"联合,表"接待、招待"的意思,见《史记·屈原列传》:"入则与王图议国事,以出号令;出则接遇宾客,应对诸侯。"引,《说文·弓部》:"引,开弓也。从弓、丨。"本义是"拉弓射箭",箭飞行有方向,引申出动词"引导"的意思,如《左传·文公六年》:"引之表仪,予之法制。"在语义结构上,"接""引"语素义同表示"引导接待"的意思,属于联合式里的类义联合。

来往/往来(6/30)

　　小民自非超然简独,永绝尘秕者,比门接栋,小以为意,终自闻知,不必须日夕来往₁也。(卷四十二·王弘列传)

　　(傅)元祀弟知(陈)咏之与(黄)宣达来往₂,自嫌言语漏泄,即具以告(刘)诞。(卷七十九·文五王列传)

　　往来₁出入,人理之常;当宾待客,朋从之义。(卷四十一·后妃列传)

　　尚书仆射殷景仁、领军刘湛并执重权,倾动内外,球虽通家姻戚,未尝往来₂。(卷五十八·王球列传)

　　谓宜申明旧科,严加禁塞,诸商贾往来₃,幢队挟藏者,皆以军法治之。(卷六十四·何承天列传)

　　如往来₄所说,以孤子纳士为尤,此辈惧其身罪,岂为国计。(卷七十九·文五王列传)

来,《说文·来部》:"来,周所受瑞麦来麰。一来二缝,象芒束之形。天所来也,故为行来之来。《诗》曰:'诒我来麰。'凡来之属皆从来。"本义与麦子相关,假借表示"回来、返回"的意思,作动词。见《周易·泰》:"泰:小往大来,吉亨。"往,《说文·彳部》:"往,之也。从彳坒声。"均为动词性语素。"来往""往来"在《宋书》中是一对多义的同素异序语词,本义为"来去、往返",可引申为"交际、往来"的意思。"来往"在《宋书》中有两个义项:来去、往返。见第一例。交往、交际。见第二例,《宋书》中共五例。"往来"在《宋书》中有四个义项:来去、往返。见第三例,《宋书》中共10例。交往交际,见第四例。《宋书》中共14例。偏"来"义,指"来、到"。见第五例。《宋书》中共2例。借指"往来的人"。见第六例。《宋书》中共2例。"来往₁""往来₁"、"来往₂""往来₂"是同义的同素异序语词,语义结构上,"来""往"语素义相反,属于联合式里的反义联合。语素与语词义的关系上,"来往₁""往来₁"等于语素义的简单相加,而"来往₂""往来₂"则是语素义的进一步发展,较抽象。

翼赞/赞翼(4/1)

　　爰始协规,则翼赞景业;陵威致讨,则克剪枭鲸。(卷五十一·宗室列传)

　　质国戚勋臣,忠诚笃亮,方当显位,赞翼京辇,而子弟波迸,伤其乃怀。(卷七十四·臧质列传)

翼,《说文·飞部》:"翼,翄也。从飞异声。"本义为"翅膀"。引申表示"辅佐"的意思,作动词。见《国语·楚语》:"求贤良以翼之。"赞,《说文·贝部》:"见也。从贝从兟。"引申表示"帮助、辅佐"的意思,作动词。见《尚书·大禹谟》:"益赞于禹日。"二者皆为动词性语素,语素同义,共同表示"辅佐"义,属于联合式中的同义联合。

论议/议论(6/2)

如臣所闻天下论议,炳之常尘累日月,未见一豪增辉。(卷五十三·庾登之列传附炳之)

岂苞藏逆心,以招灰灭,所以推诚自信,不复防护异同,率意信心,不顾万物议论,遂致谗巧潜构,众恶归集。(卷六十九·范晔列传)

论,《说文·言部》:"论,议也。从言仑声。"本义为"议论"。议,《说文·言部》:"议,语也。从言义声。"本义为"商议、讨论"。二者皆为动词性语素,语素同义,共同表现"批评、讨论,发表建设性意见"义,属于联合式中的同义联合。

爱宠/宠爱(2/3)

(杜)德灵雅有姿色,为义宗所爱宠,本会稽郡吏。(卷五十一·宗室列传)

夫天伦由子,共气分形,宠爱之分虽同,富贵之情则异也。(卷六十八·武二王列传)

爱,《说文·夊部》:"爱,行貌。从夊㤅声。"㤅,《说文·心部》:"㤅,惠也。从心先声。"《尔雅·释诂》:"惠,爱也。"宠,《说文·宀部》:"宠,尊居也。从宀龙声。"本义为尊崇,引申表示"宠爱"的意思,作动词。出自《左传·定公四年》:"无始乱,无怙富,无恃宠,无违同,无敖礼,无骄能,无复怒,无谋非德,无犯非义。"二者皆为动词性语素,语素义相近,表示"亲近宠爱"的意思,属于联合式中的近义联合。

考详/详考(4/6)

主者考详旧典,以时施行。(卷三·武帝纪下)
郊祀用辛,有碍迁日,礼官祠曹,考详已备。(卷十六·礼志三)
外详考旧典,以副侧席之怀。(卷六·孝武帝纪)
且详考地形,殊乖相势。(卷四十一·后妃列传)

考,《说文·老部》:"考,老也。从老省,丂声。"本义为"年老"。表示"考察、审查"的意思,作动词。如《魏书·高祖纪》:"唯当考躬责己,以待天谴。"详,《说文·言部》:"详,审议也。从言羊声。"本义为"审查、审议"。二者皆为动词性语素,语素义相同,表示"亲近宠爱"的意思,属于联合式中的同义联合。

4. 副+副

悉皆/皆悉(10/18)

凡诸求利,皆悉如此,百姓嗷然,不复堪命。(卷七十二·文九王列传)
三年春正月甲辰朔,诏刑罚无轻重,悉皆原降。(卷三·武帝纪)

悉,《说文·釆部》:"悉,详尽也。"《尔雅·释诂》:"悉,尽也。"皆,《说文·白部》:"皆,俱词也。"均为副词性语素。在语义结构上,"悉""皆"同义互训,共同起作用,表示"都"。

自手/手自(1/9)

裁有闲暇,自手写书,寻览篇章,校定坟籍。(卷四十二·刘穆之列传)

素好黄老,常手自书章,有病不服药,饮符水而已。(卷六十二·羊欣列传)

自,《说文·自部》:"自,鼻也。象鼻形。凡自之属皆从自。"本义为"鼻子",引申表示"亲自",作副词。见《史记·荆燕世家》:"高祖自击破布。"手,《说文·手部》:"手,拳也。象形。凡手之属皆从手。"本义与人的上肢相关。表示"亲自",作副词。见《诗经·大雅·抑》:"匪手携之,言示之事。"中古时期用例有:北齐颜之推《颜氏家训·归心》:"齐有一奉朝请,家甚豪侈,非手杀牛,啖之不美。""自""手"均为副词性语素。在语义结构上,"自""手"同义互训,共同起作用,表示"亲自",是表躬亲的情态副词。

(二)偏正式—陈述式

丹实/实丹(2/0)

是以仰冒非宜,披露丹实。(卷四十一·后妃列传)
悾悾丹实,具如此启。(卷七十一·徐湛之列传)
吴、楚之国有大木焉,其名为櫋,碧树而冬生,实丹而味酸;食其皮汁,已

愤厥之疾。(列子·汤问)

丹,《说文·丹部》:"丹,巴越之赤石也。象采丹井,一象丹形。凡丹之属皆从丹。"本义为"一种红颜色的砂石"。引申表示"红色的",作形容词,再引申为抽象义"赤诚的",作构词语素。实,《说文·宀部》:"富也。从宀从贯。贯,货贝也。"本义为"充足、富有"。可引申表示"果实"义①,见《论语·子罕》:"子曰:'苗而不秀者有矣夫!秀而不实者有矣夫!'""丹"为形容词性的语素,"实"为名词性的语素,在语义结构上,"丹"起修饰及补充作用,修饰说明"实"的性质,"丹""实"语素序颠倒后,语词内部的结构关系也发生了变化。"实丹"始出《列子·汤问》,表示"红色果实"的意思,古代用例较少。《宋书》中的"实丹"为单音词的偶尔连接,是"果实红色"的意思。"丹实"始出《宋书》,表示"赤诚的心"的意思,在语素序颠倒后,"实""丹"的语素义进一步凝固化,由原本简单的语素义借喻为更抽象化的语词义,从这点可以简单判断,"实丹"为短语,"丹实"出现初步成词的迹象。

常日/日常(8)

(刘)义宣号泣语狱吏曰:"常日非苦,今日分别始是苦。"(卷六十八·武二王列传)

常日出入,于厢下经过,与诸相识将帅,都不交言。(卷七十二·文九王列传)

常,《说文·巾部》:"常,下裙也。"本义为"古代的裙子"。引申表示"日常"义,作形容词。如《诗经·唐风·鸨羽》:"悠悠苍天,曷其有常?"日,《说文·日部》:"日,实也。太阳之精,不亏。从囗一。象形。"本义为"太阳"。引申表示"日子",作名词。如《诗经·王风·采葛》:"彼采葛兮,一日不见,如三月兮!"都为名词性的语素,在语义结构上,"常"起修饰及补充作用。语素序倒置后,"常日"与"日常"的意义并未发生明显的变化,是一对同时期的同素异序语词,表示"平常"的意思。

机心/心机(2)

盖由曩世风淳,民多惇谨,图像既陈,则机心冥戢,刑人在涂,则不遑改操,故能胜残去杀,化隆无为。(卷五十七·蔡廓列传)

---

① 果实饱满,与"充足"义素义相通。

抚鸥鲰而悦豫,杜机心于林池。(卷六十七·谢灵运列传)

机[①],《说文·木部》:"机,主发谓之机。"本义为"弓弩发射的机关"。引申表示"机巧的",作形容词。如《列子·仲尼》:"伯丰子之从者越次而进曰:'大夫不闻齐鲁之多机乎?'""机"为形容词性的语素,"心"为名词性语素,前者起修饰补充作用。语素序倒置后,意义并未发生变化,表示"机巧的心"。

(三)补充式—偏正式

君人/人君(4/34)

加以龙颜英特,天授殊姿,君人之表,焕如日月。(卷二·武帝纪中)

太祖幼年特秀,顾无保傅之严,而天授和敏之姿,自禀君人之德。(卷五·文帝纪)

古者人君有朝服,有祭服,有宴服,有吊服。(卷十八·礼志五)

占曰:"人君有忧,天子恶之。"(卷二十六·天文志四)

君,《说文·口部》:"君,尊也,从尹。发号,故从口。"本义指"手中握有权势、发号施令的人"。表示"君主、君王"的意思,作名词。如《荀子·君道》:"君者,民之原也,原清则流清,原浊则流浊。""人"作语素,进入构词系统,表示"百姓"的意思,"君人""人君"是"百姓的君主、国君"的意思,前者是"君于人",为补充式结构;后者是"人之君",为偏正式。值得注意的是,在语素序颠倒后,随着语法结构的变化,语词的语义焦点和用法也发生了改变,第一、二例中有关"君人"的描述,有"焕如日月""和敏之姿"。第三、四例则未含明显的褒义色彩。可见,"君人"的语义焦点在"人",指"为百姓行君道",语词感情色彩偏褒义;"人君"的语义焦点在"君",指"做百姓的君主"。语词感情色彩偏中性,同时期用例中也可以见到这种语词表述的差异,如:《三国志·魏书·高堂隆传》:"此人君苟饰宫室,不知百姓空竭,故天应之以旱,火从高殿起也。"《南齐书·高帝纪上》:"重以珠衡日角,神资特挺,君人之义,在事必彰。"又《五行志》:"如人君失威仪,逆木行,田猎驰骋,不反宫室,饮食沈湎,不顾礼制,出入无度,多发繇役,以夺民时,作为奸诈,以夺民财,则木失其性矣。"《梁书·武帝纪下》:"历观古昔帝王人君,恭俭庄敬,艺能博学,罕或有焉。"又《裴子野列传》:"臣历观古今人君,钦贤好善,未有圣朝孜

---

① "機"的异体字。

孜若是之至也。"《陈书·高祖纪上》:"海口河目,贤圣之表既彰;握矟执钺,君人之状斯伟。"又《傅縡列传》:"夫君人者,恭事上帝,子爱下民,省嗜欲,远谄佞,未明求衣,日旰忘食,是以泽被区宇,庆流子孙。"

文策/策文(1/3)

　　近永初之末,营阳王即位,亦有文策,今在尚书,可检视也。(卷五十七·蔡廓列传附兴宗)

　　大明末,前废帝即位,兴宗告太宰江夏王义恭,应须策文。(卷五十七·蔡廓列传附兴宗)

　　(刘)劭迎蒋侯神于宫内,疏世祖年讳,厌祝祈请,假授位号,使(刘)铄造策文。(卷七十二·文九王列传)

　　策,《说文·竹部》:"策,马箠也。从竹朿声。"表示"策书"的意思。如《左传·昭公三年》:"夏四月,郑伯如晋,公孙段相甚敬而卑,礼无违者,晋侯嘉焉,授之以策。"西晋杜预注:"策,赐命之书。""文策""策文"在《宋书》中皆表达"策命文书"的意思,前者为补充式结构,后者为偏正式结构,"策"起修饰的作用。

二、《宋书》同素异序语词意义考察举例

(一) 单义语词①

1. 同义②

说诱/诱说(2/2)

　　质因此密信说诱,陈朝廷得失。(卷七十四·臧质列传)
　　世祖遣喜将数十人至二县,诱说群贼,贼即日归降。(卷八十三·吴喜列传)

　　即"劝说、劝诱"。同时期用例有:《梁书·王僧辩列传》:"顷之,又执王珣等至于城下,珣为书诱说城内。"又《临贺王正德列传》:"侯景知其有奸心,乃密令诱说,厚相要结。"《魏书·封敕文列传》:"梁会欲引致文德,诱说李洪来入东城,即

---

① 指仅有一个义项的短语或词。
② 指同素异序语词间意义相同或相近。

斩洪首,送与文德。"《颜氏家训·诫兵》:"如在兵革之时,构扇反复,纵横说诱,不识存亡,强相扶戴:此皆陷身灭族之本也。"

诉告/告诉(1/2)

晦闻疾奔往,瞻见之,曰:"汝为国大臣,又总戎重,万里远出,必生疑谤。"时果有诉告晦反者。(卷五十六·谢瞻列传)

神灵日远,无所告诉。(卷十五·礼志二)

"诉告"有"告诉,控告"的意思,一般是向某个对象传达不好的信息,诸如别人的苦难、不公、自己的过错等,并希望得到某种回应或安慰;"告诉"有"告知"的意思,一般是向某个对象传达信息。两者意义相近。同时期用例有:《南齐书·五行志》:"乌马乌皮袴,三更相告诉。"《魏书·列女列传》:"刘乃集诸长幼,喻以忠节,遂相率告诉于天,俱时号叫,俄而澍雨。"

弛纵/纵弛(2/1)

魏尚书邓飏,行步弛纵,筋不束体,坐起倾倚,若无手足。(卷三十·五行志一)

先是,朝廷承晋氏乱政,百司纵弛,桓玄虽欲厘整,而众莫从之。(卷一·武帝纪上)

"弛纵"有"松弛、放松"的意思,"纵弛"有"放纵、松懈"的意思,前者多表示一种行为态度上的轻松,偏褒义;后者多表示一种行为态度上的随意,偏贬义,程度不一,但均有"依从、随从某种状态"的意思。同时期用例有:《南齐书·文学列传》:"蓬发弛纵,无形仪,不治家业。"

2. 异义①

逼切/切逼(2/1)

丞相既无入志,骠骑发便有期,如似欲相逼切,于事不便。(卷八十五·谢庄列传)

大司马臣德文及王妃公主,情计切逼,并狼狈请命,逆肆祸毒,誓不矜许,冤酷之痛,感动行路。(卷二·武帝纪中)

"逼切"有"逼迫"的意思,"切逼"有"迫切、紧急"的意思。前者为动词性质的

---

① 指同素异序语词间意义不同。

语词,后者为形容词性质的语词。同时期用例有:《周书·庾信列传》:"逼切危虑,端忧暮齿。践长乐之神皋,望宣平之贵里。"

趋走/走趋(2/1)

> 甲奸险好利,负吾事深;乙凶愚不齿,扇长无赖;丙、丁趋走小子,唯知诌进,伺求长短,共造虚说,致令祸陷骨肉,诛戮无辜。(卷六十九·范晔列传)

> (刘)诞闻军入,与申灵赐走趋后园。(卷七十九·文五王列传)

"趋走"在《宋书》中指"奔走服役"的意思,又《臧质列传》:"何文敬趋走厮养,天性愚狡,质迷其奸诌,寘怀委仗,遂外擅威刑,内游房室。""走趋"是"向……疾行"的意思,"趋"的语素义逐渐虚化。同时期用例有:《梁书·任昉列传》:"至于顾盼增其倍价,剪拂使其长鸣,彯组云台者摩肩,趋走丹墀者叠迹。"《陈书·长沙王列传》:"叔陵惶扰不知所为,乃尽杀其妻妾,率左右数百人走趋新林。"《南齐书·幸臣列传》:"咸皆冠冕搢绅,任疏人贵,伏奏之务既寝,趋走之劳亦息。"《北齐书·魏收列传》:"卿勿见元康等在吾目下趋走,谓吾以为勤劳,我后世身名在卿手,勿谓我不知。"又《冯子琮列传》:"士开弟休与卢氏婚,子琮检校趋走,与士开府僚不异。"又《白建列传》:"本藩僚佐爰及守宰,咨承陈请,趋走无暇。"

(二) 多义语词

奔北/北奔(2/7)

> 和不时,心中忧戚。贼众内溃,君臣奔北。(卷二十二·乐志四)

> 泰始二年正月,(薛)索儿、(柳)光世并在省,安都信催令速去,二人俱自省逃出,携安都诸子及家累,席卷北奔。(卷八十八·薛安都列传)

> (刘)昶知其不捷,乃夜与数十骑开门北奔索虏,弃母妻,唯携爱妾一人,作丈夫服,亦骑马自随。(卷七十二·文九王列传)

"奔北"在《宋书》中有一个义项:败逃,见第一例,又《文九王列传》:"故奔北相望,覆败继有。""北奔"有两个义项:败逃,见第二例;向北投奔。见第三例,《宋书》中共有6例。又如《鲁爽列传》:"会司马休之见讨,猜惧,遂与休之北奔。"《柳元景列传》:"既而四方反叛,同阖宗越、谭金又诛,光世乃北奔薛安都,安都使守下邳城。"同时期用例有:奔北:《梁书·江淹列传》:"淹对曰:'昔项强而刘弱,袁众而曹寡,羽号令诸侯,卒受一剑之辱,绍跨蹍四州,终为奔北之虏。'"《南齐书·孔稚珪列传》:"故卫霍出关,千队不反,贰师入漠,百旅顿降,李广败于前锋,李陵没于后阵,其余奔北,不可胜数。"《北齐书·段荣列传附韶》:"途出盱眙,(尹)思令不虞大军卒至,望旗奔北。"两者语义不同,"北奔"分化为二义。

澄清/清澄(2/1)

　　五谷溢田畴,四民相率遵轨度。事务澄清$_1$,天下狱讼察以情。(卷二十二·乐志四)

　　杨文德世笃忠顺,诚感家国,纠率义徒,奄殄凶丑,锋旗所向,奸溃无遗,氛浸澄清$_2$,蕃境宁一,念功惟事,良有欣嘉。(卷九十八·氐胡列传)

　　忽至一丈,有五色,水清澄,醴味,汲引不穷。(卷二十九·符瑞志下)

"澄清"在《宋书》中有两个义项:肃清、整顿。见第一例。清明、清澈。见第二例。前者应为引申义,后者为本义。"清澄"有一个义项:清明、清澈。见第三例。"澄清$_2$"与"清澄"为一对同义的同素异序语词。同时期用例有:《梁书·武帝上》:"孤忝荷大宠,务在澄清。"《世说新语·德行》:"陈仲举言为士则,行为世范,登车揽辔,有澄清天下之志。"《北齐书·神武帝纪上》:"自是乃有澄清天下之志。"又《神武娄后列传》:"神武既有澄清之志,倾产以结英豪,密谋秘策,后恒参预。"又《张雕列传》:"雕便以澄清为己任,意气甚高。"以上皆"肃清、整顿"义。《陈书·高祖纪上》:"一朝揃扑,无待旬师,万里澄清,非劳薪息。"《南齐书·祥瑞志》:"建元元年,鄞州监利县天井湖水色忽澄清,出绵,百姓采以为纩。"以上皆"清明、清澈"。《陈书·高祖纪上》:"公神兵奄至,不日清澄,惟是屠蒙,再膺天录。"

纵放/放纵(2/4)

　　与隐士王弘之、孔淳之等纵放$_1$为娱,有终焉之志。(卷六十七·谢灵运列传)

　　至于《循吏》以下及《六夷》诸序论,笔势纵放$_2$,实天下之奇作。(卷六十九·范晔列传)

　　无颜者,愧之言也;覆额者,惭之貌;其缓弥甚,言天下忘礼与义,放纵$_1$情性,及其终极,至乎大耻也。(卷三十·五行志一)

　　刘牢之、高素之放纵$_2$其下,虏暴纵横,独高祖军政严明,无所侵犯。(卷一百·自序)

"纵放"在《宋书》中两个义项:放任、不受约束。见第一例。(书画等作品)雄健奔放。见第二例。"放纵"亦有两个义项：放任、不受约束。见第三例。《宋书》中共有3例。又《五行志一》："君衰弱，臣放纵，下掩上之象也。"又《沈演之列传》："比奢淫过度，妓女数十，声酣放纵，无复剂限。"指纵容，见第四例。"纵放₁"与"放纵₁"是一对同义的同素异序语词。同时期用例有：《北齐书·段荣列传》："富商大贾多被铨擢，所进用人士，咸是粗险放纵之流。"又《张琼列传》："而忄佥豪险放纵，遂与公主情好不协，寻为武帝所害，时称琼之先见。"又《祖珽列传》："性不羁放纵，曾至胶州刺史司马世云家饮酒，遂藏铜叠二面。"

第四节 《宋书》同素异序语词历时考察举例

一、束缚/缚束

臣见刘伯宠大慷慨炳之所行，云有人送张幼绪，幼绪语人，吾虽得一县，负二十万钱，庾冲远乃当送至新林，见缚束，犹未得解手。（卷五十三·庾登之列传附炳之）

"束缚"是现代汉语中的一个常用词。《现代汉语词典》释"束缚"动词义为"使受到约束限制""使停留在狭窄的范围里"。我们发现，在中古汉语时期出现了"束缚"和"缚束"并用的语例，《宋书》中用"缚束"1例，表示"捆绑"，未见"束缚"。

（一）"束"与"缚"语义演变

《说文解字·束部》："束，缚也。从口、木。凡束之属皆从束"本义为"捆缚"。如《诗经·鄘风·墙有茨》："墙有茨，不可束也。"《汉语大词典》列"束"有17个义项，主要有：捆缚；拴、系、戴；谓环绕、缠绕；聚集；引申义，约束等。

"捆缚"义直接引申为"拴、系、戴"义，如《左传·襄公二十八年》："士皆释甲束马而饮酒，且观优，至于鱼里。""拴、系、戴"义再引申为"环绕、缠绕"，此义出现较晚，首见唐代，如唐吴融《和严谏议萧山庙十韵》："老狖寻危栋，秋蛇束画楹。""捆缚"义间接引申为"约束"义，最早用例见于战国，《商君书·画策》："行间之治连以五，辨之以章，束之以令，拙无所处，罢无所生。"

此外,"束"还有"聚集"义,最早见于东汉,《汉书·食货志下》:"故货宝于金,利于刀,流于泉,布于布,束于帛。"

《说文解字·糸部》:"缚,束也。从糸,尃声。"其本义应当与绳子有关,《墨子·号令》:"守有所不说谒者、执盾、中涓及妇人侍前者,守曰断之,冲之若缚之,不如令及后缚者皆断。"

《汉语大词典》列"缚"有 4 个义项:束,捆绑。捆绑东西的绳索。如《左传·昭公四年》:"王亲释其缚,受其璧,焚其榇。"拘束,束缚。如《韩非子·备内》:"人臣之于其君,非有骨肉之亲也。缚于势而不得不事也。"量词,用于捆起来的东西等。如《周礼·地官·司徒》:"凡受羽,十羽为审,百羽为抟,十抟为缚。"

不难发现,"束"与"缚"虽是一组同义互训词,但二者在意义上是有差别的,"束"字偏向捆绑后对象的状态,"缚"字是指使用工具进行捆绑的具体过程,强调动作。请看:

　　走出,遇贼于门,劫而束之。(左传·庄公八年)
　　晋襄公缚秦囚,使莱驹以戈斩之。(左传·文公二年)

两例同出《左传》,同时表示"捆绑,被拘囚",而第一例表示"被拘囚"的状态;第二例表示"用绳子捆住"。

　　葆申束细荆五十,跪而加之于背,如此者再,谓王:"起矣!"(吕氏春秋·卷二十三·贵直论)
　　秦寇果至,戎主醉而卧于樽下,卒生缚而擒之。(吕氏春秋·卷二十三·贵直论)

两例同出《吕氏春秋》。第一例表示"捆扎细荆条,使其成为一个整体",而第二例"缚""擒"是一个动作接续过程,表示"捆绑"这一动作。

(二)"束缚""缚束"的双音化过程

短语发展成词是词汇化的一种,在双音词形成早期阶段,语词内部结构往往是不稳定的,语义变化也较为明显。"束缚"和"缚束"是一对同素异序语词,其组合形式恰好反映了语词词汇化过程中内部结构的不稳定性。

请看:

　　庄公将杀管仲,齐使者请曰:"寡君欲亲以为戮,若不生得以戮于群臣,

犹未得请也。请生之。"于是庄公使束缚以予齐使,齐使受之而退。(国语·卷六·齐语)

"束""缚"连用已出现在《国语·齐语》中,为联合式结构,意为"捆绑"。先秦时期,就已出现"束缚""缚束"两种组合次序,具体用例如下:

齐人蹢子于宋者,其命閽也,不以完;其求钘钟也,以束缚。(庄子·徐无鬼)

管子得于鲁,鲁束缚而槛之,使役人载而送之齐,皆讴歌而引。(吕氏春秋·卷十五·顺说)

意气宣通,无所束缚,不可收也。(吕氏春秋·卷三·论人)

走能逐奔马及驰而乘之,前后左右上下周旋;能缚束旌旗;力能彀八石弩,射前后左右皆便习者。(六韬·卷六·犬韬)

从语义上看,第一例西晋郭象注曰:"乃反以爱钟器为是。束缚,恐其破伤。""束缚"意为"捆扎",指"包裹酒器(不让它露出来)"。第二例作"拘囚"义,第三例作"约束"义,第四例作"捆绑"义,义项较多,语义偏实。从句法功能上来看,4例均是以并列结构短语的形式在句子中承担谓语功能,其后可以接宾语,也可以不接宾语。当它表示"约束"义时,后往往不接宾语,第三例即是。再看:

遗公子纠而不能死,怯也;束缚桎梏,辱身也。(战国策·卷十三·齐策)

吕望鼓刀而入周,百里奚转鬻,管仲束缚,孔子无黔突,墨子无暖席。(淮南子·卷十九·修务训)

吏之治以斩杀缚束为务,阎奉以恶用矣。(史记·卷百二十二·酷吏列传)

白昼入乐府,攻射官寺,缚束长吏子弟。(汉书·卷五十九·张汤传附延寿)

西汉时期,"束缚"使用渐多,多表示"捆绑""拘囚"义,而其他义项则不多见,"缚束"语义上承担了"束缚"的"捆绑"义,其语法功能几乎等同于"束缚"。虽然"束缚"开始与"缚束"表示共同的概念,语词使用的频次增加,但其内部结构是不稳定的,我们认为,这一阶段"束缚"尚未成词,仍旧是句法层面的自由组合。这一时期的"束缚""缚束"的语义功能是较为稳定的。前两例表"拘囚";后两例表

"捆绑","束缚"语义开始虚化,表示被拘囚的状态;"缚束"则语义偏实,强调"被拘囚,捆绑"这一动作。两者在句法功能上,与先秦时期差别不明显。

再看,中古汉语时期"束缚""缚束"这对同素异序语词的使用情况:

> 君王无罪,猥被斥废,而兄弟至有束缚入牢狱者。(后汉书·卷四十二·光武十王列传)

> 训闻有困疾者,辄拘持缚束,不与兵刃,使医药疗之,愈者非一,小大莫不感悦。(后汉书·卷十六·邓寇列传)

> 自顷长吏特多此累,有亡命而被购悬者矣,有缚束而绞戮者矣。(晋书·卷五十二·郤诜列传)

> 若束缚之,输之司寇榜笞之,小吏詈骂之,殆非所以令众庶见也。(魏书·卷六十二·李彪列传)

4 例均为"捆绑"义,语义偏实。其他同时期文献二语词词频统计如下:

	宋书	后汉书	三国志	世说新语
束缚	0	4	0	0
缚束	1	1	0	0

"缚束"用例较少,语义偏实,指捆绑的具体动作,而"束缚"使用频次则相对较高,语义更抽象,这阶段已经呈现双音化趋势。

再看近代汉语中后期的使用情况:

> 曹丕大惊,原来徐盛束缚芦苇为人,尽穿青衣,执旌旗,立于假城疑楼之上。(三国演义·第八十六回·难张温秦宓逞天辩,破曹丕徐盛用火攻)

> 世间功名富贵,与夫道德性命,何曾束缚人,人自束缚耳。(明李贽·复焦弱侯书)

> 智真长老便答偈曰:"六根束缚多年,四大牵缠已久。"(水浒传·第九十回·五台山宋江参禅,双林镇燕青遇故)

此期,"束缚"语义进一步虚化,"捆绑、拘囚"义消失,语义向现代汉语靠拢。完全词化;"缚束"则基本消失——宋代以前的用例有 16 个,而在明代并无用例,晚清偶见仿古性质用例。"束缚"一般作谓语,表示"捆绑"义时,其后往往带宾语,表示"约束"义时,其后不带宾语。再有:

张觉束缚不自由,亟欲摆脱而无策。(张祖翼・清代野记・卷上・琴工张春圃)

自从做了太上皇之后,反受礼节缚束,颇觉无味。(徐哲身・汉代宫廷艳史・第十四回・隔墙有耳面斥戚夫人,窃枕无声魂飞安彩女)

不合理的社会制度,不自由的婚姻,传统观念的束缚,家庭的专制,不知道摧残了多少正在开花的年轻的灵魂。(巴金・春天里的秋天・序)

3例均表示"约束"义。从句法功能来看,"束缚"既可以作谓语,也可以作主语和宾语。同时,这一时期,受到社会文化的影响,"束缚"的使用频次大幅度提高,语义也相对固定,不再是"束""缚"语义的简单相加,多表示"约束"这一抽象引申义,从形式上来看,"束缚"的词形也更加稳固。

二、报告/告报

(张)永即夜撤围退军,不报告诸将,众军惊扰,为虏所乘,死败涂地。(卷五十三・张茂度列传附永)

望所列上俟朝,惠以报告。(卷九十五・索虏列传)

求告报如所称。(卷十五・礼志二)

告报参详所宜分道。(卷十五・礼志二)

报,《说文・𡴎部》:"报,当罪人也。"本义为"判罪",引申有"报告、答复"的意思,作动词,见《吕氏春秋・具备》:"二吏归报于君,曰:'宓子不可为书。'"告,《说文・告部》:"告,牛触人。角箸横木,所以告人也。"清段玉裁注:"又《广韵》'告上曰告,发下曰诰。'"《释名・释书契》:"上敕下曰告。告,觉也。使觉悟知已意也。"雷瑭洵(2020)认为,"告"在上古时期有二义,一为"训告、告诫"义,一为"言告、礼告"义。① 而随着封建宗族制度的确立,神意式微,"告"的祭祀用功能逐渐让度于政治功能。邱渊等(2007)指出,"告"的语义功能逐渐分化,"告"逐步分化为"告""诰""诰","告"多指普通的告知,并多倾向于口语,"诰"则多指行政命令和书面语言,"诰"则指对神灵的告祭。② 可见,告的语义分化与社会制度、思想

---

① 见《上古汉语"告"的音义、句法及其演变》[《语言学论丛》(第六十一辑)第171—198页]一文。
② 见邱渊等《论上古的"告"与"风"》一文。

文化的发展有着密切联系。"报告""告报"在《宋书》中是一对同义的同素异序语词,语素地位平等,语素义共同起作用,是联合式的近义复合,同表示"报告、告知"的意思,在语义功能上,"报告"多表示"言告"义,指"将信息传达或者告诉给上级或同级";"告报"多出现在皇帝诏文中,有"告知,使知晓"的意思,多用于"请台告报"固定结构。

"报告""告报"可作动词和名词使用,作动词时,"报告""告报"为近义语词,共同表示行为、动作,为行为动词。作名词时,"告报"指邸报,古代的一种报纸,始见唐代,为专属名词;"报告"的指称范围则更广,指一种正式的信息传达形式。

"报告"一词保留到现代汉语中,用例多达 8 万余条[1],成为现代汉语常用词之一,而"告报"则逐渐退出了汉语词汇系统。在语义演变和语法功能上,行为动词"报告"与"告报"的异同在哪里?其语素义与语词义之间的关系如何?

动词"报告"与"告报"同表示"报告、告知"的意思,必然包含"动作主体"、"动作对象"及"动作主体与动作对象之间的关系"三个方面。动作主体指信息的传播方,动作对象指信息的接受方。

（一）报 告

"报告"的动作主体多为人名和人称代词,位置在动作前,可以省略主语,如:清陆心源《唐文拾遗·周太祖》:"其人户有牛死者,其本户报告本地方所,由节级、邻保人,仰当日内同检验过。"《汉书·王莽传》:"宜报告天下。"宋佚名《大唐三藏取经诗话·到陕西王长者妻杀儿处》:"恐长者回来,痴那[2]报告。"宋李昉《太平广记·鬼》:"于京师转相报告,往来观者,门限迭迹。""报告"的动作对象范围较广,有官署名、人名、称谓词等,可以省略宾语,如:清陆心源《唐文拾遗·周太祖》中的"本地方所"及明冯梦龙《醒世恒言·张孝基陈留认舅》"张孝基打发朱信先将行李归家,报告浑家[3]中的"浑家"、明安遇时《包公案·锁匙》"梅旺回家报告参政道:'此物像是我家的,可请夫人、小姐来认'"中的"参政"等。

"报告"行为主体与对象之间的关系可以归为管辖关系、层级关系[4]、亲属关

---

[1] 据北京大学现代汉语语料库(CCL 语料库)。
[2] 出家人自称。
[3] 旧时指自家妻子。
[4] 即上下级关系。

系及其他。不同时期"报告"行为主体与对象的关系也有一定的变化：中古汉语时期，"报告"一词常用于表示"动作主体将信息告诉、公布给多数人"，动作主体与对象之间的宗族秩序和职务等级秩序不明显，如《汉书·王莽传》："宜报告天下。"以及上举《宋书》《敦煌变文集新书》例。

明清时期，"报告"一词的动作对象更为具体，主体与对象之间的关系更为丰富，如清张杰鑫《三侠剑·第三回·五龙二侠二打莲花湖，老剑客出首力解重围》："伯芳遂报告了老道。"清郭小亭《济公全传·第二十二回·施妙法鬼人闹秦宅，治奇病济公戏首相》："天色明了，正要休息，外面有家丁进来报告说，'有人来送信，公子爷病了。'"民国时期，"报告"则多表示"下级对上级所作的汇报"，表达更为正式，如民国《古今情海》："亚之率领将士们拼死战斗，一连攻下了五座城池，然后凯旋向朝廷报告战绩。"民国《大清三杰·第二十三回·真遭殃人民都变鬼，假被逼将士尽封王》："忽见探子赶来报告。"民国许慕羲《宋代宫闱史·第三十八回·庆生辰钱俶亡身，赐药酒李煜绝命》："早为太宗派来暗地监视的人，听得明白，飞奔至宫中，报告于太宗知道。"

（二）告报

"告报"的动作主体与对象较为特殊：当表示"礼告"[①]义时，动作主体一般为"天地"，位置在前，动作对象一般为"人"，位置在后。如：东汉王充《论衡·卜筮》："信谓天地告报人者，何据见哉？"当用于皇帝下诏批示的批复时，省略动作主体和动作对象，如上举《宋书·礼志二》例。当表示"言告"义时，动作主体一般是人、机构名，位置一般在前，可省略，动作对象有人名、地名、集合名词、称谓词等，位置一般在后，可省略。如唐杜光庭《太上灵宝玉匮明真大斋言功仪·次读词》："既毕，谒还天宫。后有法事，当复启请。谨上启闻，伏须告报！"宋辛弃疾《南渡录》："今放汝归去，告报诸乡，即日归降。"

"告报"行为主体与对象之间的关系主要归为层级关系、亲属关系和其他，其中又以上下级关系为主。在宋代以前，"告报"的层级关系不明显，可用于上级对下级传达消息，也可表示下级对上级汇报，明清时期，"告报"多指"下级对上级所作的汇报或陈述。"如明罗贯中《隋唐野史·第三十四回·王世充借粮背德》："军士怪疑不定，慌来告报李密。"明兰陵笑笑生《金瓶梅·第十二回·潘金莲私仆受

[①] 即通过祭祀活动而传达上天的信息和旨意。

辱,刘理星魇胜求财》:"这小厮专一献小殷勤,常观见西门庆来,就先来告报。"明施耐庵《水浒传·第三十回·张都监血溅鸳鸯楼,武行者夜走蜈蚣岭》:"如有人知得武松下落,赴州告报,随文给赏。"

　　行为动词"报告"与"告报"的语义表达的相同点是:均可以表示"传达信息、通知"的意思;动作主体为人,位置在谓语前,可省略;动作对象可为人名、称谓词,位置在谓语后,可省略。不同点是:"告报"有"言告"与"礼告"两种语义表达,而"报告"则只有"言告"一种;"报告"的动作主体一般是人,而"告报"的动作主体可以为某种机构、官署;"告报"用于皇帝下诏批示的批复时,省略动作主体和动作对象,"报告"不可以;"报告"的动作主体与动作对象之间一般为一对一的关系,"告报"的动作主体与动作对象之间一般为一对多的关系;相较于"报告","告报"更常用于表达下级对上级的汇报,层级关系明显。

第七章
《宋书》中的古代战争用语词

东汉末年的军阀混战,到三国鼎立,再到西晋中后期的八王之乱、五胡乱华,以及十六国混战,孙恩、卢循的转战长江中下游,直到后来南北分裂与朝代更替,可谓战乱频仍,兵革不息。在这样的社会背景下,此期的关于"战争"的语词空前丰富。《宋书》中关于"战争"的语词堪称管中一豹。这里描写诂释其中的一部分。

长围(9)
环绕一城一地的较长工事,用于围攻或防守。

如其迷心不悛,窜首巢穴,长围既周,临冲四至,虽欲壶浆厥篚,其可得乎?(卷九十五·索虏列传)

竺夔遣人出城作东西南堑,虏于城北三百余步凿长围。(卷九十五·索虏列传)

时豫州刺史殷琰据寿阳反叛,休祐出镇历阳,督刘勔等讨琰,琰未平,勔筑长围守之。(卷七十二·文九王列传)

(拓跋)焘怒甚,筑长围,一夜便合,开攻道,趣城东北,运东山土石填之。虏又恐城内水路遁走,乃引大船,欲于君山作浮桥,以绝淮道。(卷七十四·臧质列传)

楼船(8)
有楼的大船。古代多用作战船。亦代指水军。

(孙)恩以彭排自载,仅得还船。虽被摧破,犹恃其众力,径向京师。楼船高大,值风不得进,旬日乃至白石。(卷一·武帝纪上)

(桓)玄既还荆郢,大聚兵众,召水军造楼船、器械,率众二万,挟天子发江陵,浮江东下,与冠军将军刘毅等相遇于峥嵘洲,众军下击,大破之。(卷一·武帝纪上)

二凶不量德,构难称其兵。王人衔朝命,正辞纠不庭。上宰宣九伐,万里举长旍。楼船掩江溃,驷介飞重英。归德戒后夫,贾勇尚先鸣。(卷二十二·乐志四)

盛如卢循,强如容超,陵威南海,跨制北岱,楼船万艘,掩江盖汜,铁马千群,充原塞隰。然广固之攻,陆无完雉;左里之战,水靡全舟。(卷五十二·袁湛列传附豹)

妖贼(15)
詈词。古代统治者指以妖言惑众或倡乱的人。

安帝隆安三年十一月,妖贼孙恩作乱于会稽,晋朝卫将军谢琰、前将军刘牢之东讨。(卷一·武帝纪上)

抚军将军刘毅抗表南征,公与毅书曰:"吾往习击妖贼,晓其变态,新获奸利,其锋不可轻。宜须装严毕,与弟同举。"(卷一·武帝纪上)

九月,妖贼赵广寇益州,陷没郡县,州府讨平之。(卷五·文帝纪)

交州人李长仁据州叛,妖贼攻广州,杀刺史羊南、龙骧将军陈伯绍讨平之。(卷八·明帝纪)

推锋/摧锋(21)①
冲锋;所向披靡。

高祖常被坚执锐,为士卒先,每战辄摧锋陷阵,贼乃退还溧口。(卷一·武帝纪上)

(陈)愿等战败,贼遂摧锋而前,去城二十余里。(卷五十二·褚叔度列传附淡之)

高祖每征讨,(沈)林子辄摧锋居前,虽有营部,至于宵夕,辄敕还内侍。(卷一百·自序)

加塞漠之外,胡敌掣肘,必未能摧锋引日,规自开张。(卷六十四·何承天列传)

既而众骑并至,贼乃奔退,斩获千余人,推锋而进,平山阴,(孙)恩遁还入海。(卷一·武帝纪上)

---

① 万久富《〈宋书〉语词拾诂》(见《文史语言研究丛稿》59—61页)"推锋"条已有说。

后二年,帝后崩,大臣将相诛灭,皇子被害,皇太后崩,四方兵起,分遣诸军推锋外讨。(卷二十六·天文志四)

王镇恶推锋直指,前无强陈,为宋方叔,壮矣哉!(卷四十五·刘粹列传)

略阳苻昭,诚系本朝,亦同斯举,俘擒伪将,独克武兴,推锋致效,陨命寇手。(卷四十七·刘怀肃列传附真道)

平荡

扫荡平定。

(桓)玄曰:"我方欲平荡中原,非刘裕莫可付以大事。关陇平定,然后当别议之耳。"(卷一·武帝纪上)

贼既平荡,唯告太庙、太社,不告二郊。(卷十六·礼志三)

壮士(9)

勇士。

未明开门,出猎人,(孟)昶、(刘)道规、(刘)毅等率壮士五六十人因开门直入。(卷一·武帝纪上)

俄而贼亦转近,舫入洄洑,兴世乃命寿寂之、任农夫率壮士数百击之,众军相继进,胡于是败走。(卷五十·张兴世列传)

(刘)韫已戒严,(王)敬则率壮士直前,韫左右皆披靡,因杀之,(卜)伯兴亦伏诛。(卷五十一·宗室列传)

出门逢弟车骑司马叔仁,戎服率左右壮士数十人欲拒命,(柳)元景苦禁之。(卷七十七·柳元景列传)

盟主

泛指同盟首领或倡导者。

众推高祖为盟主,移檄京邑。(卷一·武帝纪上)

时索房南寇,粹遣将军李德元袭许昌,杀伪颍川太守庾龙,于是陈留人董逸自称小黄盟主,斩伪征虏将军、广州刺史司马世贤,传首京都。(卷四十五·刘粹列传)

骁将

勇猛的将领。

(吴)甫之,(桓)玄骁将也,其兵甚锐。(卷一·武帝纪上)

轻骑(12)
轻装的骑兵。

(刘)牢之子敬宣疑高祖淹久,恐为贼所困,乃轻骑寻之。(卷一·武帝纪上)

众军步进,有车四千两,分车为两翼,方轨徐行,车悉张幔,御者执稍,又以轻骑为游军。(卷一·武帝纪上)

义兵兴,云旗建。厉六师,罗八陈。飞鸣镝,接白刃。轻骑发,介士奋。丑虏震,使众散。(卷二十二·乐志四)

虏先已闻知,乃尽杀所驱广陵民,轻骑引去。(卷六十一·武三王列传)

逆战
迎战。

进至罗落桥,皇甫敷率数千人逆战。(卷一·武帝纪上)

虏又恐城内水路遁走,乃引大船,欲于君山作浮桥,以绝淮道。城内乘舰逆战,大破之。(卷七十四·臧质列传)

张怀之据縻沟城,(颜)师伯遣(卜)天生等破之,怀之出城逆战,天生率军主刘怀珍、白衣客朱士义、殿中将军孟继祖等击之。(卷七十七·颜师伯列传)

摧破/摧陷(17)
击溃;攻克。

五年春,孙恩频攻句章,高祖屡摧破之,恩复走入海。(卷一·武帝纪上)

虽被摧破,犹恃其众力,径向京师。(卷一·武帝纪上)

高祖进战弥厉,前后奋击,应时摧破,即斩(皇甫)敷首。(卷一·武帝纪上)

又从刘道规讨桓谦、荀林等,率厉文武,身先士卒,所向摧破。(卷四十三·檀道济列传)

公命神弩射之,发辄摧陷,(卢)循乃止,不复攻栅。(卷一·武帝纪上)

右军参军庾乐生乘舰不进,斩而徇之,于是众军并踊腾争先。军中多万钧神弩,所至莫不摧陷。(卷一·武帝纪上)

时张保水军泊西渚,景素左右勇士数十人,并荆楚快手,自相要结,击水军,应时摧陷,斩张保,而诸将不相应赴,复为台军所破。(卷七十二·文九王列传)

吴喜、张兴世、佼长生等击之。喜支军主吴献之飞舸冲突,所向摧陷,斩获及投水死甚多,追至鹊里而还。(卷八十四·邓琬列传)

殊死战(9)
拼死战斗。[①]

高祖躬先士卒以奔之,将士皆殊死战,无不一当百,呼声动天地。(卷一·武帝纪上)

(卢)循选敢死之士数千人上南岸,高祖遣(朱)龄石领鲜卑步矟,过淮击之。率厉将士,皆殊死战,杀数百人,贼乃退。(卷四十八·朱龄石列传)

(尹)周之攻垒甚急,刘季之水军殊死战,贼势盛,求救于(王)玄谟。(卷七十四·臧质列传)

诸军造攻具,进兵城下……冲车四临,数道俱攻,士皆殊死战,莫不奋勇争先。(卷七十七·柳元景列传)

驱略
驱赶抢劫。

五年二月,大掠淮北,执阳平太守刘千载、济南太守赵元,驱略千余家。(卷一·武帝纪上)

其月,索虏寇青州,驱略民户。(卷二十六·天文志四)

军未至,郡已被破,焚烧城内仓储及廨舍荡尽,并驱略降户,屯据白杨山。(卷七十七·沈庆之列传)

臣又以为垣式宝等受国重恩,今犹驱略车营,翻还就贼,盖是恋本之情深,非报怨之宜,何可轻试。(卷八十六·刘勔列传)

[①] 万久富《〈宋书〉语词拾诂》(见《文史语言研究丛稿》61—62页)"殊死"条已有说。

清野/坚壁清野

清除战区附近的房屋、树木,转移附近的人口物资等,使入侵的敌人得不到东西;加强工事,将野外的粮食和重要物资清理收藏起来。

彼不能清野固守,为诸君保之。(卷一·武帝纪上)

臣以为方镇所资,实宜且田且守,若使坚壁而春垦辍耕,清野而秋登莫拟,私无生业,公成虚馨,远引根本,二三非宜。(卷九十四·恩幸列传)

若不断大岘,当坚守广固,刘粟清野,以绝三军之资,非唯难以有功,将不能自反。(卷一·武帝纪上)

宜断据大岘,刈除粟苗,坚壁清野以待之。(卷一·武帝纪上)

故坚壁清野,以俟其来,整甲缮兵,以乘其敝。(卷六十四·何承天列传)

陷城

攻克城池。

日向昃,公遣谘议参军檀韶直趋临朐。韶率建威将军向弥、参军胡藩驰往,即日陷城,斩其牙旗,悉虏(慕容)超辎重。(卷一·武帝纪上)

又虏陇西王等屯据申城,背济向河,三面险固,(卜)天生又率众攻之,朱士义等贯甲先登,贼赴河死者无算,即日陷城。(卷七十七·颜师伯列传)

攻具(18)

攻城用的器械。

公方治攻具,城上人曰:"汝不得张纲,何能为也。"(卷一·武帝纪上)

相拒四十余日,(刘)铄遣安蛮司马刘康祖与宁朔将军臧质救之,虏烧攻具走。(卷七十二·文九王列传)

张纲治攻具成,设诸奇巧,飞楼木幔之属,莫不毕备。(卷一·武帝纪上)

夏四月,檀道济北征,次临朐,焚虏攻具。(卷四·少帝纪)

骨骨

守城用的器械。

(竺)夔先凿城北作三地道,令通外堑,复凿里堑,内去城二丈作子堑,遣三百余人出地道,欲烧虏攻具。时回风转焰,火不得燃,虏兵矢横下,士卒多伤,敛众还入。虏填三堑尽平,唯余子堑,虾蟆车所不及。虏以橦攻城,夔募人力,于城上系大磨石堆之;又出于子堑中,用大麻絙张骨骨,攻车近城,从地道中多人力挽令折。(卷九十五·索虏列传)

按:骨骨,古代多释作"骨头"。例如,《善见毗婆沙律·卷第十二》:"骨骨相连者。此是饿鬼形也。非肉眼所见。唯圣眼能察。"《册府元龟·陪臣部·智识》:"衔骨骨在口中,齿牙弄之,以象谗口之为害也。"清许啸天《明代宫闱史·情致绵绵世宗入魔窟,忠忧耿耿陆炳赴焰山》:"那大汉忙闪过,被蛇尾横扫过去,正打在脚骨骨上。大汉站立不稳,翻身倒地。"《宋书》此例为孤证。古今唯有《御定骈字类编·草木门·麻絙》一条同质书证。前人亦无释。分析语境,此"骨骨"似与"骨头"无关联。今检得可能有关用例两条,仅作旁证如次,《管子·水地·短语》:"风生木与骨骨。"唐房玄龄注:"亦木之类也。木为风而发畅。"《御定佩文韵府·麌韵·弣增栩》:"栩,侧骨……谓角弓于把处两畔有侧骨骨,坚强所以与弓为力,故剽疾也。"是否此守城器械即与大木有关,盼方家有以相告。

谋主(8)
出谋划策的主要人物。

司马黑石徒党三人,其一人名智,黑石号曰"太公",以为谋主。(卷九十七·夷蛮列传)

于是尚书奏封唱义谋主镇军将军讳豫章郡公,食邑万户,赐绢三万匹。(卷一·武帝纪上)

录事参军刘穆之,有经略才具,公以为谋主,动止必谘焉。(卷一·武帝纪上)

路休之兄弟,专作谋主,规兴祸乱,令舍人严龙觇觊宫省,以羽林出讨,宿卫单罄,候隙伺间,将谋窃发。(卷八十·孝武十四王列传)

疑兵
为虚张声势、迷惑敌人而布置的部队。

己未旦,义军食毕,弃其余粮,进至覆舟山东,使羸士张旗帜于山上,以为疑兵。(卷一·武帝纪上)

今以大众自外水取成都,疑兵出内水,此制敌之奇也。(卷四十八·朱

龄石列传)

(刘)诞又遣二百人出东门攻刘道产营,别遣疑兵二百人出北门。(卷七十九·文五王列传)

姚泓欲自御大军,虑(沈)田子袭其后,欲先平田子,然后倾国东出。乃率步军数万,奄至清泥。田子本为疑兵,所领裁数百,欲击之。傅弘之曰:"彼众我寡,难可与敌。"田子曰:"师贵用奇,不必在众。"(卷一百·自序)

长驱(20)

不停歇地向很远的目的地挺进。

晋军若不退者,便当遣铁骑长驱而进。(卷一·武帝纪上)

遂长驱灞、浐,悬旍龙门,逆虏姚泓,系颈就擒。(卷二·武帝纪中)

臣诚短劣,在国忘身,仰凭社稷之灵,俯厉义勇之气,将长驱电扫,直入石头,枭鲸元凶,诛夷首恶,吊二公之冤魂,写私门之祸痛。(卷四十四·谢晦列传)

遣司马毛德祖攻伪弘农太守尹雅于蠡城,生擒之。仍行弘农太守。方轨长驱,径据潼关。(卷四十五·王镇恶列传)

据(263)

占领,占据。

(诸葛)长民为豫州刺史刁逵左军府参军,谋据历阳相应。(卷一·武帝纪上)

镇北参军王元德等,并率部曲,保据石头。(卷一·武帝纪上)

神武御六军,我皇秉钺征。俭钦起寿春,前锋据项城。(卷二十二·乐志四)

(谢)晦据有上流,或不即罪,朕当亲率六师,为其遏防。(卷四十三·徐羡之列传)

兵贵神速

用兵就在于行动特别迅速。

夫兵贵神速,彼若审能遣救,必畏我知,宁容先遣信命。(卷一·武帝纪上)

按：同时代用例有如：《三国志·魏书·郭嘉传》："兵贵神速。今千里袭人，辎重多，难以趣利，且彼闻之，必为备；不如留辎重，轻兵兼道以出，掩其不意。"

无功而反

指没有任何战功而回来。

（赵）伯符去郡，又别讨西陵蛮，不与（沈）庆之相随，无功而反。（卷七十七·沈庆之列传）

按：同时代用例有如：《晋书·五行志下》："吴孙皓宝鼎元年，野豕入右大司马丁奉营，此豕祸也。后奉见遣攻谷阳，无功而反。"《晋书·苻坚载记下》："吴之不可伐昭然，虚劳大举，必无功而反。"

奔走(42)

逃跑。

五月，至下邳，留船舰辎重，步军进琅邪；所过皆筑城留守。鲜卑梁父、莒城二戍并奔走。（卷一·武帝纪上）

是月，寇南康、庐陵、豫章，诸郡守皆委任奔走。（卷一·武帝纪上）

二月丙辰，索虏自盱眙奔走。（卷五·文帝纪）

高祖谓季高曰："此贼行破，应先倾其巢窟，令奔走之日，无所归投，非卿莫能济事。"（卷四十九·孙处列传）

起兵(47)

出动军队；发动武装斗争。

是年四月，诸葛亮据渭南，吴亦起兵应之，魏东西奔命。（卷二十三·天文志一）

（张）茂度与（谢）晦素善，议者疑其出军迟留，时茂度弟邵为湘州刺史，起兵应大驾，上以邵诚节，故不加罪，被代还京师。（卷五十三·张茂度列传）

雍州刺史朱修之起兵奉顺。（卷六十八·武二王列传）

乃令（刘）毅潜往就（孟）昶，聚徒于江北，谋起兵杀（桓）弘。（卷一·武帝纪上）

则魏之淮南，多与吴同衅，是以毌丘俭以孳为己应，遂起兵而败，又其应

也。(卷二十三·天文志一)

武帝起兵,以军功封闻中县五等侯,累迁雍州刺史。(卷四十六·赵伦之列传)

败绩(13)
指军队溃败。

镇南将军何无忌与徐道覆战于豫章,败绩,无忌被害,内外震骇。(卷一·武帝纪上)

五月,刘毅败绩于桑落洲,弃船步走,余众不得去者,皆为贼所擒。(卷一·武帝纪上)

贼党杜黑蠡、丁文豪分军向朱雀航,刘勔拒贼败绩,力战死之。(卷九·后废帝纪)

萧斌以前驱败绩,欲死固碻磝。(卷七十七·沈庆之列传)

按:《尚书·汤誓》"夏师败绩,汤遂从之"西汉孔安国传曰:"大崩曰败绩。"《尚书·尧典》"庶绩咸熙"西汉孔安国传曰:"绩,功也。"战功不成,故称"败绩"。

辎重(11)
行军时由运输部队携带的军械、粮草、被服等物资。

五月,至下邳,留船舰辎重,步军进琅邪。(卷一·武帝纪上)

(檀)韶率建威将军向弥、参军胡藩驰往,即日陷城,斩其牙旗,悉虏(慕容)超辎重。(卷一·武帝纪上)

建威将军傅弘之曰:"公处分亟进,恐虏追击人也。今多将辎重,一日行不过十里;虏骑追至,何以待之? 宜弃车轻行,乃可以免。"(卷六十一·武三王列传)

三营既败,其夕质军亦奔散,弃辎重器甲,单士百人投盱眙。(卷七十四·臧质列传)

解严息甲
脱下盔甲,停战。

公大喜,单船过江,径至京口,众乃大安。四月癸未,公至京师,解严息甲。(卷一·武帝纪上)

十四年正月壬戌,公至彭城,解严息甲。(卷二·武帝纪中)

按:同时代用例有如:《南史·宋本纪上》:"十四年正月壬戌,帝至彭城,解严息甲。以辅国将军刘遵考为并州刺史,领河东太守,镇蒲坂。"《晋书·桓玄列传》:"玄至新亭,元显自溃。玄入京师,矫诏曰:'义旗云集,罪在元显。太傅已别有教,其解严息甲,以副义心。'"

舟师(11)
水军。

三月,公抗表北讨,以丹阳尹孟昶监中军留府事。四月,舟师发京都,沂淮入泗。(卷一·武帝纪上)

十月,率兖州刺史刘藩、宁朔将军檀韶等舟师南伐。(卷一·武帝纪上)

又八月,天子自将以舟师征吴,戎卒十余万,连旗数百里,临江观兵。(卷三十·五行志一)

可简甲卒五万,给右将军到彦之,统安北将军王仲德、兖州刺史竺灵秀舟师入河。(卷九十五·索虏列传)

战士(20)
士兵。

于时北师始还,多创痍疾病。京师战士,不盈数千。贼既破江、豫二镇,战士十余万,舟车百里不绝。(卷一·武帝纪上)

六月,(孙)恩乘胜浮海,奄至丹徒,战士十余万。(卷一·武帝纪上)

(谢)晦仍问诸佐:"战士三千,足守城不?"南蛮司马周超对曰:"非徒守城而已,若有外寇,可以立勋。"(卷四十四·谢晦列传)

高祖大飨战士,谓(刘)荣祖曰:"卿以寡克众,攻无坚城,虽古名将,何以过此。"(卷四十四·刘怀慎列传附荣祖)

津要(5)
水陆冲要的地方

时议者谓宜分兵守诸津要。(卷一·武帝纪上)

夏口在荆、江之中,正对沔口,通接雍、梁,实为津要,由来旧镇,根基不易。(卷六十六·何尚之列传)

又遣辅国将军、后军将军、右军中兵参军事、军主苟元宾……龙骧将军、抚军中兵参军事、军主程隐隽,轻舸一万,截其津要。(卷七十四·沈攸之列传)

乃遣将赵道始于江津筑垒,任演戍沙桥,诸门津要,皆有屯兵。(卷八十四·邓琬列传)

虚实(6)
虚和实,泛指实际情况或内部情况。

贼众我寡,若分兵屯,则人测虚实。且一处失利,则沮三军之心。(卷一·武帝纪上)

而虑此声先驰,贼审虚实,别有函书,全封付(朱)龄石,署函边曰:"至白帝乃开。"(卷四十八·朱龄石列传)

今若缓兵相守,彼将知人虚实,涪军忽并来力距我,人情既安,良将又集,此求战不获,军食无资,当为蜀子虏耳。(卷四十九·刘钟列传)

初,(桓)谦至枝江,江陵士庶皆与谦书,言城内虚实,咸欲谋为内应。(卷五十一·宗室列传)

贼众我寡
敌方人数多,我方人数少。形容双方对峙,众寡悬殊。

公以为:"贼众我寡,若分兵屯,则人测虚实。且一处失利,则沮三军之心。今聚众石头,随宜应赴,既令贼无以测多少,又于众力不分。若徒旅转集,徐更论之耳。"(卷一·武帝纪上)

按:同时期其他用例有如:《周书·独孤信列传》:"然孤军数千,后援未接,贼众我寡,难以自固。"《南齐书·高帝纪上》:"虏众大集,皇考使偃兵开城门。众谏曰:'贼众我寡,何轻敌之甚!'"《南齐书·垣崇祖列传》:"崇祖召文武议曰:'贼众我寡,当用奇以制之。当修外城以待敌,城既广阔,非水不固,今欲堰肥水却淹为三面之险,诸君意如何?'"《晋书·宣帝纪》:"今贼众我寡,贼饥我饱,水雨乃尔,功力不设,虽当促之,亦何所为。"

仅以身免(7)
指没有被杀或只身逃出险境。

（刘）义真既还，为佛佛虏所追，大败，仅以身免。（卷二·武帝纪中）

五月丙子，（卢）循、（徐）道覆败抚军将军、豫州刺史刘毅于桑落洲，毅仅以身免。（卷二十五·天文志三）

复值寒雪，士卒离散，永脚指断落，仅以身免，失其第四子。（卷五十三·张茂度列传附永）

（刘）勔手斩退者不能禁，奔还宫，仅以身免，萧斌被创。（卷七十七·柳元景列传）

三军(26)
军队的通称。

三军人情，都已去矣，广陵岂可得至邪！裕当反复还京口耳。（卷一·武帝纪上）

若不断大岘，当坚守广固，刈粟清野，以绝三军之资，非唯难以有功，将不能自反。（卷一·武帝纪上）

三军且莫喧，听我奏铙歌。清鞞惊短箫，朗鼓节鸣笳。（卷二十二·乐志四）

舟楫已办，器械亦整，三军踊跃，人争效命，便欲沿流挂帆，直取白下。（卷八十四·邓琬列传）

虎班突骑
指精锐骑兵。虎班，指有虎纹的骏马。

使宁朔将军索邈领鲜卑具装虎班突骑千余匹，皆被练五色，自淮北至于新亭。（卷一·武帝纪上）

卢循逼京师，敬宣分领鲜卑虎班突骑，置阵甚整，循等望而畏之。（卷四十七·刘敬宣列传）

义熙五年，从伐鲜卑，行参镇军军事。大军于临朐交战，贼遣虎班突骑驰军后，（沈）林子率精勇东西奋击，皆大破之。（卷一百·自序）

短兵(11)
刀剑等短兵器；持短兵器的士兵。

贼日来攻城，城内兵力甚弱，高祖乃选敢死之士数百人，咸脱甲胄，执短

兵,并鼓噪而出。(卷一·武帝纪上)

剑为短兵,其势险危。疾逾飞电,回旋应规。(卷二十·乐志二)

下晡间,于金城东门北三十步凿城作一穴,桓便先众入穴,镇恶自后继之,随者稍多,因短兵接战。(卷四十五·王镇恶列传)

贼短兵弗能抗,死伤者数百人,乃退走。(卷一·武帝纪上)

寇(331)

敌人;敌人来侵略。

略阳苻昭,诚系本朝,亦同斯举,俘擒伪将,独克武兴,推锋致效,陨命寇手。(四十七·刘怀肃列传附真道)

其冬,桓石绥、司马国璠、陈袭于胡桃山聚众为寇,怀肃率步骑讨破之。(卷四十七·刘怀肃列传)

二十八年春正月丙戌朔,以寇逼不朝会。(卷五·文帝纪)

桓玄欲且缉宁东土,以(卢)循为永嘉太守。循虽受命,而寇暴不已。(卷一·武帝纪上)

是月,寇南康、庐陵、豫章,诸郡守皆委任①奔走。(卷一·武帝纪上)

辛未,富阳人孙法光反,寇山阴,会稽太守褚淡之遣山阴令陆劭讨败之。(卷四·少帝纪)

屠(30)

屠杀。

明日,大军进广固,既屠大城。(慕容)超退保小城。(卷一·武帝纪上)

(孙)季高焚贼舟舰,悉力而上,四面攻之,即日屠其城。(卷一·武帝纪上)

九月,渊突围,走至星坠所被斩,屠城坑其众。(卷二十三·天文志一)

虽寇在北,今屠南城,不足以破北;若尽锐以拔北垒,南城不麾而自散也。(卷四十八·朱龄石列传)

袭(96)

趁人不备,突然攻击。

---

① 委任,放弃职责。

(桓)玄从子振逃于华容之涌中,招聚逆党数千人,晨袭江陵城,居民竞出赴之。(卷一·武帝纪上)

今方顿兵坚城之下,未有旋日。以此思归死士,掩袭何、刘之徒,如反掌耳。不乘此机而保一日之安,若平齐之后,小息甲养众,不过一二年间,必玺书征君。(卷一·武帝纪上)

三月,桓振又袭江陵,荆州刺史司马休之败走。是月,刘怀肃击振灭之。(卷二十五·天文志三)

是时孙权归从,帝因其有西陵之役,举大众袭之,权遂背叛。(卷三十三·五行志四)

拔(46)

夺取;攻克(据点、城池等)。

刘毅诸军复进至夏口。毅攻鲁城,(刘)道规攻偃月垒,皆拔之。(卷一·武帝纪上)

径进洛阳,伪平南将军陈留公姚洸归顺。凡拔城破垒,俘四千余人。(卷四十三·檀道济列传)

五年,孙恩又入浃口,高祖戍句章,贼频攻不能拔。敬宣请往为援,贼恩于是退远入海。(卷四十七·刘敬宣列传)

(孙)季高先焚舟舰,悉力登岸,会天大雾,四面陵城,即日克拔。(卷四十九·孙处列传)

平(260)

用武力镇压;平定。

既而众骑并至,贼乃奔退,斩获千余人,推锋而进,平山阴,恩遁还入海。(卷一·武帝纪上)

其翼奖忠勤之佐,文武毕力之士,敷执在己之谦,用亏国体之大,辄申摄众军先上,同谋起义,始平京口、广陵二城。(卷一·武帝纪上)

襄阳公相,魏武帝平荆州,分南郡编以北及南阳之山都立,属荆州。(卷三十七·州郡志三)

又贼(刘)劼未禽……捷期云速,不日告平,释怨毒之心,解倒悬之急,论恩叙德,造育为重。(卷七十四·臧质列传)

溃散(6)

(军队)被打垮而逃散。

台军至忌置洲尾,列舰过江,晦大军一时溃散。(卷四十四·谢晦列传)

(张)永遣人觇贼,既返,唱云:"台城陷矣。"永众于此溃散,永亦弃军奔走,还先所住南苑。(卷五十三·张茂度列传附永)

(徐)遗宝复士人檀休祖应(王)玄楷,闻败,亦溃散。(卷六十八·武二王列传)

林邑王范阳迈倾国来拒,以具装被象,前后无际,士卒不能当。(宗)悫曰:"吾闻师子威服百兽。"乃制其形,与象相御,象果惊奔,众因溃散,遂克林邑。收其异宝杂物,不可胜计。(卷七十六·宗悫列传)

精锐

精干勇敢的部队。

朝廷欲奉乘舆北走就公,寻知贼定未至,人情小安。公至下邳,以船运辎重,自率精锐步归。(卷一·武帝纪上)

今遣南蛮司马、宁远将军庾登之统参军事、建武将军、建平太守安泰,宣威将军昭弘宗,参军事、宣威将军王绍之等精锐一万,前锋致讨。(卷四十四·谢晦列传)

贼帅徐道覆屡欲以精锐登岸,畏(孟)怀玉不敢上。(卷四十七·孟怀玉列传)

(谯)道福闻彭模不守,率精锐五千兼行来赴,闻(谯)纵已走,道福众亦散,乃逃于獠中。(卷四十八·朱龄石列传)

平定(40)

平息(叛乱等)。

关中平定,高祖还彭城,又授监司州豫州之淮西兖州之陈留诸军事、前将军、司州刺史,持节如故,将镇洛阳。(卷五·文帝纪)

是日,军主任农夫、刘怀珍平定义兴。(卷八·明帝纪)

江陵平定,(刘)道规遣祗征涢、沔亡命桓道儿、张靖、苻嗣等,皆悉平之。(卷四十七·檀祗列传)

昔魏氏之强,平定荆、冀,乃乘袁、刘之弱;晋世之盛,拓开吴、蜀,亦因

葛、陆之衰。此皆前世成事,著于史策者也。(卷六十七·谢灵运列传)

破(344)

打败;攻克。

五年春,孙恩频攻句章,高祖屡摧破之,恩复走入海。(卷一·武帝纪上)

且昔岁破吴虏于江、汉,今兹屠蜀贼于陇右。(卷十六·礼志三)

太元中,破符坚,又获乐工杨蜀等,闲练旧乐,于是四箱金石始备焉。(卷十九·乐志一)

元嘉二十七年,领军于盱眙,为索虏所破,见杀,追赠通直郎。(卷五十五·臧焘列传附凝之)

斩首(20)

砍头,指杀敌。

荆州刺史(刘)道规又大破之,斩首万余级,(徐)道覆走还盆口。(卷一·武帝纪上)

九月,凉州塞外胡阿毕师侵犯诸国,西域校尉张就讨之,斩首捕虏万许人。(卷二十三·天文志一)

十二月,氐荆州刺史梁成、襄阳太守阎震率众伐竟陵,桓石虔击大破之,生禽震,斩首七千,获生万人。(卷二十五·天文志三)

(鲁)爽亲自前,将战,而饮酒过醉,安都刺爽倒马,左右范双斩首,传送京都。(卷七十四·鲁爽列传)

反叛(43)

叛变。

刘毅之败,豫州主簿袁兴国反叛,据历阳以应贼。(卷一·武帝纪上)

是月,晋宁太守公爨松子反叛,宁州刺史徐循讨平之。(卷五·文帝纪)

其年,四方反叛,内兵大出,六师亲戎。(卷二十六·天文志四)

荆、江反叛,加(王)僧达置佐领兵,台符听置千人,而辄立三十队,队八十人。(卷七十五·王僧达列传)

犬羊

狗和羊。古代对外敌的蔑称。

寇今自送,不复远劳王师,犬羊虽多,实易摧灭。(卷五十·刘康祖列传)

伏计贼审有残祸,犬羊易乱,歼殄非难,诚如天旨。(卷五十九·何偃列传)

虏驱率犬羊,规暴边塞,辅国将军、青冀二州刺史师伯宣略命师,合变应机,济成奋怒,一月四捷,支军异部,骋勇齐效,频枭名王,大歼群丑。(卷七十七·颜师伯列传)

庆之复率众军讨幸诸山犬羊蛮,缘险筑重城,施门橹,甚峻。(卷七十七·沈庆之列传)

水军(45)

古代称水上作战的军队。

八月,以高祖为建武将军、下邳太守,领水军追讨至郁洲,复大破(孙)恩,恩南走。(卷一·武帝纪上)

十月,司马元显大治水军,将以伐(桓)玄。(卷二十五·天文志三)

汉世水衡都尉主上林苑,魏世主天下水军舟船器械。(卷四十·百官志下)

齐王出屯玄武湖,冠军将军任农夫、黄回、左军将军李安民各领步军,右军将军张保率水军,并北讨。(卷七十二·文九王列传)

军旅(23)

部队;作战、战争。

遂令学校荒废,讲诵蔑闻,军旅日陈,俎豆藏器,训诱之风,将坠于地。(卷三·武帝纪下)

(张)兴世欲率所领直取大雷,而军旅未集,不足分张。(卷五十·张兴世列传)

今使三时既务,五教并修,军旅已整,俎豆无废,岂非兼善者哉!(卷十四·礼志一)

顷年军旅余弊,劫掠犹繁,监司计获,多非其实。(卷八十五·谢庄列传)

旗帜(7)

旗号。

己未旦,义军食毕,弃其余粮,进至覆舟山东,使丐士张旗帜于山上,以为疑兵。(卷一·武帝纪上)

大常拂白日,旗帜纷设张。(卷二十一·乐志三)

振勒兵三万,旗帜蔽野,跃马横矛,躬自突陈。(卷四十七·刘怀肃列传)

贼屯军城外,留守必寡,今往取其城,而斩其旗帜,此韩信所以克赵也。(卷五十·胡藩列传)

归降(27)

投降。

九月,诸方反者皆平,多有归降者。(卷二十六·天文志四)

食时就斗,至中晡,西人退散及归降略尽。(卷四十五·王镇恶列传)

(姚)泓挺身逃走,明日,率妻子归降。(卷四十五·王镇恶列传)

臧质为逆,召柳至寻阳,与之俱下。质败归降,下狱死。(卷四十五·向靖列传)

奔败

败逃。

孙恩自奔败之后,徒旅渐散,惧生见获,乃于临海投水死。(卷一·武帝纪上)

(桓)玄党冯该又设伏于杨林,义军奔败,退还寻阳。(卷一·武帝纪上)

咸和三年,石虎发众七万,四年二月,自袭段辽于蓟,辽奔败。(卷二十四·天文志二)

(马)文恭谓前以三队出,还走后,大营嵇玄敬以百骑至留城,魏军奔败。(卷五十九·张畅列传)

奔散

逃散。

张永溃于白下,沈怀明自石头奔散。(卷九·后废帝纪)

丁卯,沈攸之自郢城奔散。(卷十·顺帝纪)

缘河诸将渐奔散,河津隔绝矣。(卷二十四·天文志二)

尝至溧阳,溧阳令阮崇与(臧)熹共猎,值虎突围,猎徒并奔散,熹直前射之,应弦而倒。(卷七十四·臧质列传)

赴援

赴救。

卢循寇逼京邑,(刘)道规遣司马王镇之及扬武将军檀道济、广武将军到彦之等赴援朝廷,至寻阳,为贼党苟林所破。(卷五十一·宗室列传)

镇北将军檀道济率水军北救,车骑将军庐陵王义真遣龙骧将军沈叔狸三千人就豫州刺史刘粹,量宜赴援。(卷九十五·索虏列传)

杜骥遣其宁朔府司马夏侯祖欢、中兵参军吉渊驰往赴援,虏破略太原,得四千余口,牛六千余头。(卷九十五·索虏列传)

将士(59)

将领和士兵的统称。

自元帅以下至于将士,并宜论赏,以叙勋烈。(卷一·武帝纪上)

高祖躬先士卒以奔之,将士皆殊死战,无不一当百,呼声动天地。(卷一·武帝纪上)

是日,车驾为战亡将士举哀。(卷八·明帝纪)

时谢晦为领军,以府舍内屋败应治,悉移家人出宅,聚将士于府内。(卷四十三·徐羡之列传)

放火(5)

引火焚烧。指火攻。

镇恶入城,便因风放火,烧大城南门及东门。(卷四十五·王镇恶列传)

虏寻攻彭城南门,并放火,畅躬自前战,身先士卒。(卷五十九·张畅列传)

(任)农夫等既至,放火烧市邑,而垣庆延等各相顾望,并无斗志。(卷七十二·文九王列传)

刘季之、宗越又陷其西北,众军乘之,乃大溃。因风放火,船舰悉见焚烧,延及西岸。(卷七十四·臧质列传)

露板

告捷文书。

文德自号使持节、都督秦、河、凉三州诸军事、征西大将军、秦、河、凉三州牧、平羌校尉、仇池公,遣露板驰告朝廷。(卷九十八·氐胡列传)

及贼至,四面蚁集攻城,(沈)璞与质随宜应拒,攻守三旬,殄其太半,焘乃遁走……臧质以璞城主,使自上露板。璞性谦虚,推功于(臧)质。既不自上,质露板亦不及焉。(卷一百·自序)

按:清郝懿行《宋琐语·言诠》:"露板者,犹露布也,军中奏凯,欲人皆见,故露板不封上之。"唐封演《封氏闻见记·露布》:"露布,捷书之别名也。诸军破贼,则以帛书建诸竿上,谓之露布。盖自汉已来有其名。所以名露布者,谓不封检,露而宣布,欲四方速知,亦谓之露版。""版"同"板"。

北伐(99)

向北方进军征讨。

公之北伐也,徐道覆仍有窥闚之志,劝卢循乘虚而出,循不从。(卷一·武帝纪上)

三月戊子,遣右将军到彦之北伐,水军入河。(卷五·文帝纪)

是年,褚衰北伐丧众,又寻薨,太后素服。(卷二十四·天文志二)

时高祖北伐,(袁)湛兼太尉,与兼司空、散骑常侍、尚书范泰奉九命礼物,拜授高祖。(卷五十二·袁湛列传)

兵略

用兵的谋略。

授将遣帅,乖分阃之命,才谢光武,而遥制兵略,至于攻日战时,莫不仰听成旨。(卷五·文帝纪)

太祖每出军行师,常悬授兵略。(卷九十四·恩幸列传)

横击

拦腰攻击;冲击。

(刘)遵自外横击,大破之。斩首万余级,赴水死者殆尽,道覆单舸走还盆口。(卷五十一·宗室列传)

贼阵东南犹坚,安都横击陷之,贼遂大溃。(卷八十八·薛安都列传)

(刘)牢之至竹里,斩(王)恭大将颜延,遣(刘)敬宣率高雅之等还京袭恭。恭方出城耀军,驰骑横击之,一时散溃。(卷四十七·刘敬宣列传)

级(19)

量词。颗,用于首级。

荆州刺史(刘)道规又大破之,斩首万余级,(徐)道覆走还盆口。(卷一·武帝纪上)

二年六月,鲜卑阿妙儿等寇西方,敦煌太守王延斩之,并二千余级。(卷二十三·天文志一)

(裴)方明复出东门,破贼三营,斩首数百级。(卷四十五·刘粹列传)

帛氏奴攻广汉,费淡督将军种松等与战,斩其梁州刺史杜承等百余级。(卷四十五·刘粹列传)

舟舰(12)

战船。

设伏兵于南岸,使羸老悉乘舟舰向白石。(卷一·武帝纪上)

(卢)龙既穷其兵势,盛其舟舰,卒以灭亡,僵尸如积焉。(卷三十一·五行志二)

声言北伐,又言拜京陵,治装舟舰。(卷四十四·谢晦列传)

(谢)晦率众二万,发自江陵,舟舰列自江津至于破冢,旌旗相照,蔽夺日光。(卷四十四·谢晦列传)

舳舻(10)

泛指前后首尾相接的船。古代多指战船。

十二月,(卢)循、(刘)道覆率众数万,方舰而下,前后相抗,莫见舳舻之际。(卷一·武帝纪上)

辄纠勒义徒,缮治舟甲,舳舻亘川,驷介蔽野,武夫鸷勇,人百其诚。(卷四十四·谢晦列传)

皆义概而同愤,咸荷戈而竞臻。浮舳舻之弈弈,陈车骑之辚辚。(卷四十四·谢晦列传)

贼众十万,舳舻百里,奔败而归者,咸称其雄。(卷四十六·王懿列传)

按:《汉书·武帝纪》"舳舻千里"唐颜师古注引李斐曰:"舳,船后持柂处也。舻,船前头刺櫂处也。言其船多,前后相衔,千里不绝也。"《御定佩文韵府·一屋韵十》:"舳舻,船两边夹木也。"所说不一,待考。

庙算(10)

朝廷或帝王对军事所进行的谋划。

至令羌虏袭乱,淫虐三世,资百二之易守,恃函谷之可关,庙算韬略,不谋之日久矣。(卷一·武帝纪上)

神策庙算,席卷吴越,孙皓稽颡,六合为家,巍巍之功,格于天地。(卷十六·礼志三)

若令根本未拔,投奔有所,招合余烬,犹能为虞;县师远讨,方勤庙算。(卷四十九·孙处列传)

今虽庙算无遗,而士未精习。(卷五十九·何偃列传)

按:宋戴侗《六书故·工事·庙》:"舅氏曰:'宫前曰庙,后曰寝。今王宫之前殿,士大夫之听事是也。'《虞箴》曰:'民有寝庙。'《巧言》之诗曰:'奕奕寝庙'传曰:'夫鼠不穴寝庙,畏人故也。'犹后世言庙朝、庙堂也。"《六书故·人·听》:"《书》云'听曰聪',又曰'听德惟聪'。又平声,治事之地谓之听事,古所谓庙朝也。""庙"即朝堂。

乘胜(24)

趁着胜利的形势。

是月,高祖复破贼于娄县。六月,(孙)恩乘胜浮海,奄至丹徒,战士十余万。(卷一·武帝纪上)

(卢)循欲退还寻阳,进平江陵,据二州以抗朝廷。(徐)道覆谓宜乘胜径进,固争之。(卷一·武帝纪上)

曹操北伐,拔柳城。乘胜席卷,遂南征。(卷二十二·乐志四)

(赵)广等又移营屯箭竿桥,(裴)方明等破其六营,乘胜追奔,径至广汉。(卷四十五·刘粹列传附道济)

望风降服/望风奔散(5)
一听说敌方来了就投降；一听说敌方来了就逃散。

　　将军以劲卒数万,望风降服。彼新得志,威震天下。三军人情,都已去矣,广陵岂可得至邪！裕当反复还京口耳。(卷一·武帝纪上)

　　先是,遣冠军将军檀道济、龙骧将军王镇恶步向许、洛,羌缘道屯守,皆望风降服。(卷二·武帝纪中)

　　义熙十二年,高祖北伐,以道济为前锋出淮、肥,所至诸城戍望风降服。(卷四十三·檀道济列传)

　　(王)镇恶入贼境,战无不捷,邵陵、许昌,望风奔散。(卷四十五·王镇恶列传)

　　常珍奇又自悬瓠遣三千人援(庞)定光,屯军柳水。(田)益之不战,望风奔散。孟虬乘胜进军向寿阳。(卷八十七·殷琰列传)

战无不捷
战斗没有不胜利的。形容战斗力强。

　　(王)镇恶入贼境,战无不捷,邵陵、许昌,望风奔散。(卷四十五·王镇恶列传)

　　太宗遣卫将军巴陵王休若督诸将吴喜等东讨,战无不捷,以次平定。(卷八十·孝武十四王列传)

　　自始春至于末冬,薛道标、庞孟虬并向寿阳,勋内攻外御,战无不捷。(卷八十六·刘勔列传)

往无不捷
所攻战没有不胜利的。

　　出身郡将,捷口,善处分,稍至队主,讨伐诸蛮,往无不捷,蛮甚畏惮之。(卷八十四·邓琬列传附刘胡)

　　虏乃进军围城,(沈)文秀善于抚御,将士咸为尽力,每与虏战,辄摧破之,掩击营寨,往无不捷。(卷八十八·沈文秀列传)

号令严肃

号令严明。

城内夷、晋六万余户,(王)镇恶宣扬国恩,抚尉初附,号令严肃,百姓安堵。(卷四十五·王镇恶列传)

按:同时期其他用例有如:《周书·尉迟迥列传》:"(萧)㧑与(萧)纪子宜都王肃,及其文武官属,诣军门请见,(尉迟)迥以礼接之。其吏人等,各令复业。唯收僮隶及储积以赏将士。号令严肃,军无私焉。"《南史·王镇恶列传》:"城内六万余户,(王)镇恶抚慰初附,号令严肃。"《魏书·尒朱荣列传》:"荣,洁白美容貌,幼而神机明决,及长,好射猎,每设围誓众,便为军陈之法,号令严肃,众莫敢犯。"

衔枚(6)

古代行军时口里衔着枚①,以防出声。

列置部曲,广张甄围,旗鼓相望,衔枚而进。(卷十四·礼志一)

宜选敢悍数千,骛行潜掩,偃旗裹甲,钳马衔枚,桧稽而起,晨压未阵,旌噪乱举,火鼓四临……漂卤浮山。(卷七十·袁淑列传)

时元怙方至,悉偃旗鼓,士马皆衔枚,潜师伏甲而进,贼未之觉也。(卷七十七·柳元景列传)

元景宿令军中曰:"鼓繁气易衰,叫数力易竭。但各衔枚疾战,一听吾营鼓音。"(卷七十七·柳元景列传)

短兵接战/短兵相接

指近距离搏斗。

下晡间,于金城东门北三十步凿城作一穴,桓便先众入穴,镇恶自后继之,随者稍多,因短兵接战。(卷四十五·王镇恶列传)

(杨)难当遣其子和率赵温、蒲早子及左卫将军吕平、宁朔将军司马飞龙,步骑万余,跨汉津,结柴②其间,立浮桥,悉力攻承之,合围数十重,短兵接战,弓矢无复用。(卷七十八·萧思话列传)

沈攸之于东门奋短兵接战,大破之。(卷七十九·文五王列传)

---

① 枚:形如筷子,两端有带,可系于颈上。
② 结柴:构筑营寨。

贼之死者,尸与城等,遂登尸以陵城,短兵相接。(卷七十二·文九王列传)

秋毫不犯

指军纪严明,丝毫不侵犯民众的利益。

修之治身清约,凡所赠赆,一无所受……去镇,秋毫不犯,计在州然油及牛马谷草,以私钱十六万偿之。(卷七十六·朱修之列传)

按:同时期其他用例有:《北史·贺若敦列传附弼》:"军令严肃,秋毫不犯,有军士于人间酤酒者,(贺若)弼立斩之。"《梁书·杨公则列传》:"公则号令严明,秋毫不犯,所在莫不赖焉。"《隋书·杨素列传》:"悉虏其众,劳而遣之,秋毫不犯,陈人大悦。"《晋书·王濬列传》:"百姓之心,皆归仰臣,臣切敕所领,秋毫不犯。"

烟焰张天

烟火遮瞒天空。多形容战斗场面。

时东北风急,因命纵火,烟焰张天,鼓噪之音震京邑。(卷一·武帝纪上)

公中流矢之,因风水之势,贼舰悉泊西岸,岸上军先备火具,乃投火焚之。烟焰张天,贼众大败,追奔至夜乃归。(卷一·武帝纪上)

(朱)显之既见军不见(刘)藩,而见军人担彭排战具,望见江津船舰已被烧,烟焰张天,而鼓严之声甚盛,知非藩上,便跃马驰去告(刘)毅……(卷四十五·王镇恶列传)

伐罪吊民(5)

讨伐罪人,拯救百姓。

议者谓应悉戮以为京观。(檀)道济曰:"伐罪吊民,正在今日。"皆释而遣之。(卷四十三·檀道济列传)

鲜卑密迩疆甸,屡犯边垂,伐罪吊民,于是乎在。(卷五十二·谢景仁列传)

若但欲抚其归附,伐罪吊民,则骏马奔走,不肯来征,徒兴巨费,无损于彼。(卷六十四·何承天列传)

夫伐罪吊民,用清国道。岂有残虐无辜,剥夺为务,害政妨国,冈上附

下,罪衅若此,而可久容!(卷八十三·吴喜列传)

彭排

盾牌。

> 高祖率所领奔击,大破之,投巇赴水死者甚众。(孙)恩以彭排自载,仅得还船。(卷一·武帝纪上)

> (朱)显之既见军,不见(刘)藩,而见军人担彭排战具,望见江津船舰已被烧,烟焰张天,而鼓严之声甚盛。(卷四十五·王镇恶列传)

> 高祖先命(朱)超石驰往赴之,并赍大弩百张,一车益二十人,设彭排于辕上。虏见营阵既立,乃进围营。(卷四十八·朱龄石列传附超石)

> 及经山阴,防卫彰赫,彭排马枪,断截衢巷,侦逻纵横,戈甲竟道。(卷六十七·谢灵运列传)

按:清郝懿行《宋琐语·兵略》云:"按,棑从木,非从手,船后棑木也。"①又,其《晋宋书故》②则称:"彭排,今之藤排也。干楯之属。"周一良《〈宋书〉札记》"彭排"条引《后汉书·袁绍列传》章怀注曰:"楯,今之旁排也。"③徐复先生《〈释名〉补疏下篇》云:"亦名旁排,为楯之别称。"④《释名·释兵·彭排》:"彭排,军器也。彭,旁也,在旁排敌御攻也。""彭排"即"旁排",为古之"楯"无疑。

蒙冲

古战舰名。又作"艨冲"。后作"艨艟"。

> (王)镇恶所乘皆蒙冲小舰,行船者悉在舰内,羌见舰泝渭而进,舰外不见有乘行船人,北土素无舟楫,莫不惊愧,咸谓为神。(卷四十五·王镇恶列传)

按:东汉刘熙《释名·释船》:"狭而长曰'艨冲',以冲突敌船也。"《广韵·平声·东韵》:"艨,艨艟,战船。"徐复先生《〈广雅〉补释下篇》引《资治通鉴·汉献帝纪》胡三省注引杜佑曰:"蒙冲以生牛皮蒙船覆背,两厢开掣棹孔,左右有弩窗之

---

① 第209页。
② 光绪十七年广雅书局刊本。
③ 见《魏晋南北朝史札记》第122页。
④ 见《徐复语言文字学晚稿》第79页。

矛穴,敌不得近,矢石不能败。"①万久富等《"艨"语源考》指出"艨"兼有"大"和"小"两个语源义②。对考察"蒙冲"的形制大小有一定的参考意义。同时期其他用例有如:《南史·王神念列传附僧辩》:"时(陆)纳等据车轮,夹岸为城,士卒皆百战之馀,器甲精严,徒党勇锐,蒙冲斗舰,亘水陵山。"《陈书·侯瑱列传》:"定州刺史章昭达乘平房大舰,中江而进,发拍中于贼舰,其馀冒突、青龙,各相当值。又以牛皮冒蒙冲小船,以触贼舰,并熔铁洒之。"

牙门

将军名号。是"牙门将"的省称。

> 其加中二千石者,依卿、尹。牙门将,银章,青绶,朝服,武冠。(卷十八·礼志五)

> 魏、晋世,又假诸将帅及牙门曲盖鼓吹,斯则其时谓之鼓吹矣。(卷十九·乐志一)

> 魏、晋世给鼓吹甚轻③,牙门督将五校,悉有鼓吹。(卷十九·乐志一)

> 是时益州刺史皇甫晏冒暑伐汶山胡,从事何旅固谏,不从。牙门张弘等因众之怨,诬晏谋逆,害之。(卷三十一·五行志二)

威震天下

威名传到全国,震惊世人。

> 惧而告高祖曰:"便夺我兵,祸其至矣。今当北就高雅于广陵举事,卿能从我去乎?"答曰:"将军以劲卒数万,望风降服。彼新得志,威震天下。三军人情,都已去矣,广陵岂可得至邪! 裕当反复还京口耳。"(卷一·武帝纪上)

> 及讬跋焘军至,乃奔退,麾下散亡略尽。萧斌将斩之,沈庆之固谏曰:"佛狸威震天下,控弦百万,岂玄谟所能当。且杀战将以自弱,非良计也。"(卷七十六·王玄谟列传)

> 泰始二年正月七日,奉子勋为帝,即伪位于寻阳城,年号义嘉元年,备置百官,四方并响应,威震天下。(卷八十·孝武十四王列传)

> (傅)灵越答曰:"薛公举兵淮北,威震天下,不能专任智勇,委付子侄,致

---

① 见《徐复语言文字学晚稿》第 162 页。
② 见《汉语史研究集刊》(第二十七辑)(四川大学出版社,2019)第 240 页。
③ 轻:"随便"的意思。

败之由,实在于此。然事之始末,备皆参豫,人生归于一死,实无面求活。"(卷八十八·薛安都列传)

城守/守城(15)
城池的守备。/防守城池。

有一白衣老公在道旁,曰:"努力!信都为长安城守,去此八十里耳。"言毕,失所在。(卷二十七·符瑞志上)

虏使曰:"不尔。城守,君之所长;野战,我之所长。我之恃马,犹如君之恃城耳。"(卷五十九·张畅列传)

且城守备防,边镇之常,但悦以使之,故劳而无怨耳。(卷五十九·张畅列传)

比及冬间,城守相接,虏马过河,便成禽也。(卷七十七·沈庆之列传)

(谢)晦欲焚南蛮兵籍,率见力决战。士人多劝发兵,乃立幡戒严,谓司马庾登之曰:"今当自下,欲屈卿以三千人守城,备御刘粹。"(卷四十四·谢晦列传)

南蛮司马周超对曰:"非徒守城而已,苦有外寇,可以立勋。"(卷四十四·谢晦列传)

初,氐寇至,城内众寡,(刘)道锡募吏民守城,复租布二十年。(卷六十五·刘道产列传)

城内扰乱,白刃交横,(刘)义宣大惧落马,仍便步地,(竺)超民送城外,更以马与之,超民因还守城。(卷六十八·武二王列传)

赴敌
奔赴战场与敌人作战。

凡此诸帅,莫不勇力动天,劲志驾日,接冲拔距,鹰瞵鹗视,顾盼则前后风生,喑呜则左右电起,以此攻城,何城不克,以此赴敌,何陈能坚。(卷七十四·沈攸之列传)

按:同时期其他用例有如:《南史·江子一列传》:"乃免胄赴敌,子四稍洞胸死,子五伤胫,还至堑,一恸而绝。"《北史·于栗䃅列传附仲文》:"昔周亚夫之为将也,见天子,军容不变。此决在一人,所以功成名遂。今者人各其心,何以赴敌?"《北史·杨敷列传附素》:"素多权略,乘机赴敌,应变无方。"《北齐书·宋显列传》:"在州多所受纳,然勇决有气干,检御左右,咸能得其心力。及河阴之战,深入赴敌,遂没于行阵。赠司空公。"

薄伐

讨伐。

> 授律群后,溯流长骛,薄伐峥嵘,献捷南郢,大憨折首,群逆毕夷,三光旋采,旧物反正。(卷二·武帝纪中)

> 若夫仰在璇玑,旁穆七政,薄伐不庭①,开复疆宇。(卷二·武帝纪中)

> 李氏窃命,宣武耀灵威。蠢尔逆纵,复践乱机。王旅薄伐,传首来至京师。(卷二十二·乐志四)

> 傅亮与(谢)晦书曰:"薄伐河朔,事犹未已,朝野之虑,忧惧者多。"(卷四十四·谢晦列传)

按:雅言词。语出《诗经·小雅·出车》"薄伐西戎"及《诗经·小雅·六月》"薄伐猃狁"。

督将

泛指独当一面的督军将领;督率指挥。

> 魏、晋世给鼓吹甚轻,牙门、督将、五校,悉有鼓吹。(卷十九·乐志一)

按:《汉语大词典》未收释。业师吴金华《〈三国志〉语词笺释》"督将"条释"独当一面的督军将领"义②。同时期其他用例有如:《南齐书·州郡志下》:"郢州,镇夏口,旧要害也。吴置督将为鲁口屯,对鲁山岸,因为名也。"《周书·文帝纪上》:"直以督将已下,咸称贺拔公视我如子,今雠耻未报,亦何面目以处世间,若得一雪冤酷,万死无恨。"《周书·武帝纪上》:"丙子,初服短衣,享二十四军督将以下,试以军旅之法,纵酒尽欢。"《南史·曹景宗列传》:"(韦)叡遣所督将冯道根、李文钊、裴邃、韦寂等乘舰登岸,击魏洲上军尽殪。"

王师(48)

天子的军队;国家的军队。

---

① 不庭:通"不逞"。指作乱、叛变的人。一说,庭,朝于朝廷。指不朝于王庭的人。
② 见《古文献整理与古汉语研究》第185页。

慕容超闻王师将至,其大将公孙五楼说超……(卷一·武帝纪上)

明年,昭太后崩,四方贼起,王师水陆征伐,义兴晋陵县大战,杀伤千计。(卷二十六·天文志四)

夫转祸贵速,后机则凶,遂使王师临郊,雷电皆至,噬脐之恨,亦将何及。(卷四十四·谢晦列传)

及凶丑宵遁,阖境崩扰,建忠将军吕训卫仓储以候王师。(卷四十七·刘怀肃列传)

拒战(20)
抵御抗击。

公率诸军驰归,众忧贼过,咸谓公当径还拒战,公先分军还石头,众莫之晓。(卷一·武帝纪上)

自今凡窃执官仗,拒战逻司,或攻剽亭寺,及害吏民者,凡此诸条,悉依旧制。(卷八·明帝纪)

及徐道覆来逼,(刘)道规亲出拒战,(檀)道济战功居多。(卷四十三·檀道济列传)

(刘)毅左右兵犹闭东西阁拒战,(王)镇恶虑暗夜自相伤犯,乃引军出,绕金城,开其南面,以为退路。(卷四十五·王镇恶列传)

牙旗
主将、主帅所树的旗杆上饰有象牙的大旗。

(檀)韶率建威将军向弥、参军胡藩驰往,即日陷城,斩其牙旗,悉虏(慕容)超辎重。(卷一·武帝纪上)

(向)弥摄甲先登,即时溃陷,斩其牙旗,贼遂奔走。(卷四十五·向靖列传)

麾下(9)
古代对将帅的尊称;将帅的部下。

必剪元雄,悬首麾下,乃将只轮不反,战辀无旋矣。(卷七十·袁淑列传)

(垣)护之曰:"逆徒皆云南州有三万人,而麾下裁十分之一,若往造贼,虚实立见,则贼气成矣。"(卷七十七·柳元景列传)

军主刘沙弥轻骑深入,至胡麾下,遂见杀。(卷八十四·邓琬列传)

塞井焚舍,示无全志,率麾下数百人犯其西北。(卷一百·自序)

义徒(21)

指以恢复被推翻的王朝为宗旨而临时组织起来的军队;义附的士兵。略同"义兵"。

三年二月己丑朔,乙卯,高祖托以游猎,与无忌等收集义徒,凡同谋何无忌……等二十七人;愿从者百余人。(卷一·武帝纪上)

辄纠勒义徒,缮治舟甲,舳舻亘川,驷介蔽野,武夫鸷勇,人百其诚。(卷四十四·谢晦列传)

希真等以义徒强盛,住庐陵不敢进。(卷八十四·邓琬列传)

杨文德世笃忠顺,诚感家国,纠率义徒,奄殄凶丑,锋旗所向,歼溃无遗,氛祲澄清,蕃境宁一,念功惟事,良有欣嘉。(卷九十八·氐胡列传)

按:"徒"的本义是"步行",引申之,具"步兵"义,再引申之,具"众"义,《重修玉篇·彳部》即释作:"徒,达胡切。众也。步行也。"永嘉之后,五胡乱华,南北对峙,战争频仍,五代十六国迭相取代。帝王将相、史官或以所在朝廷为"正义",故新生此词。打上了鲜明的时代印记。同时期其他用例有如:《周书·韦孝宽列传》:"复与宇文贵、怡峰应接颍州义徒,破东魏将任祥、尧雄于颍川。"《晋书·宗室列传》:"及至势乖力屈,奉身出奔,犹鸠集义徒,崎岖险阻。"《晋书·齐王冏列传》:"追册冏曰……诞率义徒,同盟触泽,克成元勋,大济颍东。"《晋书·祖逖列传》:"宾客义徒皆暴桀勇士,逖遇之如子弟。"

战功(22)

战斗中所立的功劳

(刘)荣祖不胜愤怒,冒禁射之,所中应弦而倒,帝益奇焉。以战功参太尉军事。(卷四十五·刘怀慎列传)

初为刘敬宣宁朔府司马,东征孙恩,有战功,又为龙骧司马、费令。(卷四十七·刘怀肃列传)

初以新亭战功,为辅国将军、卫军司马、河东太守,不之官。(卷六十八·武二王列传)

司州刺史刘季之,(刘)诞故佐也,骁果有膂力,梁山之役,又有战功,增

邑五百户。(卷七十九·文五王列传)

前锋(55)
先头部队;作为先头部队。

(王)镇恶弟康,留关中,及高祖北伐,镇恶为前锋,康逃匿田舍。(卷四十五·王镇恶列传)

辅国将军齐王前锋北讨,辅国将军刘缅前锋南讨。贼刘胡领众四万据赭圻。三月庚寅,抚军将军殷孝祖攻赭圻,死之。以辅国将军沈攸之代为南讨前锋。(卷八·明帝纪)

兖州刺史殷孝祖入卫京都,仍遣孝祖前锋南伐。(卷八·明帝纪)

今遣南蛮司马、宁远将军庾登之统参军事、建武将军、建平太守安泰,宣威将军昭弘宗,参军事、宣威将军王绍之等精锐一万,前锋致讨。(卷四十四·谢晦列传)

京观
古代为炫耀武功,聚集敌尸,封土而成的高冢。

至成皋,伪兖州刺史韦华降。径进洛阳,伪平南将军陈留公姚洸归顺。凡拔城破垒,俘四千余人。议者谓应悉戮以为京观。(卷四十三·檀道济列传)

同党悉诛,杀城内男为京观,死者数千,女口为军赏。(卷七十九·文五王列传)

金城(8)
城内牙城①。

灵舆当至,使丞相陆凯奉三牲祭于近郊。(孙)皓于金城外露宿。(卷十六·礼志三)

夜挟(张)伯超及左右黄灵期……余双等,率夹毂队,于城内杀典签杨庆,出金城,杀司马庾深之、典签戴双。(卷七十九·文五王列传)

蒯恩入东门,便北回击射堂,前攻金城东门。(王)镇恶入东门,便直击金城西门。(卷四十五·王镇恶列传)

---

① 牙城:古时军队中主将居住的内衙的卫城。

下晡间,于金城东门北三十步凿城作一穴,桓便先众入穴,镇恶自后继之,随者稍多,因短兵接战。(卷四十五·王镇恶列传)

名将

著名的将领。

若谓举中语兼七列者,觜、参尚隐,则不得言,昴星虽见,当云伏矣,奎、娄已见,复不得言伏见口口不得以为辞,则名将[①]何附。(卷十三·律历志下)

景帝曰:"(牛)金名将,可大用,云何害之?"(卷二十七·符瑞志上)

高祖大飨战士,谓(刘)荣祖曰:"卿以寡克众,攻无坚城,虽古名将,何以过此。"(卷四十五·刘怀慎列传)

臣又以为郿城是贼驿路要成,且经蛮接险,数百里中,裹粮潜进,方出平地,攻贼坚城,自古名将,未有能以此济者。(卷八十六·刘勔列传)

元恶(8)

首恶;元凶。

赦善戮有罪,元恶宗为虚。威风震劲蜀,武烈慑强吴。(卷二十二·乐志四)

今便亲御六师,广命群牧,告灵誓众,直造柴桑,枭辗元恶,以谢天下。(卷六十八·武二王列传)

凡在过衅,竟有何征,而刑罚所加,同之元恶,伤和枉理,感彻天地。(卷六十九·范晔列传)

西阳太守鲁方平,质之党也,至是怀贰,诳(何)文敬曰:"传诏宣敕,唯捕元恶一人,余并无所问。"(卷七十四·臧质列传)

游军(11)

流动作战的军队。

(公孙)五楼驰进。龙骧将军孟龙符领骑居前,奔往争之,五楼乃退。众军步进,有车四千两,分车为两翼,方轨徐行,车悉张幔,御者执矟,又以轻骑为游军。(卷一·武帝纪上)

[①] 特指东汉云台二十八名将。

高祖受命,于石头登坛,备法驾入宫。晦领游军为警备,迁中领军,侍中如故。(卷四十四·谢晦列传)

复为参军,加建武将军,领游军于江津。(卷五十·胡藩列传)

(刘)道规使刘遵为游军,自距(徐)道覆于豫章口。(卷五十一·宗室列传)

精兵(24)
训练有素、战斗力强的士兵。

精兵旧将,悉以配之,器仗军资甚盛。(卷四十四·谢晦列传)

及讨司马休之,使统军为前锋,配以精兵利器,事克,当即授荆州。(卷七十一·徐湛之列传)

元景纳其言,悉遣精兵助玄谟,以羸弱居守。(卷七十七·柳元景列传)

太宗初即位,四方反叛,东兵尤急。喜请得精兵三百,致死于东,上大说,即假建武将军,简羽林勇士配之。(卷八十三·吴喜列传)

军功(13)
战功。

自骁骑至强弩将军,先并各置一人;宋太宗泰始以来,多以军功得此官,今并无复员。(卷四十·百官志下)

太宗初,以军功为骁骑将军,封邵阳县男,食邑三百户。(卷六十五·杜骥列传附幼文)

孙昙瓘,吴郡富阳人也。骁果有气力,以军功稍进,至是为宁朔将军、越州刺史。(卷八十三·黄回列传附孙昙瓘)

泰始初,军功既多,爵秩无序,佣夫仆从附隶,皆受不次之位。(卷九十四·恩幸列传)

旗鼓(5)
古时军中用以发号施令的旗和鼓。

是夜,高祖多设伏兵,兼置旗鼓,然一处不过数人。(卷一·武帝纪上)

列置部曲,广张甄围,旗鼓相望,衔枚而进。(卷十四·礼志一)

(薛)安都曰:"善,卿言是也。我岂惜身命乎!"遂合战。时元怙方至,悉

偃旗鼓,士马皆衔枚,潜师伏甲而进,贼未之觉也。(卷七十七·柳元景列传)

(沈)林子率师御之,旗鼓未交,一时披溃,赞轻骑遁走。(卷一百·自序)

快手
强健敏捷的差役、士兵。

(刘)毅金城内东从旧将,犹有六队千余人,西将及能细直吏快手,复有二千余人。(卷四十五·王镇恶列传)

时张保水军泊西渚,(刘)景素左右勇士数十人,并荆楚快手,自相要结,击水军,应时摧陷,斩张保,而诸将不相应赴,复为台军所破。(卷七十二·文九王列传)

按:清郝懿行《晋宋书故》"快手"条:"隶卒之精健者名快手,亦曰精手也。"

义士
古时统治阶级为保卫其利益而临时组织起来的士兵。

扬武将军诸葛长民,收集义士,已据历阳。(卷一·武帝纪上)

吾早识神睿,特兼常礼。潜运宏规,义士投袂,独夫既殒,悬首白旗,社稷再兴,宗祐永固,人鬼属心,大命允集。(卷七·前废帝纪)

元嘉二十七年,虏主拓跋焘南寇汝、颍,(崔)浩密有异图,(柳)光世要河北义士为浩应。(卷七十七·柳元景列传)

至今欲练甲治兵,申父兄之志,义士虎贲,文武效功,白刃交前,亦所不顾。(卷九十七·夷蛮列传)

铁骑(9)
指精锐的骑兵。

彼远来疲劳,势不能久;但当引令过岘,我以铁骑践之,不忧不破也。(卷一·武帝纪上)

南蛮参军、振威将军郭卓铁骑二千,水步齐举。(卷四十四·谢晦列传)

率众二万,铁骑数百匹,发自寻阳,昼夜取道。(卷七十九·文五王列传)

刘亮率所领至胡寨下,胡遣其副孙犀及张灵、焦度铁骑五匹,越硎取亮,不能得,犀回马去,亮使左右善射者夹射之,坠马,斩犀首。(卷八十四·邓琬列传)

义师(8)
为正义而战的军队。

若天祚大宋,卜世灵长,义师克振,中流清荡,便当浮舟东下,戮此三竖,申理冤耻,谢罪阙庭,虽伏锧赴镬,无恨于心。(卷四十四·谢晦列传)

及义师入讨,(颜)竣参定密谋,兼造书檄。(卷七十三·颜延之列传)

太初伪立,尽心佐事,义师已震,方得南奔。(卷九十四·恩幸列传)

(刘)劭闻义师大起,悉聚诸王及大臣于城内,移江夏王义恭住尚书下舍,义恭诸子住侍中下省。(卷九十九·二凶列传)

大军(55)
大规模的部队;古代指朝廷正规军队。

(卢)循多疑少决,每欲以万全为虑,谓(刘)道覆曰:"大军未至,孟昶便望风自裁,大势言之,自当计日溃乱。今决胜负于一朝,既非必定之道,且杀伤士卒,不如按兵待之。"(卷一·武帝纪上)

(卢)循闻有大军上,欲走向豫章,乃悉力栅断左里。大军至左里,将战,公所执麾竿折,折幡沈水,众并怪惧。(卷一·武帝纪上)

大军三万,骆驿电迈。(卷四十四·谢晦列传)

超石赴之,未至,悉奔走。大军进克蒲坂,以超石为河东太守,戍守之。(卷四十八·朱龄石列传附超石)

捍城
守卫城池。

(徐)羡之及(傅)亮,或宿德元臣,姻娅皇极,或任总文武,位班三事,(檀)道济职惟上将,捍城是司,皆受遇先朝,栋梁一代。(卷四十四·谢晦列传)

入渭之捷,指麾无前,遂廓定咸阳,俘执伪后,克成之效,莫与为畴,实捍城所寄,国之方邵也。(卷四十五·王镇恶列传)

若位登三事,止乎长史掾属。若宜镇御,别差捍城大将。若情乐冲虚,不宜逼以戎事。若舍文好武,尤宜禁塞。(卷六十一·武三王列传)

宪婴城固守,焘尽锐以攻之,宪自登郭城督战。起楼临城,飞矢雨集,冲车攻破南城,宪于内更筑捍城①,立栅以补之。(卷九十五·索虏列传)

举义(5)
起义。

先是,高祖东征卢循,何无忌随至山阴,劝于会稽举义。(卷一·武帝纪上)

世祖举义,弃郡来奔,以补南中郎参军事,加龙骧将军。(卷四十五·刘怀慎列传附道隆)

(臧)质诸子在都邑,闻质举义,并逃亡。(卷七十四·臧质列传)

三月,前镇东司马苻达、征西从事中郎任朓等举义,立保宗弟文德为主。(卷九十八·氐胡列传)

带甲
披甲的战士。

大城内,(刘)毅凡有八队,带甲千余,已得戒严。(卷四十五·王镇恶列传)

时外犹自如旧,带甲尚万余人。(卷六十八·武二王列传)

亡命(36)
指铤而走险不顾性命的人;谓削除户籍逃亡在外的人。

辛酉,亡命刁弥攻京城,得入,太尉留府司马陆仲元讨斩之。(卷三·武帝纪下)

十一年春正月,亡命马大玄群党数百人寇泰山,州郡讨平之。(卷五·文帝纪)

五月乙酉,亡命司马顺则自号齐王,据梁邹城。(卷五·文帝纪)

江陵平定,(刘)道规遣祗征涢、沔亡命桓道儿、张靖、苻嗣等,皆悉平之。(卷四十七·檀祗列传)

---

① 此例似可理解为另筑起(城墙)继续守卫城池,并立起木栅补救。

是年六月,利成郡兵蔡方等杀太守徐质,据郡反,多所胁略,并聚亡命。(卷三十·五行志一)

青州刺史檀祗镇广陵,时滁中结聚亡命,祗率众掩之。(卷四十六·张邵列传)

因刺史谢欣死,合率群不逞之徒作乱,攻没州城,杀士庶素憾者百余,倾府军、招集亡命,出攻始兴。(卷五十·刘康祖列传)

大明中,黟、歙二县有亡命数千人,攻破县邑,杀害官长。(卷八十三·吴喜列传)

按:"命"有"名"义。《史记·张耳列传》"张耳尝亡名游外黄"唐司马贞《索隐》引晋灼曰:"命者,名也。谓脱名籍而逃。"又引崔浩曰:"亡,无也。命,名也。逃匿则削除名籍,故以逃为亡命。""命"亦有"性命"义。故"亡命"具上释二义。

方轨(11)

指军车并行;并称。

众军步进,有车四千两,分车为两翼,方轨徐行,车悉张幔,御者执稍,又以轻骑为游军。(卷一·武帝纪上)

使持节、督雍梁南北秦并五州诸军事、右将军、豫州刺史、领宁蛮校尉南平王铄悉荆、河之师,方轨继进。(卷九十五·索虏列传)

诸将竞敛财货,多载子女,方轨徐行。(卷六十一·武三王列传)

贼超奔遁,依险鸟聚,大军因势,方轨长驱。(卷四十七·孟怀玉列传)

及外积全国之勋,内累戡黎之伐,艾夷强妖之始,蕴崇奸猾之源,显仁藏用之道,六府孔修之绩,莫不云行雨施,能事必举,谅已方轨于三五,不容于典策者焉。(卷二·武帝纪中)

朝恩隆泰,委美推功,遂方轨齐、晋,拟议国典。(卷二·武帝纪中)

自是厥后,历代弥劲,汉既嗣德于放勋,魏亦方轨于重华。(卷二·武帝纪中)

(谢)灵运之兴会标举,延年之体裁明密,并方轨前秀,垂范后昆。(卷六十七·谢灵运列传)

建义(12)

谓举义旗,兴义军。

高祖建义,诏及弟祗、道济等从平京城,行参高祖建武将军事。(卷四十五·檀韶列传)

高祖后讨孙恩,时桓玄篡形已著,欲于山阴建义讨之。(卷五十四·孔季恭列传)

巴口建义,南中郎府板长史,兼行参军。(卷七十四·沈攸之列传)

自北入峥陕,及巴口建义,恒副安都,排坚陷阵,气力兼人,平元凶及梁山破臧质,每有战功。(卷八十三·宗越列传)

进号(164)

进升官爵之名号。

八月戊午,西中郎将、荆州刺史宜都王讳进号镇西将军。(卷三·武帝纪下)

进号镇西将军,给鼓吹一部。(卷五·文帝纪)

甲戌,抚军将军柳元景进号抚军大将军,镇北大将军沈庆之并开府仪同三司。(卷六·孝武帝纪)

高祖嘉康节,封西平县男,食邑三百户,进号龙骧将军。(卷四十五·王镇恶列传)

不武(5)

谦辞,言无将帅之才。

虽以不武,忝荷蕃任,国家艰难,悲愤兼集。(卷四十四·谢晦列传)

(张)畅曰:"膏粱之言,诚以为愧。但以不武,受命统军,戎阵军间,不容缓服。"(卷四十六·张邵列传附畅)

臣虽不武,绩著艰难,复肆逸狡,规见诱召。(卷六十八·武二王列传)

元景不武,忝任行间,总勒精勇,先锋道路,势乘上流,众兼百倍。(卷七十七·柳元景列传)

勒兵(8)

统军,操练或指挥军队。

青州刺史杜骥勒兵殿内,以备非常。(卷六十八·武二王列传)

诞惊起,呼左右及素所畜养数百人,执蒋成,勒兵自卫。(卷七十九·文

五王列传）

荆州治中宗景、土人姚俭等勒兵入城，杀道宪、道预、记室参军鲍照，劫掠府库，无复孑遗，执子顼以降。（卷八十四·邓琬列传）

徐湛之、江湛弑逆无状，吾勒兵入殿，已无所及，号恸崩衄，肝心破裂。（卷九十九·二凶列传）

失利(20)
打败仗；战败。

高祖曰："贼兵甚精，吴人不习战。若前驱失利，必败我军，可在后为声援。"（卷一·武帝纪上）

五月十九日，西南风猛，（臧）质乘风顺流攻（王）玄谟西垒，冗从仆射胡子友等战失利，弃垒渡就玄谟。（卷六十八·武二王列传）

攸之曰："不然。若钱溪实败，万人中应有逃亡得还者。必是彼战失利，唱空声以惑众耳。"（卷七十四·沈攸之列传）

大明元年，虏向无盐，东平太守刘胡出战失利。（卷八十八·薛安都列传）

逼(63)
进攻，攻打。

今重镇外倾，强寇内逼，人情危骇，莫有固志。若一旦迁动，便自瓦解土崩，江北亦岂可得至！（卷一·武帝纪上）

（卢）循兵虽殊死战，弗能禁。诸军乘胜奔之，循单舸走。所杀及投水死，凡万余人。纳其降附，宥其逼略。遣刘藩、孟怀玉轻军追之。（卷一·武帝纪上）

初，公平齐，仍有定关、洛之意，值卢循侵逼，故其事不谐。（卷二·武帝纪中）

都督力屈，婴城自守，贼遂攻逼襄阳。此下陵上，阳失节，火灾出也。（卷三十二·五行志三）

佩刀
佩在腰间的刀。

章帝元和中，侍中郭举与后宫通，拔佩刀惊御，举伏诛，侍中由是复出

外。(卷三十九·百官志上)

鲁秀北走,(刘)义宣不复自立,欲随秀去,乃于内戎服,縢囊盛粮,带佩刀,携息钦及所爱妾五人,皆著男子服相随。(卷六十八·武二王列传)

(刘)胡人马既疲,自度不免,因随(陈)怀真入城,告渴,与之酒,胡饮酒毕,引佩刀自刺,不死,斩首送京邑。(卷八十四·邓琬列传)

按:东汉刘熙《释名·释兵》:"佩刀,在佩旁之刀也。或曰'容刀',有刀形而无刃,备仪容而已。"

薄(12)

进逼;攻击。

(托跋)嗣又遣南平公托跋嵩三万骑至,遂肉薄攻营。(卷四十八·朱龄石列传)

(何)无忌曰:"(何)澹之不在此舫,固不须言也。既不在此,则战士必弱,我以劲兵攻之,必可禽也。禽之之日,彼必以为失其军主,我徒咸谓已得贼帅,我勇而彼惧,惧而薄之,破之必矣。"(卷五十一·宗室列传)

贯射阳而望邘沟,济通淮而薄角城。(卷六十七·谢灵运列传)

台军既薄城池,颐先众叛走,垣祗祖次之,其余诸军相系奔败。(卷七十二·文九王列传)

按:薄,本具"侵"义。《荀子·天论》"寒暑未薄而疾",意思是"寒暑尚未侵入就生病"。引申之,即为"进逼;攻击"。

面缚(8)

双手反绑于背而面向前。古代用以表示投降。

刘禅面缚,北地王谌哭于昭烈之庙,此则(刘)备庙别立也。(卷十六·礼志三)

六军庐新野,金鼓震天庭。刘子面缚至,武皇许其成。(卷二十二·乐志四)

雷鼓震地起,猛势陵浮云。逋虏畏天诛,面缚造垒门。万里同风教,逆命称妾臣。光建五等,纪纲天人。(卷二十二·乐志四)

太康元年三月,大破吴军,孙皓面缚请死,吴国遂亡。(卷二十三·天文志一)

肉薄

两军追近,徒手或用短兵器搏斗。

城内有一沙门,颇有机思,辄设奇以应之。贼多作虾蟆车以填堑,肉薄攻城。宪督厉将士,固女墙而战。(卷七十二·文九王列传)

虏乃肉薄登城,分番相代,坠而复升,莫有退者,杀伤万计,虏死者与城平。(卷七十四·臧质列传)

(元)劭以(柳)元景垒堑未立,可得平地决战,既至,柴栅已坚,仓卒无攻具,便使肉薄攻之。(卷七十七·柳元景列传)

虏肉薄攻城,死者甚众,(陈)宪将士死伤亦过半。(托跋)焘唯恐寿阳有救兵,不以彭城为虑。(卷九十五·索虏列传)

游魂(6)

对敌人的蔑称;魂灵游荡。

近北虏游魂,寇掠渭北,统率众军,曜威扑讨。(卷四十五·王镇恶列传)

宜使竺灵秀速进滑台助朱修之固守,节下大军进拟河北,则牢、洛游魂,自然奔退。(卷五十·垣护之列传)

今四夷犹警,国未忘战,犷发凶诡,尤宜裁防。间者天兵未获,已肆其轻汉之心,恐戎狄贪悋,犹怀匪逊。脱以神州暂扰,中夏兵饥,容或游魂塞内,重窥边垒。且高秋在节,胡马兴威,宜图其易,蚤为之所。(卷七十五·王僧达列传)

(贾)元友又云:"虏围逼汝阴,游魂二岁,为张景远所挫,不敢渡淮。"(卷八十六·刘勔列传)

按:今属于江淮方言区通泰片方言的如皋话中犹有詈语"游魂"用于骂年轻人游手好闲、整日闲逛。

寇掠

侵犯劫掠。

每来寇掠,必由历城,二州并镇,此经远之略也。(卷五十·垣护之列传)

死亡之余,雉菟逃窜,南入宋界,聚合逆党,频为寇掠,杀害良民,略取资

财,大为民患。(卷九十五·索虏列传)

近北虏游魂,寇掠渭北,统率众军,曜威扑讨。(卷四十五·王镇恶列传)

内侮(8)
古代指外族来犯;指一国之内以武力相侵。

马休、鲁宗,阻兵内侮,驱率二方,连旗称乱。公投袂星言,研其上略,江津之师,势逾风电,回旆沔川,实繁震慑,二叛奔迸,荆、雍来苏,玄泽浸育,温风潜被。(卷二·武帝纪中)

自戎狄内侮,有晋东迁,中土遗氓,播徙江外,幽、并、冀、雍、兖、豫、青、徐之境,幽沦寇逆。(卷十一·志序)

故安西司马、征虏将军王镇恶,志节亮直……屡著诚绩。荆南邈衅,势据上流,难兴强蕃,忧兼内侮。(卷四十五·王镇恶列传)

(沈)攸之以溪壑之性,含枭鸱之肠,直置天壤,已称丑秽。况乃举兵内侮,逞肆奸回,斯实恶熟罪成之辰,决痈溃疽之日。(卷七十四·沈攸之列传)

按:本义"欺负",引申之,为"侵犯"。

阻兵(11)
仗恃军队;兴兵。

逆臣桓玄,陵虐人鬼,阻兵荆郢,肆暴都邑。(卷一·武帝纪上)

马休、鲁宗,阻兵内侮,驱率二方,连旗称乱。(卷二·武帝纪中)

今曹操阻兵安忍,子丕载其凶逆,窃居神器,群臣将士以为社稷堕废,备宜修之,嗣武二祖,龚行天罚。(卷十六·礼志三)

自是后慕容垂、翟辽、姚苌、苻登、慕容永并阻兵争强。十四年正月,彭城妖贼又称号于皇丘,刘牢之破灭之。(卷二十五·天文志三)

虎贲(18)
古指勇士、武士。

是用锡公纳陛以登,公当轴处中,率下以义,式遏寇雠,清除苛慝,是用锡公虎贲之士三百人。(卷二·武帝纪中)

己卯,东阳太守王藻下狱死。以宫人谢贵嫔为夫人,加虎贲鞶戟,鸾辂

龙旂,出警入跸,实新蔡公主也。(卷七·前废帝纪)

漏上二刻,侍中、侍臣、冗从仆射、中谒者、节骑郎、虎贲、旄头遮列、五牛旗皆入。(卷十四·礼志一)

至今欲练甲治兵,申父兄之志,义士虎贲,文武效功,白刃交前,亦所不顾。(卷九十七·夷蛮列传)

寇仇(雠)
仇敌。

是用锡公纳陛以登,公当轴处中,率下以义,式遏寇雠,清除苛慝,是用锡公虎贲之士三百人。(卷二·武帝纪中)

而待命寇雠之戮,敧隔豺狼之吻,岂不遡诚南凯,延首东雲,普天有来苏之幸,而一方怀后予之怨。(卷五十二·袁湛列传附豹)

逆虏乱疆埸,边将婴寇仇。坚城效贞节,攻战无暂休。(卷九十五·索虏列传)

臣亡考济实忿寇雠,壅塞天路,控弦百万,义声感激,方欲大举,奄丧父兄,使垂成之功,不获一篑。(卷九十七·夷蛮列传)

芟夷(5)
铲除或消灭。

及外积全国之勋,内累畋黎之伐,芟夷强妖之始,蕴崇奸猾之源,显仁藏用之道,六府孔修之绩,莫不云行雨施,能事必举,谅已方轨于三五,不容于典策者焉。(卷二·武帝纪中)

获吕布,戮陈宫。芟夷鲸鲵,驱骋群雄。囊括天下,运掌中。(卷二十二·乐志四)

(谢)景仁独曰:"公建桓、文之烈,应天人之心,匡复皇祚,芟夷奸逆,虽业高振古……岂有坐长寇虏,纵敌贻患者哉!"(卷五十二·谢景仁列传)

然余分紫色,滔天泯夏,亲所芟夷,而不序于始传,涉、圣、卓、绍,烟起云腾,非所诛灭,而显冠乎首述,岂不以事先归之前录,功偕著之后撰。(卷九十四·恩幸列传)

肃清(11)
清除;消灭干净。

(鲁)爽、(鲁)秀等因民之愤,藉将旅之愿,齐契义奋,枭黜丑徒,冯恃皇威,肃清逋秽,牢、洛诸城,指期克定。(卷七十四·鲁爽列传)

是以蒙践霜雪,逾历险难,匡国宁民,肃清四表。(卷九十五·索虏列传)

元凶远迸,传首万里,海南肃清,荒服来款。此又公之功也。(卷二·武帝纪中)

内纾国难,外播宏略,诛大憝于汉阳,逋僭盗于沂渚,澄氛西岷,肃清南越,再静江、湘,拓定樊、沔。(卷二·武帝纪中)

固守(34)
坚决地守卫。

我一得入岘,则人无退心,驱必死之众,向怀贰之虏,何忧不克!彼不能清野固守,为诸君保之。(卷一·武帝纪上)

癸巳,沈攸之攻围郢城,前军长史柳世隆固守。攸之弟登之作乱于吴兴,吴兴太守沈文季讨斩之。(卷十·顺帝纪)

八月,吴遂围江夏,寇襄阳,魏江夏太守文聘固守得全。(卷二十三·天文志一)

(杨)难当遣其建节将军苻弘祖、啖元等固守兰皋,镇北将军苻德义于外为游军,难当子抚军大将军和重兵继其后。(卷四十七·刘怀肃列传附真道)

殄(29)
消灭。

刘裕以寡制众,屡摧妖锋,泛海穷追,十殄其八。(卷一·武帝纪上)

舆驾将发,丑徒冰消,(臧)质既枭悬,(刘)义宣禽获,二寇俱殄,并宜昭告。(卷十六·礼志三)

战于江津,大破之,枭殄其十八九。(卷二十五·天文志三)

(申)恬到,密知贼来,仍伏兵要害,出其不意,悉皆禽殄。(卷六十五·申恬列传)

掩(26)
袭击。

以此思归死士,掩袭何、刘之徒,如反掌耳。(卷一·武帝纪上)

贼乘暗得入,欲掩我不备。但打五鼓,惧晓,必走矣。(卷四十七·檀祗列传)

乃率吏人驰至其家,掩其不备,莫有得举手者,悉斩(姚)係祖兄弟,杀数十人,自是一郡得清。(卷四十八·朱龄石列传)

虏既不能校胜循理,攻城略地,而轻兵掩袭,急在驱残,是其所以速怨召祸,灭亡之日。(卷六十四·何承天列传)

当

用武力抵敌。

佛狸威震天下,控弦百万,岂玄谟所能当。(卷七十六·王玄谟列传)

林邑王范阳迈倾国来拒,以具装被象,前后无际,士卒不能当。(卷七十六·宗悫列传)

(薛)安都瞋目横矛,单骑突阵,四向奋击,左右皆辟易不能当,杀伤不可胜数,于是众军并鼓噪俱前,士皆殊死战。(卷七十七·柳元景列传)

加以构难西虏,结怨黄龙,控弦燋灭,首尾逼畏,蜂屯蚁聚,假息旦夕,岂复能超蹈长河,以当堂堂之陈哉!(卷九十五·索虏列传)

屯(127)

戍守,驻扎。

十二月,(刘)牢之至吴,而贼缘道屯结,牢之命高祖与数十人,觇贼远近。(卷一·武帝纪上)

(刘)牢之屯上虞,使高祖戍句章城。(卷一·武帝纪上)

冠军将军刘敬宣屯北郊,辅国将军孟怀玉屯丹阳郡西,建武将军王仲德屯越城,广武将军刘怀默屯建阳门外。(卷一·武帝纪上)

齐王出屯玄武湖,冠军将军任农夫、黄回、左军将军李安民各领步军,右军将军张保率水军,并北讨。(卷七十二·文九王列传)

邀(21)

截击。

初,雍州刺史鲁宗之常虑不为公所容,与(司马)休之相结,至是率其

子竟陵太守轨会于江陵。江夏太守刘虔之邀之,军败见杀。(卷二·武帝纪中)

石勒邀其众,围而射之,王公以下至庶人,死者十余万人,又剖(司马)越棺焚其尸。(卷三十二·五行志三)

转战至高梁亭,虏宁南将军、济州刺史寿昌公悉颓库结前后邀战,道济分遣段宏及台队主沈虔之等奇兵击之,即斩悉颓库结。(卷四十三·檀道济列传)

秦州刺史胡从之西镇百顷,行至浊水,为索虏所邀击,败没。(卷四十七·刘怀肃列传附真道)

参考文献

著作

[1] 蔡镜浩.魏晋南北朝词语例释[M].南京:江苏古籍出版社,1990.

[2] 曹炜.普通语言学教程[Z].广州:暨南大学出版社,2015.

[3] 陈承译.国文法草创[M].北京:商务印书馆,1982.

[4] 陈光磊.汉语词法论[M].上海:学林出版社,1994.

[5] 陈明娥.敦煌变文词汇计量研究[M].南昌:百花洲文艺出版社,2006.

[6] 陈望道.修辞学发凡[M].上海:上海世纪出版集团、上海教育出版社,2001.

[7] 程俊英.诗经译注[M].上海:上海古籍出版社,2006.

[8] 程湘清.先秦汉语研究[M].济南:山东教育出版社,1992.

[9] 程湘清.汉语史专书复音词研究[M].北京:商务印书馆,2003.

[10] 董秀芳.词汇化·汉语双音词的衍生和发展[M].北京:商务印书馆,2011.

[11] 董秀芳.汉语词汇化和语法化的现象与规律[M].上海:学林出版社,2017.

[12] 董志翘.汉语史研究丛稿[M].上海:上海古籍出版社,2013.

[13] 董志翘.蔡镜浩.中古虚词语法例释[M].长春:吉林教育出版社,1994.

[14] 段玉裁.说文解字注[M].上海:上海古籍出版社,1981.

[15] 方一新.东汉魏晋南北朝史书词语笺释[M].合肥:黄山书社,1997.

[16] 高本汉.中国音韵学研究[M].上海:商务印书馆,1926.

[17] 高育花.中古汉语副词研究[M].合肥:黄山书社,2007.

[18] 葛佳才.东汉副词系统研究[M].长沙:岳麓书社,2005.

[19] 郭锡良.汉语史论集[M].北京:商务印书馆,1997.

[20] 郭锡良.古代汉语[Z].北京:商务印书馆,2014.

[21] 郝懿行.晋宋书故[M].光绪十七年广雅书局.

[22] 郝懿行.晒书堂文集[M].清光绪十年东路厅署.

[23] 郝懿行.宋琐语[M].长沙:岳麓书社,1985.

[24] 胡裕树.现代汉语[Z].上海:上海教育出版社,1981.

[25] 华学诚.扬雄方言校释汇证[M].北京:中华书局,2006.

[26] 黄伯荣,廖序东.现代汉语[Z].北京:高等教育出版社,2017.

[27] 贾彦德.汉语语义学[M].北京:北京大学出版社,1999.

[28] 江蓝生.魏晋南北朝小说词语汇释[M].北京:语文出版社,1988.

[29] 蒋绍愚.汉语词汇语法史论文集[M].北京:商务印书馆,2000.

[30] 蒋绍愚.古汉语词汇纲要[M].北京:商务印书馆,2007.

[31] 孔繁.魏晋玄谈[M].沈阳:辽宁教育出版社,1991.

[32] 雷汉卿.禅籍方俗词研究[M].成都:巴蜀书社,2010.

[33] 黎锦熙.新著国语文法[M].长沙:湖南教育出版社,2007.

[34] 李维琦.佛经续释词[M].长沙:岳麓书社,1999.

[35] 刘百顺.魏晋南北朝史书语词札记[M].西安:陕西师范大学出版社,1993.

[36] 刘淇.助字辨略[M].北京:中华书局,2004.

[37] 刘熙.释名[M].四库八卷本.

[38] 刘勰.文心雕龙[M].范文澜,注.北京:人民文学出版社,1958.

[39] 刘祖国.魏晋南北朝道教文献词汇研究[M].济南:山东大学出版社,2018.

[40] 柳士镇.魏晋南北朝历史语法[M].南京:南京大学出版社,1992.

[41] 鲁国尧.鲁国尧自选集[M].郑州:河南教育出版社,1994.

[42] 鲁迅.汉文学史纲要[M].南京:译林出版社,2018.

[43] 罗竹风.汉语大词典[Z].上海:汉语大词典出版社,1995.

[44] 吕叔湘.中国文法要略[M].北京:商务印书馆,2014.

[45] 吕叔湘.现代汉语八百词[M].北京:商务印书馆,2017.

[46] 马建忠.马氏文通[M].章锡琛,校注.北京:中华书局,1988.

[47] 缪启愉.《齐民要术》导读[M].北京:中国国际广播出版社,2008.

[48] 潘允中.汉语语法史概要[M].郑州:中州书画社,1982.

[49] 阮元.经籍籑诂[M].北京:中华书局,1982.

[50] 阮元.揅经室集[M].北京:中华书局,1993.

[51] 邵敬敏.现代汉语通论[Z].上海:上海教育出版社,2007.

[52] 石毓智.语法化的动因与机制[M].北京:北京大学出版社,2006.

[53] 宋闻兵.《宋书》词语研究[M].北京:中华书局,2009.

[54] 宋子然.古汉语词义丛考[M].成都:巴蜀书社,2000.

[55] 孙锡信.中古近代汉语研究述要[M].上海:复旦大学出版社,2014.

[56] 唐兰.古文字学导论[M].增订本.济南:齐鲁书社,1981.

[57] 佟慧君.常用同素反序词辨析[M].长沙:湖南人民出版社,1993.

[58] 万久富.《宋书》复音词研究[M].南京:凤凰出版社,2006.

[59] 万久富.文史语言研究丛稿[M].北京:中国社会科学出版社,2013.

[60] 汪荣宝.法言义疏[M].北京:中华书局,1987.

[61] 汪维辉.东汉—隋常用词演变研究[M].南京:南京大学出版社,2000.

[62] 汪维辉.《齐民要术》词汇语法研究[M].上海:上海教育出版社,2007.

[63] 汪维辉.汉语词汇史新探[M].上海:上海人民出版社,2007.

[64] 汪维辉.汉语核心词的历史与现状研究[M].北京:商务印书馆,2018.

[65] 汪维懋.汉语重言词词典[Z].北京:军事谊文出版社,1999.

[66] 王力.汉语语法纲要[M].上海:新知识出版社,1957.

[67] 王力.汉语史稿[M].北京:中华书局,1980.

[68] 王力.中国现代语法[M].北京:商务印书馆,1985.

[69] 王力.中国语法理论[M].北京:中华书局,2015.

[70] 王念孙.广雅疏证[M].上海:上海古籍出版社,1983.

[71] 王引之.经传释词[M].上海:上海古籍出版社,2014.

[72] 王云路.六朝诗歌语词研究[M].哈尔滨:黑龙江教育出版社,1999.

[73] 王云路.中古汉语研究[M].北京:商务印书馆,2000.

[74] 王云路.中古汉语词汇史[M].北京:商务印书馆,2010.

[75] 王云路,方一新.中古汉语语词例释[M].长春:吉林教育出版社,1992.

[76] 吴金华.世说新语考释[M].合肥:安徽教育出版社,1994.

[77] 吴金华.古文献整理与古汉语研究[M].南京:江苏古籍出版社,2001.

[78] 吴金华.古文献整理与古汉语研究续集[M].南京:凤凰出版社,2007.

[79] 向熹.简明汉语史[M]北京:高等教育出版社,1993.

[80] 邢福义.现代汉语[Z].北京:高等教育出版社,2011.

[81] 徐复.《訄书》详注[M].上海:上海古籍出版社,2000.

[82] 徐复.徐复语言文字学论稿[M].南京:江苏教育出版社,1995.

[83] 徐复.徐复语言文字学晚稿[M].南京:江苏教育出版社,2007.

[84] 许宝华.汉语方言大词典[M].修订本.北京:中华书局,2020.

[85] 许慎.说文解字[M].北京:中华书局,1963.

[86] 颜洽茂.佛教语言阐释——中古佛经词汇研究[M].杭州:杭州大学出版社,1997.

[87] 杨伯峻,何乐士.古汉语语法及其发展[M].北京:语文出版社,2016.

[88] 杨合鸣.训诂与语法研究[M].武汉:武汉大学出版社,1994.

[89] 杨荣祥.近代汉语副词研究[M].北京:商务印书馆,2007.

[90] 杨树达.词诠[M].北京:中华书局,2004.

[91] 杨树达.高等国文法[M].上海:上海古籍出版社,2007.

[92] 杨英耀.同素异序词应用词典[M].珠海:珠海出版社,2003.

[93] 袁仁林.虚字说[M].北京:中华书局,2004.

[94] 张斌.现代汉语[Z].上海:复旦大学出版社,2002.

[95] 张斌.新编现代汉语[Z].2版.上海:复旦大学出版社,2008.

[96] 张世禄.古代汉语教程[Z].上海:复旦大学出版社,2000.

[97] 张谊生.现代汉语副词研究[M].上海:学林出版社,2000.

[98] 张永言.词汇学简论[M].武汉:华中工学院出版社,1982.

[99] 张振德,宋子然.《世说新语》语言研究[M].成都:巴蜀书社,1995.

[100] 张自烈.正字通[M].北京:中国工人出版社,1996.

[101] 赵克勤.古代汉语词汇学[M].北京:商务印书馆,1994.

[102] 真大成.中古文献异文的语言学考察——以文字、词语为中心[M].上海:上海教育出版社,2020.

[103]《中国大百科全书》总编委会.中国大百科全书[M].北京:中国大百科全书出版社,2009.

[104] 中国社会科学院语言研究所词典编辑室.现代汉语词典[Z].7版.北京:商务印书馆,2016.

[105] 周荐.汉语词汇研究史纲[M].北京:语文出版社,1995.

[106] 周荐.同义词语的研究[M].天津:天津出版社,1991.

[107] 周荐.词语的意义和结构[M].天津:天津古籍出版社,1994.

[108] 周一良.魏晋南北朝史札记[M].北京:中华书局,1985.

[109] 朱德熙.语法讲义[M].北京:商务印书馆,2016.

[110] 朱骏声.说文通训定声[M].武汉:武汉古籍书店,1983.

[111] 朱声琦.古代汉语实用教程[Z].南京:江苏人民出版社,1998.

[112] 朱熹.诗集传[M].南京:凤凰出版社,2007.

论文

[1] 鲍金华.《高僧传》副词研究[D].南京:南京师范大学,2005.

[2] 蔡镜浩.魏晋南北朝副词琐议[J].语言研究,1987(1).

[3] 曹廷玉.近代汉语同素逆序同义词探析[J].暨南学报(哲学社会科学),2000(5).

[4] 岑时甫."和缓"呢还是"缓和"?[J].语文知识,1956(3).

[5] 常志伟.中古汉语副词"相将"的词化机制探究[J].重庆三峡学院学报,2010(1).

[6] 车淑娅.《韩非子》词汇研究[D].杭州:浙江大学,2004.

[7] 陈宝勤.魏晋南北朝的副词"都"[J].沈阳大学学报,1995(3).

[8] 陈宝勤.副词"都"的产生与发展[J].辽宁大学学报(哲学社会科学版),1998(2).

[9] 陈虎.《宋书》副词研究[D].南京:南京师范大学,2008.

[10] 陈虎.《战国策》与《宋书》副词使用比较[J].语文学刊,2010(5).

[11] 陈绪霞.《型世言》同素逆序词研究[D].济南:山东大学,2013.

[12] 陈怡君,汪维辉.汉语"窗户"语义场词语的历时演变和共时分布[J].语文研究,2020(2).

[13] 代珍.汉语"人丧失生命死亡"类动词语义场历史演变研究[D].呼和浩特:内蒙古大学,2011.

[14] 丁勉哉.同素词的结构形式和意义的关系[J].学术月刊,1957(2).

[15] 董志翘.汉语史的分期与20世纪前的中古汉语词汇研究[J].合肥师范学院学报,2011(1).

[16] 段祖青,张成永.魏晋赋中叠字对汉赋的接受探微[J].湖南工业大学学报(社会科学版),2018(6).

[17] 方一新.从中古汉语的特点看汉语史的分期[M]//汉语史学报(第四辑).上海:上海教育出版社,2004.

[18] 方一新.近十年中古汉语词汇研究的回顾与展望[J].古汉语研究,2010(3).

[19] 高惠敏.关于同素异序词研究的几点思考[J].松辽学刊(社会科学版),1998(2).

[20] 郭珑.《诗经》叠音词新探[J].广西师范大学学报,2000(2).

[21] 郭锡良.先秦汉语构词法的发展[M]//汉语史论集.北京:商务印书馆,1997.

[22] 郭锡良.汉语史的分期问题[J].语文研究,2013(4).

[23] 赫琳,刘彤.《诗经》叠字计量研究[M]//诗经研究丛刊(第二十五辑).北京:学苑出版社,2013.

[24] 洪帅.《孟子》赵注中的同素异序词[J].重庆工学院学报(社会科学版),2009(10).

[25] 洪帅.郭煌诗歌同素异序词研究——敦煌诗词曲词汇研究之一[M]//汉语史研究集刊(第二十二辑).成都:四川大学出版社,2017.

[26] 华琼.欧阳修诗词叠音词研究[D].济南:山东师范大学,2017.

[27] 黄建宁.说"疆场"[J].语言研究,2004(1).

[28] 黄珊.古汉语副词的来源[J].中国语文,1996(3).

[29] 霍生玉.汉语"吃喝"语义场历时演变的动因分析[J].语文学刊,2009(7).

[30] 贾燕子.词汇类型学视域下汉语"硬"语义场的历时演变[J].语文研究,2019(4).

[31] 蒋绍愚.杜诗词语札记[M]//语言学论丛(第六辑).北京:商务印书馆,1980.

[32] 蒋宗许.也谈词尾"复"[J].中国语文,1990(4).

[33] 蒋宗许.再说词尾"自"和"复"[J].中国语文,1994(6).

[34] 金梦蝶.《九歌》复音词研究[J].现代语文,2019(6).

[35] 雷汉卿.试论禅宗语言比较研究的价值[J].语言科学,2011(5).

[36] 雷瑭洵.上古汉语"告"的音义、句法及其演变[M]//语言学论丛(第六十一辑).北京:商务印书馆,2020.

[37] 李凌梅."学习"语义场的形成和内部成员分布研究[D].昆明:云南大学,2017.

[38] 李士彪."疆场"首见问题讨论(二)[J].中国语文,2005(2).

[39] 李淑贤.《宋书》双音节副词研究[D].扬州:扬州大学,2010.

[40] 李素英.中古汉语语气副词研究[D].济南:山东大学,2010.

[41] 李小军.《诗经》"有客宿宿,有客信信"辨释[J].古籍整理研究学刊,2002(3).

[42] 李映忠.《汉语大字典》"翕"字条辨正[J].陇东学院学报,2005(1).

[43] 李映忠.论"翕"[J].湖北师范大学学报,2016(3).

[44] 李运熹.同素异序词刍议[J].宁波师专学报(社会科学版),1984(1).

[45] 李宗江."即、便、就"的历时关系[J].语文研究,1997(1).

[46] 栗学英.中古汉语副词研究[D].南京:南京师范大学,2011.

[47] 梁荫众.略论同素词的修辞作用及其规范化问题[J].山西大学学报(哲学社会科学版),1982(1).

[48] 刘唤唤.《叠雅》叠字研究[D].西安:陕西师范大学,2017.

[49] 刘磊.《搜神记》形容词考察[J].汉字文化,2019(18).

[50] 刘瑞明.词尾"自"类说[J].语文研究,1989(4).

[51] 刘瑞明.关于"自"的再讨论[J].中国语文,1994(6).

[52] 柳士镇.试论中古汉语的历史地位[J].南京大学学报,2001(5).

[53] 鲁国尧.通泰方言音韵研究·序[M]//顾黔.通泰方言音韵研究.南京:南京大学出版社,2001.

[54] 鲁国尧.通泰方言是北方方言的"后裔"而具有吴方言的底层[J].苏东学刊,2003(10).

[55] 骆晓平.魏晋六朝汉语词汇双音化倾向三题[M]//王云路.中古汉语研究.北京:商务印书馆,2000.

[56] 吕桃.汉民族形成于何时——介绍关于汉民族形成问题的讨论[J].史学月刊,1957(12).

[57] 马显彬.古代汉语同素异序词综论[J].湛江师范学院学报,2003(1).

[58] 梅光泽.《世说新语》副词研究[D].芜湖:安徽师范大学,2005.

[59] 莫任南.刘宋时遣使来华的迦毗黎国在南亚何处[J].海交史研究,1992(1).

[60] 千里.古代汉语同素逆序词历时演革浅探[J].杭州师范学院学报,1992(5).

[61] 邱渊,陈天亮.论上古的"告"与"风"[J].云南社会科学,2007(6).

[62] 任湛明.《宋书》中的词尾"家"和"者"[J].江西广播电视大学学报,2011(1).

[63] 沈家煊."语法化"研究综观[J].外语教学与研究,1994(4).

[64] 沈家煊.实词虚化的机制[J].当代语言学,1998(3).

[65] 沈士英.字序对换的双音词新探[J].安徽师大学报(哲学社会科学版),1979(3).

[66] 施真珍.《后汉书》"羽"语义场及"羽、毛"的历时演变[J].语言研究,2009(2).

[67] 时宏扬.《文选》叠字研究[D].兰州:兰州大学,2007.

[68] 宋玉柱.应该把构词法与构形法区别开来[J].语言与语言学习,1986(5).

[69] 隋树华,张梁,汪惠迪.词素相同、次序不同的合成词[J].语文学习,1956(5).

[70] 孙冬妮.《诗经》叠字分析[J].襄樊学院学报,2003(6).

[71] 童健.《洛阳伽蓝记》副词研究[D].乌鲁木齐:新疆大学,2008.

[72] 万久富.《晋书》语词拾零[J].古汉语研究,2000(2).

[73] 万久富.《论语》的言语特点[J].南通师范学院学报(哲学社会科学版),2001(2).

[74] 万久富.魏晋人物品评的语言特色[J].修辞学习,2001(6).

[75] 万久富."蝈"语源考[M]//汉语史研究集刊(第二十七辑).成都:四川大学出版社,2019.

[76] 万久富,曹雪晶.量词"位"的历时考察[J].常州大学学报(社会科学版),2013(2).

[77] 万久富,张莹莹.中古汉语中的词尾"如"——从"忽如一夜春风来"谈起[J].语文学刊,2020(3).

[78] 汪维辉.说"狼抗"[J].古籍整理研究学刊,1994(2).

[79] 汪维辉.汉语"说类词"的历时演变与共时分布[J].中国语文,2003(4).

[80] 王金芳.试论中国古代敬语的特点[J].武汉教育学院学报,2000(4).

[81] 王敏红."狼抗"考源[J].语文研究,2008(3).

[82] 王宁.训诂学与汉语双音词的结构和意义[J].语言教学与研究,1997(4).

[83] 王胜婷.汉语"冷类语义场"变迁史考[J].宁夏大学学报(人文社会科学版),2010(2).

[84] 王欣.现代汉语 AA 式叠字结构的分析[J].赤子,2015(22).

[85] 王毅力.中古汉语副词"催"的形成与发展[J].重庆师范大学学报(哲学社会科学版),2016(2).

[86] 王云路,方一新.汉语史研究领域的新拓展——评汪维辉《东汉—隋常用词演变研究》[M]//汪维辉.东汉—隋常用词演变研究.修订本.北京:商务印书馆,2017.

[87] 毋清华.《元刊杂剧三十种》叠字现象研究[D].太原:山西师范大学,2010.

[88] 吴宝安,黄树先.先秦"皮"的语义场研究[J].古汉语研究,2006(2).

[89] 吴金华.《三国志》解诂[M].王云路.中古汉语研究.北京:商务印书馆,2000.

[90] 吴倩楠.现代汉语同素异序词研究[D].石家庄:河北大学,2005.

[91] 伍宗文.先秦汉语中字序对换的双音词[M].汉语史研究集刊(第二辑).成都:四川大学出版社,2000.

[92] 项梦冰.试论汉语方言复合词的异序现象[J].语言研究,1988(2).

[93] 解海江,张志毅.汉语面部语义场历史演变——兼论汉语词汇史方法论的转折[J].古汉语研究,1993(4).

[94] 谢宏娟.《雍熙乐府》叠音词研究[D].武汉:华中师范大学,2019.

[95] 徐复.从语言上推测《孔雀东南飞》一诗的写定年代[J].学术月刊,1958(2).

[96] 徐艳.《春秋左氏传》军事义名词语义场研究[D].西安:西北大学,2010.

[97] 徐朝晖.《南村辍耕录》中词的音节结构和新词新义分析[J].语言与翻译,2013(3).

[98] 闫春惠.汉语"洗涤"类动词语义场的历史演变[D].呼和浩特:内蒙古大学,2006.

[99] 杨皎.《诗经》叠音词及其句法功能研究[D].银川:宁夏大学,2005.

[100] 姚振武.关于中古汉语的"自"和"复"[J].中国语文,1993(3).

[101] 殷正林.《世说新语》中所反映的魏晋时期的新词和新义[M]//王云路.中古汉语研究.北京:商务印书馆,2000.

[102] 曾昭聪.中古佛经中的字序对换双音词举例[J].古汉语研究,2005(1).

[103] 张博.先秦并列式连用词序的制约机制[J].语言研究,1996(2).

[104] 张德鑫.谈颠倒词[J].汉语学习,1995(6).

[105] 张宏伟.《通雅》重言词研究[D].呼和浩特:内蒙古师范大学,2020.

[106] 张俊阁.汉语第一人称代词"俺"的来源[J].河北大学学报(哲学社会科学版),2007(4).

[107] 张猛刚.《诗经》中叠音词语言现象传承探析[J].文教资料,2013(36).

[108] 张其昀.《诗经》叠字[J].盐城师专学报(哲学社会科学版),1995(1).

[109] 张巍.中古汉语同素逆序词演变研究[D].上海:复旦大学,2005.

[110] 张欣.《尔雅·释宫》建筑词语语义系统研究[D].太原:山西师范大学,2014.

[111] 张艳.《梁书》副词研究[D].南京:南京师范大学,2004.

[112] 张谊生.试论语法化的动因和机制[M]//历史语言学研究(第十辑).北京:商务印书馆,2016.

[113] 张映.《诗经》中"叠字"浅析[J].太原大学学报,2012(4).

[114] 郑奠.古汉语中字序对换的双音词[J].中国语文,1964(6).

[115] 郑佩鑫.东晋南朝的赋役剥削及其对生产发展的阻滞作用[J].山东大学学报(历史版),1963(2).

[116] 钟明立.汉语"胜—败"义语义场的历时演变[J].华南师范大学学报(社会科学版),2011(4).

[117] 周典富.《宋书》语词考释[M]//汉语史学报(第十二辑).上海:上海教育出版社,2012.

[118] 周延云.《诗经》叠字运用研究[J].青岛海洋大学学报(社会科学版),2000(2).

[119] 周振鹤.中国的方言为何如此复杂[J].地图,2009(5).

[120] 朱成华.《史记》同素并列逆序双音动词与辞书编纂[J].渭南师范学院学报,2013(7).

主要征引书目

春秋齐·晏婴《晏子春秋》,汤化译,中华书局,2015.
春秋战国·墨翟《墨子》,方勇译,中华书局,2015.
战国·商鞅《商君书》,石磊注,中华书局,1999.
东汉·何休解诂,唐·徐彦疏《春秋公羊传》,中华书局,1980.
西汉·司马迁《史记》,中华书局,1999.
东汉·班固《汉书》,中华书局,2007.
东汉·赵晔《吴越春秋》,贵州人民出版社,2008.
西晋·竺法护译《正法华经》,乾隆大藏经本.
西晋·郭璞注,北宋·邢昺疏《尔雅》,中华书局,1980.
西晋·陈寿著,南朝宋·裴松之注《裴松之注三国志》,天津古籍出版社,2009.
东晋·干宝《搜神记》,钱振民点校,岳麓书社,2015.
东晋·常璩《华阳国志》,任乃强校注,上海古籍出版社,1987.
东普·陶潜《搜神后记》,曹光甫等校点,上海古籍出版社,2012.
东晋·佛陀跋陀罗、法显译《摩诃僧祇律》,大正新修大藏经本.
南朝宋·范晔《后汉书》,中华书局,2007.
南朝宋·刘义庆《世说新语》,上海古籍出版社,2012.
南朝梁·沈约《宋书》,中华书局,1974.
南朝梁·萧统《文选》,张启成、徐达等译注,中华书局,2019.
南朝梁·萧子显《南齐书》,中华书局,1972.
南朝梁·陶弘景《真诰》,赵益点校,中华书局,2011.
南朝梁·顾野王《宋本玉篇》,中国书店,1983.
南朝梁·僧祐《弘明集》,刘立夫、魏建中、胡勇注,中华书局,2013.
南朝梁·僧旻、宝唱等《经律异相》,上海古籍出版社,1988.

南朝陈·徐陵《玉台新咏》，吴冠文等汇校，上海古籍出版社，2011.
北魏·郦道元《水经注》，上海人民出版社，1984.
北魏·贾思勰《齐民要术》，缪启愉、缪桂龙译注，上海古籍出版社，2020.
北魏·杨衒之《洛阳伽蓝记》，中华书局，1963.
北齐·魏收《魏书》，中华书局，1974.
北齐·颜之推《颜氏家训》，上海书店出版社，1986.
唐·姚思廉《梁书》，中华书局，1973.
唐·房玄龄《晋书》，中华书局，1974.
唐·李延寿《南史》，中华书局，1975.
唐·李延寿《北史》，中华书局，1974.
唐·李百药《北齐书》，中华书局，1972.
唐·令狐德棻《周书》，中华书局，1971.
唐·许嵩《建康实录》，中华书局，1986.
唐·玄应《一切经音义三种校本合刊》，徐时仪校注，上海古籍出版社，2008.
唐·慧琳《一切经音义》，文物出版社，2020.
唐·道宣《大唐内典录》，乾隆大藏经本.
北宋·王钦若、杨亿、孙奭等《册府元龟》，凤凰出版社，2006.
北宋·李昉《太平御览》，中华书局，2000.
北宋·李昉《太平广记》，中华书局，1981.
北宋·司马光《资治通鉴》，中华书局，2016.
北宋·沈括《梦溪笔谈》，上海书店出版社，2003.
北宋·叶梦得《避暑录话》，山东人民出版社，2018.
明·吴承恩《西游记》，人民文学出版社，2010.
明·李时珍《本草纲目》，上海科学技术出版社，1993.
明·张溥《汉魏六朝百三家集》，上海古籍出版社，1994.
明·方以智《通雅》，中国书店，1990.
清·陈元龙《格物镜原》，上海古籍出版社，1992.
清·张廷玉等《明史》，中华书局，1974.
清·严可均《全上古三代秦汉三国六朝文》，上海古籍出版社，2009.
清·王亨彦辑《普陀洛迦新志》，广陵书社，2006.
清·段玉裁《说文解字注》，上海古籍出版社，1981.

清·王念孙《广雅疏证》,上海古籍出版社,2018.

清·夏敬渠《野叟曝言》,青岛出版社,1992.

清·邹澍《本经疏证》,学苑出版社,2019.

清·钱绎《方言笺疏》,上海古籍出版社,1984.

清·王先谦《释名疏证补》,上海古籍出版社,1984.

清·张春帆《九尾龟》,黑龙江美术出版社,2014.

清·雪樵主人《双凤奇缘》,大众文艺出版社,1998.

清·贪梦道人《永庆升平后传》,曹亦冰校点,宝文堂书店,1988.

近·叶小凤《古戍寒笳记》,吉林文史出版社,1988.

今·赵超《汉魏南北朝墓志汇编》,天津古籍出版社,2008.

后　记

　　日居月诸,逝者如斯! 回望半生学习工作经历,感喟寔多。80年代初,南京师范大学首届古文献班背诵先秦经典、博涉古典文献学诸多研学课程,得到徐复、钱玄、皇甫奎、叶晨辉、叶祥苓、张芷、李灵年、王长恭、吴金华、王继如、赵生群、徐有富诸先生的悉心陶铸,徐复先生的引导点拨之功,未尝暂忘。90年代中期,转益南京大学中文系鲁国尧、柳士镇、李开、滕志贤、高小方诸师,攻读汉语史多门基础课程,得窥研究门径,又得业师滕志贤先生亲炙训诂之学。90年代末,又负笈沪上,幸得吴金华先生不弃,"旦复旦兮""博我约我",终以优异成绩通过了博士学位论文《〈宋书〉复音词研究》答辩。思先生于弟子恩重如山,忽尔骑鲤东去有年,不禁潸焉! 回顾研学经历,尚无法忘怀张永言、鲍明炜、王均、许宝华、王华宝、汪维辉、王云路、刘晓南、顾黔、杨军、曹炜、华学诚、雷汉卿、张宗友、荣卫红、郑伟宏、殷寄明、高明、朱冠明、真大成、吴新江、储泰松、王文晖、王彤伟、闫艳、李春晓、倪永明、程泱、周典富等先生和师友先后的关怀与切磋。需要特别感谢的是在硕士学位论文《〈晋书〉札记》及博士论文的选题、撰写和答辩阶段,得到了鲁国尧、吴金华、滕志贤、汪维辉等先生的无私指点和是正,是他们提示我晋宋专书语言研究的价值,使得不才如我得以在此康途上坚守二十来年。

　　此次面世小著之内容,系博士学位论文的延展,是从汉语词汇史的角度对《宋书》语词价值的挖掘和揭示。分六个专题进行了讨论,是在前人研究基础上的再思考,算是《宋书》专书语言研究过程中的阶段性成果汇报。不敢说大胆突破,然"汉赋对中古语词结构意义发展之影响的论述""叠音词性质的语词发展史角度解构""时代特色语词、战争用语词的提出""专书谦敬语词的系统描写""部分时代特色副词、同素异序词的讨论"等等,当具有一定的启发意义。当然,因为工作头绪纷杂,健康无常,加之其他研究专题的更互进行,致使计划进行中的宗教语词,鹏翔、乌聚、电躍、雀息、胡宁、简独、口机等特殊结构语词,臭盐、柔盐、四废日、櫡、艑等疑难语词的专题讨论没能完成,雅言词、《宋书》中的江淮方言词的讨论也不够深入,标点订正也只能待后专文讨论了。愧对师友期待,愧对学界同道,怎一"歉"字堪对!

还要说明的是,拙著少数专题或部分词条的选题及灵感来源于教学过程,部分理论框架建构和语料的搜集整理离不开师生的共同讨论与悉心努力。在此要感谢张莹莹、杜玉凤、杨雪妍、江云、徐梦婷等"生徒"的付出!感谢姚徽先生在书稿校对阶段指出引文的讹误!还要感谢并终身铭记先严、家慈、家兄、家姊数十年来的期盼和扶持!深谢内子陈昌梅、小女万一柯博士的理解和信任!

最后恳请有缘同道对拙著中论说的不当之处予以批评订正!诚所望也。是为记。

雉皋老遊万久富志于崇川
2022 年 3 月 8 日

图书在版编目(CIP)数据

《宋书》词汇专题研究 / 万久富著. -南京:南京大学出版社,2022.8
ISBN 978-7-305-25818-3

Ⅰ.①宋… Ⅱ.①万… Ⅲ.①《宋书》-古汉语-词汇-研究 Ⅳ.①H131

中国版本图书馆 CIP 数据核字(2022)第 089609 号

出版发行	南京大学出版社
社　　址	南京市汉口路 22 号　　邮　编　210093
出 版 人	金鑫荣
书　　名	《宋书》词汇专题研究
著　　者	万久富
责任编辑	荣卫红　　　　编辑热线　025-83685720
照　　排	南京开卷文化传媒有限公司
印　　刷	徐州绪权印刷有限公司
开　　本	718×1000　1/16　印张 25.75　字数 448 千
版　　次	2022 年 8 月第 1 版　2022 年 8 月第 1 次印刷
ISBN 978-7-305-25818-3	
定　　价	188.00 元

网　址：http://www.njupco.com
官方微博：http://weibo.com/njupco
微信服务号：njuyuexue
销售咨询热线：(025)83594756

* 版权所有,侵权必究
* 凡购买南大版图书,如有印装质量问题,请与所购
　图书销售部门联系调换